平面几何的知识与问题

单墫 著

中国科学技术大学出版社

内 容 简 介

本书共两部分.第1部分介绍平面几何的基础知识,如概念、公理、定理等,并配有大量练习题,以便读者巩固和拓展所学知识.第2部分是习题:习题1为基本题,是第1部分的基础知识的有效补充,同时为解决后面的难题作铺垫;习题2通过一些重要的定理证明介绍经典的解题方法;习题3主要训练思维;习题4则是需要更多思考的竞赛题.

本书内容充实、精练,语言简洁,旨在夯实基础、拓宽视野、培养兴趣、提高能力,能满足多种层次读者的需求,适合中学生研习,也可供中学数学教师参考.

图书在版编目(CIP)数据

平面几何的知识与问题/单墫著. —合肥:中国科学技术大学出版社,2019.4(2025.2 重印)
ISBN 978-7-312-04657-5

Ⅰ. 平… Ⅱ. 单… Ⅲ. 几何课—初中—教学参考资料 Ⅳ. G634.633

中国版本图书馆 CIP 数据核字(2019)第 034819 号

出版 中国科学技术大学出版社
安徽省合肥市金寨路 96 号,230026
http://press.ustc.edu.cn
https://zgkxjsdxcbs.tmall.com
印刷 安徽国文彩印有限公司
发行 中国科学技术大学出版社
开本 787 mm×1092 mm 1/16
印张 22
字数 563 千
版次 2019 年 4 月第 1 版
印次 2025 年 2 月第 8 次印刷
印数 35001—40000 册
定价 58.00 元

前　言

本书介绍平面几何的知识与问题，与我的另外三本书——《代数的魅力与技巧》《数论入门：从故事到理论》《组合数学 300 题》配成一套，均可供中学教师与学生使用.

本书的目的是培养学生的学习兴趣与思考能力.

本书分为两个部分：第 1 部分介绍平面几何的基本知识；第 2 部分由 4 章习题组成，包括 300 多道题目及其解答.

我们为什么要学习几何？或更宽泛一些，我们为什么要学习数学？

一个显然的常见答案是：因为实际生活需要数学. 无论从事工业农业、商务金融、教学医疗、科技国防，还是研究宇宙之大、粒子之微、火箭之速、变化之频，都离不开数学.

但学习数学并非仅仅为了实际应用.

学习数学的主要（或首要）目的不是应用，而是培养人的思维能力.

人类的思维能力能够获得显著的上升，正是由于数学的学习，而且正是从希腊人研究几何学开始的.

几何学教会我们思考. 首先，要有怀疑的精神，不要盲从轻信，即使亲眼所见也未必为真. 任何一个结论都必须经过认真思考、严密论证，才能证实（或推翻）. 其次，几何学的道理（证明了的结论）经过整理，形成一个由几组公理逐步展开的逻辑体系. 欧几里得建立了人类历史上第一个逻辑体系，爱因斯坦誉之为人类文明的三大支柱的第一根支柱.

我们用尽量简明的方法，介绍平面几何的知识，并建立一个尽可能严密的体系. 这是本书的一个特点. 特别希望教师们能对此加以留意，更欢迎大家对此提出批评建议.

本书的题目，包括例题、练习题，约有 500 道，可供各种层次的读者选用. 我们不仅希望通过这些题目在知识方面作一些补充，更希望通过它们介绍几何之美、数学之美，培养读者的兴趣与品位，提高读者的思考能力.

本书曾由上海辞书出版社出版，这次增订、修改了近三分之一的内容，改由中国科学技术大学出版社出版.

感谢中国科学技术大学出版社使本书能顺利出版.

单　墫

2019 年 2 月于听泉山庄

目 录

前言 i

第 1 部分　平面几何知识 1

 第 1 章　基本概念 4

 第 2 章　三角形的全等 9

  练习题 13

  练习题解答 13

 第 3 章　几何中的不等 18

  练习题 21

  练习题解答 21

 第 4 章　平行线 25

  练习题 28

  练习题解答 28

 第 5 章　三角形的内角和 30

  练习题 33

  练习题解答 34

 第 6 章　四边形 37

  练习题 40

  练习题解答 41

 第 7 章　圆(一) 43

  练习题 49

  练习题解答 50

 第 8 章　相似形 52

  练习题 56

练习题解答 ································· 58

第9章　勾股定理 ································· 61
　　练习题 ································· 63
　　练习题解答 ································· 64

第10章　轨迹 ································· 67
　　练习题 ································· 71
　　练习题解答 ································· 71

第11章　圆(二) ································· 76
　　练习题 ································· 79
　　练习题解答 ································· 79

第12章　三角函数 ································· 83
　　练习题 ································· 88
　　练习题解答 ································· 89

第2部分　平面几何问题 ································· 93
习题1 ································· 96
习题1解答 ································· 105
习题2 ································· 162
习题2解答 ································· 164
习题3 ································· 178
习题3解答 ································· 186
习题4 ································· 250
习题4解答 ································· 260

第1部分

平面几何知识

本部分介绍平面几何的基础知识.有点像教科书,从零开始,逐步展开.我们介绍的知识多于当下的教科书,以适应各种读者的需求,例如准备参加数学竞赛的学生或者想多了解一些几何知识的朋友.但我们力求简明,在不大的篇幅里包含尽可能多的重要内容.过于冷僻的知识则不予引入.如果读者还想进一步学习,可读以下书籍:

(1)《几何(平面部分)》(阿达玛著,朱德祥译,上海科学技术出版社);

(2)《近代欧氏几何学》(约翰逊著,单墫译,上海教育出版社).

几何学的定理像珍珠一样,光辉璀璨,但需要将它们串联起来,形成一个体系.欧几里得很早就完成了这一工作.这种逻辑体系被誉为人类文明的主要支柱之一.本书也力求建立一个体系,体系的起点是几条公理.我们所用的公理有:"两点确定一条直线""过已知直线外一个已知点,只能作一条直线与已知直线平行(平行公理)"等.还有暗中假定的公理,如"几何图形可以在空间中运动而不改变它的形状和大小".

公理必须是正确的(至少不能证明它是错误的).公理不能自相矛盾(这称为相容性).

公理体系中的公理不能太少.没有公理,就没有证明的依据,不能推出任何定理.如果只有"两点确定一条直线"这一条公理,那么平行线的性质定理、"三角形的内角和是 $180°$"等都无法推出.因此,如果公理太少,所能推出的结果也就不会很多.用足够多的公理推出本学科中足够丰富的结果,这可以称为公理体系的完备性.

公理体系中的公理也不能太多.将所有定理都当作公理,那就不需要任何证明,似乎很省事,但这些结果的正确性如何保证呢?只能依靠实践一条条地检验.但人们的实践往往有局限性,一次正确不能保证次次正确,一处正确不能保证处处正确.何况还有微观世界(如原子内部)、宏观世界(如宇宙太空)等的许多事实难以直接检验.因此,公理体系中的公理应尽可能精简,凡能由其他公理推出的结论均不作为公理.这称为公理的独立性.这样,在几何学中只需检验几条公理的正确性,其余的结果均根据公理逐一证明.

在本书中,"连接两点的折线大于连接这两点的线段"不作为公理,因为它可以由一些公理推出(第 3 章)."三角形的内角和是 $180°$"也不作为公理,因为它可由平行公理推出.当然,由"三角形的内角和是 $180°$"也可以推出平行公理(第 5 章练习题 8),所以这两个命题是等价的.

慎重地选择公理(注意到相容性、完备性、独立性),建立公理体系,根据公理,通过严格证明,推导出一个又一个定理,这种"公理化"的思想对数学的发展起着巨大的推动作用.

在几何学方面,欧几里得的《几何原本》是用公理方法建立起演绎体系的最早典范.20 世纪,希尔伯特的《几何基础》乃是更加严密的一部经典之作.

本书配备大量习题,即使在这一部分,从第 2 章起,每章都有 8 道练习题,可以巩固或拓展所学的知识.

在解题时,要注意书面表达.数学,尤其几何的证明应当严谨.必须要写的理由,一定要写清楚,不可或缺.当然,也应简洁,不必要的话不说.

我们写的证明有详有略,有的详细、完整,有的则仅指出关键,因为太多的文字有时反而湮没了思路.但读者(尤其在初学阶段)一定要写详细一些的解答,然后再逐渐写得紧凑些.

做几何题往往要画图.图可以帮助了解题意,启发思维.正规的图通常用直尺、圆规(以及三角板、量角器)作出.现在也可借助几何画板.但为了节省时间,我们常常徒手画一个或几个草图.这些草图虽不很准确,却也反映了图形的特征.如果不能反映特征,再重画一个.这种能够"神似"而未必"形似"的能力其实也很重要.通常绝大多数题目借助草图即可完成证明.只有相当难的问题才需要画一个准确的图去仔细琢磨.

本部分的练习题通常不太难,但有些结论可能以后会用到,应当熟悉它们.

第1章 基本概念

平面几何研究同一个平面内的图形及它们间的关系.

点、**直线**是平面几何中的基本图形. 一条直线上有无穷多个点. 平面上其他的点在这条直线的两侧.

关于点与直线,我们有下面的公理(不加证明而采用的真理):

公理 两点确定一条直线,即给定两个点 A、B,有一条直线过 A、B 两点,而且也只有一条直线过 A、B 两点.

直尺就是经过两个已知点作直线的工具.

点通常用一个大写的字母表示,如点 A、点 B. 直线通常用两个大写字母或一个小写字母表示,图1-1中的直线就可称为直线 AB 或直线 a.

如图1-1,直线上的两个点 A、B 将直线分为三个部分. 点 A 左边是以 A 为端点的**射线**(有一端可以无限延长);点 B 右边是以 B 为端点的射线;A、B 之间是以 A、B 为两个端点的**线段**,这条线段称为线段 AB.

图1-1

由上面的公理可以推出下面的定理(经过证明的真理).

定理 如果两条直线有公共点,那么它们恰有一个公共点.

已知:两条直线 a、b 有公共点 A.

求证:a、b 恰有一个公共点.

证明 假设点 B 也是直线 a、b 的公共点,那么直线 a 是过 A、B 两点的直线,b 也是过 A、B 两点的直线. 这与上面的公理矛盾. 因此,直线 a、b 只有一个公共点 A. 证毕.

在开始阶段,凡是重要的结论(如上面的定理),我们都写出"已知"、"求证"以及详细的"证明".

证明的理由一定要充足,要说清楚.

上面的证法是**反证法**,即先假设相反的结论成立,然后根据已有的公理、定理或已知条件导出矛盾,从而相反的结论不成立,我们要证明的结论成立.

反证法也称归谬法.

同一平面内的两条直线 a、b,如果有公共点(交点),就称为**相交**;如果没有公共点,就称为**平行**. 直线 a、b 平行,常记为 $a // b$,"$//$"读作"平行于".

自一点 A 引出的两条射线 AB、AC 组成**角**,如图1-2,记为 $\angle BAC$(注意将 A 写在 B、C 之间)或 $\angle A$. A 称为 $\angle BAC$ 的顶点,AB、AC 称为 $\angle BAC$ 的边.

如果两个几何图形,其中一个可以通过在空间中的运动与另一个完全重合,那么就说这两个图形相等.

例如图1-1中的线段 AB 与它自身相等,而且有两种重合的方法:一种是 A 与 A 重合,B 与 B 重合;另一种是 B 与 A 重合,A 与 B 重合.

又如图1-2中的 $\angle BAC$ 与它自身相等,而且有两种重合的方法:一种是 AB 与 AB 重合,AC 与 AC 重合;另一种是 AC 与 AB 重合,AB 与 AC 重合.

图1-3中,$\angle BAC$ 与 $\angle DAE$ 有公共顶点 A,并且射线 AD、AB 组成一条直线,射线 AE、AC 也组成一条直线,这样的两个角称为**对顶角**.

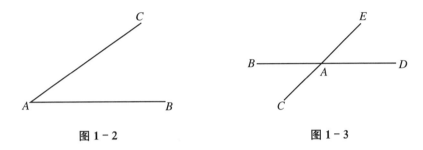

图1-2   图1-3

定理 对顶角相等.

已知:$\angle BAC$ 与 $\angle DAE$ 是对顶角.

求证:$\angle BAC = \angle DAE$.

证明 将图形翻转,使得 $\angle DAC$ 变为自身,即射线 AD 落到原来的 AC 上,AC 落到原来的 AD 上.这时,AE 作为 AC 的延长线,应当落到原来 AD 的延长线 AB 上.$\angle DAE$ 的两边 AD、AE 分别落到 AC、AB 上,因此 $\angle DAE$ 与 $\angle CAB$ 重合.

所以 $\angle BAC = \angle DAE$.证毕.

如果有三条线段 AB、CD、EF,并且线段 AB 内有一点 G,使得 $AG = CD$,$GB = EF$,那么线段 AB 就称为线段 CD、EF 的和,并且说 $AB > CD$($AB > EF$).

如果有三个角 $\angle BAC$、$\angle DEF$、$\angle GHI$,并且 $\angle BAC$ 内有一条射线 AJ,使得 $\angle BAJ = \angle DEF$,$\angle JAC = \angle GHI$,那么 $\angle BAC$ 就称为 $\angle DEF$、$\angle GHI$ 的和,并且说 $\angle BAC > \angle DEF$($\angle BAC > \angle GHI$).

如果射线 AB 与 AC 组成一条直线(图1-4),那么 $\angle BAC$ 称为**平角**.显然平角都相等.我们称平角为 $180°$ 的角.如果将平角等分为180份,那么每份是 $1°$ 的角.

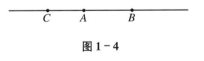

图1-4

如果两个角的和是平角,那么其中的一个称为另一个的**补角**.我们有:

定理 同一个角的补角相等.

已知:$\angle BAE$、$\angle CAD$ 都是 $\angle BAC$ 的补角(图1-3).

求证:$\angle BAE = \angle CAD$.

证明 因为 $\angle BAE$ 是 $\angle BAC$ 的补角,所以 AC、AE 组成一条直线.

同理,AD 与 AB 组成一条直线.

所以∠BAE与∠CAD是对顶角.

由上一个定理知∠BAE=∠CAD.证毕.

因为相等的角经过运动可以完全重合,这时它们的补角也完全重合,所以有:

推论 等角的补角相等.

将一个平角∠AOD对折,使得边OA与OD重合,折痕为射线OB,那么就得到两个相等的角,即∠AOB与∠BOD,它们都是平角∠AOD的一半.

平角的一半称为**直角**.我们称90°的角为直角.

图1-5中,两条直线AD、BC相交于O.如果∠AOB是直角,那么它是平角∠AOD的一半.∠BOD是∠AOD的另一半,也是直角.同样∠DOC、∠COA也都是直角.

在∠AOB为直角时,称直线OA与OB**垂直**,并记为OA⊥OB."⊥"读作"垂直于".OA称为OB的**垂线**.

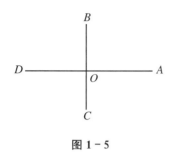

图1-5

定理 直角都相等.

已知:∠AOB、∠A′O′B′都是直角(图1-6).

求证:∠AOB=∠A′O′B′.

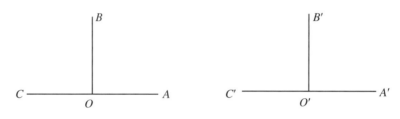

图1-6

证明 设OC、O′C′分别为OA、O′A′的反向延长线.将平角∠C′O′A′放到∠COA上,使得点O′与O重合,边O′A′与OA重合.这时,O′A′的反向延长线O′C′与OA的反向延长线OC重合.

再将平角∠COA对折,使得边OA与OC重合,那么折痕就是直角∠AOB的边OB,但平角∠C′O′A′已与平角∠COA重合,所以折痕也是直角∠A′O′B′的边O′B′,即直角∠AOB与∠A′O′B′重合,∠AOB=∠A′O′B′.

如果两个角的和是直角,那么其中的一个称为另一个的**余角**.我们有:

定理 同一个角的余角相等.

已知:∠AOC、∠BOD都是∠COB的余角(图1-7).

求证:∠AOC=∠BOD.

证明 将图形翻转,使得OB与原来的OC重合,这时OC与原来的OB重合.

因为直角∠AOB=直角∠COD,OB与原来的OC重合,所以

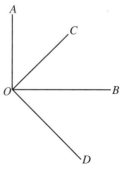

图1-7

OA 与原来的 OD 重合. 于是 $\angle AOC$ 与原来的 $\angle DOB$ 重合，$\angle AOC = \angle BOD$.

推论 等角的余角相等.

过一个已知点 A，可以作一条直线与已知直线 l 垂直. 如果利用三角板，只需将三角板上的直角的一条边与 l 对齐，直角的另一边通过 A，沿着这条边画的线就是所求的垂线(图1-8).

小于直角的角称为锐角. 大于直角并且小于平角的角称为钝角.

另一种常见的图形是圆.

作圆要用圆规.

将圆规的尖脚对准一个定点 O，张开另一只脚，然后绕 O 旋转一圈，就得到一个圆(图1-9).

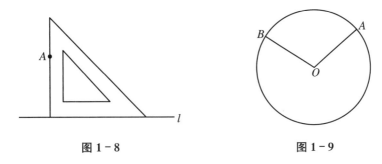

图 1-8　　　　　　　图 1-9

点 O 称为圆心. 圆规的脚张开的距离称为半径，圆上任一点到点 O 的距离等于半径. 例如图1-9中，A、B 为圆上任意两点，则
$$OA = OB = r,$$
r 就是半径的长. 反过来，到点 O 的距离等于半径的点也都在这个圆上.

所以圆规的功能就是以定点 O 为圆心、定长 r 为半径作圆.

圆上两点间的部分称为弧. 图1-9中，A、B 两点将圆分为两部分.

如果 $\angle AOB = 180°$，那么这两部分都称为半圆. 如果 $\angle AOB < 180°$，那么较小的一部分称为劣弧，记为 $\overset{\frown}{AB}$；较大的一部分称为优弧，记为 $\overset{\frown}{AmB}$. 通常我们说的弧都是指劣弧.

圆 O 常记为 $\odot O$ 或 $\odot(O, r)$.

平面几何中的作图往往用圆规与直尺即可完成. 如果限定作图的工具为圆规与直尺，那么就称为尺规作图.

例1 已知线段 a、b 如图1-10所示.

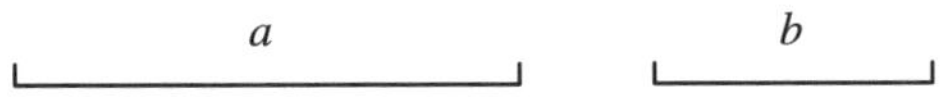

图 1-10

试用尺规作出长为

（ⅰ）$a+b$，　（ⅱ）$a-b$，　（ⅲ）$a+2b$

的线段.

作法 （ⅰ）任作一射线 AB. 用圆规截取线段 a 的长(即使圆规张开的距离为 a)，在射线 AB 上，以点 A 为圆心、a 为半径画弧交 AB 于点 C. 这一过程可简称在 AB 上截取 $AC = a$.

同样,在射线 CB 上截取 $CD = b$(点 D 与 A 在点 C 两侧).线段 AD 即为所求(图 1-11).

(ⅱ)与(ⅰ)相同,作射线 AB,并在 AB 上截取 $AC = a$.再在射线 CA 上截取 $CD = b$(点 D 与 A 在点 C 同侧).线段 AD 即为所求(图 1-12).

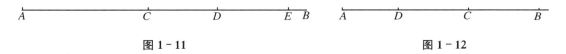

图 1-11   图 1-12

(ⅲ)在图 1-11 中,再在 DB 上截取 $DE = b$(点 E 与 C 在点 D 两侧).线段 AE 即为所求(图 1-11).

用例 1 的方法,可作出若干条线段的代数和,以及一条线段的正整数倍.

注意这里的直尺是没有刻度的.

例 2 已知点 A 与直线 l,求作一条过 A 并且与直线 l 垂直的直线.(不用三角板,仅用圆规、直尺.)

作法 以 A 为圆心画圆弧交 l 于点 B、C.分别以点 B、C 为圆心,同样长(例如 AB)为半径画圆弧,相交于点 D.

过点 A、D 作直线(图 1-13).

直线 AD 即为所求的直线.

为什么 AD 是所求的直线?AD 当然过 A,但 AD 与 l 垂直吗?

这一点需要证明.证明将在下一章给出.

如果 $AD \perp BC$,并且点 D 在 BC 上,那么点 D 称为**垂足**,也称为点 A 在 BC 上的**射影**.而线段 BD 称为线段 AB 在 BC 上的射影(图 1-14).

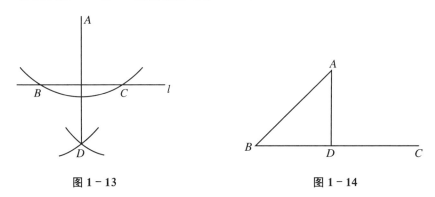

图 1-13   图 1-14

本章介绍了一些定义(如角、对顶角、平角),这些定义可以通过解题逐步加深理解,不需要死记硬背.以下各章也是如此.

第 2 章 三角形的全等

如图 2-1,三条首尾依次相连的线段 AB、BC、CA 组成的图形称为三角形,记为 $\triangle ABC$. 一个三角形($\triangle ABC$)有三条边(AB、BC、CA)、三个角($\angle A$、$\angle B$、$\angle C$),称为这个三角形的基本元素.

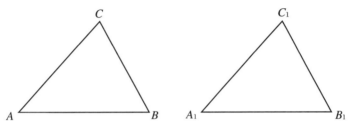

图 2-1

如果一个三角形可以经过运动放到另一个三角形上,使得它们完全重合,那么这两个三角形的对应边都相等,对应角也都相等.这样的两个三角形是相等的三角形.但习惯上(避免与两个三角形面积相等混淆),我们称这样的两个三角形为全等三角形,即如果两个三角形的对应边都相等,对应角也都相等,那么这两个三角形称为**全等三角形**.

关于三角形的全等,有以下判定定理:

判定定理 1 如果一个三角形有两条边及它们的夹角与另一个三角形的两条边及它们的夹角对应相等,那么这两个三角形全等.

已知:如图 2-1,$\triangle ABC$ 与 $\triangle A_1B_1C_1$ 中,$AB = A_1B_1$,$AC = A_1C_1$,$\angle BAC = \angle B_1A_1C_1$.

求证:$\triangle ABC \cong \triangle A_1B_1C_1$.

证明 将 $\triangle A_1B_1C_1$ 放到 $\triangle ABC$ 上,使得点 A_1 与 A 重合,射线 A_1B_1 与 AB 重合,并且 C_1 与 C 在 AB 的同一侧.

因为 $\angle BAC = \angle B_1A_1C_1$,所以射线 A_1C_1 与 AC 重合.

因为 $AB = A_1B_1$,所以射线 A_1B_1 上的点 B_1 与射线 AB 上的点 B 重合.

同理,点 C_1 与 C 重合.

于是,$\triangle ABC$ 与 $\triangle A_1B_1C_1$ 完全重合,即 $\triangle ABC \cong \triangle A_1B_1C_1$. 证毕.

在 $\triangle ABC$ 中,如果 $AB = AC$,那么这个三角形称为等腰三角形,AB、AC 称为腰,BC 称为底边,A 称为顶点,$\angle A$ 称为顶角,$\angle B$、$\angle C$ 称为底角.

推论 1 等腰三角形的底角相等.

已知:△ABC 中,AB = AC.

求证:∠B = ∠C.

证明 在△ABC 与△ACB 中,

$$AB = AC, \quad AC = AB, \quad \angle BAC = \angle CAB,$$

所以

$$\triangle ABC \cong \triangle ACB.$$

从而∠B = ∠C.证毕.

判定定理 2 如果一个三角形有两个角及它们的夹边与另一个三角形的两个角及它们的夹边对应相等,那么这两个三角形全等.

已知:△ABC 与△$A_1B_1C_1$ 中,∠B = ∠B_1,∠C = ∠C_1,BC = B_1C_1.

求证:△ABC≌△$A_1B_1C_1$.

证明 因为 BC = B_1C_1,所以可将△$A_1B_1C_1$ 放到△ABC 上,使得线段 B_1C_1 与线段 BC 重合(B_1 与 B 重合,C_1 与 C 重合).

可以使点 A_1 与点 A 在直线 BC 的同侧.因为∠B = ∠B_1,所以射线 B_1A_1 与射线 BA 重合.同理,射线 C_1A_1 与射线 CA 重合.

因为直线 BA、CA 只有一个交点,即点 A,所以直线 B_1A_1、C_1A_1 的交点 A_1 与 A 重合.

于是△ABC 与△$A_1B_1C_1$ 完全重合,即△ABC≌△$A_1B_1C_1$.证毕.

推论 2 有两个角相等的三角形是等腰三角形.

已知:△ABC 中,∠B = ∠C.

求证:AB = AC.

证明 由△ABC≌△ACB 易得结论(请读者补出详细过程).

判定定理 3 如果一个三角形有三条边与另一个三角形的三条边对应相等,那么这两个三角形全等.

已知:△ABC 与△$A_1B_1C_1$ 中,AB = A_1B_1,AC = A_1C_1,BC = B_1C_1.

求证:△ABC≌△$A_1B_1C_1$.

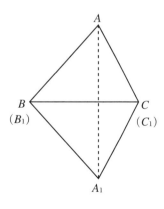

图 2-2

证明 因为 BC = B_1C_1,所以可以使线段 B_1C_1 与线段 BC 重合(B_1 与 B 重合,C_1 与 C 重合),并且可以使点 A_1 与点 A 在直线 BC 的两侧(图 2-2).

连接 AA_1.因为 AB = A_1B_1,所以∠BAA_1 = ∠BA_1A(推论1).

同理,∠CAA_1 = ∠CA_1A.

以上二式相加得

$$\angle BAC = \angle BA_1C.$$

由判定定理1得△BAC≌△BA_1C,即△ABC≌△$A_1B_1C_1$.证毕.

判定定理1、2、3 分别简记为 SAS、ASA、SSS.其中 S 表示边,A 表示角.

三角形全等判定定理的应用极为广泛.

例1 证明上章例2中所作的 $AD \perp$ 直线 l.

证明 连接 AB、AC、BD、CD,设 AD 与 BC 的交点为 E(图2-3).

因为
$$AB = AC, \quad BD = CD, \quad AD = AD,$$
所以
$$\triangle ABD \cong \triangle ACD.$$
从而
$$\angle BAD = \angle CAD.$$
因为
$$AB = AC, \quad AE = AE, \quad \angle BAD = \angle CAD,$$
所以
$$\triangle ABE \cong \triangle ACE.$$
从而
$$\angle AEB = \angle AEC,$$
即 $\angle AEB$、$\angle AEC$ 都是直角(平角 $\angle BEC$ 的一半),
$$AD \perp \text{直线 } l.$$

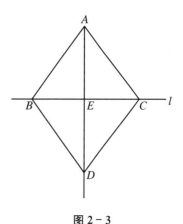

图 2-3

例1是应用三角形全等判定定理的典型.先由一些条件得出两个三角形全等,从而推出对应的边或角相等.再由已知及刚刚推得的条件导出另两个三角形全等,从而又得到一些相等的边或角.

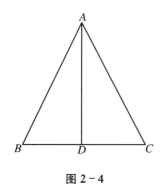

图 2-4

例2 等腰三角形的顶角平分线垂直于底边,并且平分底边.

已知:$\triangle ABC$ 中,$AB = AC$,AD 平分 $\angle BAC$,点 D 在 BC 上.

求证:$AD \perp BC$,$BD = DC$.

证明 如图2-4,因为 $AB = AC$,$AD = AD$,$\angle BAD = \angle CAD$,所以
$$\triangle ABD \cong \triangle ACD.$$
从而
$$BD = CD,$$
$$\angle ADB = \angle ADC = 90°.$$

过线段 BC 的中点,并且与 BC 垂直的直线称为线段 BC 的垂直平分线或中垂线.

关于垂直平分线,我们有:

定理 线段的垂直平分线上的点到线段两端距离相等.

已知:线段 BC 的中点为 D,直线 $AD \perp BC$,点 M 在 AD 上.

求证:$MB = MC$.

证明 如图2-5,因为

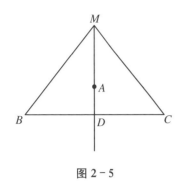

图 2-5

$\angle MDB = \angle MDC = 90°$，$BD = CD$，$MD = MD$，
所以
$$\triangle MDB \cong \triangle MDC,$$
$$MB = MC.$$
证毕.

图 2-5 中,如果沿着直线 AD 对折,那么 M 点与自己重合,D 点也与自己重合.由于 $BC \perp AD$,所以射线 DB 与 DC 重合.又由于 $DB = DC$,所以 B 点与 C 点重合.从而 MB 与 MC 重合,$\triangle MDB$ 与 $\triangle MDC$ 重合.我们说 $\triangle MDB$ 与 $\triangle MDC$ 关于直线 AD 对称.

一般地,如果沿直线 l 对折,图形 F_1 与图形 F_2 重合,那么我们就说图形 F_1 与图形 F_2 **关于直线 l 对称**,l 称为**对称轴**.这时对于每一对对称点 A_1、A_2,直线 l 是线段 A_1A_2 的垂直平分线.

如果图形 F 可以分成两个部分 F_1、F_2,而 F_1 与 F_2 关于直线 l 对称,那么 F 称为**轴对称图形**,直线 l 称为它的**对称轴**.

线段是轴对称图形,对称轴是垂直平分线.

角是轴对称图形,对称轴是角平分线所在直线.

等腰三角形是轴对称图形,对称轴是顶角的平分线所在直线.

三条边都相等的三角形称为等边三角形或正三角形.正三角形的三个角都相等.三个角都相等的三角形是正三角形.

正三角形是轴对称图形.有三条对称轴,每个角的平分线所在直线都是对称轴.

圆也是对称图形,通过圆心的任一条直线都是对称轴.这就是下面所要证明的结果.

已知 $\odot O$,直线 l 过 O 点.A 为 $\odot O$ 上任一点.

求证:$\odot O$ 上有一点 B,线段 AB 被 l 垂直平分.

证明 如图 2-6,过 A 点作 l 的垂线,垂足为 F. 延长 AF 到 B,使
$$FB = AF.$$
l 是线段 AB 的垂直平分线,O 点在 l 上,所以
$$OB = OA,$$
即 B 点在 $\odot O$ 上.

故 $\odot O$ 上有一点 B,线段 AB 被 l 垂直平分.

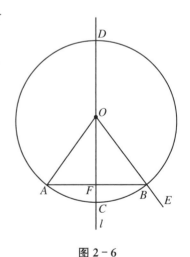

图 2-6

练 习 题

1. 已知∠BOA，用圆规、直尺作一个角与它相等.

2. 已知∠BOA，用圆规、直尺作它的平分线.

3. 已知线段 AB，用圆规、直尺作它的垂直平分线.

4. 如果上题中，线段 AB 的长度超过圆规张脚的最大距离的两倍，那么如何作线段 AB 的垂直平分线？

5. 已知∠BAC，用圆规、直尺作它的平分线，但圆规只允许用两次.

6. 已知：等腰△ABC 中，D 为底边 BC 的中点.

求证：AD⊥BC，并且 AD 平分∠BAC.

7. 在∠BAC 的边 AB 上取 B、D，AC 上取 C、E，使 AB = AC，AD = AE，BE、CD 相交于 F.

求证：AF 平分∠BAC.

8. 欧几里得先生的圆规是一件蹩脚的圆规：它不能截取线段，也就是将它提起来离开纸面时，张脚间的距离就会变化.所以作圆时只能以一点 O 为圆心，过另一点 A 作圆，而不能直接以 O 为圆心、已知长 r 为半径作圆.但欧几里得十分聪明，他仍有办法作以 O 为圆心、r 为半径的圆，只是要增加一些步骤.你能做到这一点吗？

练习题解答

1. **作法** （ⅰ）任作射线 O_1B_1.

（ⅱ）以 O 为圆心、任意长 r 为半径画弧，分别交 OA、OB 于 A、B.

（ⅲ）以 O_1 为圆心、r 为半径画弧，交 O_1B_1 于 B_1.

（ⅳ）以 B_1 为圆心、BA 为半径画弧，交⊙O_1 于 A_1.

（ⅴ）过 A_1 作射线 O_1A_1.

∠$B_1O_1A_1$ 即为所求（见图）.

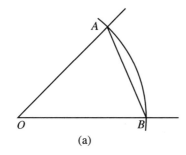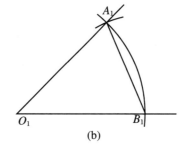

(a)   (b)

第1题图

证明 连接 AB、A_1B_1. 因为
$$O_1A_1 = OA,$$
$$O_1B_1 = OB,$$
$$B_1A_1 = BA,$$
所以
$$\triangle O_1A_1B_1 \cong \triangle OAB,$$
$$\angle B_1O_1A_1 = \angle BOA.$$

2. **作法** （ⅰ）以 O 为圆心、任意长 r 为半径画弧，分别交 OA、OB 于 A、B.

（ⅱ）分别以 A、B 为圆心，同样长（例如 r）为半径画弧交于 C.

（ⅲ）过 C 作射线 OC（见图）.

OC 即为所求.

证明 连接 AC、BC.

因为 $OA = OB, AC = BC, OC = OC$, 所以
$$\triangle AOC \cong \triangle BOC,$$
$$\angle AOC = \angle BOC.$$

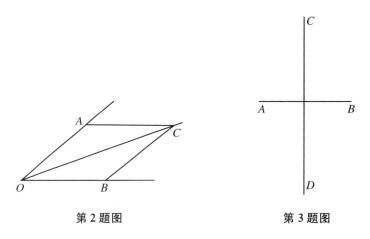

第2题图　　　　　　第3题图

3. **作法** 分别以 A、B 为圆心，同样长 $r\left(r > \dfrac{1}{2}AB\right)$ 为半径作弧，相交于 C、D. 过 C、D 作直线. 直线 CD 即为所求（见图）.

证明可参看例1.

4. **作法** 如果 A、B 相距较远，超过 $2d$, d 是圆规两脚之间的最大距离，那么可分别以 A、B 为圆心，d_1 为半径作圆 ($d_1 \leqslant d$)，分别交线段 AB 于 A_1、B_1. 如果 A_1B_1 仍超过 $2d$, 再分别以 A_1、B_1 为圆心，d_2 为半径作圆 ($d_2 \leqslant d$)，分别交线段 A_1B_1 于 A_2、B_2. 如此继续下去，直至出现长度小于 $2d$ 的线段 A_nB_n. 作线段 A_nB_n 的垂直平分线 l. l 也是线段 AB 的垂直平分线.

5. 作法 以 A 为圆心、任意长为半径作弧，分别交 AB、AC 于 B、C. 再以 A 为圆心、任意(不等于 AB 的)长为半径作弧，分别交 AB、AC 于 D、E.

连接 BE、CD，相交于 F. 作射线 AF(见图).

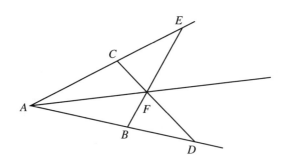

第 5 题图

AF 就是 $\angle BAC$ 的平分线(证明见第 7 题).

6. 证明 因为 $AB = AC$，$AD = AD$，$BD = CD$，所以
$$\triangle ABD \cong \triangle ACD.$$
从而
$$\angle BAD = \angle CAD.$$
由例 2 得 $AD \perp BC$.

7. 证明 利用第 5 题的图.

证一 图中已有相等的线段：$AB = AC$，$AD = AE$. 需要证明
$$\angle BAF = \angle CAF. \tag{1}$$

(1)式可以通过全等三角形来证明.

图中可以发现几对全等三角形：$\triangle BAF$ 与 $\triangle CAF$，$\triangle BAE$ 与 $\triangle CAD$，$\triangle BFD$ 与 $\triangle CFE$，等等.

$\triangle BAF$ 与 $\triangle CAF$ 有两组对应边相等：$BA = CA$，$AF = AF$. 又有一组角对应相等，即(1)式. 所以这两个三角形的确全等. 但(1)式并非已知，而是需要证明的结论，所以不能由它导出两个三角形全等. 反过来，应当设法证明这两个三角形全等，再由全等三角形的对应角相等导出(1)式.

$\triangle BAE$ 与 $\triangle CAD$ 中，$AB = AC$，$AE = AD$，又有公共角 $\angle BAE = \angle CAD$，所以这两个三角形全等. 从而
$$\angle BEA = \angle CDA, \quad \angle ABE = \angle ACD. \tag{2}$$

$\triangle BFD$ 与 $\triangle CFE$ 中，
$$BD = AD - AB = AE - AC = CE. \tag{3}$$
又由(2)式得

$$\angle BEA = \angle CDA, \tag{4}$$

$$\angle FBD = 180° - \angle ABE = 180° - \angle ACD = \angle FCE, \tag{5}$$

所以 △BFD≌△CFE. 从而

$$BF = CF. \tag{6}$$

最后由 $AB=AC$, $AF=AF$ 及(6)式得出 △BAF≌△CAF, 从而(1)式成立.

找到了上述三组全等三角形, 也就找到了本题的解法.

平面几何中的书面表达也非常重要. 解题时, 我们常用分析法执果溯因, 或兼用分析法与综合法, 但初学者书写时, 宜用综合法, 逐步由因及果. 绝不要轻易使用"箭头"之类的符号.

上面的解法, 用综合法正式地写, 应当如下:

因为 △BAE 与 △CAD 中,

$$AB = AC,$$

$$\angle BAE = \angle CAD,$$

$$AE = AD,$$

所以

$$\triangle BAE \cong \triangle CAD(SAS).$$

从而

$$\angle BEA = \angle CDA,$$

$$\angle ABE = \angle ACD.$$

因为 △BFD 与 △CFE 中,

$$\angle BEA = \angle CDA,$$

$$BD = AD - AB = AE - AC = CE,$$

$$\angle FBD = 180° - \angle ABE = 180° - \angle ACD = \angle FCE,$$

所以

$$\triangle BFD \cong \triangle CFE(ASA).$$

从而

$$BF = CF.$$

因为 △BAF 与 △CAF 中,

$$AB = AC, \quad AF = AF, \quad BF = CF,$$

所以

$$\triangle BAF \cong \triangle CAF(SSS).$$

从而

$$\angle BAF = \angle CAF.$$

为节省篇幅起见, 我们很少这样重写一遍. 但希望初学者至少选几道题认认真真地用综合法书写解答, 不能忽视这种基本功的练习.

证二 关于∠BAC 的平分线作对称(不能说关于角平分线 AF 作对称.因为 AF 是角平分线正是需要证明的结论).射线 AB 落到原来的 AC 上.又 AB = AC,所以 B 点与原来的 C 点重合.同样 D 点与原来的 E 点重合,C 点与原来的 B 点重合,E 点与原来的 D 点重合.所以线段 CD 与原来的 BE 重合,BE 与原来的 CD 重合.

点 F 在 BE 上,所以 F 的像 F' 在原来的 CD 上.点 F 又在 CD 上,所以 F' 也在原来的 BE 上.从而 F' 就是原来的 CD 与原来的 BE 的交点 F.

F 的像 F' 就是 F 自身,说明 F 在对称轴上,即射线 AF 就是对称轴,也就是∠BAC 的平分线.

第二种证法采用了变换的观点.轴对称(反射)是一种变换.

8. 作法 设线段 $AB = r$.连接 OA,如图所示.

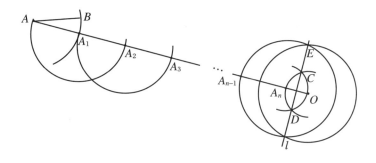

第 8 题图

以 A 为圆心,过 B 作圆交线段 AO 于 A_1.

以 A_1 为圆心,过 A 作圆交线段 A_1O 于 A_2.

以 A_2 为圆心,过 A_1 作圆交线段 A_2O 于 A_3.

……

直至以 A_n 为圆心,过 A_{n-1} 作圆.O 在这圆内.

作线段 A_nO 的垂直平分线 l,即以 A_n 为圆心,过 O 作圆,又以 O 为圆心,过 A_n 作圆.两圆相交于 C、D.CD 即 A_nO 的垂直平分线 l.

设⊙(A_n, A_nA_{n-1}) 与 l 相交于 E.以 O 为圆心,过 E 作圆.⊙O 的半径 $OE = EA_n = A_nA_{n-1} = \cdots = A_1A_2 = AA_1 = AB = r$.

所以⊙O 即为所求.

欧几里得的《几何原本》上有一作法,与我们的不同.

第3章　几何中的不等

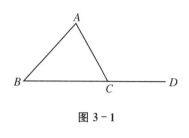

图 3-1

本章介绍几个不等的关系.

将△ABC 的一条边延长,例如设 CD 是 BC 的延长线,则∠ACD 称为△ABC 的外角(图 3-1).

类似地,可以作出其他外角.

定理 1 三角形的外角大于和它不相邻的内角.

已知:△ABC,CD 是 BC 的延长线.

求证:∠ACD>∠A.

证明 如图 3-2,设 E 为边 AC 的中点.延长中线 BE 到 F,使 EF = BE.

因为∠AEB=∠CEF(对顶角相等),EA=EC,EB=EF,所以△AEB≌△CEF,从而
$$\angle A = \angle ECF.$$
因为 CF 在∠ACD 内,所以
$$\angle ACD > \angle ECF.$$
于是∠ACD>∠A.证毕.

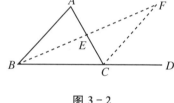

图 3-2

这个定理是研究三角形中不等关系的基础.

图 3-2 中,∠A 与∠ACB 的和小于平角∠BCD.因此有:

推论 三角形中,任两个角的和小于 $180°$.

定理 2 在三角形中,如果两条边不相等,那么大边所对的角大于小边所对的角.

已知:△ABC 中,AB>AC.

求证:∠C>∠B.

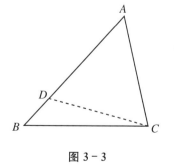

图 3-3

证明 如图 3-3,在直线 AB 上取点 D,使 AD = AC.

因为 AB>AC,所以点 D 在线段 AB 的内部,射线 CD 在∠ACB 的内部.从而
$$\angle ACD < \angle ACB.$$
因为 AD=AC,所以∠ADC=∠ACD.

因为∠ADC 是△DBC 的外角,所以∠ADC>∠B.

于是
$$\angle ACB > \angle ACD = \angle ADC > \angle B.$$
结论成立.证毕.

定理 2 可以简单地说成"大边对大角".反过来,"大角对大边"也是正确的,即有:

定理3 在三角形中,如果两个角不等,那么大角所对的边大于小角所对的边.

已知:△ABC 中,∠C>∠B.

求证:AB>AC.

证明 假设 AB>AC 不成立,那么只有两种可能:

(ⅰ) AB=AC.这时∠B=∠C,与已知矛盾.

(ⅱ) AB<AC.这时由定理2得∠C<∠B,也与已知矛盾.

因此必有 AB>AC.证毕.

下面是一个极重要的定理.

定理4 三角形两边的和大于第三边.

已知:△ABC.

求证:AB+AC>BC.

证明 如图3-4,延长 BA 到 D,使 AD=AC.连接 CD.

因为 AD=AC,所以∠ADC=∠ACD.

因为点 A 在线段 BD 上,射线 CA 在∠BCD 内,所以
$$\angle BCD > \angle ACD = \angle ADC.$$

在△DBC 中,由定理3得 BD>BC,即
$$AB + AC = AB + AD = BD > BC.$$

证毕.

推论 三角形两边之差小于第三边.

定理4及推论是众多几何不等式的基础,特别重要.

若干条首尾相连的线段组成的图形称为折线,如图3-5,线段 AB、BC、CD、DE 组成一条连接 A、E 两点的折线.这些线段的和称为折线的长.AB+BC+CD+DE 就是折线 ABCDE 的长.

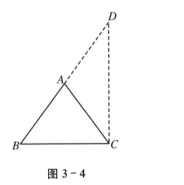

图 3-4

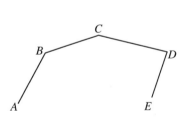

图 3-5

定理5 任一条连接两点的折线大于连接这两点的线段.

已知:连接 A、E 两点的折线 ABCDE.

求证:AB+BC+CD+DE>AE.

证明 如图3-6,由定理4得
$$AB + BC + CD + DE > AC + CD + DE$$
$$> AD + DE > AE.$$

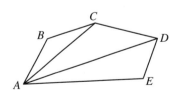

图 3-6

定理 6 如果一个三角形有两条边与另一个三角形的两条边对应相等,而夹角不相等,那么第三条边也不相等,大角所对的边大.

已知:$\triangle ABC$ 与 $\triangle A_1B_1C_1$ 中,$AB=A_1B_1$,$AC=A_1C_1$,$\angle A>\angle A_1$.

求证:$BC>B_1C_1$.

证明 不妨设 A_1B_1 与 AB 重合,如图 3-7.因为 $\angle BAC>\angle B_1A_1C_1$,所以 AC_1(即 A_1C_1)在 $\angle BAC$ 内.

这时有两种情况:

(i) 点 C_1 在 $\triangle ABC$ 外(图 3-7).

设 AC_1 与 BC 相交于点 D.

因为
$$\angle BC_1C > \angle AC_1C = \angle ACC_1 > \angle BCC_1,$$
所以由定理 3 得 $BC>B_1C_1$.

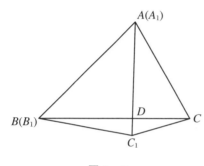

图 3-7

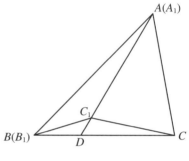

图 3-8

(ii) 点 C_1 在 $\triangle ABC$ 内(图 3-8).

延长 AC_1 交 BC 于点 D.

因为
$$\angle BC_1C > \angle DC_1C > \angle ACC_1 = \angle AC_1C > \angle BCC_1,$$
所以
$$BC > B_1C_1.$$

反过来,有:

定理 7 如果一个三角形有两条边与另一个三角形的两条边对应相等,而第三条边不相等,那么第三条边大的所对的角大.

已知:$\triangle ABC$ 与 $\triangle A_1B_1C_1$ 中,$AB=A_1B_1$,$AC=A_1C_1$,$BC>B_1C_1$.

求证:$\angle A>\angle A_1$.

证明 如果 $\angle A=\angle A_1$,那么
$$\triangle ABC \cong \triangle A_1B_1C_1 \text{(SAS)},$$
从而 $BC=B_1C_1$,与已知 $BC>B_1C_1$ 矛盾.

如果 $\angle A<\angle A_1$,那么由定理 6 得
$$BC<B_1C_1,$$
也与已知矛盾.

因此 $\angle A>\angle A_1$.

《练 习 题》

1. 在 $\triangle ABC$ 中,D 为边 BC 上任一点. 求证:
$$AD < \max(AB, AC).$$

2. 在 $\triangle ABC$ 中,D 为 BC 的中点. 求证:
$$\frac{1}{2}(AB + AC - BC) < AD < \frac{1}{2}(AB + AC).$$

3. 已知:点 A 在直线 l 外,点 B、C 在 l 上,并且 $AB \perp l$.
求证:$AC > AB$.

4. 线段 AC、BD 相交于点 O. 求证:
$$\frac{1}{2}(AB + BC + CD + DA) < AC + BD < AB + BC + CD + DA.$$

5. 在上题的四边形 $ABCD$ 内找一点 P,使得 $PA + PB + PC + PD$ 最小.

6. 求证:三角形三条中线的和大于周长的一半,小于周长.

7. 点 A、B 在直线 l 的同侧,试在 l 上找一点 P,使 $AP + PB$ 最小.

8. 已知点 A、B 及直线 l,试在 l 上找一点 P,使 $|AP - PB|$ 最大.

《练习题解答》

1. 证明 如图,因为 $\angle B + \angle C < 180° = \angle BDC = \angle BDA + \angle ADC$,所以 $\angle B < \angle BDA$ 与 $\angle C < \angle ADC$ 至少有一个成立. 不妨设 $\angle B < \angle BDA$,则 $AB > AD$.

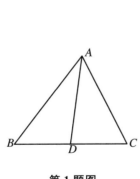

第 1 题图

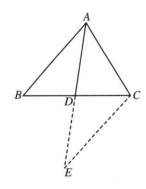

第 2 题图

2. 证明 如图,延长 AD 到点 E,使 $DE = AD$(将中线延长一倍是常用的证题方法. 在定理 1 的证明中就曾经用过).

因为
$$AD = DE, \quad BD = CD, \quad \angle ADB = \angle CDE,$$

所以△ABD≌△ECD,从而 EC = AB.
$$AB + AC = EC + AC > AE = 2AD,$$
即
$$AD < \frac{1}{2}(AB + AC).$$

另一方面,
$$2AD + BC = (AD + BD) + (AD + DC) > AB + AC,$$
所以
$$AD > \frac{1}{2}(AB + AC - BC).$$

3. 证明 设 D 为 CB 的延长线上一点,则 $\angle ABD > \angle ACB$,所以 $\angle ABC = 90° = \angle ABD > \angle ACB$. 从而
$$AC > AB.$$

本题的结论可以说成:从直线外一点向这直线所引的线段中,垂线最短,斜线大于垂线.

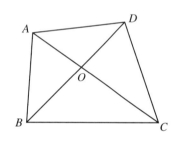

第4题图

4. 证明 如图,因为
$$AB + BC > AC, \quad CD + DA > AC,$$
所以
$$AB + BC + CD + DA > 2AC.$$
同理,
$$AB + BC + CD + DA > 2BD.$$
所以
$$2(AC + BD) < 2(AB + BC + CD + DA),$$
即
$$AC + BD < AB + BC + CD + DA.$$

另一方面,
$$OA + OB > AB,$$
$$OB + OC > BC,$$
$$OC + OD > CD,$$
$$OD + OA > DA.$$

四式相加得
$$2(AC + BD) > AB + BC + CD + DA,$$
即
$$\frac{1}{2}(AB + BC + CD + DA) < AC + BD.$$

5. **解** 当且仅当点 P 与点 O 重合时，$PA+PB+PC+PD$ 最小. 事实上，
$$PA+PB+PC+PD=(PA+PC)+(PB+PD)$$
$$\geqslant AC+BD=OA+OB+OC+OD,$$
当且仅当点 P 与点 O 重合时，上面的"$\geqslant$"取等号.

6. **证明** 将第 2 题中的不等式及另两个类似的不等式相加即得.

7. **解** 如图，作点 B 关于直线 l 的对称点 B_1（即过点 B 作 l 的垂线，交 l 于点 C，并延长 BC 到点 B_1，使 $CB_1=BC$）.

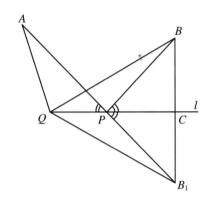

第 7 题图

连接 AB_1，交 l 于点 P. 点 P 即为所求.

事实上，对 l 上任一点 Q，
$$QA+QB=QA+QB_1\geqslant AB_1=PA+PB_1=PA+PB,$$
当且仅当点 Q 与点 P 重合时，上面的"$\geqslant$"取等号.

注 $\angle APQ=\angle B_1PC=\angle BPC$. 如果 l 是一面镜子，那么从点 A 发出的光线一定由点 A 到点 P，再反射到点 B. 这里入射角 $\angle APQ=$ 反射角 $\angle BPC$.

光线前进的路线最短，所以在寻找最短路线时，往往利用入射角等于反射角这一性质.

8. **解** 如果点 B 与点 A 在直线 l 的同侧（见图(a)），那么作直线 AB，交 l 于点 P，点 P 即为所求.

事实上，对 l 上任一点 Q，
$$|QA-QB|\leqslant AB=PA-PB,$$
当且仅当点 Q 与点 P 重合时，取得最大值 AB.

如果点 B 与点 A 在直线 l 的两侧（见图(b)），那么先作点 B 关于 l 的对称点 B_1，直线 AB_1 与 l 的交点 P 即为所求. 证明读者可自己补出.

还应指出,如果在图(a)中 $AB/\!/l$,或者如果在图(b)中 $AB_1/\!/l$,那么最大值不存在. 随着点 P 在 l 上向远处移动,差 $|PA-PB|$ 将无限接近 AB,但始终小于 AB.

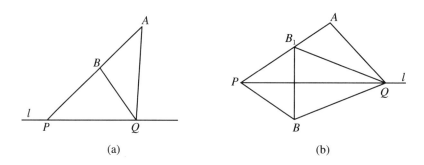

第 8 题图

第4章 平 行 线

如图4-1,设点 A 在直线 l 外,我们首先设法过点 A 作一条 l 的平行线.

在 l 上任取两点 B、C,连接 AB. 点 C 在直线 AB 的一侧,在另一侧作射线 AD,使
$$\angle DAB = \angle CBA. \qquad (1)$$
直线 AD 一定与 l 平行.

事实上,如果 AD 不与 l 平行,那么 AD 与 l 有交点 E.

点 E 与点 C 在直线 AB 异侧时,$\angle CBA$ 是 $\triangle ABE$ 的外角,从而 $\angle CBA > \angle DAB$,与(1)式矛盾.

点 E 与点 C 在 AB 同侧时,$\angle DAB$ 是 $\triangle ABE$ 的外角,从而 $\angle DAB > \angle CBA$. 仍与(1)式矛盾.

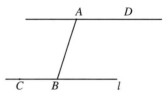

图 4-1

因此 AD 与 l 一定平行.

两条直线 AB、CD 被第三条直线 EF 所截,得到8个角,如图4-2. 其中 $\angle 1$ 与 $\angle 5$ 都在直线 EF 的右侧,并且分别在直线 AB、CD 的上方. 这种位置相同的一对角称为同位角. $\angle 2$ 与 $\angle 6$,$\angle 3$ 与 $\angle 7$,$\angle 4$ 与 $\angle 8$ 也都是同位角.

图 4-2 中的 $\angle 3$、$\angle 5$ 都在直线 AB、CD 之间,并且分别在直线 EF 的两侧. 这样的两个角称为内错角. $\angle 4$ 和 $\angle 6$ 也是一对内错角.

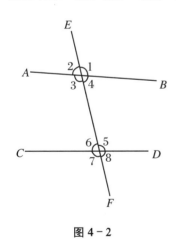

图 4-2

由开始的作法得出平行线的判定定理1.

判定定理1 两条直线被第三条直线所截,如果内错角相等,那么这两条直线平行.

因为 $\angle 1 = \angle 3$,由 $\angle 1 = \angle 5$ 可得 $\angle 3 = \angle 5$,所以又有:

判定定理2 两条直线被第三条直线所截,如果同位角相等,那么这两条直线平行.

图 4-2 中的 $\angle 4$ 与 $\angle 5$,$\angle 3$ 与 $\angle 6$ 称为同旁内角. 如果 $\angle 4$ 与 $\angle 5$ 互补,那么由于 $\angle 4$ 与 $\angle 1$ 也互补,所以 $\angle 1 = \angle 5$,$AB // CD$. 因此有:

判定定理3 两条直线被第三条直线所截,如果同旁内角互补,那么这两条直线平行.

已知直线 AB 及 AB 外的一点 O,过点 O 可以用下面的方法作一条直线与 AB 平行:过点 O 作直线 EF 交直线 AB 于点 F(图4-3),再过点 O 作直线 CD,使同位角相等,即 $\angle EOD = \angle EFB$. 直线 CD 就是 AB 的平行线.

推论 如果两条直线都与第三条直线垂直,那么这两条直线平行.

利用尺规或者三角板,不难过直线 l 外的点 A 作 l 的平行线.例如先过点 A 作 l 的垂线 AB,再过点 A 作 AB 的垂线 AC,则 AC 即为所求(图 4-4).

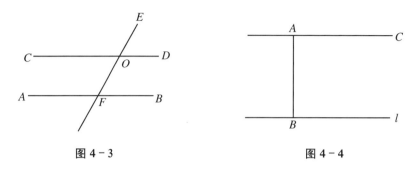

图 4-3   图 4-4

过点 O 能作几条直线与 AB 平行呢?

直观地看,只能作一条,这就是欧几里得几何学的平行公理,也称为平行公设或第五公设.它可以叙述如下:

平行公理 过已知直线外的一个已知点,只能作一条直线与已知直线平行.

由平行公理可以导出平行线的很多性质.

性质定理 1 两条平行线被第三条直线所截,同位角相等.

已知:直线 $AB /\!/ CD$,直线 EF 分别交 AB、CD 于点 G、H(图 4-5).

求证:$\angle EHD = \angle EGB$.

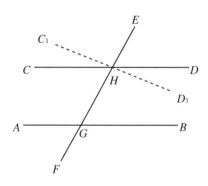

图 4-5

证明 过点 H 作直线 C_1D_1,使
$$\angle EHD_1 = \angle EGB.$$
因为
$$\angle EHD_1 = \angle EGB,$$
所以 $C_1D_1 /\!/ AB$.

CD、C_1D_1 都过点 H,并且都与 AB 平行.根据平行公理,这样的直线只有一条,所以 CD 与 C_1D_1 重合.

于是∠EHD = ∠EHD₁ = ∠EGB. 证毕.

这种证法称为同一法.

当然也可采用反证法,即假设∠EHD ≠ ∠EGB. 这时上面所作的 C_1D_1 与 CD 不同,但 $C_1D_1 // AB$. 根据平行公理,CD 不与 AB 平行. 这与已知矛盾,所以∠EHD = ∠EGB.

性质定理 2 两条平行线被第三条直线所截,内错角相等.

已知:直线 $AB // CD$,直线 EF 分别交 AB、CD 于点 G、H,如图 4-6.

求证:∠CHG = ∠HGB.

证明 因为 $AB // CD$,所以同位角相等,即
$$\angle EHD = \angle HGB.$$
因为对顶角相等,所以
$$\angle EHD = \angle CHG.$$
由以上二式得∠CHG = ∠HGB. 证毕.

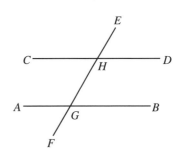

图 4-6

不难证明:

性质定理 3 两条平行线被第三条直线所截,同旁内角互补.

平行公理有各种等价的表述,在欧几里得的《几何原本》中是这样叙述的:

两条直线与第三条直线相交,如果同旁内角的和小于 180°,那么这两条直线在这一旁相交.

全等具有传递性,即如果△ABC≌△DEF,△DEF≌△GHI,那么△ABC≌△GHI.

平行也有传递性,即有:

定理 如果 $AB // CD$,$CD // EF$,那么 $AB // EF$.

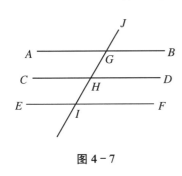

图 4-7

证明 如图 4-7,在 AB 上任取一点 G,在 CD 上任取一点 H,作直线 HG. 因为 AB、CD 没有公共点,所以直线 HG 不是 CD.

因为 $CD // EF$,所以过点 H 的直线 HG 不与 EF 平行(平行公理).

设 HG 交 EF 于点 I,J 为射线 HG 上一点.

因为 $AB // CD$,所以同位角相等,即
$$\angle JGB = \angle JHD.$$
同理,
$$\angle JHD = \angle JIF.$$
所以
$$\angle JGB = \angle JIF.$$
最后由判定定理得 $AB // EF$. 证毕.

《 练 习 题 》》

1. 已知:直线 $AB/\!/CD$,点 M 在 AB、CD 之间.

   求证:$\angle BMD = \angle ABM + \angle MDC$.

2. 已知:直线 a、b 相交,直线 $c/\!/a$.

   求证:直线 c、b 相交.

3. 已知:直线 a、b 相交,直线 $c \perp a$.

   求证:直线 c 不与 b 垂直.

4. 如果四边形 $ABCD$ 的对边互相平行,即 $AB/\!/CD$,$AD/\!/BC$,那么四边形 $ABCD$ 就称为平行四边形.

   求证:平行四边形的对边相等,即 $AB=CD$,$AD=BC$.

5. 求证:平行四边形 $ABCD$ 的对角相等,即 $\angle A=\angle C$,$\angle B=\angle D$.

6. 平行四边形 $ABCD$ 的对角线 AC、BD 相交于点 O.

   求证:$OA=OC$,$OB=OD$.

7. 四边形 $ABCD$ 中,$AB \underline{/\!/} CD$(即 $AB/\!/CD$,并且 $AB=CD$).

   求证:四边形 $ABCD$ 是平行四边形.

8. 四边形 $ABCD$ 中,$AB=CD$,$AD=BC$.

   求证:四边形 $ABCD$ 是平行四边形.

《 练习题解答 》》

1. 证明 过点 M 作 $MN/\!/AB$(见图).因为 $AB/\!/CD$,所以 $MN/\!/CD$.从而
$$\angle BMD = \angle BMN + \angle NMD = \angle ABM + \angle MDC.$$

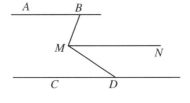

第 1 题图

第 1 题虽然简单,应用却颇广泛.

2. 证明 如果 $c/\!/b$,那么过 a、b 的交点有两条直线与直线 c 平行,与平行公理矛盾. 所以 c 与 b 相交.

3. **证明**　设直线 a、b 相交于点 C,直线 c 与 a 相交于点 B(见图). 若 $c\!\parallel\!b$,则 c 当然不与 b 垂直.

若 c 与 b 相交,设交点为 A,点 D 在 AB 的延长线上,则由 $\triangle ABC$ 的外角大于不相邻的内角得
$$\angle CAB < \angle CBD = 90°,$$
即直线 c 不垂直于直线 b.

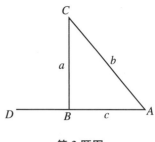

第 3 题图

或设 $b\perp c$,则
$$\angle CBA + \angle CAB = 90° + 90° = 180°,$$
从而 $a\!\parallel\!b$. 与已知矛盾.

4. **证明**　请自己画一个草图.

连接 BD. 因为 $AB\!\parallel\!CD$,所以 $\angle ABD = \angle CDB$. 同理,$\angle ADB = \angle CBD$. 又 $BD = BD$,所以 $\triangle ABD\cong\triangle CDB$,$AB = CD$,$AD = BC$.

5. **证明**　在上题中,$\triangle ABD\cong\triangle CDB$,所以 $\angle A = \angle C$. 同理,连接 AC,可得 $\angle B = \angle D$.

6. **证明**　因为 $AB\!\parallel\!CD$,所以 $\angle OAB = \angle OCD$,$\angle OBA = \angle ODC$,又由第 4 题,有 $AB = CD$,所以 $\triangle OAB\cong\triangle OCD$,$OA = OC$,$OB = OD$.

7. **证明**　因为 $AB\!\parallel\!CD$,所以 $\angle ABD = \angle CDB$. 又 $AB = CD$,$BD = DB$,所以 $\triangle ABD\cong\triangle CDB$,$\angle ADB = \angle CBD$,$AD\!\parallel\!BC$. 四边形 $ABCD$ 是平行四边形.

8. **证明**　因为 $AB = CD$,$AD = CB$,$BD = DB$,所以 $\triangle ABD\cong\triangle CDB$. 从而 $\angle ADB = \angle CBD$,$\angle ABD = \angle CDB$,$AD\!\parallel\!BC$,$AB\!\parallel\!CD$. 四边形 $ABCD$ 是平行四边形.

第5章 三角形的内角和

由平行公理可以推出三角形的内角和是 $180°$.

定理 三角形的内角和是平角,即 $180°$.

已知:$\triangle ABC$.

求证:$\angle A + \angle B + \angle C = 180°$.

证明 设 CD 是 BC 的延长线.过点 C 作 $CE /\!/ AB$,如图5-1.

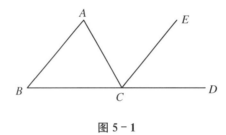

图 5-1

因为 $CE /\!/ AB$,所以

$$\angle ECD = \angle B（两条直线平行,同位角相等）,$$
$$\angle ACE = \angle A（两条直线平行,内错角相等）.$$

因此

$$\angle A + \angle B + \angle ACB = \angle ACE + \angle ECD + \angle ACB$$
$$= \angle BCD = 180°.$$

证毕.

注 在以 C 为顶点的角不止一个时,通常不用 $\angle C$ 这样的记号以免混淆.

推论 三角形的外角等于与它不相邻的两个内角的和.

由内角和定理还可推出很多结论.

推论 1 直角三角形中,直角外的另两个角都是锐角,而且互余.

推论 2 等腰直角三角形的两个锐角都是 $45°$.反过来,有两个角为 $45°$ 的三角形是等腰直角三角形.

推论 3 正三角形的三个角都是 $60°$.

推论 4 有两个角为 $60°$ 的三角形是正三角形.有一个角为 $60°$ 的等腰三角形也是正三角形.

将一条折线的首尾相连,组成的图形称为**多边形**.组成多边形的每一条线段称为多边形的**边**.如果共有 n 条边,就称多边形为 n 边形.例如,图5-2是七边形 $ABCDEFG$.

如果一个 n 边形,对于每一条边所在的直线,没有在不同侧的点,那么这个 n 边形称为凸多边形.图 5-2 是凸多边形.图 5-3 不是凸多边形,因为点 A、D 在直线 BC 的异侧.

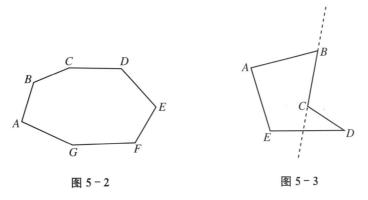

图 5-2

图 5-3

定理 凸 n 边形的内角和是 $(n-2)\times 180°$.

证明 如图 5-4,将凸 n 边形的一个顶点(图中 A)与其他顶点相连,形成 $(n-2)$ 个三角形.每个三角形的内角和是 $180°$,因此凸 n 边形的内角和是 $(n-2)\times 180°$.

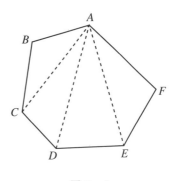

图 5-4

形如"如果 P,那么 Q"的陈述称为命题,其中 P 是条件,Q 是结论.命题可真可假.定理就是被证明为真的命题.将条件与结论交换,所得的命题"如果 Q,那么 P"称为原命题"如果 P,那么 Q"的逆命题.原命题正确,不能保证逆命题正确.例如,"如果 $\triangle ABC$ 是正三角形,那么 $\triangle ABC$ 有一个角是 $60°$"是正确的原命题.但逆命题"如果 $\triangle ABC$ 有一个角是 $60°$,那么 $\triangle ABC$ 是正三角形"是不正确的.正确的逆命题称为逆定理.

有了内角和定理,两个三角形如果有两个角对应相等,那么第三个角也相等.因此有:

判定定理 1 如果一个三角形有两个角及一条边与另一个三角形的两个角及一条边对应相等,那么这两个三角形全等.

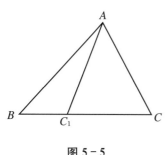

图 5-5

如果一个三角形有两条边及一个角与另一个三角形的两条边及一个角对应相等,这两个三角形并不一定全等.图 5-5 中的 $\triangle ABC$ 与 $\triangle ABC_1$ 就是反例,其中 $AB=AB$,$AC=AC_1$,$\angle B=\angle B$,但这两个三角形不全等.

对直角三角形却有:

判定定理 2 如果一个直角三角形的斜边及一条直角边与另一个直角三角形的斜边及一条直角边对应相等,那么这两个三角形全等.

已知:如图 5-6,在△ABC 与△$A_1B_1C_1$ 中,∠C = ∠C_1 = 90°,AB = A_1B_1,AC = A_1C_1.
求证:△ABC≌△$A_1B_1C_1$.

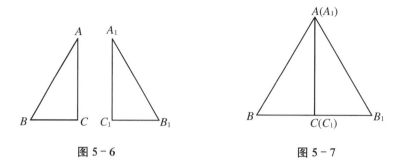

图 5-6　　　　　　　　　图 5-7

证明　因为 AC = A_1C_1,所以可以使线段 A_1C_1 与线段 AC 重合(点 A_1 与点 A 重合,点 C_1 与点 C 重合),并且可以使得点 B、B_1 位于直线 AC 的两侧(图 5-7).因为∠C、∠C_1 都是直角,它们的和是平角,所以 B、C、B_1 三个点在一条直线上.

△ABB_1 中,AB = AB_1,所以∠B = ∠B_1.

由判定定理 4 得△ABC≌△AB_1C,即△ABC≌△$A_1B_1C_1$.证毕.

直角三角形 ABC 常常记作 Rt△ABC.

在△ABC 中,过点 A 作对边 BC 的垂线,垂足为点 D,则 AD 称为边 BC 上的高(图 5-8).同样可以定义 CA、AB 上的高 BE、CF.三条高一定交于一点.这点称为三角形的垂心(图 5-9).这一点将在第 10 章证明.

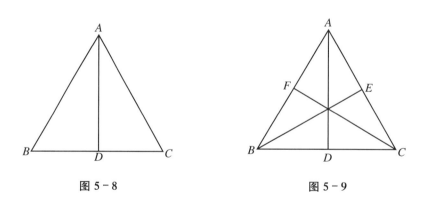

图 5-8　　　　　　　　　图 5-9

在图 5-8 中,设△ABC 是等腰三角形,AB = AC,AD 是高,那么
$$\text{Rt}\triangle ABD \cong \text{Rt}\triangle ACD,$$
所以
$$BD = CD, \quad \angle BAD = \angle CAD,$$
即等腰三角形底边上的高是底边上的中线,也是顶角的平分线.

因为底边上的中线、顶角的平分线都是唯一的,所以底边上的中线、顶角的平分线也是底边上的高,即:

等腰三角形底边上的高、中线、顶角平分线三者相同.

于是等腰三角形底边上的高也是底边的垂直平分线.

同时,我们还有:

如果一点 A 到线段 BC 两端的距离相等,那么点 A 一定在线段 BC 的垂直平分线上.

如果△ABC 中有一个角为钝角,大于 $90°$,那么其他两个角的和小于 $90°$,因而都是锐角.

有一个角是钝角的三角形称为钝角三角形.三个角都是锐角的三角形称为锐角三角形.

≪ 练 习 题 ≫

1. 证明等腰三角形两腰上的高相等.

2. 如图,在△ABC 的边 AB、AC 上向外作正三角形 ABD、ACE.连接 DC、BE.

   求证:$DC = BE$ 并且 DC、BE 之间的夹角(∠DPB)是 $60°$.

3. 如图,在△ABC 的边 AB、AC 上向外作等腰直角三角形 ABD、ACE(∠BAD = ∠EAC = $90°$).连接 DC、BE.

   求证:$DC = BE$ 并且 DC、BE 之间的夹角是 $90°$.

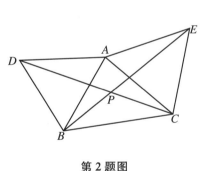

第 2 题图

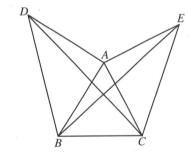

第 3 题图

4. 对于本章中的直角三角形全等的判定定理,将直角改为钝角,也是成立的.即已知△ABC 与△$A_1B_1C_1$ 中,$AB = A_1B_1$,$AC = A_1C_1$,∠C = ∠C_1 并且∠C 是钝角.

   求证:△ABC ≌ △$A_1B_1C_1$.

5. 各边都相等、各角也都相等的多边形称为正多边形.设 m、n 都是大于 2 的整数,并且正 m 边形的每个内角是正 n 边形的每个内角的整数倍.

   求 m、n 的值.

6. 已知:点 A 不在直线 b 上.从左到右,点 C、B、B_1、B_1、$\cdots$、B_n 依次在直线 b 上,并且
$$BB_1 = AB, \quad B_1B_2 = AB_1, \quad B_2B_3 = AB_2, \quad \cdots, \quad B_{n-1}B_n = AB_{n-1}.$$

   求证:∠$BB_nA = \dfrac{1}{2^n}$∠ABC.

7. 试用"三角形的内角和为平角"证明"两条平行线被第三条直线所截,同位角一定相等".证明中不得利用平行公理.

8. 试用"三角形的内角和为平角"证明"平行公理".

≪ 练习题解答 ≫

1. **证明** 如图,设等腰三角形 ABC 两腰上的高分别为 BD、CE.

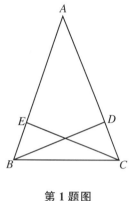

第1题图

因为 $\angle ABC = \angle ACB$,$\angle BEC = \angle CDB = 90°$,$BC = BC$,所以 $\triangle BEC \cong \triangle CDB$,$BD = CE$.

亦可用 $\triangle ABC$ 关于过顶点 A 的高 AN 对称.点 B 与点 C 关于 AN 对称,AC 与 AB 关于 AN 对称,所以高 BD 与 CE 关于 AN 对称,当然 $BD = CE$.

还可利用面积.$\triangle ABC$ 的面积 $= \frac{1}{2} BD \times AC = \frac{1}{2} CE \times AB$,而 $AC = AB$,所以 $BD = CE$.本书不拟建立面积的理论,但读者可以利用面积的知识解题.

2. **证明** $AD = AB$,$AC = AE$,$\angle DAC = \angle BAC + 60° = \angle BAE$,所以 $\triangle DAC \cong \triangle BAE$,$DC = BE$,$\angle ACD = \angle AEB$.

设 DC 与 BE 相交于点 P,则

$$\angle DPE = \angle PCE + \angle PEC = \angle DCA + 60° + \angle PEC$$
$$= \angle AEB + 60° + \angle PEC$$
$$= 60° + \angle AEC = 120°.$$

所以 DC、BE 之间的夹角 $\angle DPB = 180° - 120° = 60°$.

如果将 $\triangle ADC$ 绕点 A 逆时针旋转 $60°$,那么 AD 变为 AB,AC 变为 AE,从而 DC 变为 BE,即 $DC = BE$ 并且 DC、BE 之间的夹角为 $60°$.

这种动的观点使解题更为方便.

3. **证明** 将 $\triangle ADC$ 绕点 A 逆时针旋转 $90°$ 就得到 $\triangle ABE$.

4. **证明** 不妨设 $C_1B_1 \geq CB$.

将 $\triangle A_1B_1C_1$ 放到 $\triangle ABC$ 上,使得边 A_1C_1 与 AC 重合,射线 C_1B_1 与 CB 重合.

如果 $C_1B_1 > CB$,那么点 B_1 落在线段 CB 的延长线上.这时 $\angle ABB_1 > \angle ACB > 90° > \angle AB_1B$,从而 $A_1B_1 = AB_1 > AB$,与已知矛盾.

所以 $C_1B_1 = CB$.从而点 B_1 与点 B 重合,$\triangle A_1B_1C_1 \cong \triangle ABC$.

5. **解** 如果 $m=n$,那么两个正多边形的内角相等,一个是另一个的 1 倍.

如果 m、n 不等,那么正 m 边形的每个内角是 $\dfrac{m-2}{m}\times 180°$,正 n 边形的每个内角是 $\dfrac{n-2}{n}\times 180°$,$\dfrac{m-2}{m}$ 是 $\dfrac{n-2}{n}$ 的倍数,即 $n(m-2)$ 是 $m(n-2)$ 的倍数. 从而

$$n(m-2)-m(n-2)=2(m-n)$$

是 $m(n-2)$ 的倍数,并且 $m>n$.

$2(m-n)<2m$,$2(m-n)$ 是 m 的倍数,所以

$$2(m-n)=m,$$

并且 $n-2=1$. 从而 $n=3,m=6$.

答案为 $m=n$ 或 $(m,n)=(6,3)$.

6. **证明** 如图,因为 $BB_1=AB$,所以 $\angle BB_1A=\angle BAB_1$,

$$\angle ABC = \angle BB_1A + \angle BAB_1 = 2\angle BB_1A.$$

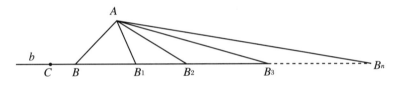

第 6 题图

同理,

$$\angle BB_1A = 2\angle BB_2A,$$
$$\angle BB_2A = 2\angle BB_3A,$$
$$\cdots.$$

所以

$$\angle ABC = 2\angle BB_1A = 2^2\angle BB_2A = \cdots = 2^n\angle BB_nA,$$

即

$$\angle BB_nA = \dfrac{1}{2^n}\angle ABC.$$

7. **证明** 设直线 $a\parallel b$,与第三条直线分别相交于点 A、B,同位角为 α、β,如图(a).

若 $\alpha\neq\beta$,不妨设 $\beta>\alpha$. 如图(b),在直线 b 上取点 B_1、B_2、$\cdots$、B_n,使得 $BB_1=AB$,$B_1B_2=AB_1$,$B_2B_3=AB_2$,$\cdots$,$B_{n-1}B_n=AB_{n-1}$.

由上题得 $\angle BB_nA=\dfrac{1}{2^n}\beta$.

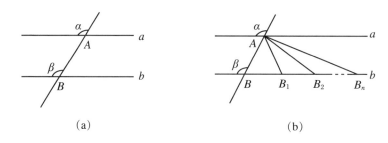

(a)　　　　　　　　　(b)

第7题图

因为过 A 点并且在 $\angle BB_nA$ 内部的射线一定与 BB_n 相交,而 $a \parallel b$,所以 a 不在 $\angle BB_nA$ 内,$\angle BAB_n < \alpha$(的对顶角).

取 n 足够大,满足 $\frac{1}{2^n}\beta < \beta - \alpha$,则

$$\beta = \angle BB_nA + \angle BAB_n < \frac{1}{2^n}\beta + \alpha < (\beta - \alpha) + \alpha = \beta.$$

矛盾表明"$\alpha \neq \beta$"不正确,必有 $\alpha = \beta$.

8. **证明**　设点 A 在直线 b 外,直线 a、c 过点 A,并且与直线 b 平行(见图).在直线 b 上任取一点 B,直线 AB 与 a、b 相交,形成同位角 α、β.AB 又与 c、b 形成同位角 γ、β.

根据上题,$\alpha = \beta$,$\gamma = \beta$.

因此 $\alpha = \gamma$,即 a 与 c 是同一条直线.

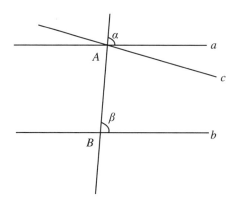

第8题图

第6章 四 边 形

两组对边分别平行的四边形称为平行四边形.

第4章练习题中已经证明,平行四边形具有以下性质:

(ⅰ) 两组对边分别相等.

(ⅱ) 两组对角分别相等.

(ⅲ) 对角线互相平分.

反过来,符合以下条件之一的四边形是平行四边形:

(ⅰ) 两组对边分别相等.

(ⅱ) 一组对边平行且相等.

(ⅲ) 两组对角分别相等.

(ⅳ) 对角线互相平分.

这些都可以利用全等三角形及平行线的知识给予证明.(ⅰ)、(ⅱ)已在第4章练习题中证明.这里证明性质(ⅳ),请读者自己证明性质(ⅲ).

已知:四边形 $ABCD$ 中,AC 与 BD 相交于 O 点,并且 $AO=OC$,$BO=OD$.

求证:四边形 $ABCD$ 是平行四边形.

证明 如图 6-1,因为 $AO=OC$,$BO=OD$,$\angle AOD=\angle COB$(对顶角相等),所以
$$\triangle AOD \cong \triangle COB.$$

从而 $\angle OAD=\angle OCB$,
$$AD \parallel BC.$$

同理,由 $\triangle AOB \cong \triangle COD$ 得
$$AB \parallel CD.$$

四边形 $ABCD$ 是平行四边形. 证毕.

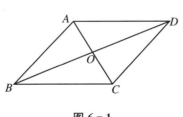

图 6-1

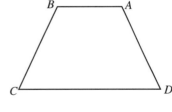

图 6-2

注 一组对边平行、另一组对边相等的四边形不一定是平行四边形,它也可能是等腰梯形(图 6-2).

一组对边互相平行、另一组对边不平行的四边形称为梯形.平行的边称为底,不平行的边称为腰.两腰相等的梯形称为等腰梯形.**具有以下条件之一的梯形都是等腰梯形:**

(ⅰ) 两条对角线相等.

(ⅱ) 两腰与同一个底所成的底角相等.

已知:梯形 $ABCD$ 中,$AD\,/\!/\,BC$,并且 $AC=BD$.

求证:$AB=CD$.

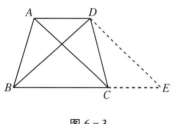

图 6-3

证明 如图 6-3,过点 D 作 AC 的平行线,交 BC 的延长线于点 E.

因为 $AD\,/\!/\,BC$,$DE\,/\!/\,AC$,所以四边形 $ACED$ 是平行四边形,$DE=AC$.

因为 $AC=BD$,所以 $BD=DE$.

因为 $\triangle DBE$ 是等腰三角形,所以底角相等,即
$$\angle DBE=\angle DEB.$$

因为 $DE\,/\!/\,AC$,所以
$$\angle ACB=\angle DEB=\angle DBE.$$

因为 $AC=BD$,$BC=CB$,$\angle ACB=\angle DBC$,所以
$$\triangle ACB\cong\triangle DBC,$$

从而 $AB=CD$.证毕.

已知:梯形 $ABCD$ 中,$AD\,/\!/\,BC$,$\angle B=\angle C$.

求证:$AB=CD$.

证一 如图 6-4,过点 A 作 CD 的平行线,交 BC 于点 E.

因为 $AE\,/\!/\,CD$,所以 $\angle AEB=\angle C=\angle B$.

$\triangle AEB$ 是等腰三角形,$AB=AE$.

因为 $AD\,/\!/\,BC$,$AE\,/\!/\,CD$,所以四边形 $AECD$ 是平行四边形,$CD=AE=AB$.证毕.

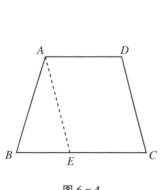

图 6-4

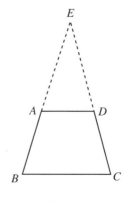

图 6-5

证二 如图 6-5,延长 BA、CD,相交于点 E.

因为 $\angle B = \angle C$,所以 $\triangle EBC$ 是等腰三角形,$EB = EC$.

因为 $AD \parallel BC$,所以
$$\angle EAD = \angle B, \quad \angle EDA = \angle C.$$

因为 $\angle B = \angle C$,所以 $\angle EAD = \angle EDA$. $\triangle EAD$ 是等腰三角形,$EA = ED$. 于是
$$AB = EB - EA = EC - ED = CD.$$

证毕.

证一 将 CD 平移至 AE,与 AB 构成三角形,类似上一例的方法(将 AC 平移至 DE,与 DB 构成三角形). 证二 将梯形看作 $\triangle EBC$ 截去 $\triangle EAD$. 这两种方法都很有用.

已知:梯形 $ABCD$ 中,$AD \parallel BC$,$\angle ACB = \angle DBC$.

求证:$AB = CD$.

证明 如图 6-6,设 AC、BD 相交于点 O. 因为 $\angle ACB = \angle DBC$,所以 $OB = OC$.

因为 $AD \parallel BC$,所以 $\angle CAD = \angle ACB = \angle DBC = \angle BDA$,$OD = OA$.

因此 $AC = OA + OC = OD + OB = BD$.

由上面所证结果,$AB = CD$.

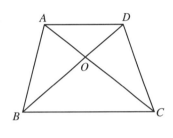

图 6-6

有一个角为直角的平行四边形称为**矩形**. 易知**矩形的四个角都是直角,而且对角线相等**.

两条邻边相等的平行四边形称为**菱形**. 易知**菱形的四条边都相等,两条对角线互相垂直,而且是各个角的平分线**.

邻边相等的矩形是正方形. 邻边互相垂直的菱形也是正方形. 正方形的四条边相等,而且邻边互相垂直.

平行四边形不一定是轴对称图形. 菱形、矩形、正方形都是轴对称图形. 两条对角线都是菱形的对称轴. 对边中点的连线是矩形的对称轴.

如果图形 F_1 绕定点 O 旋转 $180°$ 后与图形 F_2 重合,那么我们就说图形 F_1、F_2 **关于点 O 中心对称**,点 O 称为**对称中心**.

图 6-1 中,$\triangle COD$ 与 $\triangle AOB$ 关于点 O 中心对称.

如果一个图形 F 可以分成两个部分,这两个部分关于点 O 中心对称,那么就称图形 F 是**中心对称图形**,点 O 称为**对称中心**.

平行四边形是中心对称图形,对角线的交点 O 是对称中心.

练 习 题

1. 已知:四边形 $ABCD$ 中,$AB = AD$,$BC = DC$.

求证:$\angle BAC = \angle CAD$.

2. 在上题中,求证:AC 垂直平分 BD.

3. 如图,B、D、C、E 为一条直线上顺次四点,满足 BD 与 DC 的长度之比等于 BE 与 CE 的长度之比,即 $\dfrac{BD}{DC} = \dfrac{BE}{CE}$. O 为 BC 的中点.

求证:以 OC 为边的正方形的面积等于以 OD、OE 为邻边的长方形的面积,即 $OC^2 = OD \times OE$.

4. 已知:如图,梯形 $ABCD$ 中,$\angle B = \angle C = 90°$,$AB = BC$. 点 M 在腰 BC 上,并且 $\angle DMC = 45°$.

求证:$AD = AM$.

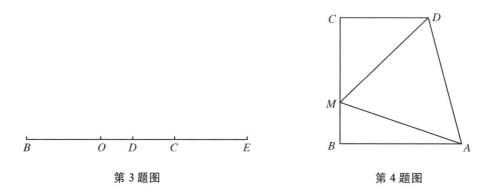

第 3 题图   第 4 题图

5. 已知:四边形 $ABCD$ 中,$\angle A = \angle C$,$\angle B = \angle D$.

求证:四边形 $ABCD$ 是平行四边形.

6. 已知:AD 是 $\triangle ABC$ 的角平分线,AD 的垂直平分线交 BC 的延长线于点 E.

求证:$\angle CAE = \angle B$.

7. 已知:四边形 $ABCD$ 中,$\angle BAC = \angle CAD$,$CA = CB$,$CD \perp AD$.

求证:$AB = 2AD$.

8. 在 $\triangle ABC$ 的边 AB、AC 上,向外作正三角形 ABD、ACE. 又在边 BC 上作正三角形 BCF,点 F 与点 A 在 BC 同侧.

求证:四边形 $AEFD$ 是平行四边形.

练习题解答

1. 证明 连接 AC. 因为 $AB = AD, CB = CD, AC = AC$, 所以 $\triangle ABC \cong \triangle ADC$, $\angle BAC = \angle DAC$.

本题中的四边形称为筝形.

2. 证明 如图, 连接 BD, 交 AC 于点 E.

因为 $\triangle ABD$ 是等腰三角形, AE 是顶角平分线, 所以 AE 也是 BD 的垂直平分线.

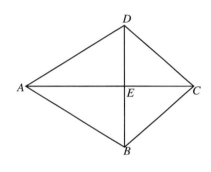

第 2 题图

3. 证明 以 O 为原点, 直线 BE 为数轴, O 到 E 的方向为正方向(见图).

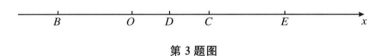

第 3 题图

设 B、C、D、E 四点表示的数分别为 b、c、d、e, 则 c、d、e 都是正数, b 是负数, 并且因为原点 O 是 BC 的中点, 所以

$$b = -c. \tag{1}$$

因为 $BD = d - b, DC = c - d, BE = e - b, CE = e - c$, 由已知条件得

$$\frac{d-b}{c-d} = \frac{e-b}{e-c},$$

去分母, 整理(利用(1)式)得

$$c^2 = de.$$

注 数轴的原点、方向可以自己选择, 目的是为了便利.

如果数轴左边的点多, 我们也可以选择向左的方向为正方向.

4. 证明 如图, 连接 AC. 因为 $AB = BC$, 所以 $\triangle ABC$ 是等腰直角三角形, $\angle ACB = 45°$, AC 平分 $\angle BCD$.

因为 $\angle DMC = 45°$, 所以 $\triangle MCD$ 是等腰三角形, $\angle MCD$ 的平分线 AC 也是 MD 的垂直平分线.

因此 $AD = AM$.

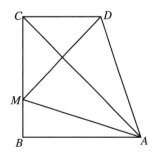

第 4 题图

5. 证明 四边形 $ABCD$ 的内角和是 $2\times 180°$，即
$$\angle A + \angle B + \angle C + \angle D = 2\times 180°.$$
因为 $\angle A = \angle C$，$\angle B = \angle D$，所以由上式得
$$\angle A + \angle B = 180°.$$
从而 $AD /\!/ BC$.

同理，$AB /\!/ CD$.

所以四边形 $ABCD$ 是平行四边形.

6. 证明 如图，因为点 E 在 AD 的垂直平分线上，所以 $EA = ED$，$\angle EAD = \angle EDA$.
$$\angle B = \angle EDA - \angle DAB = \angle EAD - \angle DAC = \angle EAC.$$

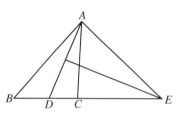

第6题图

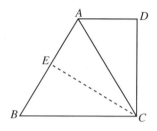

第7题图

7. 证明 如图，设 AB 的中点为 E，连接 CE.

因为 $CA = CB$，所以 $CE \perp AB$.

因为 $\angle EAC = \angle DAC$，$AC = AC$，所以
$$\text{Rt}\triangle CEA \cong \text{Rt}\triangle CDA,$$
$$AD = AE = \frac{1}{2}AB.$$

注 本题亦可延长 AD 到点 F，使 $DF = AD$. 通过 $\triangle CAF \cong \triangle CAB$ 得出结论.

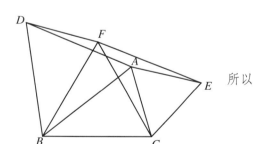

第8题图

8. 证明 如图，在 $\triangle BDF$ 与 $\triangle BAC$ 中，
$$BD = BA, \quad BF = BC,$$
$$\angle DBF = 60° - \angle ABF = \angle ABC,$$
所以
$$\triangle BDF \cong \triangle BAC,$$
$$DF = AC = AE.$$
同理，$\triangle CBA \cong \triangle CFE$，$EF = AB = AD$.

所以四边形 $AEFD$ 是平行四边形.

注 $\triangle BDF$ 绕点 B 顺时针旋转 $60°$，成为 $\triangle BAC$.
$\triangle CBA$ 绕点 C 顺时针旋转 $60°$，成为 $\triangle CFE$.

第7章 圆(一)

我们已经知道，**圆是到一个定点的距离为定长的点的集合**。这个定点称为**圆心**，这个定长称为**半径**。连接圆心与圆上任一点的线段，也称为**半径**。

如图 7-1，圆心为 O、半径为 r 的圆记为 $\odot(O, r)$ 或 $\odot O$。

不在 $\odot O$ 上的点分成两部分：到圆心 O 的距离大于半径 r 的点组成圆的外部；到圆心 O 的距离小于半径 r 的点组成圆的内部。

如图 7-1，连接圆上的两个点 A、B 的线段称为**弦**。过圆心的弦称为**直径**。显然直径是半径的 2 倍。如果 AA_1 是圆的直径，那么 A_1 称为 A 的对径点，如图 7-2。

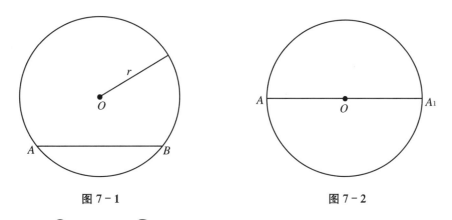

图 7-1   图 7-2

弦 AB 称为 $\overset{\frown}{AB}$ 所对的弦，$\overset{\frown}{AB}$ 称为弦 AB 所对的弧。

因为圆心到弦的两端的距离相等，所以圆心在弦的垂直平分线上。从而垂直于弦的直径平分这条弦。通过弦的中点的直径垂直于这条弦。

半径相等的两个圆称为**等圆**。可以经过运动，使它们完全重合：将圆心 O_1 放到圆心 O 上。这时 $\odot O_1$ 上每个点到点 O 的距离等于半径，所以都在 $\odot O$ 上，即两个圆成为同一个圆。这样的重合有无穷多种：在将圆心 O_1 放到圆心 O 上的同时，可以将 $\odot O_1$ 的一条半径 $O_1 A_1$ 与 $\odot O$ 的任一条半径重合。

同样，同一个圆也可以有无穷多种方法与自身重合。圆心不动，圆上一点 A 变为同圆上任一点。这称为绕圆心旋转。

对于 $\odot O$，如果经过绕圆心 O 的旋转，可以使得 $\overset{\frown}{AB}$ 与 $\overset{\frown}{CD}$ 重合，那么就说这两条弧相等。如果经过绕圆心 O 的旋转，可以使得点 A 与点 C 重合，而点 B 落到 $\overset{\frown}{CD}$ 内，那么就说 $\overset{\frown}{AB}$ 小于 $\overset{\frown}{CD}$（$\overset{\frown}{CD}$ 大于 $\overset{\frown}{AB}$）。

圆可以等分为 360 份，每份称为 $1°$。半圆是 $180°$，整个圆是 $360°$。

连接圆心 O 与 $\overset{\frown}{AB}$ 的端点 A、B,产生 $\angle AOB$,称为 $\overset{\frown}{AB}$(或弦 AB)所对的圆心角. $\angle AOB$ 与 $\overset{\frown}{AB}$ 的度数相同. 在 $\overset{\frown}{AB}$ 为优弧时,$\angle AOB$ 是大于 $180°$ 的角. 在 $\overset{\frown}{AB}$ 为半圆时,$\angle AOB$ 是平角. 显然有:

定理 在同圆或等圆中,相等的弧所对的圆心角相等. 反之亦然.

又有:

定理 在同圆或等圆中,相等的弧所对的弦相等. 反之亦然.

有许多和圆有关的角. 设点 P 在 $\odot O$ 上,以 P 为顶点的角如果两边分别交圆于点 A、B,那么 $\angle APB$ 就称为 $\overset{\frown}{AB}$ 上的圆周角,$\overset{\frown}{AB}$ 称为 $\angle APB$ 所对的弧. 圆周角 $\angle APB$ 与圆心角 $\angle AOB$ 关系密切.

定理 圆周角是相应的圆心角的 $\dfrac{1}{2}$,即
$$\angle APB = \dfrac{1}{2}\angle AOB.$$

证明 分三种情况:

(ⅰ) PA 过圆心 O(或 PB 过圆心 O).

如图 7-3(a),这时半径 $OP = OB$,$\angle OBP = \angle OPB$.

$\angle AOB$ 是 $\triangle OPB$ 的外角,所以
$$\angle AOB = \angle OPB + \angle OBP = 2\angle OPB = 2\angle APB.$$

(ⅱ) 圆心 O 在 $\angle APB$ 内.

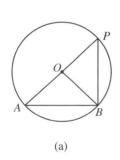
(a)
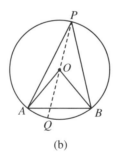
(b)
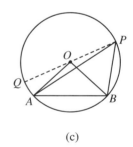
(c)

图 7-3

如图 7-3(b),这时作直径 PQ,PQ 在 $\angle APB$ 内,所以点 Q 在 $\angle AOB$ 内.

由(ⅰ)所证,
$$\angle AOB = \angle AOQ + \angle QOB = 2\angle APQ + 2\angle QPB = 2\angle APB.$$

(ⅲ) 圆心 O 在 $\angle APB$ 外.

如图 7-3(c),这时作直径 PQ,点 Q 在 $\angle AOB$ 外. 仍由(ⅰ)得
$$\angle AOB = \angle QOB - \angle QOA = 2\angle QPB - 2\angle QPA = 2\angle APB.$$

于是结论成立.

注 在 $\overparen{AB}$ 为优弧时,结论仍然成立.只不过这时 $\angle APB$ 是钝角,$\angle AOB$ 是大于 $180°$ 的角(图 7-4).这时只有情况(ⅱ)的证明仍然有效,$\angle AOB$ 是 $\angle AOQ$ 与 $\angle QOB$ 的和.

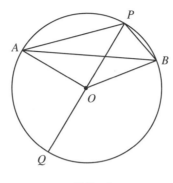

图 7-4

推论 1 圆周角的度数等于它所对弧的度数的一半.

推论 2 直径(半圆)上的圆周角是直角.

推论 3 同一条弧上的圆周角都相等.

推论 4 如果 A、B、C、D 是 $\odot O$ 上顺次(依顺时针顺序或逆时针顺序均可)四点,那么 $\angle DAB + \angle BCD = 180°$.

证明 $\angle BAD$ 的度数是 $\overparen{BCD}$ 的度数的一半,$\angle BCD$ 的度数是 $\overparen{DAB}$ 的度数的一半.$\overparen{BCD}$ 和 $\overparen{DAB}$ 合成整个圆,所以它们的度数和是 $360°$,从而

$$\angle BAD + \angle BCD = \frac{1}{2} \times 360° = 180°.$$

推论 4 也常说成"圆内接四边形的对角互补".

推论 5 圆内接四边形的外角等于它的内对角(例如图 7-5 中,点 C 处的外角等于 $\angle A$).

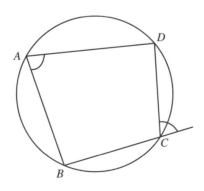

图 7-5

如果点 P 在 $\odot O$ 内,以 P 为顶点的角的两边分别交 $\odot O$ 于点 A、B,PA、PB 的反向延长线又分别交 $\odot O$ 于点 C、D,那么这样的角称为圆内角,如图 7-6,

$$\angle APB = \angle PCB + \angle PBC \stackrel{m}{=\!=\!=} \frac{1}{2}(\overparen{AB} + \overparen{CD}),$$

这里 $\stackrel{m}{=\!=\!=}$ 表示等号两边的度数相等.

如果点 P 在 $\odot O$ 外,以 P 为顶点的角的两边分别交 $\odot O$ 于点 A、C 及 B、D,那么这样的角称为圆外角,如图 7-7,

$$\angle APB = \angle ACB - \angle CBD \stackrel{m}{=\!=\!=} \frac{1}{2}(\overparen{AB} - \overparen{CD}).$$

以上两式也是有用的结论.

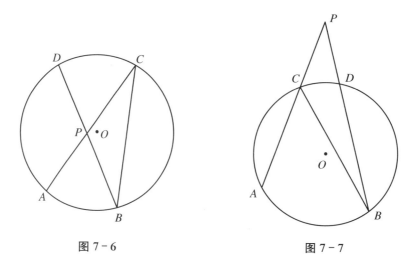

图 7-6　　　　　图 7-7

给定两点 A、B,那么在线段 AB 的垂直平分线上任取一点 O,我们有 $OA = OB$. 因此,以点 O 为圆心、OA 为半径的圆经过 A、B 两点. 这样的圆有无穷多个.

反之,如果以点 O 为圆心的圆经过 A、B 两点,那么 $OA = OB$,点 O 必在线段 AB 的垂直平分线上.

定理 不在一条直线上的三点确定一个圆,即过这三点可以作一个圆,而且只能作一个圆.

已知:点 A、B、C 不在同一条直线上.

求证:有且只有一个圆过 A、B、C 三点.

证明 如果有过 A、B、C 三点的圆,那么圆心 O 必在边(线段)AB 的垂直平分线 m 上,也必在边 AC 的垂直平分线 n 上.

因为 AB、AC 相交,所以由第 4 章练习题 3 得 m 不与 AC 垂直. 从而 m 不是 n,也不与 n 平行. 两条直线 m、n 有且仅有一个交点 O. 因此,过 A、B、C 三点的圆至多有一个. 圆心必定是直线 m、n 的交点 O,半径为 OA.

因为直线 m 是 AB 的垂直平分线,点 O 在直线 m 上,所以 $OA = OB$.

同理,$OA = OC$.

因此,以点 O 为圆心、OA 为半径的圆过 A、B、C 三点.

于是,对于每一个三角形 ABC,都有一个通过 A、B、C 三点的圆. 它称为 $\triangle ABC$ 的外接圆,圆心 O 称为△ABC 的外心.外心 O 是三条边的垂直平分线的交点.

下面两个四点共圆的定理十分重要.

第一个是推论 3 的逆命题.

定理 如果点 C、D 在直线 AB 同侧,并且 $\angle ACB = \angle ADB$,那么点 A、B、C、D 共圆(即这四点在同一个圆上).

证明 过 A、B、C 三点作圆.

如果点 D 在这个圆内,那么根据上面所说,

$$\angle ADB \text{ 的度数} > \frac{1}{2} \overset{\frown}{AB} \text{ 的度数} = \angle ACB \text{ 的度数}.$$

如果点 D 在这个圆外,那么

$$\angle ADB \text{ 的度数} < \frac{1}{2} \overset{\frown}{AB} \text{ 的度数} = \angle ACB \text{ 的度数}.$$

这两种情况均与已知 $\angle ACB = \angle ADB$ 矛盾.因此必有点 D 在这个圆上.证毕.

同样有推论 4 的逆命题成立,即:

定理 如果四边形 $ABCD$ 的对角互补或者外角等于内对角,那么点 A、B、C、D 共圆.

如果直线 l 与⊙O 有一个公共点 A,那么 $OA = r$,r 为⊙O 的半径,过点 O 作 l 的垂线,交 l 于点 D.

在点 D 与点 A 重合时,对于 l 上任一个不与点 A 相同的点 E,均有 $OE > OA$(第 3 章练习题 3).因此 l 与⊙O 恰有一个公共点.这时称圆与直线相切,l 为⊙O 的切线.公共点 A 称为切点(图 7-8).

在点 D 不与点 A 重合时,在 AD 的延长线上取点 B,使 $DB = DA$,则点 B 与点 A 关于直线 OD 对称,$OB = OA$,点 B 也在⊙O 上.这时直线 l 与⊙O 有两个不同的公共点 A、B,而点 O 到 l 的距离 $OD < OA = r$,我们称直线 l 与⊙O 相交,A、B 称为交点(图 7-9).

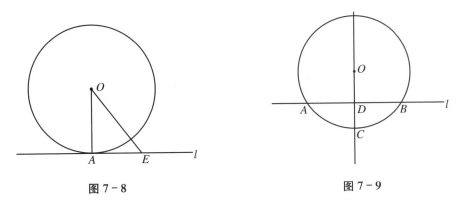

图 7-8　　　　　　　　图 7-9

在图 7-9 中,设 OD 与⊙O 相交于点 C,将直线 l 平行移动(保持与 OC 垂直),点 D 在 OC 上移动,直至点 D 与点 C 重合,这时图 7-9 就变成图 7-8.l 变为⊙O 的切线,A、B 两点重合为一个点 C.

于是,一条直线 l 与⊙O 的位置关系有三种情况:

（ⅰ）l 与 ⊙O 没有公共点.

（ⅱ）l 与 ⊙O 相切（恰有一个公共点），l 是 ⊙O 的切线.

（ⅲ）l 与 ⊙O 相交（有两个公共点），l 是 ⊙O 的割线.

设直线 AB 与 ⊙O 相切于点 A，AC 为弦，$\angle CAB$ 称为弦切角（一边为弦，一边为切线）. 我们有：

定理 弦切角的度数等于它所夹弧的度数的 $\dfrac{1}{2}$，因而弦切角等于它所夹弧上的圆周角.

证明 有三种情况，如图 7-10.

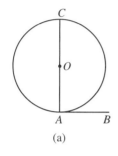 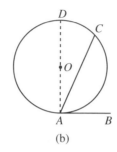 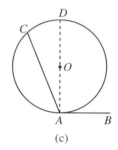

     (a)   (b)   (c)

图 7-10

在图 7-10(a)中，边 AC 通过圆心 O，OA 是过切点 A 的半径，所以 $OA \perp$ 切线 AB.

$$\angle BAC = 90° \stackrel{m}{=\!=\!=} \dfrac{1}{2} \times 半圆 = \dfrac{1}{2}\stackrel{\frown}{AC}.$$

在图 7-10(b)中，作过切点 A 的直径 AD，

$$\angle BAC = \angle BAD - \angle CAD \stackrel{m}{=\!=\!=} \dfrac{1}{2}(\stackrel{\frown}{ACD} - \stackrel{\frown}{CD}) = \dfrac{1}{2}\stackrel{\frown}{AC}.$$

在图 7-10(c)中，作过切点 A 的直径 AD，

$$\angle BAC = \angle BAD + \angle CAD \stackrel{m}{=\!=\!=} \dfrac{1}{2}(半圆 + \stackrel{\frown}{CD}) = \dfrac{1}{2}\stackrel{\frown}{ADC}.$$

证毕.

最后，介绍一个常用的大小关系.

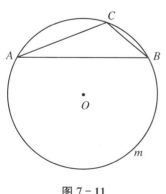

图 7-11

例 在同一个圆中的两条劣弧，大弧所对的弦较大，条件"劣弧"能否省去？

证明 不妨设两条劣弧的一个端点相同（否则将其中一条弧绕圆心旋转，使得它的一个端点与另一条弧的端点重合），都是点 A. 大弧为 $\stackrel{\frown}{AB}$，小弧为 $\stackrel{\frown}{AC}$，则 C 在 $\stackrel{\frown}{AB}$ 上（图 7-11）.

因为 $\stackrel{\frown}{AB}$ 是劣弧，所以 $\stackrel{\frown}{AmB}$ 是优弧，

$$\angle C \stackrel{m}{=\!=\!=} \dfrac{1}{2}\stackrel{\frown}{AmB},$$

即 $\angle C$ 是钝角，从而 $AB > AC$.

条件"劣弧"不能省. 如 $\stackrel{\frown}{AmC} > \stackrel{\frown}{AmB}$，但 $AC < AB$.

≪ 练 习 题 ≫

1. 给定△ABC,用圆规、直尺作出它的外接圆(保留作图痕迹).

2. 设点 A 在直线 l 外,点 A 在 l 上的射影为点 C. B_1、B_2 为 l 上两点.

求证:当 $CB_2 > CB_1$ 时,$AB_2 > AB_1$.

3. 过⊙O 外一点 P 作⊙O 的切线 PT,T 为切点.又过点 P 作割线,交⊙O 于 AB(见图).

求证:$\angle BPT \stackrel{m}{=\!=\!=} \frac{1}{2}(\overparen{BT} - \overparen{AT})$.

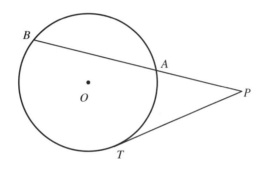

第 3 题图

4. 已知⊙O 及⊙O 外一点 A,用圆规、直尺作⊙O 的切线,经过点 A(保留作图痕迹).

5. 点 A 在⊙O 上,AC 是弦,射线 AB 与 AC 所成的角 $\angle BAC \stackrel{m}{=\!=\!=} \frac{1}{2}\overparen{AC}$.

求证:AB 与⊙O 相切.

6. 已知△ABC 中,AB = AC = 1,∠A = 108°.点 D 与点 A 在直线 BC 的同侧,并且 ∠BDC = 54°.

求 AD.

7. 已知△ABC 的高 AD、BE 相交于点 H.延长 AD 交外接圆于点 F.

求证:HD = DF.

8. 四边形 ABCD 的四个角的平分线构成四边形 EFGH.

证明:四边形 EFGH 有外接圆.

练习题解答

1. 作法 作 AB、AC 的垂直平分线,相交于点 O. 以点 O 为圆心、OA 为半径作圆. 这圆即为所求(见图).

这一作图稍繁,所以遇到与外接圆有关的问题,我们往往先作圆,再在圆上取 3 个点,形成圆的内接三角形.

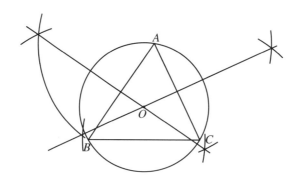

第 1 题图

2. 证明 如果点 B_1、B_2 在点 C 同侧(见图(a)),那么因为 $CB_2 > CB_1$,所以点 B_1 在线段 CB_2 上. $\angle AB_1B_2 > \angle C = 90° > \angle AB_2B_1$,$AB_2 > AB_1$.

如果点 B_1、B_2 在点 C 两侧(见图(b)),那么作点 B_1 关于 AC 的对称点 B_1'. $CB_1' = CB_1 < CB_2$,所以 $AB_1' < AB_2$,$AB_1 = AB_1' < AB_2$.

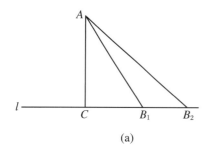

(a)

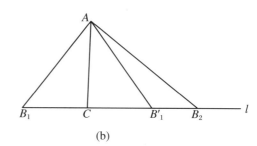

(b)

第 2 题图

CB_1 称为斜线 AB_1 的射影. 本题结论可说成:"射影长的斜线长."

逆命题"斜线长的射影长"也是正确的.

直线 l 上与点 A 的距离为 AC 的点只有点 C 一个. 与点 A 的距离 $r > AC$ 的有两个,分居点 C 的两侧,关于 AC 对称. 所以 l 与 $\odot(A, r)$ 至多有两个公共点.

直线 l 上没有与点 A 的距离小于 AC 的点.

3. 证明 连接 AT.

$$\angle BPT = \angle BAT - \angle ATP \stackrel{m}{=\!=\!=} \frac{1}{2}(\overset{\frown}{BT} - \overset{\frown}{AT}).$$

4. 作法 连接 OA，取 OA 的中点 E（作 OA 的垂直平分线 l，交 OA 于点 E.以后还有其他找中点的办法）.以点 E 为圆心、EO 为半径作圆，交 $\odot O$ 于点 B.直线 AB 就是所求作的切线（见图）.

证明 因为 OA 是 $\odot E$ 的直径，所以 $\angle OBA = 90°$. AB 是 $\odot O$ 的切线.

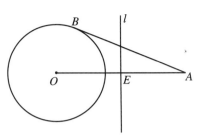

第4题图

5. 证明 过点 A 作 $\odot O$ 的切线 AB_1（即作 $AB_1 \perp OA$），则 $\angle B_1 AC \stackrel{m}{=\!=\!=} \frac{1}{2}\overset{\frown}{AC} \stackrel{m}{=\!=\!=} \angle BAC$，所以 AB_1 与 AB 重合. AB 是 $\odot O$ 的切线.

6. 解 如图，以 A 点为圆心、1 为半径作圆.这圆经过 B、C 点，设这圆交射线 BD 于 D_1 点，则

$$\angle BD_1C = \frac{1}{2}\angle BAC = \frac{1}{2} \times 108° = 54° = \angle BDC.$$

于是 D_1 点与 D 点重合.

$$AD = AD_1 = 1.$$

7. 证明 如图，

$$\angle HBD = 90° - \angle BHD = 90° - \angle AHE$$
$$= \angle FAC = \angle FBD,$$

所以 Rt$\triangle HBD \cong$ Rt$\triangle FBD$.

$$HD = DF.$$

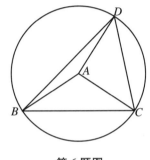

第6题图

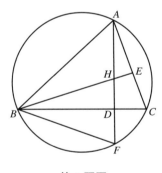

第7题图

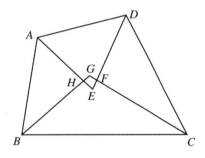

第8题图

8. 证明 如图，

$$\angle E + \angle G = (180° - \angle EAD - \angle EDA) + (180° - \angle GBC - \angle GCB)$$
$$= 360° - \frac{1}{2}(\angle BAD + \angle ADC + \angle ABC + \angle DCB)$$
$$= 180°,$$

所以 E、F、G、H 四点共圆.

第8章 相　似　形

1. 比的性质. 设 a、b、c、d 为实数. 易知以下结论成立：

如果 $\dfrac{a}{b}=\dfrac{c}{d}$，那么 $ad=bc$，称 a、b、c、d 成比例.

如果 $\dfrac{a}{b}=\dfrac{c}{d}$，那么 $\dfrac{a+b}{b}=\dfrac{c+d}{d}$，$\dfrac{a-b}{b}=\dfrac{c-d}{d}$，$\dfrac{a+b}{a-b}=\dfrac{c+d}{c-d}$.

如果 $\dfrac{a}{b}=\dfrac{c}{d}=\cdots=\dfrac{m}{n}$，那么 $\dfrac{a+c+\cdots+m}{b+d+\cdots+n}=\dfrac{a}{b}$（式中分母均不为 0）.

2. 平行线分线段成比例的定理.

定理　三条平行线与两条直线相截，所得的线段成比例.

已知：直线 $l_1 \parallel l_2 \parallel l_3$，两条直线分别与它们相交于点 A、B、C 及 D、E、F，如图 8－1.

求证：$\dfrac{AB}{BC}=\dfrac{DE}{EF}$.

证明　这是一个极其重要的定理. 我们分几步来证明.

首先考虑最简单的情况：$\dfrac{AB}{BC}=1$，即 $AB=BC$.

这时，过点 A、B 作 DE 的平行线，分别交 BE、CF 于点 G、H（图 8－2）.

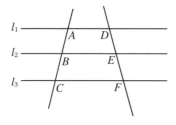

图 8－1

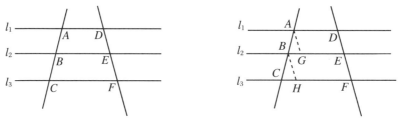

图 8－2

因为 $BE \parallel CF$，所以
$$\angle ABG = \angle BCH, \quad \angle BED = \angle CFD.$$

因为 $AG \parallel DE$，所以 $\angle AGB = \angle BED$.

同理，$\angle BHC = \angle CFD$.

所以 $\angle AGB = \angle BHC$.

因为
$$AB = BC, \quad \angle ABG = \angle BCH, \quad \angle AGB = \angle BHC,$$

所以

$$\triangle AGB \cong \triangle BHC,$$
$$AG = BH.$$

因为 $AG \parallel DE$,$AD \parallel GE$,所以四边形 $AGED$ 是平行四边形,$DE = AG$.

同理,$EF = BH$.

所以
$$DE = EF, \quad \frac{DE}{EF} = 1 = \frac{AB}{BC}.$$

其次,设 $\frac{AB}{BC} = \frac{m}{n}$,其中 m、n 为自然数.

这时将 AB m 等分,BC n 等分.每份都相等.过每个分点作 AD 的平行线,与 DF 相交,共有 $m+n-1$ 个交点,其中第 m 个交点就是 E(图 8-3).

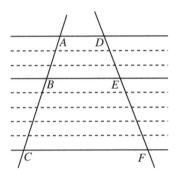

图 8-3

因为直线 AC 上每相邻的两份相等,根据上面所证,在直线 DF 上,每相邻的两份也都相等,所以 $\frac{DE}{EF} = \frac{m}{n} = \frac{AB}{BC}$.

最后,设 $\frac{AB}{BC} = \alpha$,α 是正无理数.

这时,任取一个小于 α 的正有理数 r,再在射线 BA 上取点 P,使 $PB = r \times BC$.

因为 $r < \alpha$,所以 $PB < AB$,点 P 在线段 AB 内.

过点 P 作 BE 的平行线,交 DF 于点 Q(图 8-4).因为 PQ 在 AD、BE 之间,所以点 Q 在线段 DE 上.

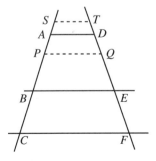

图 8-4

由上一段的结果有 $\dfrac{QE}{EF}=\dfrac{PB}{BC}=r$. 所以

$$\dfrac{DE}{EF}>\dfrac{QE}{EF}=r.$$

同样,任取一个大于 α 的有理数 s,再在射线 BA 上取点 S,使 $SB=s\cdot BC$. 过点 S 作 BE 的平行线,交直线 DF 于 T,则点 D 在线段 TE 上. 从而

$$\dfrac{DE}{EF}<\dfrac{TE}{EF}=\dfrac{SB}{BC}=s.$$

于是,对任意满足 $r<\alpha<s$ 的有理数 r、s,均有

$$r<\dfrac{DE}{EF}<s.$$

所以 $\dfrac{DE}{EF}=\alpha\left(若\dfrac{DE}{EF}\ne\alpha,不妨设\dfrac{DE}{EF}>\alpha. 取有理数 s 满足 \alpha<s<\dfrac{DE}{EF},则产生 \dfrac{DE}{EF}<s<\dfrac{DE}{EF} 的矛盾\right)$. 证毕.

定理中点 A、D 重合(或点 B、C 重合)的情况最为常见. 这时有:

推论 1 在 $\triangle ABC$ 中,如果 $DE/\!/BC$,点 D、E 分别在 AB、AC(或它们的延长线)上,那么 $\dfrac{AD}{AB}=\dfrac{AE}{AC}$.

特别地,有:

推论 2 在 $\triangle ABC$ 中,设 D 为 AB 的中点,点 E 在 AC 上,并且 $DE/\!/BC$,那么 E 是 AC 的中点.

3. 相似三角形.

对应角相等、对应边成比例的两个三角形称为**相似三角形**. 相似三角形对应边的比称为**相似比**. 相似三角形中对应线段的比都等于相似比,周长的比也等于相似比,而面积的比等于相似比的平方.

$\triangle ABC$ 与 $\triangle A_1B_1C_1$ 相似,记为 $\triangle ABC\circlearrowright\triangle A_1B_1C_1$.

已知 $\triangle ABC$,点 D、E 分别在射线 AB、AC 上,$DE/\!/BC$.

求证:$\triangle ADE\circlearrowright\triangle ABC$,并且 $\dfrac{AD}{AB}=\dfrac{AE}{AC}=\dfrac{DE}{BC}$.

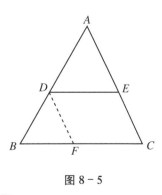

图 8-5

证明 如图 8-5,因为 $DE/\!/BC$,所以

$$\angle ADE=\angle B,\quad \angle AED=\angle C,\quad \dfrac{AD}{AB}=\dfrac{AE}{AC}.$$

过点 D 作 $DF/\!/AC$,交 BC 于点 F.

四边形 $DFCE$ 是平行四边形,所以 $CF=DE$.

因为 $DF/\!/AC$,所以 $\dfrac{BF}{FC}=\dfrac{BD}{DA}$.

根据比的性质,有 $\dfrac{BC}{FC}=\dfrac{AB}{AD}$,即 $\dfrac{DE}{BC}=\dfrac{AD}{AB}$.

因此 $\triangle ADE \backsim \triangle ABC$，$\dfrac{AD}{AB} = \dfrac{AE}{AC} = \dfrac{DE}{BC}$. 证毕.

相似三角形有以下 3 个判定定理：

判定定理 1 如果一个三角形的两个角分别与另一个三角形的两个角对应相等，那么这两个三角形相似.

判定定理 2 如果一个三角形的两条边与另一个三角形的两条边对应成比例，并且夹角相等，那么这两个三角形相似.

判定定理 3 如果一个三角形的三条边与另一个三角形的三条边对应成比例，那么这两个三角形相似.

这些定理的证明均不难. 大致是像图 8-5 那样，对第一个三角形 ABC 作 BC 的平行线 DE，得到 $\triangle ADE \backsim \triangle ABC$，并且 AD 等于第二个三角形的对应边. 再证明 $\triangle ADE$ 与第二个三角形全等.

在 $\triangle ABC$ 中，设 D 为 AB 的中点，E 是 AC 的中点，那么根据判定定理，$\triangle ADE \backsim \triangle ABC$.

从而 $\angle ADE = \angle B$，$DE \parallel BC$，并且 $\dfrac{DE}{BC} = \dfrac{1}{2}$.

连接三角形两条边的中点的线段称为三角形的**中位线**. 因此有：

推论 3 三角形的中位线平行于第三条边，并且等于第三条边的一半.

利用相似可以将一个图形放大或缩小，作法如下：

如图 8-6，对于 $\triangle ABC$，任取一点 O，在射线 OA、OB、OC 上分别取点 A'、B'、C'，使

$$\dfrac{OA'}{OA} = \dfrac{OB'}{OB} = \dfrac{OC'}{OC} = 2, \tag{1}$$

则 $\triangle A'B'C'$ 与 $\triangle ABC$ 相似，而且对应边互相平行，比值

$$\dfrac{A'B'}{AB} = \dfrac{B'C'}{BC} = \dfrac{C'A'}{CA} = 2. \tag{2}$$

这里的 2 可以改为任一个正实数 λ（$\lambda = 1$ 时，$\triangle A'B'C'$ 就是原来的 $\triangle ABC$）.

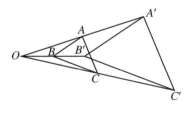

图 8-6

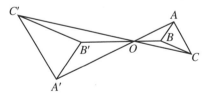

图 8-7

如图 8-7，我们也可以在射线 OA、OB、OC 的反向延长线上取点 A'、B'、C'，使 (1) 式成立. 这时 (2) 式当然也成立.

为了区别这两种情况,我们可以认为点 A' 与 A 在点 O 异侧时,OA' 为负值,这样(1)式中的比值就是 -2 了,于是上面说的 λ 可以为任一个非零实数.

上面得到的 $\triangle A'B'C'$ 不仅与 $\triangle ABC$ 相似,而且对应顶点的连线 AA'、BB'、CC' 通过同一点 O.

$$\frac{OA'}{OA} = \frac{OB'}{OB} = \frac{OC'}{OC},$$

这样的两个三角形称为位似三角形.

一般地,如果两个图形的点可以一一对应,A 与 A'、B 与 B'、C 与 C' ……对应点的连线 AA'、BB'、CC'…通过同一点 O,并且比值

$$\frac{OA'}{OA} = \frac{OB'}{OB} = \frac{OC'}{OC} = \cdots,$$

那么这两个图形就称为位似图形,点 O 称为位似中心.相同的比值 λ 称为相似比($\lambda > 0$ 时,点 A' 在射线 OA 上,点 O 称为外位似中心;$\lambda < 0$ 时,点 A' 在射线 OA 的反向延长线上,点 O 称为内位似中心).

有了第一个图形(例如 $\triangle ABC$)、点 O、实数 $\lambda (\neq 0)$,我们就可以按图 8-6 或图 8-7 所示的方法作出第二个图形(例如 $\triangle A'B'C'$),这两个图形以点 O 为位似中心,λ 为相似比.这种作法称为以点 O 为位似中心、λ 为相似比的位似变换.

≪ 练 习 题 ≫

1. 如图,已知直线 $l \parallel l_1$.过点 A 作三条射线,分别交直线 l、l_1 于点 B、B_1、C、C_1、D、D_1.

求证:$\dfrac{BC}{B_1C_1} = \dfrac{CD}{C_1D_1}$.

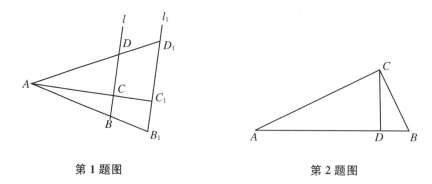

第 1 题图　　　　　　第 2 题图

2. 如图,已知 Rt$\triangle ABC$ 中,CD 是斜边上的高,试找出图中的相似三角形,并证明:

(i) $CD^2 = AD \times DB$;

（ⅱ）$AC^2 = AD \times AB$；

（ⅲ）$BC^2 = BD \times AB$.

3. 如图，梯形 $ABCD$ 中，$AD /\!/ BC$．对角线相交于点 O．过点 O 作 AD 的平行线，交 AB 于点 E，交 CD 于点 F．

求证：$EO = OF$.

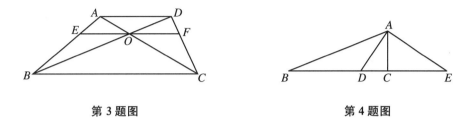

第3题图　　　　　　　第4题图

4. 如图，AD、AE 分别是 $\triangle ABC$ 的角平分线与外角平分线（点 D、E 在直线 BC 上）．

求证：$\dfrac{BD}{DC} = \dfrac{AB}{AC} = \dfrac{BE}{CE}$.

5. $\odot O$ 的半径为 r，弦 AB、CD 相交于点 P．

求证：$PA \times PB = PC \times PD = r^2 - OP^2$.

6. 如图，过 $\odot(O, r)$ 外一点 P 作两条割线，分别交 $\odot O$ 于点 A、B 与 C、D．

求证：$PA \times PB = PC \times PD = OP^2 - r^2$.

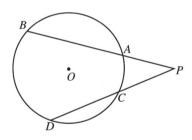

第6题图

7. 上题中，再作 $\odot O$ 的切线 PT，T 为切点．

求证：$PA \times PB = PT^2$.

8. 在第4题中，以 DE 为直径作圆．设 P 为圆上一点．

求证：$\dfrac{PB}{PC} = \dfrac{BD}{DC}$. 这个圆通常称为阿氏（Apollonius）圆．

≪ 练习题解答 ≫

1. 证明 因为 $BC \parallel B_1C_1$,所以 $\triangle ABC \backsim \triangle AB_1C_1$.

$$\frac{BC}{B_1C_1} = \frac{AC}{AC_1}.$$

同理,

$$\frac{CD}{C_1D_1} = \frac{AC}{AC_1}.$$

所以

$$\frac{BC}{B_1C_1} = \frac{CD}{C_1D_1}.$$

2. 证明 因为 $\text{Rt}\triangle ACD \backsim \text{Rt}\triangle CBD \backsim \text{Rt}\triangle ABC$,所以

$$\frac{CD}{BD} = \frac{AD}{CD}, \quad \frac{AC}{AB} = \frac{AD}{AC}, \quad \frac{CB}{AB} = \frac{BD}{BC}.$$

从而

$$CD^2 = AD \times DB, \quad AC^2 = AD \times AB, \quad BC^2 = BD \times AB.$$

3. 证明

$$\frac{EO}{AD} = \frac{BO}{BD} = \frac{CO}{CA} = \frac{OF}{AD},$$

所以 $EO = OF$.

4. 证明 过点 C 作 AD 的平行线,交 BA 的延长线于点 F(见图(a)).

$$\angle AFC = \angle BAD = \angle CAD = \angle ACF,$$

所以 $AF = AC$.

$$\frac{BD}{DC} = \frac{BA}{AF} = \frac{AB}{AC}.$$

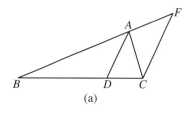
(a)

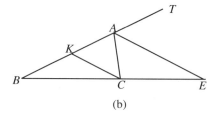
(b)

第 4 题图

过点 C 作 $CK \parallel AE$,交 AB 于点 K(见图(b)).

$$\angle KCA = \angle CAE = \angle EAT = \angle AKC,$$

所以 $AK = AC$.
$$\frac{BE}{CE} = \frac{BA}{KA} = \frac{AB}{AC}.$$

如果在同一直线上的顺次四点 B、D、C、E 满足 $\frac{BD}{DC} = \frac{BE}{CE}$，那么这四点就称为调和的点列.

5. **证明** 连接 AD、BC（见图）.

因为 $\angle A = \angle C$，$\angle B = \angle D$（同弧上的圆周角相等），所以 $\triangle APD \backsim \triangle CPB$，$\frac{PA}{PC} = \frac{PD}{PB}$，即 $PA \times PB = PC \times PD$. 特别地，在 AB 为直径时，$PA \times PB = (r - OP)(r + OP) = r^2 - OP^2$.

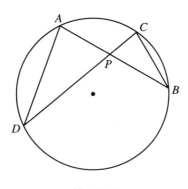

第 5 题图

6. **证明** 在题图中连接 AD、BC. 因为 $\angle PBC = \angle PDA$，$\angle P = \angle P$，所以 $\triangle PBC \backsim \triangle PDA$，$\frac{PB}{PD} = \frac{PC}{PA}$，即 $PA \times PB = PC \times PD$. 特别地，在 AB 过点 O（即 A、B 是 PO 与圆的交点）时，$PA \times PB = (OP - r)(OP + r) = OP^2 - r^2$.

7. **证明** 连接 TA、TB，如图. 因为 $\angle PTA = \angle B$，$\angle P = \angle P$，所以 $\triangle PAT \backsim \triangle PTB$，则 $\frac{PA}{PT} = \frac{PT}{PB}$，即 $PA \times PB = PT^2$.

形如 $\triangle PAT$ 与 $\triangle PTB$ 的一对相似三角形常在问题中出现，要多加注意.

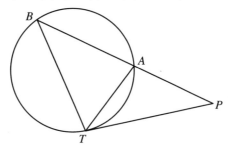

第 7 题图

8. **证明** 如图,设 DE 的中点为 O.

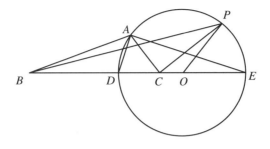

第8题图

我们有

$$\frac{BD}{DC} = \frac{BE}{CE}. \tag{1}$$

由第6章练习题3有

$$OB \times OC = OD^2. \tag{2}$$

(2)式是调和点列的特点. 即如果 B、D、C、E 四点是调和的点列,O 为 DE 的中点,那么(2)式成立.

在 $\triangle OPC$ 与 $\triangle OBP$ 中,因为 $\angle O = \angle O$,

$$\frac{OB}{OP} = \frac{OP}{OC},$$

所以 $\triangle OPC \backsim \triangle OBP$(这正是第7题末尾所说的那种类型),

$$\frac{PB}{PC} = \frac{OP}{OC} = \frac{OD}{OC}.$$

而由(1)式有

$$\frac{BD}{DC} = \frac{BE - BD}{CE - DC} = \frac{2 \times OD}{2 \times OC} = \frac{OD}{OC},$$

所以结论成立.

第9章 勾股定理

设△ABC 为直角三角形，∠C = 90°，三边分别为 a、b、c. 我们有极重要的勾股定理，国际上称为毕达哥拉斯(Pythagoras)定理.

勾股定理 在直角三角形中，两条直角边的平方和等于斜边的平方.

即
$$a^2 + b^2 = c^2. \qquad (1)$$

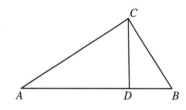

图 9-1

证明 设 CD 为高，如图 9-1，由第 8 章练习题 2 有
$$AC^2 = AD \times AB,$$
$$BC^2 = BD \times AB.$$

两式相加得
$$AC^2 + BC^2 = (AD + BD) \times AB = AB^2.$$

即(1)式成立.

勾股定理有广泛的应用.

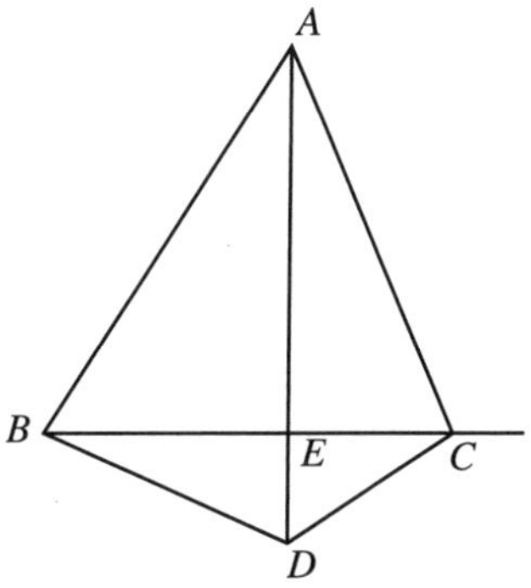

例 1 已知：线段 $AD \perp BC$.

求证：
$$AB^2 - AC^2 = DB^2 - DC^2.$$

证明 如图 9-2，设直线 AD 交直线 BC 于点 E. 因为 $AD \perp BC$，所以△ABE 是直角三角形. 由勾股定理得
$$AB^2 = AE^2 + BE^2.$$

同理，
$$AC^2 = AE^2 + CE^2.$$

图 9-2

两式相减得
$$AB^2 - AC^2 = BE^2 - CE^2.$$

同理，
$$DB^2 - DC^2 = BE^2 - CE^2.$$

因此，
$$AB^2 - AC^2 = DB^2 - DC^2.$$

反过来，有：

例2 A、D 两点在直线 BC 外,并且
$$AB^2 - AC^2 = DB^2 - DC^2.$$
求证:$AD \perp BC$.

证明 过点 A 作 BC 的垂线,垂足为点 A_1,如图 9-3.由勾股定理得
$$BA_1^2 - A_1C^2 = (AB^2 - AA_1^2) - (AC^2 - AA_1^2)$$
$$= AB^2 - AC^2,$$

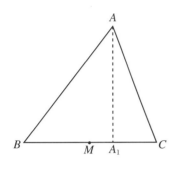

图 9-3

所以
$$BA_1 - A_1C = \frac{AB^2 - AC^2}{BC}.$$

设 M 为 BC 的中点,则
$$MA_1 = \frac{AB^2 - AC^2}{2BC}. \tag{1}$$

同样,过点 D 作 BC 的垂线,垂足为点 D_1,则
$$MD_1 = \frac{DB^2 - DC^2}{2BC} = \frac{AB^2 - AC^2}{2BC}. \tag{2}$$

由(1)、(2)两式得 $MA_1 = MD_1$.

因此点 D_1 与点 A_1 重合.点 A、D 都在过 A_1 并且与 BC 垂直的直线上,即 $AD \perp BC$.

从这两个例子看到,平方差形式的勾股定理
$$a^2 = c^2 - b^2$$
应用更为广泛.$c^2 - b^2$ 可以因式分解为 $(c+b)(c-b)$,往往也会带来一些方便.

下面的斯图尔特(Stewart)定理在计算中极重要.

定理 设 B、D、C 为直线 l 上的三个点,点 A 在 l 外,则有
$$AB^2 \times DC + AC^2 \times BD - AD^2 \times BC = BC \times DC \times BD.$$

证明 如图 9-4,设点 A 在 l 上的射影为点 H,则
$$AB^2 \times DC + AC^2 \times BD - AD^2 \times BC$$
$$= (BH^2 + AH^2) \times DC + (HC^2 + AH^2) \times BD - (DH^2 + AH^2) \times BC$$
$$= BH^2 \times DC + HC^2 \times BD - DH^2 \times BC.$$

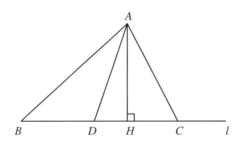

图 9-4

B、H、D、C 四点全在 l 上. 我们可以以直线 l 为数轴, H 为原点, 表示点 B、D、C 的数分别为 b、d、c.

$$BH^2 \times DC + HC^2 \times BD - DH^2 \times BC$$
$$= b^2(c-d) + c^2(d-b) - d^2(c-b)$$
$$= (c-b)(-bc + d(c+b) - d^2)$$
$$= (c-b)(c-d)(d-b) = BC \times DC \times BD.$$

注 (i) 第一步利用勾股定理, 将二维问题化成一维(直线 l)问题.

(ii) 定理中的 DC、BD、BC 都是"有向线段", 即 DC 与 CD 长度相同, 但相差一个符号. 在数轴上, $DC = c - d$, 而 $CD = d - c$.

斯图尔特定理并不限定点 D 在点 B、C 之间, 但要注意线段的方向, 不可写错(平方项当然无关正负).

例 3 设 $\triangle ABC$ 中, D 为 BC 的中点, 则

$$AD^2 = \frac{1}{2}(AB^2 + AC^2) - \frac{1}{4}BC^2.$$

证明 在斯图尔特定理中,

$$DC = BD = \frac{1}{2}BC.$$

化简即得上述中线公式.

由例 3 立即得出平行四边形两条对角线的平方和等于四条边的平方和.

《 练 习 题 》

1. 等腰直角三角形中, 斜边为 c. 求直角边.

2. 直角三角形的一个锐角为 $30°$, 斜边为 c. 求两条直角边.

3. $\triangle ABC$ 的边长为 a、b、c, AD 是 $\angle BAC$ 的平分线(点 D 在 BC 上). 求 AD 的长.

4. 上题中, AE 为 $\angle BAC$ 的外角平分线. 求 AE 的长.

5. 上题中, AN 为 BC 边上的高. 求 AN 的长.

6. 已知 $\triangle ABC$ 的三边为 a、b、c. 求它的面积.

7. 已知 $\triangle ABC$ 的三边为 a、b、c. 求外接圆的半径.

8. 已知: 等腰直角三角形 ABC 中, $\angle C = 90°$, 点 D、E 在线段 AB 上, $AD = 24$, $DE = 25$, 且 $\angle DCE = 45°$. 求 $\triangle ABC$ 的面积.

练习题解答

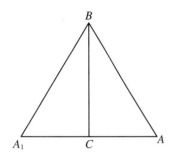

第2题图

1. **解** 设直角边为 a，则 $a^2 + a^2 = c^2$，所以 $a = \dfrac{\sqrt{2}}{2}c$。

2. **解** $30°$ 角所对直角边是斜边的一半，即 $\dfrac{c}{2}$。这是因为两个这样的直角三角形正好拼成一个正三角形（见图）。

另一条直角边 $= \sqrt{c^2 - \left(\dfrac{1}{2}c\right)^2} = \dfrac{\sqrt{3}}{2}c$。

3. **解** 由第 8 章练习题 4 得 $\dfrac{BD}{DC} = \dfrac{c}{b}$。所以 $BD = \dfrac{ac}{b+c}$，$DC = \dfrac{ab}{b+c}$。记 $AD = t$。由斯图尔特定理得

$$\dfrac{c^2 \cdot ab}{b+c} + \dfrac{b^2 \cdot ac}{b+c} - t^2 a = \dfrac{aacab}{(b+c)^2},$$

$$t^2 = bc - \dfrac{a^2 bc}{(b+c)^2} = \dfrac{bc}{(b+c)^2}(b+c+a)(b+c-a),$$

$$t = \dfrac{2}{b+c}\sqrt{bcs(s-a)}, \quad s = \dfrac{1}{2}(a+b+c).$$

4. **解** 因为 $\dfrac{BE}{CE} = \dfrac{c}{b}$，所以

$$BE = \dfrac{ac}{b-c}, \quad CE = \dfrac{ab}{b-c},$$

$$AE^2 = \dfrac{-b^2 c}{b-c} + \dfrac{c^2 b}{b-c} + \dfrac{a^2 bc}{(b-c)^2} = \dfrac{bc(a^2 - (b-c)^2)}{(b-c)^2},$$

$$AE = \dfrac{2}{b-c}\sqrt{bc(s-b)(s-c)}.$$

5. **解**

$BN^2 - NC^2 = c^2 - b^2$,

$BN + NC = a$, $BN - NC = \dfrac{c^2 - b^2}{a}$,

$BN = \dfrac{1}{2}\left(a + \dfrac{c^2 - b^2}{a}\right).$

$AN^2 = c^2 - \dfrac{1}{4}\left(a + \dfrac{c^2 - b^2}{a}\right)^2 = \dfrac{1}{4a^2}(2ac - a^2 - c^2 + b^2)(2ac + a^2 + c^2 - b^2),$

$$AN = \frac{2}{a}\sqrt{s(s-a)(s-b)(s-c)}.$$

6. 解
$$S_{\triangle ABC} = \frac{1}{2} \times a \times AN = \sqrt{s(s-a)(s-b)(s-c)}.$$

这称为海伦(Heron)公式,形式优美.但在边为二次根式时,用下面的公式更方便:
$$16 S^2_{\triangle ABC} = -a^4 - b^4 - c^4 + 2a^2b^2 + 2b^2c^2 + 2c^2a^2.$$

7. 解 设 AM 是外接圆直径(见图),则
$$\angle ABM = 90° = \angle ANC, \quad \angle M = \angle C,$$
所以
$$\triangle ABM \sim \triangle ANC,$$
$$AB \times AC = AM \times AN.$$
$$AM = \frac{AB \times AC}{AN},$$
$$r = \frac{1}{2}AM = \frac{abc}{4\sqrt{s(s-a)(s-b)(s-c)}}.$$

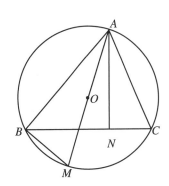

第7题图

8. 解 绕点 C 顺时针旋转 $90°$,$\triangle ACD$ 变成 $\triangle BCD_1$,如图.
$$\angle ECD_1 = \angle ECB + \angle BCD_1 = \angle ECB + \angle ACD$$
$$= 90° - \angle DCE = \angle DCE,$$
$$CD_1 = CD, \quad CE = CE,$$
所以
$$\triangle ECD_1 \cong \triangle ECD,$$
$$ED_1 = ED = 25.$$

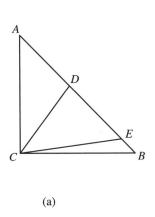
(a)

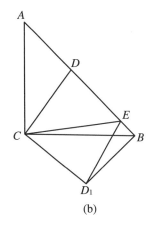
(b)

第8题图

又 AD 旋转 $90°$ 成为 BD_1,所以 $\angle D_1BE = 90°$, $D_1B = 24$.

由勾股定理得
$$BE = \sqrt{ED_1^2 - D_1B^2} = 7,$$
$$AB = 24 + 25 + 7 = 56,$$
$$S_{\triangle ABC} = \frac{1}{4} \times 56^2 = 28^2 = 784.$$

注 （ⅰ）60°角、45°角往往启示我们将图形绕一顶点旋转．

（ⅱ）满足 $a^2 + b^2 = c^2$ 的正整数组 (a,b,c) 称为勾股数．$(3,4,5),(7,24,25),(5,12,13)$ 等都是常见的勾股数．

第 10 章 轨 迹

具有某种性质的点的集合称为**轨迹**.因此,轨迹就是点集.之所以采用"轨迹"这一名词,只是为了表明轨迹往往是由运动产生的.

最常见的一种轨迹就是圆:到一个定点 O 的距离为定长 r 的点的轨迹就是以点 O 为圆心、r 为半径的圆.

证明某个图形是具有某种性质的点的轨迹,需要做两方面的事:

（ⅰ）**纯粹性**:图形上的点具有所述性质.

（ⅱ）**完备性**:具有所述性质的点在图形上.

轨迹 1 到线段 AB 两端距离相等的点的轨迹是线段 AB 的垂直平分线.

证明 一方面,设点 P 在线段 AB 的垂直平分线上,则由第 2 章末的定理得
$$PA = PB.$$

另一方面,设点 P 满足 $PA = PB$,则 P 是等腰三角形 PAB 的顶点.根据等腰三角形的性质,点 P 在线段 AB 的垂直平分线上.

综合以上两个方面,结论成立.

轨迹 2 到 $\angle AOB$ 的两边距离相等的点的轨迹是 $\angle AOB$ 的平分线.

证明 设点 P 在 $\angle AOB$ 的平分线上,则 $\angle AOP = \angle BOP$.

设点 P 在 OA、OB 上的射影分别为点 C、D,如图 10-1.

在 $Rt\triangle PCO$ 与 $Rt\triangle PDO$ 中,
$$\angle COP = \angle DOP, \quad PO = PO, \quad \angle PCO = \angle PDO = 90°,$$
所以
$$\triangle COP \cong \triangle DOP,$$
$$PC = PD.$$

反之,设点 P 在 OA、OB 上的射影分别为点 C、D,并且 $PC = PD$.

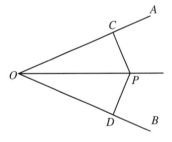

图 10-1

连接 PO.在直角三角形 PCO 与 PDO 中,
$$PC = PD, \quad PO = PO, \quad \angle PCO = \angle PDO = 90°,$$
所以
$$\triangle COP \cong \triangle DOP,$$
$$\angle AOP = \angle BOP,$$
即点 P 在 $\angle AOB$ 的平分线上.

综合以上两个方面,结论成立.

轨迹 3 对线段 BC 张的角为定角 $\alpha(0°<\alpha<180°)$ 的点的轨迹是以 BC 为底、含角 α 的弓形弧.

我们先说一说如何用直尺、圆规作出这个弓形弧,然后再证明它是所述的轨迹.

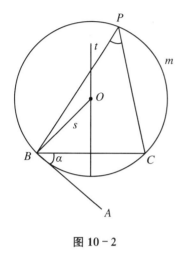

图 10-2

如图 10-2,在直线 BC 的一侧作射线 BA,使 $\angle CBA = \alpha$(作法参见第 2 章练习题 1).

作线段 BC 的垂直平分线 t,又过点 B 作 BA 的垂线 s. 设直线 s 与 t 相交于点 O($s \perp BA$,所以 s 不垂直于 BC,从而 s 与 t 不平行,s 与 t 一定相交).

以点 O 为圆心、OB 为半径作圆. 因为点 O 在 BC 的垂直平分线 t 上,所以 $OB=OC$,点 C 也在这圆上.

因为 $OB \perp BA$,所以 BA 是这圆的切线. 弦 BC 将圆分成两个弧,一个与点 A 在直线 BC 的同侧,另一个与点 A 在直线 BC 的异侧,记为 $\overset{\frown}{BmC}$. $\overset{\frown}{BmC}$ 称为含角 α 的弧. 对这弧上任一点 P,由弦切角定理,点 P 对线段 BC 张的角
$$\angle BPC = \angle ABC = \alpha.$$

这就证明了"纯粹性".

反之,设点 P_1 满足 $\angle BP_1C = \alpha$,并且点 P_1 与上面所作的射线 BA 在直线 BC 的异侧. 因为 $\angle BP_1C = \alpha = \angle BPC$,所以 B、P_1、P、C 四点共圆,即 P_1 在 $\overset{\frown}{BmC}$ 上.

注 在图 10-2 中,只画出一个弓形弧,另一个弓形弧与它关于直线 BC 对称.

轨迹相交,常常产生一些有重要性质的点.

由第 7 章,我们知道:

定理 三角形三条边的垂直平分线交于一点.

如图 10-3,以交点 O 为圆心、点 O 到各顶点的距离为半径作圆,这圆过三角形的三个顶点,称为三角形的外接圆. 圆心 O 是三角形的外心.

再考虑三角形的角平分线.

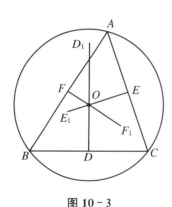

图 10-3

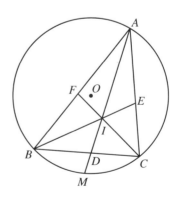

图 10-4

如图 10-4,在 $\triangle ABC$ 中,设 $\angle ABC$ 与 $\angle ACB$ 的平分线 BE、CF 相交于点 I($\angle EBC +$

$\angle FCB = \frac{1}{2}(\angle ABC + \angle ACB) < 180°$,所以 BE、CF 相交).点 I 到 BC 的距离等于点 I 到 AB 的距离(因为点 I 在 BE 上),也等于点 I 到 AC 的距离(因为点 I 在 CF 上),所以点 I 到 AB 的距离等于点 I 到 AC 的距离.从而点 I 也在 $\angle BAC$ 的平分线上.因此有:

定理 三角形的三条角平分线相交于一点.

这个交点 I 通常称为内心.如果以点 I 为圆心、点 I 到各边的距离为半径画圆,这个圆与 △ABC 的各边都相切.这个圆称为内切圆.内心就是内切圆的圆心.

用同样的方法可以证明:

定理 三角形两个角的外角平分线与第三个角的平分线交于一点.

如果以这点为圆心、这点到各边的距离为半径画圆,这个圆与 △ABC 的一条边相切,与另两条边的延长线相切.这圆称为旁切圆.旁切圆有 3 个.旁切圆的圆心即旁心,有 3 个,分别记为 I_A(在 $\angle A$ 的平分线上,见图 10-5)、I_B、I_C.

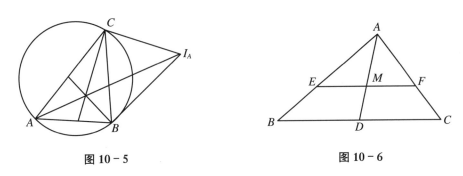

图 10-5   图 10-6

作三角形的角平分线,最方便的方法是先作外接圆,如图 10-4,再过圆心 O 作边 BC 的垂线交圆于点 M,M 是 $\overset{\frown}{BC}$ 的中点,AM 平分 $\angle BAC$.角平分线作好后,外角平分线很好作,它是角平分线的垂线(图 10-5).

设 AD 为 △ABC 的中线.过 AD 上任一点 M 作 BC 的平行线,分别交 AB、AC 于点 E、F(图 10-6),则

$$\frac{EM}{BD} = \frac{AM}{AD} = \frac{MF}{DC},$$

所以

$$\frac{EM}{MF} = \frac{BD}{DC} = 1,$$

即 $EM = MF$.

反过来,如果点 E、F 分别在 AB、AC 上,$EF \parallel BC$,那么根据上面所证,AD 与 EF 的交点平分 EF,它就是 EF 的中点.所以 EF 的中点 M 在 AD 上.

因此,在 △ABC 内作 BC 的平行线段,两端分别在 AB、AC 上,则线段中点的轨迹是中线 AD.

设 △ABC 的三条中线分别为 AD、BE、CF. BE、CF 相交于点 G（显然 ∠EBC + ∠FCB < ∠ABC + ∠ACB < 180°，所以 BE、CF 相交）. 我们证明点 G 在 AD 上.

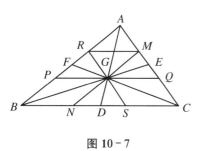

图 10-7

过点 G 作边 AB、AC、BC 的平行线段 MN、RS、PQ，端点在边上的位置如图 10-7.

因为点 G 在 BE、CF 上，所以点 G 是 MN 的中点，也是 RS 的中点. 因此四边形 RNSM 是平行四边形，RM 平行且等于 NS.

RM ∥ NS ∥ PG，GM ∥ RP，所以四边形 RPGM 是平行四边形，PG = RM.

同理，GQ = RM.

所以 PG = GQ.

由轨迹的完备性，点 G 在 AD 上.

于是有：

定理 三角形的三条中线交于一点.

中线的交点 G 称为三角形的重心. 容易看出在图 10-7 中，

$$RM = BN = SC = NS = \frac{1}{3}BC,$$

$$PQ = 2PG = 2RM = \frac{2}{3}BC,$$

所以 $\frac{AG}{AD} = \frac{PQ}{BC} = \frac{2}{3}$，即：

定理 重心将每条中线分成两部分，顶点到重心的距离是中线的 $\frac{2}{3}$.

最后，我们证明：

定理 三角形的三条高交于一点.

证明 三角形一边上的高是到这边的两个端点的距离的平方差为定值的点的轨迹（这定值就是第三个顶点到这两个端点的距离的平方差）. 可参阅第 9 章末的例 1、例 2.

如图 10-8，设 △ABC 的高 BE、CF 相交于点 H（为什么相交？请读者自己补出理由），则

$$HA^2 - HC^2 = BA^2 - BC^2,$$
$$HA^2 - HB^2 = CA^2 - CB^2.$$

两式相减得

$$HB^2 - HC^2 = BA^2 - CA^2.$$

因此点 H 在高 AD 上.

三条高交于一点，还有种证法：

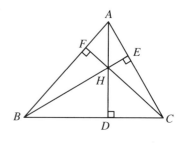

图 10-8

过△ABC的每个顶点作对边的平行线,交成△$A_1B_1C_1$(图 10-9).这时四边形 AC_1BC 为平行四边形,所以 $C_1A = BC$.

同理,$AB_1 = BC$.所以 A 是 B_1C_1 的中点.

△ABC 的高 AD 是△$A_1B_1C_1$ 的边 B_1C_1 的垂直平分线.其他两条高分别是 A_1B_1、A_1C_1 的垂直平分线.因为△$A_1B_1C_1$ 的三条边的垂直平分线交于一点,所以△ABC 的高交于一点.

三条高的交点 H 称为三角形的垂心.

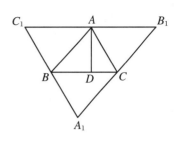

图 10-9

≪ 练 习 题 ≫

1. 已知直线 l.求到 l 的距离为定长 a 的点的轨迹.

2. 已知平行直线 a、b.求到 a、b 的距离相等的点的轨迹.

3. 已知∠AOB.求到 OA、OB 的距离比为 3:2 的点的轨迹.

4. 将一条线段 BC 五等分(仅用圆规与没有刻度的直尺).

5. 已知点 B、C.求到 B、C 两点距离的比为 $m:n$ 的点的轨迹.

6. 已知△ABC 的底边 BC 的长 a,BC 边上的高 h,∠BAC = α.求作△ABC.

7. 求作一个圆,半径为 r,过已知点 A,且与已知的直线 l 相切.

8. 求作一个圆,过已知点 A、B,并且与已知直线 l 相切.

≪ 练习题解答 ≫

1. **作法** 作与 l 平行,并且距离为 a 的两条平行线 l_1、l_2(见图).这就是所求的轨迹.

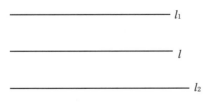

第 1 题图

2. 作法 轨迹是一条与 a、b 平行,并且距离相等的直线.在第 1 题图中,将 l_1、l_2 作为 a、b,直线 l 就是所求轨迹.

3. 作法 作一条与 OA 平行且距离为 3 的直线,又作一条与 OB 平行且距离为 2 的直线(都是有一部分在 $\angle AOB$ 内的直线).两直线相交于点 C.作射线 OC.OC 即为所求的轨迹(见图).

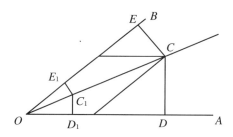

第 3 题图

一方面,对射线 OC 上任一点 C_1,设点 C 到 OA、OB 的距离分别为 CD、CE,点 C_1 到 OA、OB 的距离分别为 C_1D_1、C_1E_1,则

$$\frac{C_1D_1}{CD} = \frac{OC_1}{OC} = \frac{C_1E_1}{CE},$$

所以

$$\frac{C_1D_1}{C_1E_1} = \frac{CD}{CE} = 3:2,$$

即射线 OC 上任一点满足要求.

另一方面,设点 C_1 到 OA、OB 的距离之比为 $C_1D_1 : C_1E_1 = 2:3$,则

$$C_1D_1 : C_1E_1 = CD : CE,$$

即

$$C_1D_1 : CD = C_1E_1 : CE.$$

设 CC_1 与直线 OA、OB 分别交于点 P、Q.

因为 $C_1D_1 \parallel CD$,所以 $\triangle PC_1D_1 \sim \triangle PCD$,

$$PC_1 : PC = C_1D_1 : CD.$$

同理,

$$QC_1 : QC = C_1E_1 : CE.$$

因此

$$PC_1 : PC = QC_1 : QC,$$

即 P、Q 是同一个点,也就是 OA、OB 的交点 O.

所以合乎要求的点均在射线 OC 上.

注 有人认为应当将 O 点从轨迹中除去,也有人认为整个直线 OC 上的点均是轨迹中的点.这些说法不无道理,但也不必争之不休.只是说法(解释或约定)的不同,并非实质的不同.

4. **作法** 过点 B 任作一条射线,并在这射线上截取
$$BD_1 = D_1D_2 = D_2D_3 = D_3D_4 = D_4D_5.$$
连接 CD_5,并过 D_1、D_2、D_3、D_4 作 CD_5 的平行线,分别交 BC 于 C_1、C_2、C_3、C_4(见图).

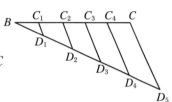

第4题图

C_1、C_2、C_3、C_4 将 BC 五等分.

用这方法可将一条线段任意等分.

5. **作法** 在线段 BC 内有一点 D,满足 $BD : DB = m : n$(称为内分点),在 BC 的延长线上有一点 E,满足 $BE : CE = m : n$(称为外分点).设 DE 的中点为 O,以 O 为圆心、OD 为半径作圆.这圆就是所求的轨迹,称为阿氏圆.

圆上每一点满足条件,见第 8 章练习题 8.

另一方面,设点 A 满足条件,且在直线 BC 外(不同于 D、E).作 $\angle BAC$ 的平分线,交 BC 于 D_1.由第 8 章练习题 4 得 $BD_1 : D_1C = AB : AC = m : n$.因此 D_1 与 D 重合.同样,作 $\triangle BAC$ 的 $\angle BAC$ 的外角平分线,与 BC 的交点一定是 E.因此,满足条件的点 A 在 $\odot O$ 上.

6. **作法** 已知:

求作 $\triangle ABC$,满足 $BC = a$,$\angle BAC = \alpha$,BC 边上的高 $= h$.

先作边 $BC = a$.因为 BC 边上的高为 h,所以 A 在与 BC 平行且距离为 h 的直线上(第 1 题).

因为 $\angle BAC = \alpha$,所以 A 在以 BC 为底、含角 α 的弓形弧上.

设上述直线与弓形弧相交于 A.$\triangle ABC$ 即为所求(见图).

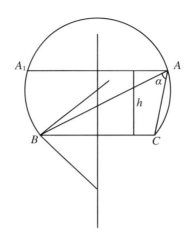

第6题图

在直线 BC 上方有两个解($\triangle ABC$ 与 $\triangle A_1BC$).在直线 BC 下方还有两个解(与前两个解关于 BC 对称).

这种作图方法称为轨迹相交法,即要作点 A,点 A 符合一个条件,因而在一个轨迹上;点 A 又符合另一个条件,因而又在另一个轨迹上.这两个轨迹相交,交点就是所求的点 A.

7. **作法** 所作圆的圆心 O 满足 $OA = r$,因而在以 A 为圆心、r 为半径的圆上.$\odot O$ 与直线 l 相切.因而 O 到 l 的距离为 r,O 在与 l 平行且距离为 r 的直线上.

以直线与 $\odot(A, r)$ 的交点 O 为圆心、r 为半径作圆,这圆即为所求(见图).

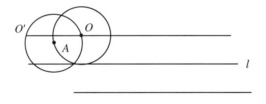

第7题图

8. **作法** 延长 AB,交 l 于 P.

如果所求作的圆与 l 相切于 C,那么
$$PC^2 = PA \times PB,$$
即 PC 是 PA、PB 的比例中项.

作出 PA、PB 的比例中项(作法在下面补出),在 l 上取 C,使 PC 等于这比例中项(见图(a).在 P 的另一侧还有一个点 C_1,$PC_1 = PC$.但我们只画出 C 点).过 A、B、C 三点的圆即为所求(作线段 AB 的垂直平分线与线段 BC 的垂直平分线,交点就是圆心 O.也可以不作

BC 的垂直平分线,而过 C 作 l 的垂线,垂线与 AB 的垂直平分线相交,交点就是圆心 O). 在 AB 的另一侧还有一个圆(过 A、B、C_1),请读者自己画出.

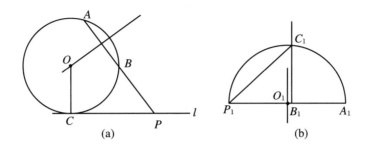

第 8 题图

比例中项的作法如图(b). 先作线段 $P_1A_1 = PA$,并在 P_1A_1 上取 B_1,使 $P_1B_1 = PB$(直接在图(a)中作也可以. 但分开作清楚一些). 作 P_1A_1 的中点(中垂线与 P_1A_1 的交点)O_1. 以 O_1 为圆心、O_1A_1 为半径作圆,过 B_1 作 P_1A_1 的垂线,交圆于 C_1.

$\angle P_1C_1A_1$ 是直角,所以
$$P_1C_1^2 = P_1B_1 \times P_1A_1.$$

第11章 圆(二)

下面介绍两个圆的位置关系.

设已知$\odot(O,R)$与$\odot(O_1,r)$,过两个圆圆心的直线OO_1称为连心线.两个圆关于连心线对称.线段OO_1的长称为圆心距,记为d.

如果$d>R+r$(图11-1),那么对$\odot(O,R)$上任一点P,
$$PO_1 \geq OO_1 - OP = d - R > r.$$
因此点P在$\odot(O_1,r)$外.同样,$\odot(O_1,r)$上的点也在$\odot(O,R)$外.这时称两个圆**外离**.

如果$d=R+r$,那么在线段OO_1内有一点B,$OB=R$.从而$BO_1=d-R=r$.因此B既在$\odot(O,R)$上,也在$\odot(O_1,r)$上.而与图11-1类似,$\odot(O,R)$上的其他点都在$\odot(O_1,r)$外,$\odot(O_1,r)$上的点也都在$\odot(O,R)$外.所以B是这两个圆的唯一的公共点.这时称两个圆**外切**.B点称为切点(图11-2).

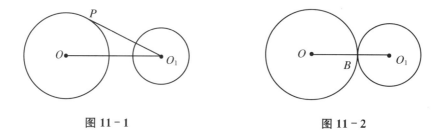

图 11-1   图 11-2

再将d减小,也就是两个圆心O、O_1进一步靠近.这时在连心线上方有一个公共点C,下方也有一个公共点D.C、D关于OO_1对称.因而CD被OO_1垂直平分.这时,称两个圆相交,连接C、D的线段称为公共弦.

$R+r>d>R-r$,就是两圆相交的情况(图11-3、图11-4).

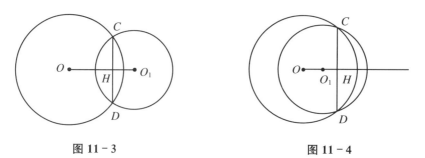

图 11-3   图 11-4

如果 $d=R-r>0$，那么在 OO_1 的延长线上取点 B，使得 $OB=R$，则 $O_1B=R-d=r$，所以 B 是两个圆的公共点(图 11-5).

对于 $\odot(O,R)$ 上的其他点 P，$PO_1>PO-OO_1=R-d=r$，所以 P 在 $\odot(O_1,r)$ 外. 同时，对于 $\odot(O_1,r)$ 上异于 B 的点 Q，$QO<QO_1+OO_1=r+d=R$，所以 Q 在 $\odot(O,R)$ 内. B 点是两个圆的唯一的公共点. 这时称两个圆**内切**. B 点称为切点.

如果 $d<R-r$，那么 $\odot(O_1,r)$ 完全在 $\odot(O,R)$ 内. 这时称两个圆的关系为**内含**(图 11-6).

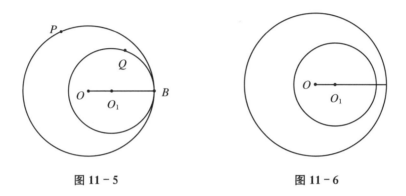

图 11-5　　　　　　　　　图 11-6

于是两个圆的关系有外离、外切、相交、内切、内含五种情况. 在相切(外切或内切)时，切点在连心线上. 而且，外切时，圆心距是两圆半径的和；内切时，圆心距是两圆半径的差. 在相交时，连心线垂直平分公共弦.

设 $\odot(O,R)$ 与 $\odot(O_1,r)$ 外离. 图 11-7 中的直线 l 与这两个圆都相切，并且两个圆在 l 的同一侧. l 称为这两个圆的外公切线.

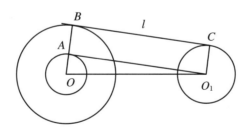

图 11-7

作公切线的方法很多.

如图 11-7，作 $\odot(O,R-r)$，再过 O_1 作这个圆的切线，切点为 A. 连接 OA，延长 OA 交 $\odot(O,R)$ 于 B. 过 B 作直线 $l\perp OB$，则 l 就是两已知圆的外公切线.

证明也很简单，作 $O_1C\parallel OB$，交 l 于 C，则四边形 O_1ABC 是平行四边形，所以 $O_1C=AB=OB-OA=R-(R-r)=r$. C 在 $\odot O_1$ 上，并且 l 是 $\odot O_1$ 的切线.

外公切线有两条，另一条在 OO_1 的下方，与 l 关于 OO_1 对称.

图 11-8 中的 l_1、l_2 也是 $\odot O$ 与 $\odot O_1$ 的公切线,这两个圆在 l_1(或 l_2)的两侧. 因此, l_1、l_2 称为内公切线. l_1、l_2 关于连心线 OO_1 对称.

在 $\odot O$ 与 $\odot O_1$ 外切时,仍有两条外公切线,但内公切线只有一条,它通过两个圆的切点(图 11-9).

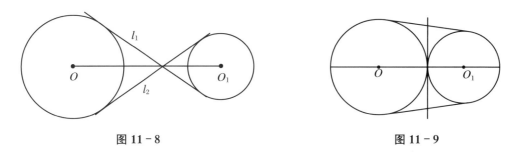

图 11-8　　　　　　　　　　图 11-9

在 $\odot O$ 与 $\odot O_1$ 相交时,有两条外公切线,没有内公切线.

在 $\odot O$ 与 $\odot O_1$ 内切时,没有内公切线;有一条外公切线,通过两圆的切点.

任意两个圆都是相似的,相似比即两圆半径之比. 不仅如此,它们甚至是位似的,通常有两个位似中心.

在两圆同心时,$O = O_1$ 是唯一的位似中心. 以下设两圆不同心.

在两圆相等时,线段 OO_1 的中点是唯一的位似中心.

如果两圆既不同心,也不相等,那么它们有两个位似中心 S、S_1.

因为圆心与圆心对应,所以位似中心一定在连心线 OO_1 上. 而且一个是内分点,一个是外分点,即

$$\frac{OS}{SO_1} = \frac{OS_1}{O_1 S_1} = \frac{R}{r}.$$

在两圆有外公切线时,外公切线与连心线的交点即是外相似中心. 因为设 T、T_1 为切点(图 11-10),P 为 TT_1 与 OO_1 的交点,则

$$\triangle OTP \sim \triangle O_1 T_1 P,$$

所以

$$\frac{PO}{PO_1} = \frac{OT}{O_1 T_1} = \frac{R}{r},$$

即 P 是外分点 S_1.

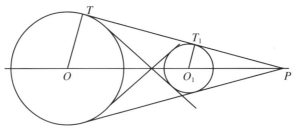

图 11-10

同样,在两圆有内公切线时,内公切线与连心线的交点即内相似中心.

练 习 题

1. 已知两外离的圆,用尺规作出它们的内公切线.

2. 已知⊙O、⊙O_1 的半径分别为 R、r. 圆心距 $OO_1 = d$. 求它们的外公切线与内公切线的长(即两个切点间的距离).

3. ⊙O、⊙O_1 相交,公共弦为 AB. P 为直线 AB 上任一点,过 P 作直线 l 交⊙O 于点 C、D,又过点 P 作直线交⊙O_1 于 E、F.

求证:$PC \times PD = PE \times PF$.

4. 已知⊙(O, r)、⊙(O_1, r_1),求到这两圆的切线相等的点的轨迹.

5. 正 n 边形内接于半径为 r 的⊙O. 在 $n = 3, 4, 6$ 时,求正 n 边形的边长.

6. 仅用尺规作圆内接正十边形. 如果圆的半径为 r,求这正十边形的边长.

7. 求圆内接正五边形的边长.

8. ⊙(O, R) 与⊙(O_1, r) 相交于点 A、B. 过点 A 任作一直线,又分别交⊙O、⊙O_1 于点 C、D. 求 CD 的最大值.

练习题解答

1. 已知⊙(O, R)、⊙(O_1, r) 外离. 求作这两个圆的内公切线.

作法 连接 OO_1,交⊙O 于 A,在 AO_1 上取 B,使 $AB = r$,以 O 为圆心,OB 为半径作圆. 过 O_1 作这圆的切线 O_1T_1,T_1 为切点.

连 OT_1,交⊙(O, R) 于 T. 过 T 作 OT 的垂线 TT_2.

TT_2 即为所求(见图).

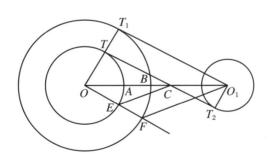

第 1 题图

证明 过 O_1 作 TT_1 的平行线,交 TT_2 于 T_2,四边形 OT_1T_2 是平行四边形,

$$O_1T_2 = TT_1 = OT_1 - OT$$
$$= OB - OA = AB = r,$$

所以 T_2 在⊙O_1 上,$TT_2 \perp O_1T_2$,所以 TT_2 是⊙O_1 的切线,也是⊙(O, R) 的切线.

另一条内公切线与 TT_2 关于 OO_1 对称.如设 TT_2 交 OO_1 于 C,则过 C 作 $\odot O_1$ 的切线,它就是另一条内公切线.

作外公切线时,我们将 $\odot(O,R)$ 的半径减少 r,而现在作内公切线,将 $\odot(O,R)$ 的半径增加 r.

另一种作法就是先确定两圆的内位似中心,也就是图中的 C 点.方法是过 O 作一射线,交 $\odot O$ 于 E,再在射线上取 F,使 $EF=r$(见图).连接 O_1F,过 E 作 O_1F 的平行线,交 OO_1 于 C.这时

$$\frac{OC}{CO_1} = \frac{OE}{EF} = \frac{R}{r}.$$

所以 C 是内位似中心.过 C 作 $\odot O$ 的切线,就是 $\odot O$ 与 $\odot O_1$ 的内公切线.

2. **解** 由勾股定理得

$$\text{外公切线的长} = \sqrt{d^2 - (R-r)^2},$$
$$\text{内公切线的长} = \sqrt{d^2 - (R+r)^2}.$$

3. **证明** $PC \times PD = PA \times PB = PE \times PF$.

4. **解** 设 P 到两圆切线的长相等.因为切线长的平方是 $PO^2 - r^2$,也是 $PO_1^2 - r_1^2$,所以

$$PO^2 - r^2 = PO_1^2 - r_1^2,$$

即

$$PO_1^2 - PO^2 = r_1^2 - r^2.$$

设 M 为 OO_1 的中点,A 在线段 OM 上,并且

$$MA_1 = \frac{r_1^2 - r^2}{2d}.$$

由第 9 章例 1、例 2,我们知道 P 点的轨迹就是 OO_1 的过 A_1 的垂线.

一般地,我们将 $PO^2 - r^2$ 称为点 P 对于 $\odot(O,r)$ 的幂.对于 $\odot(O,r)$、$\odot(O_1,r_1)$ 的幂相等的点的轨迹是一条与 OO_1 垂直的直线,称为等幂轴或根轴.在两圆相切时,根轴是通过这切点的公切线;在两圆相交时,根轴即公共弦所在的直线.

5. **解** 记圆内接正 n 边形的边长为 a_n,则

$$a_3 = \sqrt{3}r, \quad a_4 = \sqrt{2}r, \quad a_6 = r.$$

6. **解** 设 O 为圆心,AB 为正十边形的一边,则

$$\angle AOB = 36°, \quad \angle OAB = \angle OBA = 72°.$$

作 $\angle BAO$ 的平分线,交 OB 于 C(见图(a)).

因为 $\angle OAC = 36° = \angle AOC$,所以 $OC = AC$.

因为 $\angle ACB = \angle OAC + \angle AOC = 72° = \angle ABC$,所以 $AC = AB = a_{10}$,$OC = a_{10}$,$BC = r - a_{10}$.

因为 $\angle BAC = \angle BOA$,所以 $\triangle BAC \backsim \triangle BOA$,有

$$a_{10}^2 = AB^2 = BC \times BO = (r - a_{10})r,$$

即

$$a_{10}^2 + ra_{10} - r^2 = 0,$$

$$a_{10} = \frac{\sqrt{5}-1}{2}r \quad (只取正值).$$

用尺规可以作出 $\dfrac{\sqrt{5}-1}{2}r$.

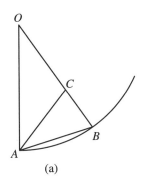
(a)

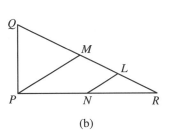
(b)

第 6 题图

如图(b),作一直角 $\angle QPR$,并截取 $PQ = r, PN = NR = r$. 连接 QR,则 $QR = \sqrt{5}\,r$. 在 QR 上截取 $QM = r$,则 $MR = (\sqrt{5}-1)r$.

再连接 PM,作 $NL \parallel PM$,交 MR 于 L,则

$$ML = LR = \frac{\sqrt{5}-1}{2}r.$$

用这长在 $\odot O$ 上作弦,这弦就是圆内接正十边形的一边.在 $\odot O$ 上连续截取,得到十个点,将圆分为十等份.它们就是正十边形的顶点.

并非所有的圆内接正多边形都可以用尺规作图.正九边形就是仅用尺规作图不可能作出的.

7. **解** 我们有更一般的倍边公式.

设 r 为 $\odot O$ 的半径, $AC = a_n$, $AB = a_{2n}$,则 B 是 $\overset{\frown}{AC}$ 的中点, OB 与 AC 垂直,并且交点 D 是 AC 的中点.延长 BO 交圆于 B_1(见图).

$\angle B_1AB = 90°, \quad AD = \dfrac{1}{2}a_n, \quad BD = \sqrt{a_{2n}^2 - \left(\dfrac{1}{2}a_n\right)^2}.$

因为 $AB^2 = BD \times BB_1$,所以

$$a_{2n}^2 = 2r\sqrt{a_{2n}^2 - \frac{1}{4}a_n^2},$$

即

$$a_{2n}^4 - 4r^2 a_{2n}^2 + r^2 a_n^2 = 0. \tag{1}$$

所以(注意 $a_{2n} \leqslant a_4 = \sqrt{2}\,r$)

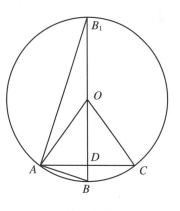

第 7 题图

$$a_n = \sqrt{4 - \left(\frac{a_{2n}}{r}\right)^2} a_{2n}, \tag{2}$$

$$a_{2n} = \sqrt{2 - \sqrt{4 - \left(\frac{a_n}{r}\right)^2}} r, \tag{3}$$

特别地,

$$a_5 = \sqrt{4 - \left(\frac{\sqrt{5}-1}{2}\right)^2} \frac{\sqrt{5}-1}{2} r$$

$$= \frac{1}{4}\sqrt{10+2\sqrt{5}}(\sqrt{5}-1)r$$

$$= \frac{1}{4}\sqrt{(10+2\sqrt{5})(6-2\sqrt{5})}r$$

$$= \frac{1}{2}\sqrt{10-2\sqrt{5}}\,r.$$

8. **解** 如图,设弦 CA 的中点为 E,AD 的中点为 E_1,则
$$CD = CA + AD = 2EA + 2AE_1 = 2EE_1 \leqslant 2OO_1.$$

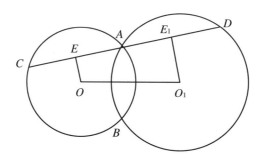

第 8 题图

当且仅当 $EE_1 \parallel OO_1$ 时,等号成立. 此时 CD 最大,最大值为 $2OO_1$.

第12章 三角函数

设 $\angle AOB$ 为锐角. 在边 OB 上任取一点 C, C 在 OA 上的射影为 D, 称比值 $\dfrac{CD}{OC}$ 为 $\angle AOB$ 的正弦(图12-1), 记作 $\sin\angle AOB$, 即
$$\sin\angle AOB = \dfrac{CD}{OC}.$$

$\sin\angle AOB$ 与 C 点的选择无关. 设 C_1 为 OB 上另一点, C_1 在 OA 上的射影为 D_1, 则易知 $\triangle OC_1D_1 \backsim \triangle OCD$, 所以 $\dfrac{C_1D_1}{OC_1} = \dfrac{CD}{OC}$.

同样, 定义 $\dfrac{OD}{OC}$ 为 $\angle AOB$ 的余弦, 记作 $\cos\angle AOB$, 即
$$\cos\angle AOB = \dfrac{OD}{OC}.$$

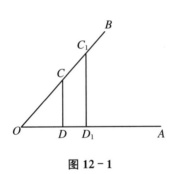

图 12-1　　　　　图 12-2

于是, 在直角三角形 ABC 中, 设斜边 $AB = c$, 直角边 $AC = b$, $BC = a$ (图12-2), 则(简记 $\angle ABC$ 为 $\angle B$, 等等)
$$\sin B = \dfrac{b}{c} = \cos A, \quad \cos B = \dfrac{a}{c} = \sin A.$$

由此得出:

一个角的正弦等于它的余角的余弦.

从上面的式子我们得到
$$b = c\sin B = c\cos A, \quad a = c\sin A = c\cos B.$$

由勾股定理得 $c^2 = a^2 + b^2$. 将上面的 a、b 代入再约去 c^2 得
$$1 = \sin^2 A + \cos^2 A = \sin^2 B + \cos^2 B,$$

即同一个角的正弦与余弦的平方和为 1.

在等腰直角三角形 ABC 中,设 $\angle C = 90°, \angle A = \angle B = 45°$(图 12-3),则
$$AB = \sqrt{AC^2 + BC^2} = \sqrt{2}\,AC,$$
所以
$$\sin 45° = \frac{AC}{AB} = \frac{1}{\sqrt{2}} = \frac{\sqrt{2}}{2}, \quad \cos 45° = \frac{\sqrt{2}}{2}.$$

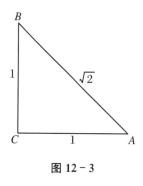

图 12-3

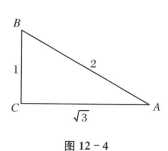

图 12-4

在有一个锐角为 $30°$ 的直角三角形 ABC 中,设 $\angle C = 90°, \angle A = 30°, \angle B = 60°$(图 12-4),则 $AB = 2BC, AC = \sqrt{AB^2 - BC^2} = \sqrt{3}\,BC$,所以
$$\sin 30° = \frac{BC}{AB} = \frac{1}{2}, \quad \sin 60° = \frac{AC}{AB} = \frac{\sqrt{3}}{2};$$
$$\cos 30° = \frac{\sqrt{3}}{2}, \quad \cos 60° = \frac{1}{2}.$$

锐角的正弦、余弦可以推广至直角与钝角. 约定
$$\sin 90° = 1, \quad \cos 90° = 0.$$
在 α 为钝角时,约定
$$\sin \alpha = \sin(180° - \alpha), \quad \cos \alpha = -\cos(180° - \alpha).$$

对一般的 $\triangle ABC$,设边长 $BC = a, CA = b, AB = c$. 又设 A 在边 BC 上的射影为 D,即 AD 是 BC 边上的高,记为 h_a,则
$$h_a = b\sin C = c\sin B.$$
上式对于锐角三角形、钝角三角形、直角三角形(图 12-5 自左至右)均成立. 于是有
$$\frac{b}{\sin B} = \frac{c}{\sin C}.$$

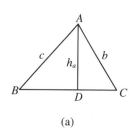

(a)

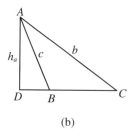

(b)

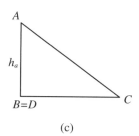

(c)

图 12-5

同样,上式的值也是 $\dfrac{a}{\sin A}$. 我们有:

正弦定理 在△ABC 中,
$$\dfrac{a}{\sin A} = \dfrac{b}{\sin B} = \dfrac{c}{\sin C} = 2R,$$

其中 R 为外接圆半径.

证明 前三式的相等已经证明. 只需证明它们等于 2R.

不妨设∠C 是锐角,如图 12-6,作外接圆的直径 AE,则∠ABE = 90°(直径上的圆周角是直角),∠AEB = ∠ACB,AE = 2R.

在△ABE 中,
$$c = AB = AE\sin E = 2R\sin C.$$

证毕.

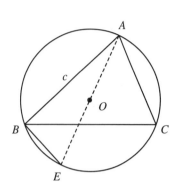

图 12-6

作为勾股定理的推广,我们有:

余弦定理 在△ABC 中,
$$a^2 = b^2 + c^2 - 2bc\cos A.$$

证明 设 C 在 AB 上的射影为 F,则
$$AF = b\cos A.$$

在 A 为锐角时,AF 为正,如图 12-7(a). 在 A 为直角时,AF = 0,即 A 与 F 重合,如图 12-7(b). 在 A 为钝角时,AF 为负,如图 12-7(c). 我们可以约定在边 AB 上的线段为有向线段,即方向与 AB 相同时,线段为正;方向与 AB 相反时,线段为负,所以图 12-7(c)中,AF 为负. 对边 BC、CA 上的线段也可作类似规定. 于是
$$FB = AB - AF = c - b\cos A.$$

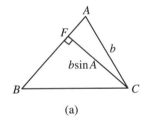
(a)

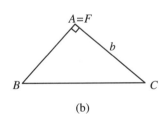
(b)

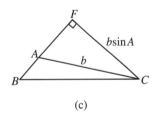
(c)

图 12-7

在直角三角形 BCF 中,
$$a^2 = BC^2 = FB^2 + CF^2 = (c - b\cos A)^2 + (b\sin A)^2$$
$$= c^2 + b^2\cos^2 A - 2bc\cos A + b^2\sin^2 A$$
$$= c^2 + b^2 - 2bc\cos A.$$

证毕.

推论 在∠A 为锐角时,$a^2 < b^2 + c^2$;在∠A 为钝角时,$a^2 > b^2 + c^2$. 反过来,$a^2 < b^2 + c^2$ 时,∠A 为锐角;$a^2 > b^2 + c^2$ 时,∠A 为钝角.

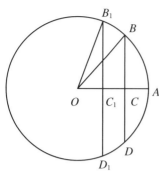

图 12-8

考虑一个半径为 1 的圆(通常称为单位圆),设圆心为 O,A、B 在圆上,$\angle AOB$ 为锐角,B 在 OA 上的射影为 C(图 12-8),则
$$\sin \angle AOB = BC$$
(所以 BC 称为正弦线).

在 B 沿着圆绕圆心 O 旋转,使 $\angle BOA$ 增加(图中 B 是逆时针旋转)时,$\overset{\frown}{AB}$ 增加.延长 BC 再交圆于 D,$\overset{\frown}{BD} = 2\overset{\frown}{AB}$ 也增加.只要 $\angle AOB$ 为锐角,$\overset{\frown}{BD}$ 就是小于 $180°$ 的劣弧.因此 $\overset{\frown}{BD}$ 增加时,所对的弦也增加,从而 $BC = \frac{1}{2} BD$ 增加(即图中 $B_1 D_1 > BD$,$B_1 C_1 > BC$),$\sin \angle AOB$ 增加.

因此,在角为锐角时,角的正弦随着角的增加而增加.

因为 $\sin \alpha = \sin(180° - \alpha)$,所以在角 α 为钝角时,$\sin \alpha$ 随 α 的增加(即 $180° - \alpha$ 的减少)而减少.

因为在 α 为锐角时,$\cos \alpha = \sqrt{1 - \sin^2 \alpha}$,所以 $\cos \alpha$ 随着 α 的增加而减少.在 α 为钝角时,$\cos \alpha = -\sqrt{1 - \sin^2 \alpha}$,所以 $\cos \alpha$ 随着 α 的增加而减少.由于 α 为钝角时,$\cos \alpha$ 为负,所以在 $0° \leqslant \alpha \leqslant 180°$ 时,$\cos \alpha$ 随着 α 的增加而减少.

$\sin \alpha$、$\cos \alpha$ 都是 $\alpha (0° \leqslant \alpha \leqslant 180°)$ 的函数,称为三角函数.在 α 为锐角时,$\sin \alpha$ 是增函数(即随 α 的增加而增加).在 α 为钝角时,$\sin \alpha$ 是减函数(即随 α 的增加而减少).$\cos \alpha$ 是 α 的减函数.

记 $\dfrac{\sin \alpha}{\cos \alpha}$ 为 $\tan \alpha (0° \leqslant \alpha \leqslant 180°, \alpha \neq 90°)$,称为 α 的正切.正切也是较为常用的三角函数.

正弦、余弦在几何中有广泛的应用.

例 1 设 $\triangle ABC$ 的边为 a、b、c,则面积
$$S_{\triangle ABC} = \frac{1}{2} bc \sin A. \tag{1}$$

证明 作 AB 上的高 CD,无论 A 为什么角,均有
$$CD = b \sin A,$$
因此(1)式成立.

由(1)式及正弦定理,立即得出
$$S_{\triangle ABC} = \frac{abc}{4R}.$$

例 2 设 $\triangle ABC$ 的外接圆的圆心为 O,半径为 R,边 BC 的中点为 D,则
$$OD = |R \cos A|.$$

证明 分三种情况.

若 $\angle A$ 为锐角(图 12-9(a)),则
$$\angle BOC = 2\angle A < 180°,$$
$$\angle BOD = \frac{1}{2} \angle BOC = \angle A < 90°,$$

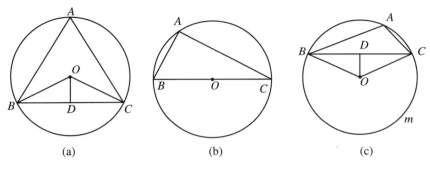

(a)　　　　　　　(b)　　　　　　　(c)

图 12-9

$$OD = OB\cos\angle BOD = R\cos A.$$

若 $\angle A$ 为直角(图 12-9(b)),则 BC 是直径,D 与 O 重合.

$$OD = 0 = R\cos 90° = R\cos A.$$

若 $\angle A$ 为钝角(图 12-9(c)),则 $\overparen{BmC}$ 含角超过 $180°$,

$$\angle BOC = 360° - 2\angle BAC,$$

$$\angle BOD = \frac{1}{2}\angle BOC = 180° - \angle BAC,$$

$$OD = OB\cos\angle BOD = |R\cos A|.$$

因此

$$OD = |R\cos A|.$$

注 我们也可以约定 OD 为有向线段.当 O 与 A 在 BC 同侧时,OD 为正.当 O 与 A 在 BC 异侧时,OD 为负.所以

$$OD = R\cos A.$$

例 3 已知 α 为锐角,$\tan\alpha = \dfrac{1}{2}$.

求 $\sin^2\alpha - 2\sin\alpha\cos\alpha + 2\cos^2\alpha$ 的值(这里 $\sin^2\alpha, \cos^2\alpha$ 即 $(\sin\alpha)^2, (\cos\alpha)^2$).

解 知道角 α 的一个三角函数(例如 $\tan\alpha$)的值,其他三角函数的值很容易求.方法是作一个锐角为 α 的直角三角形.现现在 $\tan\alpha = \dfrac{1}{2}$,那么这个直角三角形的一条直角边为 1,另一条直角边为 2.这时与 1 相对的角就是 α(图 12-10).

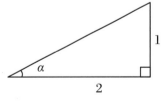

图 12-10

这时斜边 $= \sqrt{1^2 + 2^2} = \sqrt{5}$,

$$\sin\alpha = \frac{1}{\sqrt{5}}, \quad \cos\alpha = \frac{2}{\sqrt{5}}.$$

所以

$$\sin^2\alpha - 2\sin\alpha\cos\alpha + 2\cos^2\alpha = \frac{1}{5} - 2\times\frac{2}{5} + 2\times\frac{4}{5} = 1.$$

例 4 已知 P 为 $\triangle ABC$ 内一点，连接 PA、PB、PC.

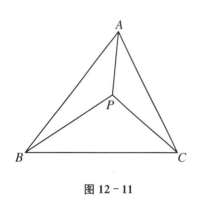

图 12-11

求证：

$$\frac{\sin\angle PAB}{\sin\angle PBA}\cdot\frac{\sin\angle PBC}{\sin\angle PCB}\cdot\frac{\sin\angle PCA}{\sin\angle PAC}=1. \quad (1)$$

证明 如图 12-11，在 $\triangle PAB$ 中，由正弦定理得

$$\frac{\sin\angle PAB}{\sin\angle PBA}=\frac{PB}{PA}.$$

同理，

$$\frac{\sin\angle PBC}{\sin\angle PCB}=\frac{PC}{PB},$$

$$\frac{\sin\angle PCA}{\sin\angle PAC}=\frac{PA}{PC}.$$

三式相乘即得(1)式.

练 习 题

1. D 在 $\triangle ABC$ 的边 AB 上，并且 $BD=3DA$，$CD=6$，$\sin\angle BCD=\frac{3}{4}$. 求 BC 边上的高 AE.

2. $\triangle ABC$ 中，$AB=10$，$AC=5$，$\angle BAC=120°$. 求 $\sin B\cdot\sin C$.

3. $\triangle ABC$ 中，$\angle C=90°$，D 是 AC 的中点，$BC:CD=1:\sqrt{3}$. 求 $\sin\angle ABD$.

4. 锐角三角形 ABC 中，$\sin B=\frac{4}{5}$，$\tan C=2$，$S_{\triangle ABC}=10$. 求 $\triangle ABC$ 的边长.

5. 如图，$\triangle ABC$ 中，$\angle C=90°$，$CA=CB$，点 D、E 三等分 BC. 求 $\tan\angle DAE$.

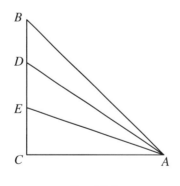

第 5 题图

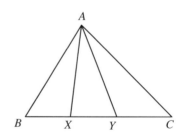

第 6 题图

6. 已知：如图，点 X、Y 在 $\triangle ABC$ 的边 BC 上，并且 $\angle BAX=\angle YAC$.

求证：$\frac{BX\cdot BY}{CX\cdot CY}=\frac{AB^2}{AC^2}$.

7. $\triangle ABC$ 中，CD 是中线，$\angle BCD = 45°$，$\angle DCA = 30°$. 求 $\tan\angle CDB$.

8. 已知 $\triangle ABC$ 中，$\angle BAC = 108°$，$AB = AC = 1$. 延长 AC 到 E，使 $AE = BC$. 求 BC 与 BE.

《练习题解答》

1. **解** 已知 $\sin\angle BCD = \dfrac{3}{4}$，当然作 $DF \perp BC$，交 BC 于 F（见图），这时

$$\frac{DF}{DC} = \sin\angle BCD = \frac{3}{4},$$

$$DF = DC \times \frac{3}{4} = \frac{9}{2}.$$

因为 $DF \parallel AE$，所以

$$AE = DF \times \frac{AB}{BD} = \frac{9}{2} \times \frac{4}{3} = 6.$$

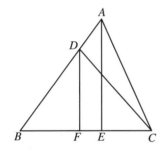

第 1 题图

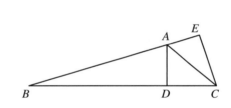

第 2 题图

2. **解** 作 BC 边上的高 AD（见图），则

$$\sin B = \frac{AD}{10}, \quad \sin C = \frac{AD}{5}.$$

因此只要求出 AD.

作 BA 边上的高 CE，则因为 $\angle CAE = 60°$，所以

$$CE = \frac{5\sqrt{3}}{2}, \quad AE = \frac{5}{2}.$$

$$BC^2 = CE^2 + (AB + AE)^2 = \frac{75}{4} + \frac{625}{4} = 7 \times 25.$$

$$\sin B \sin C = \frac{AD^2}{5 \times 10} = \frac{1}{5 \times 10} \times \left(\frac{CE \times AB}{BC}\right)^2$$

$$= \frac{1}{5 \times 10} \times \frac{75}{4} \times \frac{10^2}{7 \times 25} = \frac{3}{14}.$$

3. **解** 作 $DE \perp AB$,垂足为 E(见图).

设 $BC=1$,则 $CD=\sqrt{3}=AD, AC=2\sqrt{3}, DB=2$,

$$AB = \sqrt{(2\sqrt{3})^2 + 1^2} = \sqrt{13}.$$

因为 $\triangle ADE \sim \triangle ABC$,所以

$$\frac{DE}{BC} = \frac{AD}{AB},$$

$$DE = \frac{\sqrt{3}}{\sqrt{13}}.$$

因此

$$\sin\angle ABD = \frac{DE}{DB} = \frac{\sqrt{3}}{2\sqrt{13}} = \frac{\sqrt{39}}{26}.$$

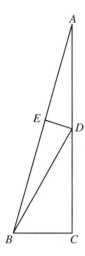

第3题图

4. **解** 作高 AD. 设 $AD=4k$,则 $AB=5k, BD=3k$,而由 $\tan C=2$ 得 $DC=\frac{4k}{2}=2k$. 于是 $BC=5k$.

$$S_{\triangle ABC} = \frac{1}{2} \times 4k \times 5k = 10k^2 = 10,$$

从而 $k=1, BC=5, AB=5$,

$$AC = \sqrt{4^2 + 2^2} = 2\sqrt{5}.$$

5. **解** 作 $EF \perp AD$,垂足为 F(见图).

设 $AC=3$,则

$$AD = \sqrt{AC^2 + CD^2} = \sqrt{3^2 + 2^2} = \sqrt{13},$$

$$EF = \frac{2S_{\triangle ADE}}{AD} = \frac{1}{3} \times \frac{3 \times 3}{\sqrt{13}} = \frac{3}{\sqrt{13}},$$

$$AE^2 = 3^2 + 1^2 = 10,$$

$$AF^2 = 10 - \left(\frac{3}{\sqrt{13}}\right)^2 = \frac{121}{13},$$

$$AF = \frac{11}{\sqrt{13}},$$

$$\tan\angle DAE = \frac{EF}{AF} = \frac{3}{11}.$$

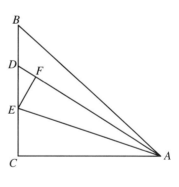

第5题图

本题直接根据正切的定义去求,不必绕圈子.

6. 解 由正弦定理得

$$\frac{BX}{CY} = \frac{\frac{BX}{\sin\angle BAX}}{\frac{CY}{\sin\angle YAC}} = \frac{\frac{AB}{\sin X}}{\frac{AC}{\sin Y}},$$

$$\frac{BY}{CX} = \frac{\frac{BY}{\sin\angle BAY}}{\frac{CX}{\sin\angle XAC}} = \frac{\frac{AB}{\sin Y}}{\frac{AC}{\sin X}}.$$

两式相乘即得结果.

作为特例, 在 $BX = CY$ 时, 我们有 $AB = AC$.

7. 解 作 $BE \perp CD$, 垂足为 E, 延长 BE 交 AC 于 H, 作 $DF \parallel BE$, 交 AC 于 F(见图). 不妨设 $BE = 1$.

因为 $\angle BCD = 45°$, 所以 $\angle CBE = 45°$, $CE = BE = 1$.

因为 $\angle ACD = 30°$, 所以 $HE = \frac{CE}{\sqrt{3}} = \frac{1}{\sqrt{3}}$.

因为 D 为 AB 的中点, $DF \parallel BH$, 所以

$$DF = \frac{1}{2}BH = \frac{1}{2}\left(1 + \frac{1}{\sqrt{3}}\right).$$

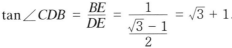

第7题图

因为 $\angle ACD = 30°$, 所以

$$CD = \sqrt{3}DF = \frac{\sqrt{3}+1}{2},$$

$$DE = CD - CE = \frac{\sqrt{3}-1}{2}.$$

因此

$$\tan\angle CDB = \frac{BE}{DE} = \frac{1}{\frac{\sqrt{3}-1}{2}} = \sqrt{3}+1.$$

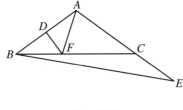

第8题图

8. 解 在 BC 上取 $CF = AB = AC = 1$(见图).

因为 $\angle BAC = 108°$, $AB = AC$, 所以

$$\angle C = \angle B = 36°.$$

AF 为 $\odot(C, 1)$ 的内接正十边形的边长. 由第11章练习题6得 $AF = \frac{\sqrt{5}-1}{2}$.

因为 $\angle CAF = \angle CFA = \frac{1}{2}(180° - 36°) = 72°$, 所以

$$\angle BAF = 108° - 72° = 36° = \angle ABC,$$

$$BF = AF = \frac{\sqrt{5}-1}{2},$$

$$BC = BF + FC = \frac{\sqrt{5}-1}{2} + 1 = \frac{\sqrt{5}+1}{2}.$$

△FAB 是等腰三角形,作底边的高 FD,则 D 也是 AB 的中点,

$$1 = AB = 2AD = 2AF\cos\angle DAF = 2BF\cos 36°.$$

在△BCE 中,由余弦定理得

$$\begin{aligned}
BE^2 &= BC^2 + CE^2 - 2BC \times CE\cos\angle BCE \\
&= BC^2 + BF^2 + 2BC \times BF\cos 36° \\
&= \left(\frac{\sqrt{5}+1}{2}\right)^2 + \left(\frac{\sqrt{5}-1}{2}\right)^2 + \frac{\sqrt{5}+1}{2} \times 1 \\
&= \frac{3+\sqrt{5}}{2} + \frac{3-\sqrt{5}}{2} + \frac{\sqrt{5}+1}{2} \\
&= \frac{7+\sqrt{5}}{2}.
\end{aligned}$$

注 在等腰三角形 FAB 中,底边 $AB = 2AF\cos\angle BAF$. 这是常用结论.

第2部分

平面几何问题

本部分由 4 章习题组成.

习题中补充了一些前一部分没有说到的知识.但更重要的是提供了相当数量的习题,供读者进行解题的实践.通过解题,掌握平面几何的内容与方法.

习题 1 是基本题,供读者打好平面几何的基础.它既对第 1 部分作一些补充,同时又是后面较难问题的提示或引理.

习题 2 介绍一些重要的定理.它们自身的证明往往也是解题方法的经典.

习题 3 是稍难的题.它逐步由浅入深,走向各级竞赛的问题.希望读者通过这些题,逐步掌握平面几何的证题方法.

习题 4 是一些竞赛题,需要更多的思考.

学数学的最好方法就是做数学题.

通过自己解题,尤其是稍难的题,不仅熟悉了所学的知识,而且逐步学会如何运用这些知识.

解题时,应循序渐进,逐步由易而难,由简单而复杂,不断地提高.我们将第 2 部分设计成 4 章习题,正是基于这样的规律.要打好基础,切勿好高骛远.先把基本题做透彻,领悟了基本方法,再去做较难的题.其实很多难题往往由一些不太难的题组合而成;不太难的题做好了,难题也就不太难了.

本书对每一道题都给出了解答,希望读者关注我们的解答,看看我们的解答.

有些解答写得很详细.如习题 4 第 100 题,写了如何逐步逼近结论.再如习题 3 第 80 题,通过师生讨论,说明如何防止解答的疏漏,注意严谨.

当然,不可能每道题都写得很详细,那样篇幅将大大增加.一些很明显的步骤我们可能省去.其中有些本来就是多余的过程,更应当去掉,不如此就不能将精力集中在关键步骤上.对于普通的考试,或许需将过程逐步写出.但对于进一步的学习,对于参加竞赛的选手,应当简化步骤,提高思维的速度.

解题不仅需要知识,灵活地运用所学的知识,而且也是意志的培养与锻炼,应当对自己充满信心,相信自己经过努力能够解决问题.切忌轻易放弃,要有足够的耐心,坚持不懈.荀子说:"锲而舍之,朽木不折.锲而不舍,金石可镂."我们应当有这种锲而不舍的精神.

实际遇到困难,一时解决不了,可以有以下办法:第一,回顾.再看一看:有哪些已知条件?应当如何充分利用?要证明的结论是什么?有哪些可能接近的途径?自己在解题过程中,有没有做错或者误入歧途?等等.第二,放松.索性休息一会,过一段时间再重新开始,说不定会产生新的想法.有时重画一个图可能得到新的启示.灵感有可能在放松后产生.第三,实在没有办法,可以看我们给的解答.一开始不要看.解出题后可以看,解不出题也可以看.这时看会有较深的体会.

当然,我们更希望读者自己作出解答,尤其希望读者有与我们不同的解答,有比我们更好的解答.

解题的最重要的目的就是培养创造力.

解完题后,我们也希望读者能够将步骤整理一下,写一个清晰、简明的书面解答.这样,可以发现解答中是否有错误,是否有多余的步骤,可以更突出问题的实质.通过这一回顾总结的过程,抓住问题的本质,提高自己的解题水平.

我们还希望读者带着愉快、欣赏的心情来解题,享受到解题的快乐.

习 题 1

习题1的特点是题目多,多达110题.但大多数是基本题,难度不大,读者经过自己的努力可以做出.

解题的第一步是认真读题.你要解题,首先得熟悉你面对的题目,弄清已知什么,求证(求)什么.

已知的条件好比我们手下的将士与武器装备.要善于利用它们.只有熟悉它们,用起来才能得心应手.例如一点是中点,我们不仅想到这点平分所在的线段,而且应当想到会不会有另一个点与它组成中位线,或者能不能将所在的中线延长至二倍,等等.

结论则是我们的目标,尤为重要.只有看准目标,才能有的放矢.

我们可以从已知条件开始,一步步地向目标走去.也可以从结论开始,倒溯而上,即要证结论 A,只需证明结论 B;要证明结论 B,只需证明结论 C……直到追溯到已知条件或已有结论.这种执果索因的方法称为分析法.而由已知出发,步步向前,由因及果的方法称为综合法.

当然也可将两者结合起来,既由因及果,步步向前,又执果索因,追溯而上,直到在某一处相遇.这时问题也就解决了.

解题时,分析法用得更多,但书写时,最好用综合法,较为顺达.

每道题都未画出图形,但在解答中都画了图形.请读者在做题时,先画一个草图.画草图可以帮助你熟悉题目的条件,熟悉题目中各元素间的关系.甚至可以帮助你找到解题的途径.因此,画图十分重要.如果仅画一个图还看不清其中的关系,可以再画一个.多画一个图,往往就多一点启发.

要善于在图中发现有用的图形,如全等三角形、相似三角形、平行的线段、共圆的点等.

请做下面的题吧,通过解题才能学会解题.

1. 在 $\triangle ABC$ 中,AE 是 $\angle BAC$ 的平分线,AD 是高.

   求证:$\angle DAE = \frac{1}{2}|\angle B - \angle C|$.

2. 已知:$CA = CB$,D、E 分别在 CA、CB 的延长线上,并且 $\angle DBA = \angle EAB$.

   求证:$\angle D = \angle E$.

3. $\triangle ABC$ 中,$AB = AC$.D 在 AB 的延长线上,并且 $BD = AB$.E 是 AB 的中点.

   求证:$CD = 2CE$.

4. 已知:$\triangle ABC$ 中,$\angle C = 2\angle B$,边 BC 上的高为 AD.

   求证:$BD = AC + CD$.

5. 已知:△ABC 中,AD 是中线,E 在 AD 上,并且 BE = AC.直线 BE 与 AC 相交于 F.

求证:AF = EF.

6. 证明等腰三角形底边上任一点到两腰的距离的和为定值.

7. △ABC 中,∠C = 90°,D 是 AB 的中点.

求证:$CD = \frac{1}{2}AB$.

8. BD、CE 是△ABC 的高,D、E 为垂足.BC、DE 的中点分别为 F、G.

求证:FG⊥DE.

9. △ABC 中,∠B = 2∠C.AD 是高,AE 是中线.

求证:AB = 2DE.

10. 已知:△ABC 中,∠BAC = 108°,AB = AC.延长 AC 到 E,使 AE = BC.D 为 BE 的中点.

求证:AD⊥DC.

11. 已知:△ABC 是等边三角形,E、D 分别在 BA、BC 的延长线上,并且 AE = BD.连接 CE、DE.

求证:CE = DE.

12. 已知:△ABC 中,AB = AC.E 在 AB 上,F 在 AC 的延长线上,EF 交 BC 于 D,并且 DE = DF.

求证:BE = CF.

13. 已知:△ABC 中,D 是 BC 的中点.过 D 作直线垂直于∠BAC 的平分线,分别交 AB、AC 于 E、F.

求证:$BE = CF = \frac{1}{2}|AB - AC|$.

14. 在△ABC 的边 AB、AC 上向外作正三角形 ABD、ACE,再完成▱ADFE.

求证:△FBC 是正三角形.

15. 四边形 ABCD 中,AB = CD.E、F 分别为 BC、AD 的中点.EF 的延长线与 BA 的延长线相交于 G,与 CD 的延长线相交于 H.

求证:∠BGE = ∠EHC.

16. 已知:矩形 ABCD 的长为 a,宽为 b.动点 X 在 BC 的延长线上,Y 在 CD 的延长线上,并且∠YAD = ∠XAD.

求证:△AXY 的面积为定值.

17. G 是△ABC 的重心.过 G 作直线,分别交线段 AB、AC 于 E、F.

求 $S_{\triangle AEF}$ 的最大值与最小值.

18. △ABC 中,AC<BC.D、E、F 在 AB 上,并且 CD 是高,CE 是∠ACB 的平分线,CF 是中线.

求证:CE 在 CD 与 CF 之间,并且在∠ACB = 90°时 CE 平分∠FCD.

19. 已知:梯形 $ABCD$ 中,$AD \parallel BC$,$AB = AD + BC$,E 是 CD 的中点.

求证:AE 平分 $\angle BAD$,BE 平分 $\angle ABC$.

20. 在 $\triangle ABC$ 的两条边 AB、AC 上,向形外作正方形 $ABEF$、$ACGH$. $AD \perp BC$,D 为垂足. DA 的延长线交 FH 于 K.

求证:$FK = KH$,$AK = \dfrac{1}{2} BC$.

21. E、F 在 $\square ABCD$ 的对角线 AC 上,并且 $AE = FC$.

求证:$DE \parallel BF$.

22. 已知:$\triangle ABC$ 中,D、E 分别为 BA、BC 的中点,F、G 是 AC 的三等分点. 直线 DF 与 EG 相交于 H.

求证:四边形 $ABCH$ 是平行四边形.

23. E、F 是 $\square ABCD$ 的一组对边 BC、AD 的中点.

求证:BF、DE 三等分 AC.

24. 已知:在正方形 $ABCD$ 中,E、F 分别为 AB、BC 的中点. CE、DF 相交于 M.

求证:$AM = AB$.

25. 已知:四边形 $ABCD$ 中,$AB \parallel CD$,F 是 BC 的中点,$DF \perp BC$,$\angle FDC = \angle BAC$. DF 与 AC 相交于 M.

求证:$AM - MD = 2FM$.

26. 已知:点 E、F 分别在正方形 $ABCD$ 的边 BC、CD 上,并且 $\angle DAF = \angle EAF$.

求证:$AE = BE + DF$.

27. 过正方形 $ABCD$ 的顶点 D 作 AC 的平行线,并在这条线上取一点 E,使 $CE = AC$. 直线 CE 与 AD 相交于 F.

求证:$AF = AE$.

28. 连接梯形两腰中点的线段称为梯形的中位线.

证明:中位线平行于梯形的底,并且等于两底和的一半.

29. 梯形 $ABCD$ 中,$AB \parallel CD$,$\angle B = 90°$. M 在 BC 边上,$MA = MD$,$\angle AMB = 75°$,$\angle DMC = 45°$.

求证:$AB = BC$.

30. 已知:$\triangle ABC$ 是等边三角形. E 为 AC 的中点,D 在 BC 的延长线上,且 $CD = CE$. 以 DE 为一边作等边三角形 FED,F 与 C 在 DE 的异侧.

求证:$AF \parallel BC$.

31. 在六边形 $ABCDEF$ 中,$AB = DE$,$BC = EF$,$CD = FA$,并且 $\angle A = \angle D$.

求证:$\angle B = \angle E$,$\angle C = \angle F$.

32. 矩形 $ABCD$ 不是正方形.

证明:它的角平分线构成正方形.

33. 在△ABC 的边 AB、AC 上向外作正方形 ABDE、ACFG. 设 EB、BC、CG 的中点分别为 H、K、L.

求证: HK = KL 且 HK ⊥ KL.

34. 在△ABC 的边 AB、AC 上向外作正方形 ABDE、ACFG. 又作▱AEHG. 设 K 为 AD 和 BE 的交点.

求证: CK ⊥ KH.

35. 已知: △ABC ∽ △ADE.

求证: △ABD ∽ △ACE.

36. 已知: △ABC 中, D、E 分别在 AB、AC 上, 并且 DE // BC. F、G 在直线 BC 上, 并且 FB = CG, AF // BE.

求证: AG // DC.

37. △ABC 中, ∠BAC = 45°, BE、CF 是高, AE = 2EC.

求证: AF = 3FB.

38. △ABC 中, D 为 BC 的中点. 作∠ADB、∠ADC 的平分线, 分别交 AB、AC 于 E、F.

求证: EF // BC.

39. 已知: △ABC 中, D、E、F 分别在 BC、CA、AB 上, 并且 AD、BE、CF 交于点 G. DE // AB, EF // BC, FD // CA.

求证: G 为△ABC 的重心.

40. △ABC 中, ∠C = 90°. D、E 在 AB 上, G、H 分别在 CB、CA 上, 并且四边形 DEGH 是正方形.

求证: $\dfrac{AD}{DE} = \dfrac{DE}{EB}$.

41. D 在△ABC 的边 AC 上. 延长 CB 到 E, 使 BE = AD. ED 交 AB 于 F.

求证: $\dfrac{EF}{FD} = \dfrac{AC}{BC}$.

42. △ABC 中, D 为 AB 的中点, E 在 AC 上且 AE = 2CE. CD、BE 相交于 O.

求证: $OE = \dfrac{1}{4} BE$.

43. △ABC 中, E、F 在 AB 上, 并且 AE = FB. 过 E、F 作 AC 的平行线, 分别交 BC 于 G、H.

求证: EG + FH = AC.

44. 点 A、B、C 在直线 l 上, 并且 $\dfrac{AB}{BC} = \dfrac{m}{n}$, 点 A_1、B_1、C_1 在直线 l_1 上, 并且 AA_1 // BB_1 // CC_1.

求证: $BB_1 = \dfrac{n}{m+n} AA_1 + \dfrac{m}{m+n} CC_1$.

45. 直线 l 在 $\square ABCD$ 外，A、B、C、D 到 l 的距离分别为 d_1、d_2、d_3、d_4.

求证：$d_1 + d_3 = d_2 + d_4$.

46. 求证：正三角形内任一点到三边距离的和为定值.

47. $\triangle ABC$ 的重心为 G，自 A、B、C、G 向 $\triangle ABC$ 外的直线 l 作垂线，垂足分别为 A_1、B_1、C_1、G_1.

求证：$AA_1 + BB_1 + CC_1 = 3GG_1$.

48. AD 交 BC 于 E.

证明：$\triangle ABC$ 与 $\triangle DBC$ 的面积比是 $AE:DE$.

49. 证明：在四边形中，如果一条对角线平分另一条对角线，那么它也平分四边形的面积.反过来，如果一条对角线平分四边形的面积，那么它平分另一条对角线.

50. 梯形 $ABCD$ 中，$AD \parallel BC$.过对角线交点 E 作 BC 的平行线，分别交 AB、CD 于 F、G.

求证：$FE = EG$.

51. 已知：梯形 $ABCD$ 中，$BA \parallel CD$.过对角线交点 E 作 AB 的平行线，交 AD 于 G，交 BC 于 F.

求证：$\dfrac{1}{AB} + \dfrac{1}{CD} = \dfrac{2}{FG}$.

52. AD 是直角三角形 ABC 的斜边 BC 上的高.$\triangle ABC$ 的角平分线交 AD 于 M，交 AC 于 N.

求证：$AB^2 - AN^2 = BM \times BN$.

53. 证明：梯形对角线的平方和等于腰的平方和加上两底的积的 2 倍.

54. 对矩形 $ABCD$ 及任一点 P，求证：
$$PA^2 + PC^2 = PB^2 + PD^2.$$

55. 四边形 $ABCD$ 的对角线的中点为 E、F.

求证：$AB^2 + BC^2 + CD^2 + DA^2 = AC^2 + BD^2 + 4EF^2$.

56. 梯形 $ABCD$ 中，$AD \parallel BC$，E 是 AB 上一点.AC、DE 交于 F.M、N 分别为 AE、AB 的中点.过 N 作 MF 的平行线，交 AC 于 G.

求证：$\dfrac{EF}{FD} = \dfrac{CG}{GA}$.

57. 同上题.过 C 作 MF 的平行线，交 AB 于 H.

求证：$\dfrac{EF}{FD} = \dfrac{HN}{NA}$.

58. 以直角三角形 ABC 的直角边 AC 为直径作圆，交斜边 AB 于 D.过 D 作切线，交 AC 于 E.

求证：E 为 BC 的中点.

59. $\odot O$ 是 $\triangle ABC$ 的外接圆，$AC > AB$.D 为 $\overset{\frown}{BC}$ 的中点.

求证：$\angle ADO = \dfrac{1}{2}(\angle B - \angle C)$.

60. 已知：△ABC∽△DEF．P、Q 分别为这两个三角形的外心．

求证：△ABP∽△DEQ．

61. BD、CE 是△ABC 的高，D、E 为垂足．O 是外心．

求证：OA⊥DE．

62. 圆内接四边形 ABCD 有内切圆，切四边于 E、F、G、H．

求证：EG⊥FH．

63. △ABC 的垂心为 H，AH、BH、CH 延长后又分别交外接圆于 A'、B'、C'．

求证：H 是△$A'B'C'$ 的内心．

64. 已知⊙(O,R)及一点 O_1．点 P 为⊙(O,R)上任一点．

求 O_1P 的最大值与最小值．

65. I 是△ABC 的内心．证明：$\angle BIC = 90° + \frac{1}{2}\angle A$．如果 I_a 是与 A 相对的旁心，试用 $\angle A$、$\angle B$、$\angle C$ 表示 $\angle BI_aC$．

66. O 是△ABC 的外心，$\angle A$ 是锐角．证明 $\angle OBC + \angle A = 90°$．如果 $\angle A$ 是直角或钝角，结论怎么修改？

67. BC 为⊙O 的直径．A 在⊙O 上，D 在⊙O 内，并且 AD∥BC，AD = DC = 7，AB = 6．

求 BD．

68. △ABC 的边长为 a、b、c．内切圆分别切 BC、CA、AB 于 D、E、F．

求 AF、BD、CE 的长，结果用 a、b、c 和 $s = \frac{1}{2}(a+b+c)$ 表示．

设 A 所对的旁切圆分别切 BC、AC、AB 于 L、M、N．求 BN、CM、BL 的长，结果仍用 a、b、c、s 表示．

69. 已知直角三角形的三边为 a、b、c（c 为斜边长）．

求内切圆的半径．

70. △ABC 中，$\angle C = 90°$，CD 为高．△ABC、△CAD、△CBD 的内切圆半径分别为 r、r_1、r_2．

求证：$r + r_1 + r_2 = CD$．

71. 已知四边形 ABCD 的对角线互相垂直，相交于 P．过 P 作 AB、BC、CD、DA 的垂线，垂足分别为 E、F、G、H．这些垂线又分别交 CD、DA、AB、BC 于 E_1、F_1、G_1、H_1．

求证：E、F、G、H、E_1、F_1、G_1、H_1 八点共圆．

72. 已知⊙O 与⊙O_1 内切于 P．E、F 在⊙O_1 上．延长 PE、PF，分别交⊙O 于 A、D．直线 EF 交⊙O 于 B、C．

求证：（ⅰ）EF∥AD；

（ⅱ）$\angle APB = \angle CPD$．

73. 已知四边形 $ABCD$ 的边 AB、CD 延长后交于 E，AD、BC 延长后交于 F. $\angle AED$、$\angle AFC$ 的平分线交于 M.

求证：当且仅当 A、B、C、D 共圆时，$ME \perp MF$.

74. $\triangle ABC$ 中，O 为外心，H 为垂心，D 为 BC 的中点.

证明：$AH = 2OD$.

75. $\odot O$ 为正 $\triangle ABC$ 的外接圆. 点 P 在 $\overset{\frown}{BC}$ 上.

求证：$PA = PB + PC$.

76. 已知 $\odot O$ 的半径为 2，弦 AB、CD 互相垂直，相交于 H，且 $AB = CD$.

求 BD.

77. 正方形 $ABCD$ 中，M、N 分别在 AB、AC 上，并且 $BM = BN$. 过 B 作 $BP \perp CM$，垂足为 P.

求证：$DP \perp NP$.

78. 半径为 2 的扇形 AOB 中，$\angle AOB = 90°$，C 是 $\overset{\frown}{AB}$ 上的一个动点. $OD \perp BC$，$OE \perp AC$，D、E 为垂足.

（ⅰ）$\triangle ODE$ 有没有长度不变的边与度数不变的角？

（ⅱ）设 $BD = x$，$AE = y$，$\triangle DOE$ 的面积为 u，找出 y、u 与 x 的函数关系.

79. 已知正方形 $ABCD$. 以 D 为圆心、DA 为半径的圆与以 BC 为直径的半圆交于 C、P，延长 AP 交 BC 于 N.

求 $\dfrac{BN}{NC}$.

80. 两圆外切于 A. 一条外公切线分别切两圆于 B、C.

求证：$AB \perp AC$.

81. 已知 $\odot O_1$、$\odot O_2$ 相交于 A、B. O_1 在 $\odot O_2$ 上. $\odot O_1$ 的弦 AC 交 $\odot O_2$ 于 D.

求证：$O_1 D \perp BC$.

82. 已知 $\odot O_1$ 与 $\odot O_2$ 半径相等，外切于 A. $\odot O_3$ 的半径是 $\odot O_1$ 的两倍，与 $\odot O_1$ 内切于 B，与 $\odot O_2$ 相交于 P、Q.

求证：直线 AB 过 P 或 Q.

83. 已知 $\odot O_1$ 与 $\odot O_2$ 外切. 外公切线 AB 分别切两圆于 A、B. $AB = 15$. $\odot O_1$ 的半径 $r_1 = 10$.

求 $\odot O_2$ 的半径 r_2.

84. 已知 $\odot O_1$ 与 $\odot O_2$ 外离. AB、CD 为外公切线，EF、GH 为内公切线.

求证：（ⅰ）切点 A、B、C、D 共圆；

（ⅱ）切点 E、F、G、H 共圆；

（ⅲ）外公切线与内公切线的交点 K、L、M、N 共圆.

找出各自的圆心.

85. ⊙O_1、⊙O_2 外离，AB、CD 是两条外公切线（A、B、C、D 是切点）．一条内公切线分别交 AB、CD 于 E、F．

求证：$DF = AE$．

86. ⊙O_1、⊙O_2 外切于 P．直线过 P，分别与 ⊙O_1、⊙O_2 相交于 A、B．过 A 作 ⊙O_1 的切线 l_1，过 B 作 ⊙O_2 的切线 l_2．

求证：$l_1 \parallel l_2$．

87. ⊙O 与 ⊙O' 外切于 F，外公切线 AB 分别切两圆于 A、B．直线 $CE \parallel AB$，切 ⊙O' 于 C，交 ⊙O 于 D、E．

求证：(i) A、F、C 三点共线；

(ii) △ABC 的外接圆与 △BDE 的外接圆的公共弦通过点 F．

88. ⊙O_1、⊙O_2 外切于 P，外公切线 AB 分别切两圆于 A、B．连心线 O_1O_2 分别交 ⊙O_1 于 D，交 AB 于 C．

求证：(i) $AD \parallel BP$；

(ii) $CP \times CO_1 = CD \times CO_2$；

(iii) $\dfrac{AD}{AP} = \dfrac{PC}{BC}$．

89. 已知：点 P 引出两条射线，A、B 在第一条上，C、D 在第二条上，并且 $PA \times PB = PC \times PD$．

求证：A、B、C、D 共圆．

90. ⊙O_1 与 ⊙O_2 外切于 P．外公切线 AB、CD 与两圆的切点为 A、B、C、D．

求证：四边形 $ABCD$ 有内切圆．

91. ⊙O_1、⊙O_2 外切于 P．外公切线 AB 分别切两圆于 A、B．连心线 O_1O_2 交 AB 于 C．E 在 AP 的延长线上，满足 $\dfrac{AP}{AB} = \dfrac{AC}{AE}$．$PE$ 交 ⊙O_2 于 D．$AP = 4$，$PD = \dfrac{9}{4}$．

求 $\dfrac{BC}{EC}$．

92. 求证：三角形两边的积等于第三条边上的高与外接圆直径的积．

93. 已知：点 P 在 ⊙O 外，自 P 引割线交 ⊙O 于 B、C．点 A 在 ⊙O 上，并且满足（1）$\angle PAB = \angle C$，或（2）$PA^2 = PB \times PC$．

求证：PA 是 ⊙O 的切线．

94. 已知：D 在 △ABC 的边 AC 上，$\angle DBA = \angle ACB$．

求证：$\dfrac{BD^2}{BC^2} = \dfrac{AD}{AC}$．

95. 已知 △ABC．D 在 BC 的延长线上，并且 $DA^2 = DB \times DC$．E、F 分别为 AB、AC 的中点．

求证：DA 与三角形 EAF 的外接圆相切．

96. 已知:⊙O 是△ABC 的外接圆.直线 $OE⊥AB$,交 AC 的延长线于 E,交 BC 于 D.

求证:$OD×OE=OA^2$.

97. 已知⊙O_1、⊙O_2 相交于 A、B.点 P 在直线 AB 上.过 P 作两条直线,一条交⊙O_1 于 C、D,一条交⊙O_2 于 E、F.

求证:C、D、E、F 四点共圆.

98. 自⊙O 外一点 A 作切线 AB、AC,B、C 为切点.P 在 $\overparen{BC}$ 上.$PD⊥BC$,$PE⊥AC$,$PF⊥AB$,D、E、F 为垂足.

求证:$PD^2=PE×PF$.

99. △ABC 的高 AD、BE、CF 相交于 H.

求证:$DA×DH=DE×DF$.

100. 圆内接四边形 $ABCD$ 的对角线 AC 与 BD 相交于 E,直线 AD 与 BC 交于点 F.

求证:$\dfrac{AE}{DE}=\dfrac{FB}{FD}$.

101. AD 是△ABC 的角平分线.延长 AD 交外接圆于 E.

证明:$AD×AE=AB×AC$.

102. △ABC 的角平分线 CE 交 AB 于 D,交外接圆于 E.

求证:(ⅰ) $EB:EC=DB:CB$;

(ⅱ) $EB^2=ED×EC$.

103. 圆内接四边形 $ABCD$ 的边 AB、DC 延长后交于 E,并且∠$DBA=$∠CBE.

求证:$AD×BE=CE×BD$.

104. 已知两个同心圆,AB 是其中一圆的直径,P 在另一圆上.

求证:PA^2+PB^2 为定值.

105. AB 为圆的直径,弦 AC、BD 相交于 E.

求证:$AC×AE+BD×BE=AB^2$.

106. 在⊙O 中,任作两条互相垂直的弦 AB、CD,两弦相交于 E.

求证:$AE^2+EB^2+CE^2+ED^2$ 为定值.

107. 圆内接四边形 $ABCD$ 中,$BC=CD$.

求证:$AB×AD+BC^2=AC^2$.

108. 过圆上一点 P 作弦 AB 的垂线 PC,C 为垂足.过 A、B 作切线 PQ 的垂线,垂足分别为 D、E.

求证:$PC^2=AD×BE$.

109. 弦 AB、CD 延长后交于 E,过 E 作 AD 的平行线,交 CB 的延长线于 F.过 F 作切线 FG,G 为切点.

求证:$FG=FE$.

110. 过 P 作⊙O 的割线,交圆于 A、C.又作切线 PB、PD,B、D 为切点.

求证:$AB×CD=BC×AD$.

习题 1 解答

1. 在 $\triangle ABC$ 中,AE 是 $\angle BAC$ 的平分线,AD 是高.

求证:$\angle DAE = \dfrac{1}{2}|\angle B - \angle C|$.

证明 不妨设 $\angle C \geqslant \angle B$(见图).

$$\angle BAE + \angle EAD = \angle BAD = 90° - \angle B,$$
$$\angle EAC - \angle EAD = \angle DAC = 90° - \angle C.$$

两式相减$\left(\text{注意} \angle BAE = \angle EAC = \dfrac{1}{2}\angle BAC\right)$得

$$2\angle EAD = \angle C - \angle B,$$

所以

$$\angle EAD = \dfrac{1}{2}(\angle C - \angle B).$$

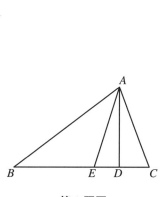

第 1 题图

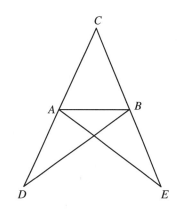

第 2 题图

2. 已知:$CA = CB$,D、E 分别在 CA、CB 的延长线上,并且 $\angle DBA = \angle EAB$.

求证:$\angle D = \angle E$.

证明 如图,因为 $CA = CB$,所以 $\angle CAB = \angle CBA$,

$$\angle DAB = 180° - \angle CAB = 180° - \angle CBA = \angle EBA.$$

在 $\triangle DAB$ 与 $\triangle EBA$ 中,

$$\angle DBA = \angle EAB, \quad \angle DAB = \angle EBA, \quad AB = AB,$$

所以

$$\triangle DAB \cong \triangle EBA,$$
$$\angle D = \angle E.$$

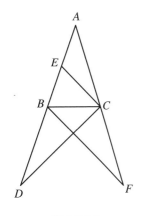

第 3 题图

3. △ABC 中，AB = AC. D 在 AB 的延长线上，并且 BD = AB. E 是 AB 的中点.

求证：CD = 2CE.

证明 延长 AC 到 F，使 CF = AC，连接 BF，如图.

由对称性（也就是 △ABF ≌ △ACD）得 BF = CD.

CE 是 △ABF 的中位线，所以

$$2CE = BF = CD.$$

注 中点已有了一个，再设法找一个，构成中位线，是常用手法.

4. 已知：△ABC 中，∠C = 2∠B. 边 BC 上的高为 AD.

求证：BD = AC + CD.

证一 要证两条线段的和等于第三条线段，往往将两条线段先加起来，成为一条线段，再证明它与第三条线段相等.

延长 DC 到 E，使 CE = AC（图(b)），则

$$DE = DC + CE = AC + CD.$$

因为 CE = AC，所以 ∠CEA = ∠CAE，从而

$$\angle ACB = \angle CAE + \angle CEA = 2\angle CEA.$$

已知 2∠B = ∠ACB，所以 ∠B = ∠CEA. △ABE 是等腰三角形. 底边 BE 上的高 AD 平分 BE. 所以

$$BD = DE = AC + CD.$$

证二 BD = AC + CD 即 BD − CD = AC. 可以先从 BD 中减去 CD，证明剩下的部分等于 AC.

如图(c)，在射线 DB 上取 E，使 DE = DC（见注）.

因为 DE = DC，AD = AD，所以

$$\text{Rt}\triangle ADE \cong \text{Rt}\triangle ADC,$$
$$AE = AC,$$
$$\angle AEC = \angle ACE.$$

因为 ∠C = 2∠B，所以 ∠AEC = 2∠B，E 在线段 DB 上，并且

$$\angle EAB = \angle AEC - \angle B = 2\angle B - \angle B = \angle B.$$

所以 BE = AE = AC，BD = BE + ED = AC + CD.

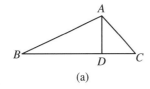

(a)

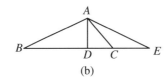

(b)

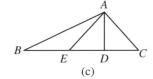

(c)

第 4 题图

注 我们事先并不能肯定 DB > DC. 直到证出 ∠AEC = 2∠B > ∠B 才确定这一点.

5. 已知：△ABC 中，AD 是中线，E 在 AD 上，并且 BE=AC．直线 BE 与 AC 相交于 F．
求证：AF=EF．

证明 如图，延长 AD 到 G，使 DG=AD．

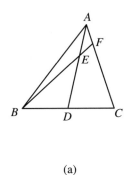
(a)

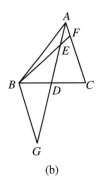
(b)

第 5 题图

易知 △BDG≌△CDA，∠BGD=∠CAD，且
$$BG = CA = BE.$$
所以
$$\angle BEG = \angle BGD = \angle CAD,$$
即
$$\angle AEF = \angle EAF.$$
故有
$$AF = EF.$$

注 遇到中线，将它延长至两倍，是常用手法．

6. 证明等腰三角形底边上任一点到两腰的距离的和为定值．

已知：△ABC 中，AB=AC．点 D 在底边 BC 上．D 在 AB、AC 上的射影分别为 E、F．
求证：DE+DF 为定值（与 D 的位置无关）．

证一 在 D 与 B 重合时，DE 变为零，DF 就是 AC 边的高 BN．这时 DE+DF=BN．
我们证明恒有 DE+DF=BN，即 BN 就是所说的定值．

过 D 作 AC 的平行线，交 BN 于 M（见图）．

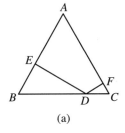
(a)

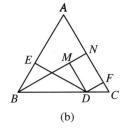
(b)

第 6 题图

因为 DF、MN 都与 AC 垂直,所以 $DF \parallel MN$. 四边形 $DFNM$ 是平行四边形, $MN = DF$.

因为 $DM \parallel AC$,所以 $\angle MDB = \angle C$. 因为 $AB = AC$,所以 $\angle C = \angle EBD$.

因为
$$\angle MDB = \angle C = \angle EBD, \quad BD = BD,$$
所以
$$\text{Rt}\triangle MDB \cong \text{Rt}\triangle EBD,$$
$$BM = DE,$$
$$DE + DF = BM + MN = BN.$$

证二 借助面积. 设 h 为 AC 边的高. 因为
$$S_{\triangle ABC} = S_{\triangle ABD} + S_{\triangle ADC},$$
即
$$h \times AC = DE \times AB + DF \times AC = (DE + DF) \times AC,$$
所以
$$h = DE + DF.$$

注 如果 D 在 BC 的延长线上,那么 $|DE - DF|$ 为定值.

7. $\triangle ABC$ 中, $\angle C = 90°$, D 是 AB 的中点.

求证: $CD = \dfrac{1}{2} AB$.

证一 如图(a),延长 CD 到 E,使 $DE = CD$.

四边形 $ACBE$ 的对角线 AB、CE 互相平分,所以四边形 $ACBE$ 是平行四边形.

因为 $\angle ACB = 90°$,所以 $\square ACBE$ 是矩形,对角线 $AB = CE = 2CD$.

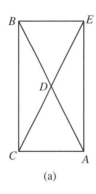
(a)

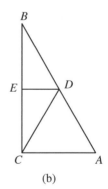
(b)

第7题图

证二 设 BC 的中点为 E,则中位线 $DE \parallel AC$,如图(b).

因为 $\angle ACB = 90°$,所以 $DE \perp BC$. DE 是边 BC 的垂直平分线. $CD = BD = \dfrac{1}{2} AB$.

注 "直角三角形斜边上的中线等于斜边的一半",这个结论可作为定理应用.

反过来,如果 $\triangle ABC$ 中,中线 $CD = AD = DB$,那么
$$\angle ACB = \angle ACD + \angle DCB = \angle DAC + \angle DBC,$$
所以 $\angle ACB = 90°$,即 $\triangle ABC$ 是直角三角形.

8. BD、CE 是 $\triangle ABC$ 的高,D、E 为垂足.BC、DE 的中点分别为 F、G.

求证:$FG \perp DE$.

证明 如图,$\triangle BDC$ 中,$\angle BDC = 90°$,FD 是斜边 BC 上的中线,所以 $FD = \dfrac{1}{2}BC$.

同理,$FE = \dfrac{1}{2}BC$.

所以 $FD = FE$.FG 是等腰三角形 FED 底边上的中线,所以 $FG \perp DE$.

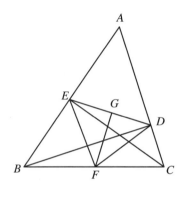

第 8 题图

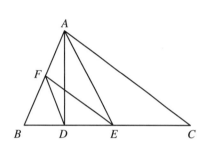

第 9 题图

9. $\triangle ABC$ 中,$\angle B = 2\angle C$.AD 是高,AE 是中线.

求证:$AB = 2DE$.

证明 $AB = 2DE$ 即 $DE = \dfrac{1}{2}AB$.

取 AB 的中点 F,连接 DF、EF(见图).

因为 $\angle ADB = 90°$,所以

$$DF = \dfrac{1}{2}AB = FB,$$

$$\angle FDB = \angle B.$$

EF 是 $\triangle ABC$ 的中位线,$EF \parallel AC$,

$$\angle FED = \angle C,$$

$$\angle DFE = \angle FDB - \angle FED = \angle B - \angle C = \angle C = \angle FED,$$

所以

$$DE = DF = \dfrac{1}{2}AB.$$

注 本题条件多,但分得较散,取 AB 的中点 F 后,化为证明 $DE = DF$,即 $\angle DEF = \angle DFE$,从而讨论角的关系得出结论.

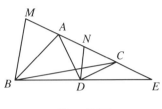

第 10 题图

10. 已知：△ABC 中，∠BAC = 108°，AB = AC。延长 AC 到 E，使 AE = BC。D 为 BE 的中点。

求证：AD ⊥ DC。

证明 延长 EA 到 M，使 AM = EC（见图）。这时
$$CM = CA + AM = CA + EC = AE = BC,$$

所以
$$\angle M = \angle MBC = \frac{1}{2}(180° - \angle ACB)$$
$$= 90° - \frac{1}{4}(180° - 108°) = 90° - 18° = 72° = \angle MAB,$$
$$BM = BA = AC.$$

取 AC 的中点 N，DN 是△MBE 的中位线，
$$DN = \frac{1}{2}MB = \frac{1}{2}AC,$$

从而 AD ⊥ DC。

注 本题证法很多。上面的解法是利用第 7 题后面的评注。设法证明中线 $DN = \frac{1}{2}AC$。为此，延长 CA 到 M，使得 DN 成为△MBE 的中位线。点 M 作出后，一切都变得简单了。

11. 已知：△ABC 是等边三角形，E、D 分别在 BA、BC 的延长线上，并且 AE = BD。连接 CE、DE。

求证：CE = DE。

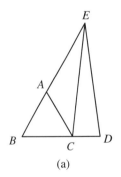

(a)

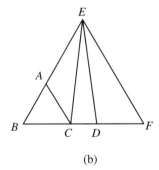

(b)

第 11 题图

证明 延长 BD 到 F，使 DF = BC（见图）。
$$BF = BD + DF = AE + AB = BE, \quad \angle B = 60°,$$

所以△EBF 是等边三角形。EF = EB，∠F = 60°。

因为 EF = EB，∠F = ∠B，DF = BC，所以
$$\triangle EBC \cong \triangle EFD,$$

$$CE = DE.$$

注 在本题中,如果延长 AB 到 G,使 $BG = AB$.连接 DG,则有 $DG = DE$.

延长 BC 到 F,使 $DF = BC$.产生一个轴对称图形,对称轴是 CD 的垂直平分线.虽然这一点需要证明,但我们应当知道这一点,并且一个"好"的图形总是有利于证明的.

12. 已知:$\triangle ABC$ 中,$AB = AC$.E 在 AB 上,F 在 AC 的延长线上,EF 交 BC 于 D,并且 $DE = DF$.

求证:$BE = CF$.

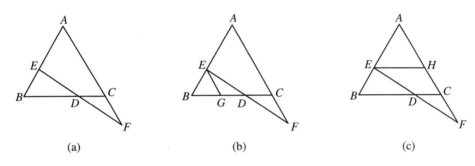

第 12 题图

证一 作 $GE \parallel AF$,交 BC 于 G(见图(b)),则 $\angle GED = \angle CFD$.

因为 $\angle BEF > \angle CFD = \angle GED$,所以 G 在线段 BD 内.易知
$$\triangle DEG \cong \triangle DFC,$$
所以 $EG = FC$.

因为 $EG \parallel AF$,所以 $\angle EGB = \angle ACB = \angle ABC$,
$$BE = EG = CF.$$

证二 作 $EH \parallel BC$,交 AF 于 H(见图(c)).DC 是 $\triangle FEH$ 的中位线,$CF = CH$.

因为 $\angle B = \angle ACB$($\triangle ABC$ 中,$AB = AC$),$EH \parallel BC$,所以梯形 $BCHE$ 是等腰梯形,
$$BE = CH = CF.$$

13. 已知:$\triangle ABC$ 中,D 是 BC 的中点.过 D 作直线垂直于 $\angle BAC$ 的平分线,分别交 AB、AC 于 E、F.

求证:$BE = CF = \dfrac{1}{2}|AB - AC|$.

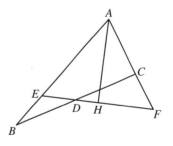

第 13 题图

证明 不妨设 $AB > AC$.又设 EF 与 $\angle BAC$ 的平分线相交于 H(见图).

因为
$$\angle EAH = \angle FAH, \quad AH = AH,$$
所以

$$Rt\triangle AEH \cong Rt\triangle AFH,$$
$$AE = AF.$$

由上一题得 $BE = CF$.

因为 $BE = AB - AE, CF = AF - AC$,两式相加得
$$2BE = AB - AC.$$

14. 在 $\triangle ABC$ 的边 AB、AC 上向外作正三角形 ABD、ACE,再完成 $\square ADFE$.

求证:$\triangle FBC$ 是正三角形.

证明 本题可与第 1 部分第 6 章练习题 8 对照.

在 $\triangle DFB$ 与 $\triangle ECF$ 中,
$$DF = AE = EC,$$
$$DB = DA = EF,$$
$$\angle BDF = 60° + \angle ADF = 60° + \angle AEF = \angle FEC,$$

所以 $\triangle DFB \cong \triangle ECF$.

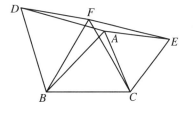

第 14 题图

$$FB = CF, \angle DFB = \angle ECF.$$
$$\angle BFC = \angle DFE - \angle DFB - \angle CFE$$
$$= 180° - \angle FEA - \angle DFB - \angle CFE$$
$$= 180° - \angle CFE - \angle FEA - \angle ECF$$
$$= \angle AEC = 60°,$$

所以 $\triangle BFC$ 是正三角形.

15. 四边形 $ABCD$ 中,$AB = CD$. E、F 分别为 BC、AD 的中点. EF 的延长线与 BA 的延长线相交于 G,与 CD 的延长线相交于 H.

求证:$\angle BGE = \angle EHC$.

证明 E、F 分别为 BC、AD 的中点,但要产生中位线,还需要一个中点.

连接 BD(或 AC),设 BD 的中点为 M,则 FM 是 $\triangle ABD$ 的中位线(见图),所以 $FM \parallel AB$,因此 $FM = \dfrac{1}{2}AB$.

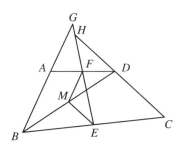

第 15 题图

同理,$ME \parallel CD, ME = \dfrac{1}{2}CD$.

因为 $AB = CD$,所以 $ME = MF$,从而 $\angle MEF = \angle MFE$.

因为 $FM \parallel AB$,所以 $\angle BGE = \angle MFE$.

同理,$\angle FHC = \angle MEF$.

因此 $\angle BGE = \angle FHC$.

注 两条相等的线段 AB、CD 原来距离较远,通过中位线移到了一起(也就是 AB 平移且缩小成原来的一半,变为中位线 FM,CD 也同样变为中位线 ME).

16. 已知:矩形 $ABCD$ 的长为 a,宽为 b.动点 X 在 BC 的延长线上,Y 在 CD 的延长线上,并且 $\angle YAD = \angle XAD$.

求证:$\triangle AXY$ 的面积为定值.

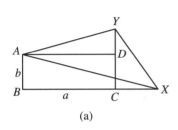
(a)

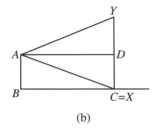
(b)

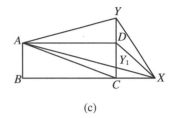
(c)

第16题图

证明 当 X 与 C 重合时,如图(b),因为
$$\angle YAD = \angle XAD,$$
所以 $\text{Rt}\triangle ADY \cong \text{Rt}\triangle ADX$,$YD = DC$.
$$S_{\triangle AXY} = S_{\triangle AYD} + S_{\triangle ADC} = 2S_{\triangle ADC} = S_{\square ABCD} = ab.$$

对一般情况,如图(c),设 AX 交 CD 于 Y_1,则同样由 $\angle YAD = \angle XAD$ 得 $YD = DY_1$.于是
$$S_{\triangle AXY} = S_{\triangle ADY} + S_{\triangle ADY_1} + S_{\triangle XYD} + S_{\triangle XDY_1}$$
$$= 2S_{\triangle ADY_1} + 2S_{\triangle XDY_1} = 2S_{\triangle ADX}$$
$$= 2S_{\triangle ADC} = ab.$$

注 对于定值问题,往往先举一具体的特例定出这个定值(本题的定值为 ab).然后再证明一般情况的结果也是这个值.

17. G 是 $\triangle ABC$ 的重心.过 G 作直线,分别交线段 AB、AC 于 E、F.

求 $S_{\triangle AEF}$ 的最大值与最小值.

解 不难猜出在 E 与 B 重合、F 为 AC 的中点(或 F 与 C 重合、E 为 AB 的中点)时,$S_{\triangle AEF}$ 取最大值 $\frac{1}{2}S_{\triangle ABC}$.在 $EF \parallel BC$ 时,$S_{\triangle AEF}$ 取最小值 $\frac{4}{9}S_{\triangle ABC}$.

证明甚易.EG、GF 中,不妨设 $EG \geqslant GF$.

因为 $\angle BEF > \angle EFA$,所以可在 $\angle BEF$ 内作 $ED \parallel AF$(即作 $\angle GED = \angle EFA$),交 BG 于 D.

图(a)中,F_0 为 AC 的中点.因为 $EG \geqslant GF$,$\triangle EDG \backsim \triangle FF_0G$,所以 $S_{\triangle EDG} \geqslant S_{\triangle FF_0G}$,

$$S_{\triangle AEF} \leqslant S_{AEGF_0} + S_{\triangle EDG}$$
$$\leqslant S_{\triangle ABF_0} = \frac{1}{2} S_{\triangle ABC}.$$

图(b)中,$E_1F_1 /\!/ BC$,E_1、F_1 分别在 AB、AC 上. 显然 $E_1G = GF_1$. 在 EG 上取 D,使 $DG = GF$,则 $\triangle E_1DG \cong \triangle F_1FG$,

$$S_{\triangle AEF} \geqslant S_{AE_1DF} = S_{\triangle AE_1GF} + S_{\triangle F_1GF}$$
$$= S_{\triangle AE_1F_1} = \frac{4}{9} S_{\triangle ABC}.$$

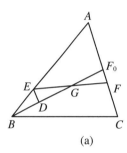
(a)

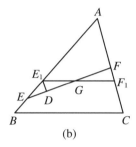
(b)

第 17 题图

18. $\triangle ABC$ 中,$AC < BC$. D、E、F 在 AB 上,并且 CD 是高,CE 是 $\angle ACB$ 的平分线,CF 是中线.

求证:CE 在 CD 与 CF 之间,并且在 $\angle ACB = 90°$ 时 CE 平分 $\angle FCD$.

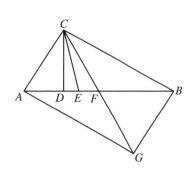

第 18 题图

证明 因为 $AC < BC$,所以
$$\angle A > \angle B,$$
$$\angle ACD = 90° - \angle A < 90° - \angle B = \angle DCB,$$
从而 CE 在 CD 的右边.

延长 CF 到 G,使 $FG = CF$(见图),则四边形 $AGBC$ 是平行四边形,$\angle ACF = \angle BGF$,$BG = AC$.

因为 $BG = AC < BC$,所以
$$\angle BCF < \angle BGF = \angle ACF.$$
从而 CF 在 CE 的右边,CE 在 CD 与 CF 之间.

$\angle ACB = 90°$ 时,
$$\angle DCE = \angle ACE - \angle ACD = \angle ACE - 90° + \angle CAB = \angle ACE - \angle ABC,$$
$$\angle ECF = \angle ECB - \angle FCB = \angle ECB - \angle ABC = \angle ACE - \angle ABC.$$
所以 CE 平分 $\angle DCF$.

19. 已知:梯形 ABCD 中,AD∥BC,AB = AD + BC,E 是 CD 的中点.

求证:AE 平分∠BAD,BE 平分∠ABC.

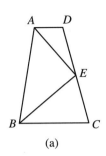
(a)

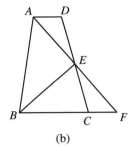
(b)

第 19 题图

证明 延长 AE 交 BC 于 F,如图.

因为 AD∥CF,所以

$$\angle ADE = \angle FCE.$$

又

$$DE = CE, \quad \angle AED = \angle FEC,$$

所以

$$\triangle AED \cong \triangle FEC,$$
$$AD = CF, \quad AE = FE.$$

因为 AB = AD + BC,所以

$$AB = CF + BC = BF.$$

因此,等腰三角形 BAF 底边上的中线 BE 平分∠ABC.

同理,AE 平分∠BAD.

20. 在△ABC 的两条边 AB、AC 上,向形外作正方形 ABEF、ACGH. AD⊥BC,D 为垂足. DA 的延长线交 FH 于 K.

求证:$FK = KH, AK = \frac{1}{2}BC$.

证明 题目的结论会给我们很多启发.

如果 $FK = KH, AK = \frac{1}{2}BC$,那么延长 AK 到 M,使 KM = AK,则四边形 AHMF 的对角线互相平分,这个四边形是平行四边形. FM∥AH,因而 FM⊥AC,而 FA⊥AB,所以 FM、FA 的夹角∠MFA 等于 AC、AB 的夹角∠BAC. △AFM≌△BAC.

当然,上面不是证明,而是在"如果……"的前提下导出的结论.但由这些可以导出下面的证明.

完成▱AHMF(作 FM∥AH,HM∥AF,FM、HM 相交于 M),连接 AM(见图).

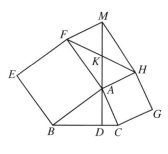

第 20 题图

因为 $FM \underline{\underline{\parallel}} AH$，所以 $FM = AC$ 且 $FM \perp AC$. 又 $FA = AB$，并且 $FA \perp AB$，所以

$$\angle AFM = \angle BAC,$$
$$\triangle AFM \cong \triangle BAC,$$
$$\angle FAM = \angle ABC = 90° - \angle BAD = \angle FAK.$$

从而直线 AM 与 AK 重合. AM 与 FH 的交点即 K.

$$FK = KH, \quad AK = \frac{1}{2}AM = \frac{1}{2}BC.$$

注 本题证法很多. 这里的证法可能比较少见. 较常见的一种证法是分别自 F、H 向 AK 作垂线.

21. E、F 在 $\Box ABCD$ 的对角线 AC 上，并且 $AE = FC$.

求证：$DE \parallel BF$.

证明 连接 BE、DF、BD，设 BD、AC 相交于 O（见图）.

因为平行四边形的对角线互相平分，所以

$$BO = OD, \quad AO = OC.$$

因为 $AE = FC$，所以

第 21 题图

$$EO = AO - AE = OC - FC = OF.$$

四边形 $BFDE$ 的对角线 BD、EF 互相平分，所以它是平行四边形，$DE \parallel BF$.

注 本题证法甚多.

22. 已知：$\triangle ABC$ 中，D、E 分别为 BA、BC 的中点，F、G 是 AC 的三等分点，直线 DF 与 EG 相交于 H.

求证：四边形 $ABCH$ 是平行四边形.

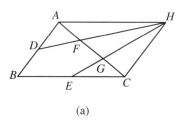

(a)

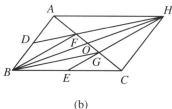

(b)

第 22 题图

证明 连接 BF、BG、BH，BH 交 AC 于 O（见图）.

DF 是 $\triangle ABG$ 的中位线，所以 $DF \parallel BG$.

同理，$EG \parallel BF$.

所以四边形 $BGHF$ 是平行四边形. 于是

$$FO = OG,$$

$$AO = AF + FO = GC + OG = OC.$$

所以四边形 ABCH 是平行四边形.

注 反过来,如果四边形 ABCH 是平行四边形,D、E 分别为 BC、AB 的中点,那么 HD、HE 与 AC 的交点 F、G 是 AC 的三等分点.实际上这就是下一题.

23. E、F 是 ▱ABCD 的一组对边 BC、AD 的中点.

求证:BF、DE 三等分 AC.

证明 连接 BD,设 AC 与 BF、BD、DE 分别相交于 M、O、N(见图).

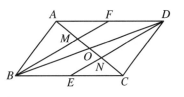

第 23 题图

因为 F 为 AD 的中点,O 为 BD 的中点,所以 M 是 △ABD 的重心.

$$AM = \frac{2}{3}AO = \frac{1}{3}AC.$$

同理,

$$CN = \frac{1}{3}AC.$$

所以

$$MN = AC - AM - CN = \frac{1}{3}AC.$$

24. 已知:在正方形 ABCD 中,E、F 分别为 AB、BC 的中点. CE、DF 相交于 M.

求证:AM = AB.

证明 将正方形 ABCD 绕中心顺时针旋转 90°,则 D 变为 C,F 变为 E,线段 DF 变为 CE,所以 DF⊥CE(或证明 Rt△DCF≌Rt△CBE,亦易得出这一结论).

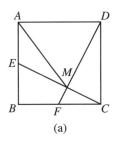
(a)

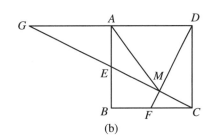
(b)

第 24 题图

延长 CE 交 DA 的延长线于 G(见图). 在 △GCD 中,$AE \underline{\parallel} \frac{1}{2}CD$,所以

$$GA = \frac{1}{2}GD.$$

在 Rt△GMD 中,AM 是斜边上的中线,所以

$$AM = \frac{1}{2}GD = AD = AB.$$

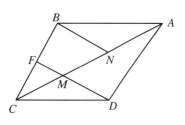

第 25 题图

25. 已知：四边形 $ABCD$ 中，$AB /\!/ CD$，F 是 BC 的中点，$DF \perp BC$，$\angle FDC = \angle BAC$．DF 与 AC 相交于 M．

求证：$AM - MD = 2FM$．

证明 $\angle CFD = 90° > \angle FCD$，所以
$$\angle ABC = 180° - \angle FCD > 90°.$$
在 $\angle ABC$ 内作 $BN \perp BC$，即 $BN /\!/ FM$，交 AC 于 N，FM 是 $\triangle CBN$ 的中位线（见图），
$$BN = 2FM.$$
因为
$$\angle FDC = \angle BAC = \angle ACD,$$
所以
$$MD = MC = MN.$$
因为 $BN /\!/ DF$，$AB /\!/ CD$，所以
$$\angle ABN = \angle FDC = \angle BAC,$$
$$AN = BN = 2FM.$$
因此
$$AM - MD = AM - MN = AN = 2FM.$$

26. 已知：点 E、F 分别在正方形 $ABCD$ 的边 BC、CD 上，并且 $\angle DAF = \angle EAF$．

求证：$AE = BE + DF$．

证明 如图，延长 EB 到 G，使 $BG = DF$，则 $EG = BE + DF$．

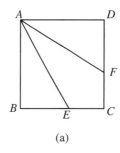
(a)

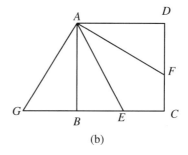
(b)

第 26 题图

因为
$$AB = AD, \quad BG = DF,$$
所以
$$\text{Rt}\triangle ABG \cong \text{Rt}\triangle ADF,$$
$$\angle GAB = \angle FAD.$$
从而
$$\angle GAE = \angle GAB + \angle BAE = \angle FAD + \angle BAE$$

$$= \angle EAF + \angle BAE = \angle BAF$$
$$= 90° - \angle FAD = 90° - \angle GAB = \angle AGE,$$

所以
$$AE = EG = BE + DF.$$

注 图中的 △ABG 可以说成是将 △ADF 绕 A 顺时针旋转 90°而得到的,因为 ∠ADF + ∠ABE = 90° + 90° = 180°,所以旋转得到的 BG 与 EB 是一条直线.

在有关正三角形、正方形的问题中,常常会利用旋转.

27. 过正方形 ABCD 的顶点 D 作 AC 的平行线,并在这条线上取一点 E,使 CE = AC. 直线 CE 与 AD 相交于 F.

求证:AF = AE.

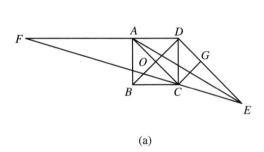
(a)

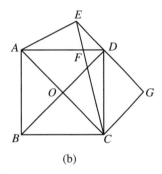
(b)

第 27 题图

证明 有两种情况,如图.

图(a)中,连接 BD,交 AC 于 O. 因为 DE∥AC,所以 C 到 DE 的距离 $CG = OD = \frac{1}{2}BD = \frac{1}{2}AC = \frac{1}{2}CE$. 从而 ∠CED = 30°.

因为 DE∥AC,所以 ∠ACF = ∠CED = 30°.

因为 CE = AC,所以 $\angle CEA = \angle CAE = \frac{1}{2}\angle ACF = 15°$.

∠AFC = 180° − ∠ACF − ∠FAC = 180° − 30° − (90° + 45°) = 15° = ∠CEA,

所以 AF = AE.

图(b)中,情况类似,∠CED = 30°,∠ACE = 30°.
$$\angle ECD = 45° - 30° = 15°,$$
$$\angle AFE = \angle CFD = 90° - \angle ECD = 75°,$$
$$\angle AEF = \angle CAE = \frac{1}{2}(180° - \angle ACE) = 75°,$$

所以 AF = AE.

注 在直角三角形中,如果一条直角边是斜边的一半,那么这条直角边所对的角是 30°. 本题是应用这一结论的一个绝佳的例子.

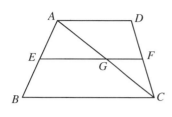

第28题图

28. 连接梯形两腰中点的线段称为梯形的中位线.

证明:中位线平行于梯形的底,并且等于两底和的一半.

已知:梯形 ABCD 中,腰 AB、CD 的中点分别为 E、F.

求证:EF // AD,并且 $EF = \frac{1}{2}(AD + BC)$.

证明 连接 AC,取 AC 的中点 G(见图).在 △ABC 中,

$$EG // BC \text{ 且 } EG = \frac{1}{2}BC.$$

同样,GF // AD 且 $GF = \frac{1}{2}AD$.

因为 AD // BC,所以 GF // BC.从而 EG、GF 是一条直线,即 EF // BC.并且

$$EF = EG + GF = \frac{1}{2}(BC + AD).$$

注 过 A 作 DC 的平行线,交 BC 于 C_1(即将 DC 平移至 AC_1),可与连接 AC 起同样的作用.

29. 梯形 ABCD 中,AB // CD,∠B = 90°.M 在 BC 边上,MA = MD,∠AMB = 75°,∠DMC = 45°.

求证:AB = BC.

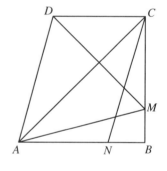

第29题图

证一 因为

$$\angle DMA = 180° - 45° - 75° = 60°, \quad MA = MD,$$

所以 △MAD 是正三角形.

$$DA = MA, \quad \angle MAD = 60°.$$

将 DA 平移至 CN(如图,即过 C 作 DA 的平行线,交 AB 于 N,则 CN = DA),

$$\angle CNB = \angle DAB = 60° + (90° - 75°) = 75° = \angle AMB.$$

因为

$$CN = DA = MA,$$

所以

$$\text{Rt}\triangle CNB \cong \text{Rt}\triangle AMB,$$
$$AB = BC.$$

证二 △DMC 是等腰直角三角形,CD = CM.

同上,△MAD 是等边三角形,AD = AM.

连接 AC.因为 A、C 都在线段 DM 的垂直平分线上,所以 AC 就是 DM 的垂直平分线.它也是 ∠DCM 的平分线.∠ACB = 45°.所以 △ACB 是等腰直角三角形,AB = BC.

30. 已知:△ABC 是等边三角形.E 为 AC 的中点,D 在 BC 的延长线上,且 CD = CE. 以 DE 为一边作等边三角形 FED,F 与 C 在 DE 的异侧.

求证:AF // BC.

证明 连接 BE,如图.因为 E 是 AC 的中点,而 BA = BC,所以

$$BE \perp AC, \quad \angle CBE = \frac{1}{2}\angle CBA = \frac{1}{2} \times 60° = 30°.$$

因为 CD = CE,所以

$$\angle CED = \angle CDE = \frac{1}{2}\angle BCE = \frac{1}{2} \times 60° = 30°.$$

因为△FED 是等边三角形,所以∠FED = 60°,

$$\angle CEF = \angle CED + \angle FED = 30° + 60° = 90°,$$
$$\angle BEC + \angle CEF = 90° + 90° = 180°.$$

所以 B、E、F 三点共线.

因为∠CBE = 30° = ∠CDE,所以 BE = ED = FE.

又 AE = CE,所以四边形 ABCF 是平行四边形.

$$AF \text{ // } BC.$$

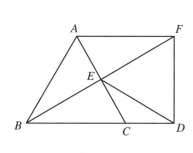

第 30 题图

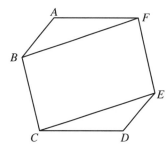

第 31 题图

31. 在六边形 ABCDEF 中,AB = DE,BC = EF,CD = FA,并且∠A = ∠D.
求证:∠B = ∠E,∠C = ∠F.

证明 连接 BF、CE,如图.

$$\triangle ABF \cong \triangle DEC,$$

所以
$$BF = CE, \quad \angle ABF = \angle DEC, \quad \angle AFB = \angle DCE.$$

因为
$$BF = CE, \quad BC = EF,$$

所以四边形 BCEF 是平行四边形.

$$\angle FBC = \angle CEF, \quad \angle BCE = \angle EFB.$$

从而
$$\angle ABC = \angle ABF + \angle FBC = \angle DEC + \angle CEF = \angle DEF.$$

同理,
$$\angle AFE = \angle DCB.$$

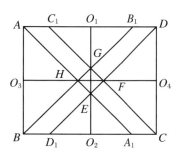

第32题图

32. 矩形 $ABCD$ 不是正方形.

证明:它的角平分线构成正方形.

证一 因为矩形 $ABCD$ 不是正方形,所以 AC 不是 $\angle BAD$ 的平分线,也不是 $\angle BCD$ 的平分线.

设四个角的平分线分别为 AA_1、BB_1、CC_1、DD_1,截成四边形 $EFGH$(见图),则

$$\angle C_1CB = \frac{1}{2}\angle DCB = 45°,$$

$$\angle B_1BC = 45°.$$

所以

$$\angle BGC = 180° - \angle C_1CB - \angle B_1BC = 90°.$$

同理,四边形 $EFGH$ 其他的角也都是 $90°$,四边形 $EFGH$ 是矩形.

$\triangle C_1CD$ 中,DF 平分 $\angle C_1DC$,又垂直于 C_1C,所以 $\triangle C_1CD$ 是等腰直角三角形,并且

$$C_1F = \frac{1}{2}C_1C = \frac{\sqrt{2}}{2}CD.$$

同理,

$$B_1H = \frac{\sqrt{2}}{2}AB = C_1F.$$

又

$$\angle GC_1B_1 = 90° - \angle C_1CD$$
$$= 45° = 90° - \angle B_1BA$$
$$= \angle C_1B_1G,$$

所以

$$GC_1 = GB_1,$$
$$GH = B_1H - B_1G = C_1F - C_1G = GF.$$

因此矩形 $EFGH$ 是正方形.

证二 设 AD、BC 的中点分别为 O_1、O_2,则直线 O_1O_2 是矩形 $ABCD$ 的对称轴. AA_1、DD_1 关于 O_1O_2 对称,它们的交点 E 在 O_1O_2 上.

同理,G 在 O_1O_2 上.

设 AB、CD 的中点分别为 O_3、O_4,则 O_3O_4 也是矩形 $ABCD$ 的对称轴,并且 F、H 在 O_3O_4 上,而且 G、E 关于 O_3O_4 对称. F、H 关于 O_1O_2 对称.即对角线 EG、FH 互相垂直平分.

因此四边形 $EFGH$ 是菱形.

又由前面的证法得 $\angle BGC = 90°$.所以菱形 $EFGH$ 是正方形.

33. 在 △ABC 的边 AB、AC 上向外作正方形 ABDE、ACFG. 设 EB、BC、CG 的中点分别为 H、K、L.

求证：$HK = KL$ 且 $HK \perp KL$.

证明 连接 BE、CG、AD、AF，如图.

△AEC 绕点 A 逆时针旋转 90°，得到 △ABG，所以 $EC = BG$，并且 $EC \perp BG$.

AD、BE 的交点即 BE 的中点 H，AF、CG 的交点即 CG 的中点 L.

KH 是 △BCE 的中位线，

$$KH = \frac{1}{2}EC, \quad KH \parallel EC.$$

同理，

$$KL = \frac{1}{2}BG, \quad KL \parallel BG.$$

所以 $KH = KL$ 且 $HK \perp KL$.

34. 在 △ABC 的边 AB、AC 上向外作正方形 ABDE、ACFG. 又作 ▱AEHG. 设 K 为 AD 和 BE 的交点.

求证：$CK \perp KH$.

证明 如图，因为 K 是正方形 ABDE 的中心，所以 $KA = KE$ 且 $KA \perp KE$.

$$EH = AG = AC,$$
$$\angle KEH = 45° + \angle AEH = 45° + 180° - \angle EAG$$
$$= 45° + 360° - \angle EAG - 180°$$
$$= 45° + \angle EAB + \angle BAC + \angle CAG - 180°$$
$$= 45° + \angle BAC = \angle KAC,$$

所以 △KEH ≌ △KAC. 并且 △KAC 绕 K 顺时针旋转 90°就得到 △KEH，所以 $CK \perp KH$.

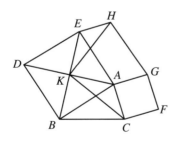

第 34 题图

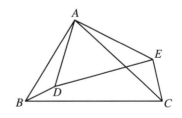

第 35 题图

35. 已知：△ABC ∽ △ADE.

求证：△ABD ∽ △ACE.

证明 如图，因为 △ABC ∽ △ADE，所以

$$\angle BAC = \angle DAE, \qquad (1)$$
$$\frac{AB}{AC} = \frac{AD}{AE}. \qquad (2)$$

在 △ABD 与 △ACE 中,
$$\angle BAD = \angle BAC - \angle DAC = \angle DAE - \angle DAC = \angle CAE. \qquad (3)$$

由(2)、(3)式得
$$\triangle ABD \sim \triangle ACE.$$

注 本题结论常常用到.

36. 已知：△ABC 中，D、E 分别在 AB、AC 上，并且 DE // BC. F、G 在直线 BC 上，并且 FB = CG，AF // BE.

求证：AG // DC.

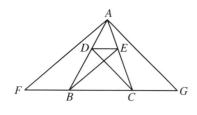

第 36 题图

证明 如图，因为 AF // BE，所以
$$\frac{CB}{BF} = \frac{CE}{EA}.$$

因为 DE // BC，所以
$$\frac{CE}{EA} = \frac{BD}{DA}.$$

由以上二式得
$$\frac{CB}{BF} = \frac{BD}{DA}.$$

因为 BF = CG，所以上式即
$$\frac{BC}{CG} = \frac{BD}{DA}.$$

从而 AG // DC.

37. △ABC 中，∠BAC = 45°，BE、CF 是高，AE = 2EC.

求证：AF = 3FB.

证明 如图，延长 EC 到 E'，使
$$CE' = EC,$$
则
$$EE' = AE.$$

从而 BE 是 AE' 的垂直平分线，BA = BE',
$$\angle BE'A = \angle BAC = 45°,$$
$$\angle ABE' = 90°.$$

所以 BE' // FC,
$$\frac{AF}{FB} = \frac{AC}{CE'} = \frac{3}{1} = 3.$$

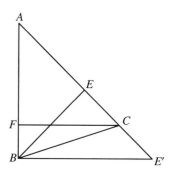

第 37 题图

38. △ABC 中,D 为 BC 的中点.作∠ADB、∠ADC 的平分线,分别交 AB、AC 于 E、F.

求证:EF∥BC.

证明 如图,因为 DE 平分∠ADB,所以

$$\frac{AD}{DB} = \frac{AE}{EB}.$$

同理,

$$\frac{AD}{DC} = \frac{AF}{FC}.$$

因为 DB = DC,所以

$$\frac{AE}{EB} = \frac{AF}{FC}.$$

从而

$$EF \parallel BC.$$

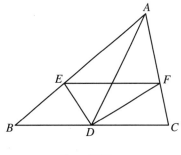

第 38 题图

39. 已知:△ABC 中,D、E、F 分别在 BC、CA、AB 上,并且 AD、BE、CF 交于点 G.DE∥AB,EF∥BC,FD∥CA.

求证:G 为△ABC 的重心.

证明 如图,因为 DE∥AB,EF∥BC,所以四边形 BDEF 是平行四边形,BD = EF.

同理,DC = EF.

所以 BD = DC,D 为 BC 的中点,AD 为中线.

同理,BE 为中线.

所以 G 为重心.

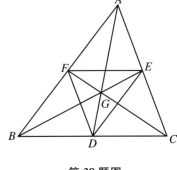

第 39 题图

注 本题的条件"AD、BE、CF 交于点 G"可以改为"AD、BE 交于点 G".或者取消这个条件,结论改为"证明 AD、BE、CF 交于同一点 G,并且 G 为重心".

又本题条件"EF∥BC"可以取消:

由 DE∥AB,FD∥CA 得

$$\frac{EG}{GB} = \frac{DG}{GA} = \frac{FG}{GC},$$

所以 EF∥BC.

40. △ABC 中,∠C = 90°.D、E 在 AB 上,G、H 分别在 CB、CA 上,并且四边形 DEGH 是正方形.

求证:$\frac{AD}{DE} = \frac{DE}{EB}$.

证明 如图,因为

$$\angle A = 90° - \angle B = \angle EGB,$$

所以
$$\text{Rt}\triangle DAH \backsim \text{Rt}\triangle EGB,$$
$$\frac{AD}{DH} = \frac{GE}{EB}.$$

因为 $DH = GE = DE$,所以
$$\frac{AD}{DE} = \frac{DE}{EB}.$$

注 本题中的相似三角形不止一对,但用 $\triangle DAH \backsim \triangle EGB$ 最为直接,不走弯路.

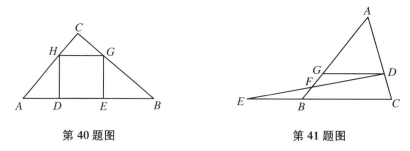

第 40 题图   第 41 题图

41. D 在 $\triangle ABC$ 的边 AC 上. 延长 CB 到 E,使 $BE = AD$. ED 交 AB 于 F. 求证:$\dfrac{EF}{FD} = \dfrac{AC}{BC}$.

证明 如图,作 $DG \parallel BC$,交 AB 于 G.
$$\frac{EF}{FD} = \frac{EB}{GD} = \frac{AD}{GD} = \frac{AC}{BC}.$$

42. $\triangle ABC$ 中,D 为 AB 的中点,E 在 AC 上且 $AE = 2CE$. CD、BE 相交于 O. 求证:$OE = \dfrac{1}{4}BE$.

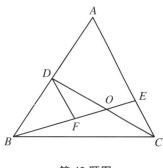

第 42 题图

证一 如图,作 $DF \parallel AC$,交 BE 于 F.
$$\frac{DF}{AE} = \frac{BD}{BA} = \frac{1}{2}, \quad \frac{BF}{BE} = \frac{BD}{BA} = \frac{1}{2},$$

从而
$$\frac{DF}{CE} = \frac{DF}{AE} \times \frac{AE}{CE} = \frac{1}{2} \times 2 = 1,$$
$$\frac{OE}{OF} = \frac{CE}{DF} = 1,$$
$$OE = OF = \frac{1}{2}EF = \frac{1}{2}(BE - BF) = \frac{1}{4}BE.$$

注 算比值时,作平行线是有效的方法.

证二 亦可采用物理方法. 在 A 处放重为 1 的砝码,在 C 处放重为 2 的砝码,则 A、C 合在一起的重心在 E. A、B、C 三砝码的重心在 BE 上.

在 B 处也放重为 1 的砝码,则 A、B 合在一起的重心在 D. A、B、C 三砝码的重心在 CD 上.

因而 A、B、C 三砝码的重心在 CD、BE 的交点 O。它也是一个重为 1 的砝码在 B、一个重为 $1+2=3$ 的砝码在 E 的重心。

因此
$$\frac{BO}{OE} = \frac{3}{1}, \quad OE = \frac{1}{3}BO = \frac{1}{4}BE.$$

注 这种"物理方法"有时很方便。

43. $\triangle ABC$ 中，E、F 在 AB 上，并且 $AE = FB$。过 E、F 作 AC 的平行线，分别交 BC 于 G、H。

求证：$EG + FH = AC$。

证明 如图，因为 $EG \parallel AC$，所以
$$\frac{EG}{AC} = \frac{BE}{BA}.$$

同理，
$$\frac{FH}{AC} = \frac{BF}{BA}.$$

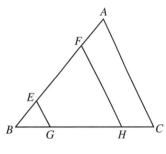

第 43 题图

所以
$$\frac{EG + FH}{AC} = \frac{BE + BF}{BA} = \frac{FA + BF}{BA} = 1,$$
$$EG + FH = AC.$$

注 下题有一般的分点公式。

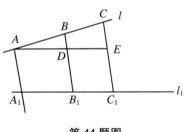

第 44 题图

44. 点 A、B、C 在直线 l 上，并且 $\dfrac{AB}{BC} = \dfrac{m}{n}$，点 A_1、B_1、C_1 在直线 l_1 上，并且 $AA_1 \parallel BB_1 \parallel CC_1$。

求证：$BB_1 = \dfrac{n}{m+n}AA_1 + \dfrac{m}{m+n}CC_1.$ \hfill (1)

证明 过 A 作 l_1 的平行线，分别交 BB_1、CC_1 于 D、E（见图）。

因为
$$AA_1 \parallel BB_1 \parallel CC_1,$$

所以
$$AA_1 = DB_1 = EC_1.$$

又
$$\frac{BD}{CE} = \frac{AB}{AC} = \frac{m}{m+n},$$

从而
$$BB_1 = BD + DB_1 = \frac{m}{m+n}CE + AA_1 = \frac{m}{m+n}(CC_1 - EC_1) + AA_1$$
$$= \frac{m}{m+n}CC_1 + \left(1 - \frac{m}{m+n}\right)AA_1 = \frac{n}{m+n}AA_1 + \frac{m}{m+n}CC_1.$$

注 本题结果称为分点公式，十分重要。注意(1)式中，分子是 $n \cdot AA_1$、$m \cdot CC_1$，而不是 $m \cdot AA_1$、$n \cdot CC_1$。

45. 直线 l 在 $\square ABCD$ 外，A、B、C、D 到 l 的距离分别为 d_1、d_2、d_3、d_4.

求证：$d_1 + d_3 = d_2 + d_4$.

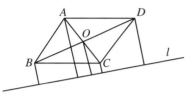

第 45 题图

证明 连接对角线 AC、BD，相交于 O（见图）. 设 O 到 l 的距离为 d.

AC、l 与 A、C 到 l 的垂线形成一个直角梯形. O 到 l 的垂线长是这梯形的中位线. 因此

$$d_1 + d_3 = 2d.$$

同理，

$$d_2 + d_4 = 2d.$$

因此

$$d_1 + d_3 = d_2 + d_4.$$

46. 求证：正三角形内任一点到三边距离的和为定值.

证明 如图，设正三角形 ABC 的边长为 a，高为 h，点 P 到三边的距离分别为 d_1、d_2、d_3，则由面积 $S_{\triangle PAB} + S_{\triangle PBC} + S_{\triangle PCA} = S_{\triangle ABC}$ 得

$$\frac{1}{2}d_1 a + \frac{1}{2}d_2 a + \frac{1}{2}d_3 a = \frac{1}{2}ah.$$

因此

$$d_1 + d_2 + d_3 = h.$$

注 亦可利用第 6 题.

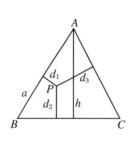

第 46 题图

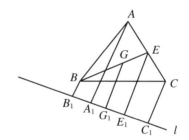

第 47 题图

47. $\triangle ABC$ 的重心为 G，自 A、B、C、G 向 $\triangle ABC$ 外的直线 l 作垂线，垂足分别为 A_1、B_1、C_1、G_1.

求证：$AA_1 + BB_1 + CC_1 = 3GG_1$.

证明 设 E 为 AC 的中点，EE_1 为 l 的垂线，垂足为 E_1（见图）.

由上题得

$$EE_1 = \frac{1}{2}AA_1 + \frac{1}{2}CC_1.$$

又

$$BG : GE = 2 : 1,$$

所以由上题得
$$BB_1 + 2EE_1 = 3GG_1.$$
从而
$$3GG_1 = AA_1 + BB_1 + CC_1.$$

48. AD 交 BC 于 E.

证明：$\triangle ABC$ 与 $\triangle DBC$ 的面积比是 $AE : DE$.

证一 如图(a)，设 A、D 在 BC 上的投影分别为 P、Q，则
$$\angle APE = \angle DQE = 90°.$$
又
$$\angle AEP = \angle DEQ (对顶角)，$$
所以 $\triangle APE \backsim \triangle DQE$.
$$\frac{AP}{DQ} = \frac{AE}{DE}.$$
而
$$S_{\triangle ABC} = \frac{1}{2} AP \times BC, \quad S_{\triangle DBC} = \frac{1}{2} DQ \times BC,$$
所以
$$\frac{S_{\triangle ABC}}{S_{\triangle DBC}} = \frac{\frac{1}{2} AP \times BC}{\frac{1}{2} DQ \times BC} = \frac{AP}{DQ} = \frac{AE}{DE}.$$

对于图(b)、(c)、(d)，结论及上面的证明同样成立.

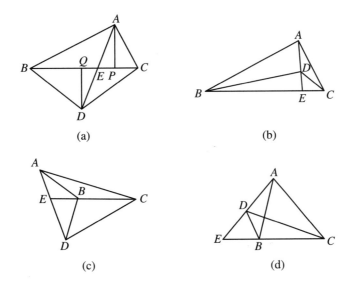

第 48 题图

注 本题也是一个简单而常用的结论.

49. 证明：在四边形中，如果一条对角线平分另一条对角线，那么它也平分四边形的面积. 反过来，如果一条对角线平分四边形的面积，那么它平分另一条对角线.

证明 设四边形 $ABCD$ 的对角线 AC、BD 相交于 O（见图）.

由上题得
$$\frac{S_{\triangle ABC}}{S_{\triangle ADC}} = \frac{BO}{OD}.$$

因此，如果 AC 平分 BD，即 $BO = OD$，那么
$$S_{\triangle ABC} = S_{\triangle ADC},$$

即 AC 平分四边形 $ABCD$ 的面积.

反之，如果 AC 平分四边形 $ABCD$ 的面积，即 $S_{\triangle ABC} = S_{\triangle ADC}$，那么
$$BO = OD,$$

即 AC 平分 BD.

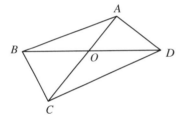

第 49 题图

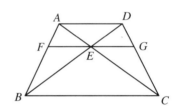

第 50 题图

50. 梯形 $ABCD$ 中，$AD \parallel BC$. 过对角线交点 E 作 BC 的平行线，分别交 AB、CD 于 F、G.

求证：$FE = EG$.

证明 如图，因为 $FE \parallel BC$，所以
$$\frac{FE}{BC} = \frac{AF}{AB},$$
$$\frac{EG}{BC} = \frac{DG}{DC}.$$

因为 $AD \parallel BC$，所以
$$\frac{AF}{AB} = \frac{DG}{DC}.$$

因此
$$\frac{FE}{BC} = \frac{EG}{BC},$$
$$FE = EG.$$

51. 已知:梯形 $ABCD$ 中,BA∥CD.过对角线交点 E 作 AB 的平行线,交 AD 于 G,交 BC 于 F.

求证:$\dfrac{1}{AB}+\dfrac{1}{CD}=\dfrac{2}{FG}$.

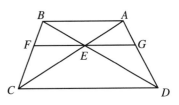

第51题图

证明 如图,因为 EF∥AB,所以 $\triangle CEF \backsim \triangle CAB$,

$$\dfrac{EF}{AB}=\dfrac{CE}{CA}.$$

同理,

$$\dfrac{EG}{CD}=\dfrac{EA}{CA}.$$

两式相加得

$$\dfrac{EF}{AB}+\dfrac{EG}{CD}=\dfrac{CE+EA}{CA}=1. \qquad (1)$$

同理,

$$\dfrac{EG}{AB}+\dfrac{EF}{CD}=1. \qquad (2)$$

(1)、(2)两式相加即得结论.

注 由上题得 $EF=EG$,所以由(1)式即得结论.但这里未利用上题,所以仍需(2)式.反过来说,由(1)、(2)两式也可导出 $EF=EG$.

本题的结论可以说成:FG 是 AB、CD 的调和中项,即 AB、FG、CD 成调和数列(它们的倒数成等差数列).

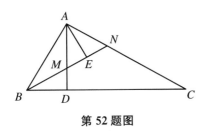

第52题图

52. AD 是直角三角形 ABC 的斜边 BC 上的高.$\triangle ABC$ 的角平分线交 AD 于 M,交 AC 于 N.

求证:$AB^2-AN^2=BM\times BN$.

证明 作 $AE\perp BN$,垂足为 E(见图).

$$AB^2-AN^2=BE^2-EN^2=BN(BE-EN).$$

因为

$\angle DAC=90°-\angle BAD=\angle ABD$,

$\angle MAE=90°-\angle AME$

$=90°-\angle BMD=\angle MBD$

$=\dfrac{1}{2}\angle ABD=\dfrac{1}{2}\angle DAC$,

所以 AE 也是 $\angle MAN$ 的平分线.$AM=AN$,E 是 MN 的中点,从而

$$BE-EN=BM.$$

因此

$$AB^2-AN^2=BN\times BM.$$

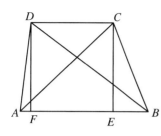

第 53 题图

53. 证明:梯形对角线的平方和等于腰的平方和加上两底的积的 2 倍.

证明 如图,设梯形 $ABCD$ 中,C、D 在下底 AB 上的投影分别为 E、F,则
$$AC^2 - BC^2 = AE^2 - EB^2 = AB \times (AE - EB) = AB(AB - 2EB).$$
同样,
$$BD^2 - AD^2 = AB(AB - 2AF).$$
两式相加得
$$AC^2 + BD^2 = BC^2 + AD^2 + AB(2AB - 2EB - 2AF)$$
$$= BC^2 + AD^2 + 2AB \times CD.$$

54. 对矩形 $ABCD$ 及任一点 P,求证:
$$PA^2 + PC^2 = PB^2 + PD^2.$$

证明 如图,设 AC、BD 相交于 O,则 O 为 AC 的中点,由中线公式得
$$PA^2 + PC^2 = \frac{1}{2}(AC^2 + 4PO^2).$$
同理,
$$PB^2 + PD^2 = \frac{1}{2}(BD^2 + 4PO^2).$$
因为矩形的对角线相等,所以
$$PA^2 + PC^2 = PB^2 + PD^2.$$

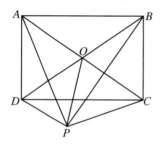

第 54 题图

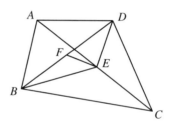

第 55 题图

55. 四边形 $ABCD$ 的对角线的中点为 E、F.
求证:$AB^2 + BC^2 + CD^2 + DA^2 = AC^2 + BD^2 + 4EF^2$.

证明 连接 BE、DE,如图.
由中线公式得
$$AB^2 + BC^2 = \frac{1}{2}AC^2 + 2BE^2,$$
$$CD^2 + DA^2 = \frac{1}{2}AC^2 + 2DE^2,$$
$$2(BE^2 + DE^2) = BD^2 + 4EF^2.$$
三式相加并化简得
$$AB^2 + BC^2 + CD^2 + DA^2 = AC^2 + BD^2 + 4EF^2.$$

56. 梯形 $ABCD$ 中，$AD \, / \! / \, BC$，E 是 AB 上一点. AC、DE 交于 F. M、N 分别为 AE、AB 的中点. 过 N 作 MF 的平行线，交 AC 于 G.

求证：$\dfrac{EF}{FD} = \dfrac{CG}{GA}$.

证明 将各点与 A 的距离用相应的小写字母表示，如 $CA = c$，$BA = b$，等等.

如图，过 E 作 $EK \, / \! / \, AD$，交 AC 于 K，则

$$\frac{k}{c} = \frac{e}{b} = \frac{m}{n} = \frac{f}{g}.$$

所以

$$\frac{k-f}{f} = \frac{c-g}{g},$$

即

$$\frac{EF}{FD} = \frac{FK}{AF} = \frac{CG}{GA}.$$

注 本题以点 A 为"原点"，计算时非常方便.

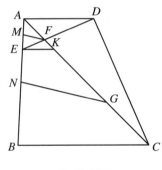

第 56 题图

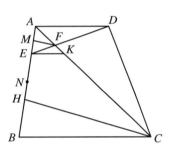

第 57 题图

57. 同上题. 过 C 作 MF 的平行线，交 AB 于 H.

求证：$\dfrac{EF}{FD} = \dfrac{HN}{NA}$.

证明 同上题，将各点与 A 的距离用相应的小写字母表示.

如图，过 E 作 $EK \, / \! / \, AD$，交 AC 于 K，则

$$\frac{k}{c} = \frac{e}{b}.$$

因为 $CH \, / \! / \, MF$，所以

$$\frac{f}{c} = \frac{m}{h} = \frac{\frac{e}{2}}{h}.$$

由以上二式得

$$\frac{k}{f} = \frac{h}{\frac{b}{2}} = \frac{h}{n} \quad (b = 2n).$$

所以
$$\frac{k-f}{f} = \frac{h-n}{n},$$
即
$$\frac{HN}{NA} = \frac{FK}{AF} = \frac{EF}{FD}.$$

58. 以直角三角形 ABC 的直角边 AC 为直径作圆,交斜边 AB 于 D.过 D 作切线,交 AC 于 E.

求证:E 为 BC 的中点.

证明 连接 CD,如图.

因为 AC 是直径,所以
$$\angle ADC = 90°,$$
$$\angle BDC = 90°.$$

因为 $\angle ACB = 90°$,所以 BC 是 $\odot ACD$ 的切线.

因为 ED 也是切线,所以
$$ED = EC,$$
$$\angle EDC = \angle ECD.$$

从而
$$\angle BDE = 90° - \angle EDC = 90° - \angle ECD = \angle DBE,$$
$$EB = ED = EC,$$

即 E 为 BC 的中点.

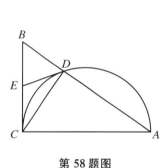

第 58 题图　　　　　第 59 题图

59. $\odot O$ 是 $\triangle ABC$ 的外接圆,$AC > AB$.D 为 $\overparen{BC}$ 的中点.

求证:$\angle ADO = \dfrac{1}{2}(\angle B - \angle C)$.

证明 D 为 $\overparen{BC}$ 的中点,所以 $OD \perp BC$.B、C 关于直线 OD 对称.

如图,设 A 关于 OD 的对称点为 A',连接 BD、CD、$A'D$,则
$$\angle B - \angle C = \angle ADC - \angle ADB = \angle ADA' = 2\angle ADO.$$

60. 已知△ABC∽△DEF. P、Q 分别为这两个三角形的外心.

求证:△ABP∽△DEQ.

证明 如图,△ABP 与△DEQ 都是等腰三角形.顶角
$$\angle APB = 2\angle ACB = 2\angle DFE = \angle DQE,$$
所以△ABP∽△DEQ.

实际上,如果△ABC 与△DEF 相似,点 P 与点 Q 是一对对应点(例如 P 为△ABC 的垂心,Q 为△DEF 的垂心.或者 P 为△ABC 的内心,Q 为△DEF 的内心),那么
$$\triangle ABP \backsim \triangle DEQ.$$

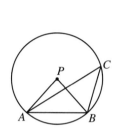
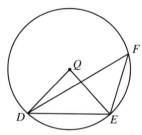

第 60 题图

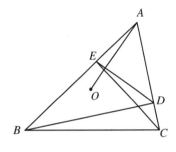

第 61 题图

61. BD、CE 是△ABC 的高,D、E 为垂足. O 是外心.

求证:OA⊥DE.

证明 如图,因为∠BEC=∠BDC=90°,所以 E、D 都在以 BC 为直径的圆上.
$$\angle AED = \angle ACB.$$
又
$$\angle OAB = \angle OBA = \frac{1}{2}(180° - \angle AOB) = 90° - \angle ACB,$$
所以
$$\angle AED + \angle OAB = 90°,$$
即 OA⊥DE.

注 ∠ABC 或∠ACB 为钝角的情况下,图形稍有不同,但证法类似.

62. 圆内接四边形 ABCD 有内切圆,切四边于 E、F、G、H.

求证:EG⊥FH.

证明 如图,设 EG 与 FH 相交于 P,则
$$\angle EPF \stackrel{m}{=\!=\!=} \frac{1}{2}(\overparen{EF} + \overparen{GH})$$
$$\stackrel{m}{=\!=\!=} \angle AEF + \angle CGH$$
$$= \frac{1}{2}(180° - \angle A + 180° - \angle C)$$
$$= 180° - \frac{1}{2}(\angle A + \angle C) = 90°.$$

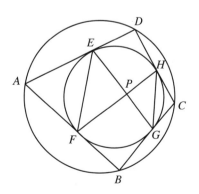

第 62 题图

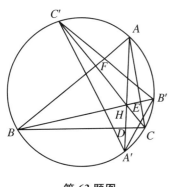

第63题图

63. $\triangle ABC$ 的垂心为 H,AH、BH、CH 延长后又分别交外接圆于 A'、B'、C'.

求证:H 是 $\triangle A'B'C'$ 的内心.

证明 如图,设直线 AH、BH、CH 分别交 BC、CA、AB 于 D、E、F,则

$$\angle HBF = 90° - \angle BHF$$
$$= 90° - \angle CHE$$
$$= \angle HCE,$$

所以

$$\angle AA'B' = \angle ABB' = \angle ACC' = \angle AA'C',$$

即 AA' 平分 $\angle B'A'C'$.

同理,BB' 平分 $\angle C'B'A'$.

所以 H 是 $\triangle A'B'C'$ 的内心.

64. 已知 $\odot(O,R)$ 及一点 O_1.点 P 为 $\odot(O,R)$ 上任一点.

求 O_1P 的最大值与最小值.

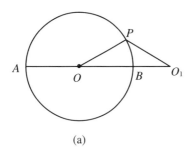

(a)

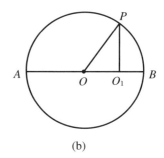

(b)

第64题图

解 在直线 OO_1 上取 A、B 两点,满足 $OA=OB=R$,并且 A 与 O_1 在 O 的两侧,B 与 O_1 在 O 的同侧(见图).

连接 OP.

$$O_1P \leqslant OP + O_1O = OA + O_1O = O_1A,$$
$$O_1P \geqslant O_1O - OP = OO_1 - OB = O_1B.$$

因此所求最大值是 $O_1A(=O_1O+R)$,最小值是 $O_1B(=|O_1O-R|)$,其中 A、B 是直线 OO_1 与 $\odot O$ 的交点,在点 O 两侧.

注 A、B 当然就是直线 OO_1 与 $\odot O$ 的交点.

我们顺便证明了"过圆心的直线与这圆恰有两个交点".

65. I 是 $\triangle ABC$ 的内心.证明:$\angle BIC = 90° + \dfrac{1}{2}\angle A$.如果 I_a 是与 A 相对的旁心,试用 $\angle A$、$\angle B$、$\angle C$ 表示 $\angle BI_aC$.

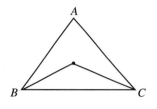

第 65 题图

证明 如图,
$$\angle BIC = 180° - \angle IBC - \angle ICB$$
$$= 180° - \dfrac{1}{2}\angle ABC - \dfrac{1}{2}\angle ACB$$
$$= 180° - \dfrac{1}{2}(180° - \angle A)$$
$$= \dfrac{1}{2}\angle A + 90°.$$

同样,
$$\angle BI_aC = 180° - \angle I_aBC - \angle I_aCB$$
$$= 180° - \dfrac{1}{2}(180° - \angle ABC) - \dfrac{1}{2}(180° - \angle ACB)$$
$$= \dfrac{1}{2}(\angle ABC + \angle ACB).$$

66. O 是 $\triangle ABC$ 的外心,$\angle A$ 是锐角.证明 $\angle OBC + \angle A = 90°$.如果 $\angle A$ 是直角或钝角,结论怎么修改?

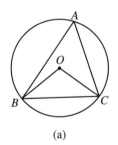 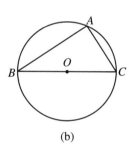 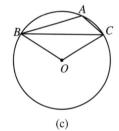

(a)　　　　　(b)　　　　　(c)

第 66 题图

证明 如图(a),$\angle A$ 为锐角时,
$$\angle BOC = 2\angle A, \tag{1}$$
$$\angle OBC = \dfrac{1}{2}(180° - \angle BOC) = 90° - \angle A, \tag{2}$$
所以
$$\angle OBC + \angle A = 90°. \tag{3}$$

如图(b),$\angle A$ 为直角时,BC 是直径,$\angle OBC = 0°$,(3)式仍然成立.

如图(c),$\angle A$ 为钝角时,(1)式仍成立,但这时 $\angle BOC$ 是由 OB 逆时针旋转到 OC 而产生的角(大于 180°).所以(2)式中 $\angle OBC$ 应改为 $-\angle OBC$,(3)式应改为 $-\angle OBC + \angle A = 90°$.

本题的结论也很常用.第 61 题其实已经用到这个结论.

67. BC 为 $\odot O$ 的直径. A 在 $\odot O$ 上, D 在 $\odot O$ 内, 并且 $AD /\!/ BC$, $AD = DC = 7$, $AB = 6$. 求 BD.

解 如图(a), 因为 BC 是 $\odot O$ 的直径, 所以 $CA \perp BA$.

因为 $AD = DC$, 所以 $\angle DAC = \angle DCA$.

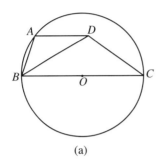
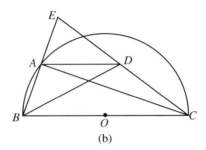

(a)   (b)

第 67 题图

因为 $AD /\!/ BC$, 所以
$$\angle BCA = \angle DAC = \angle DCA.$$

延长 BA、CD, 相交于 E, 如图(b).

因为 $CA \perp BA$, $\angle BCA = \angle DCA$, 所以
$$CB = CE, \quad BA = AE.$$

因为 $AD /\!/ BC$, 所以 $ED = DC$.

因此
$$BC = CE = 2CD = 14,$$
$$BE = 2AB = 2 \times 6 = 12.$$

由中线公式得
$$4BD^2 = 2(14^2 + 12^2) - 14^2 = 4 \times 121,$$
$$BD = 11.$$

68. $\triangle ABC$ 的边长为 a、b、c. 内切圆分别切 BC、CA、AB 于 D、E、F. 求 AF、BD、CE 的长, 结果用 a、b、c 和 $s = \dfrac{1}{2}(a+b+c)$ 表示.

设 A 所对的旁切圆分别切 BC、AC、AB 于 L、M、N. 求 BN、CM、BL 的长, 结果仍用 a、b、c、s 表示.

解 如图(a),
$$2AF = AF + AE = AB + AC - (BF + CE)$$
$$= AB + AC - (BD + DC) = c + b - a,$$
$$AF = \frac{1}{2}(c + b - a) = s - a.$$

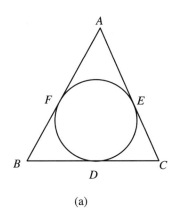
(a)

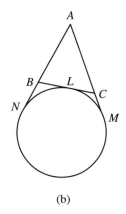
(b)

第 68 题图

同理,
$$BD = s - b,$$
$$CE = s - c.$$

如图(b),
$$2AN = AN + AM = (AB + BL) + (AC + CL)$$
$$= (AB + AC) + (BL + CL) = a + b + c,$$
$$AN = \frac{1}{2}(a + b + c) = s,$$
$$BN = AN - AB = s - c.$$

同样,
$$CM = s - b,$$
$$BL = BN = s - c.$$

69. 已知直角三角形的三边为 a、b、c(c 为斜边长). 求内切圆的半径.

解 如图,设内心为 I. 内切圆分别切 AC、BC 于 D、E.

因为 $\angle C = 90°$,$\angle D = \angle E = 90°$,所以 $\angle I = 90°$. 四边形 $IDCE$ 是矩形.

因为 $ID = IE$,所以矩形 $IDCE$ 是正方形.

由上一题得
$$CD = s - c = \frac{1}{2}(a + b - c),$$
即内切圆的半径 $r = \frac{1}{2}(a + b - c)$.

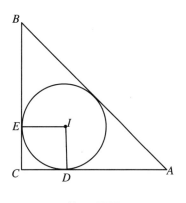

第 69 题图

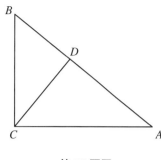

第70题图

70. △ABC 中,∠C = 90°,CD 为高. △ABC、△CAD、△CBD 的内切圆半径分别为 r、r_1、r_2.

求证:$r + r_1 + r_2 = CD$.

证明 如图,因为

$$r = \frac{1}{2}(AC + BC - AB),$$

$$r_1 = \frac{1}{2}(CD + AD - AC),$$

$$r_2 = \frac{1}{2}(CD + BD - BC),$$

所以

$$r + r_1 + r_2 = CD.$$

71. 已知:四边形 $ABCD$ 的对角线互相垂直,相交于 P. 过 P 作 AB、BC、CD、DA 的垂线,垂足分别为 E、F、G、H. 这些垂线又分别交 CD、DA、AB、BC 于 E_1、F_1、G_1、H_1.

求证:E、F、G、H、E_1、F_1、G_1、H_1 八点共圆.

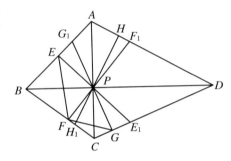

第71题图

证明 如图,因为

$$\angle G_1EE_1 = \angle G_1GE_1 = 90°,$$

所以 G_1、E、G、E_1 四点共圆.

因为

$$\angle PEB + \angle PFB = 90° + 90° = 180°,$$

所以 P、E、B、F 四点共圆,$\angle EFP = \angle PBE$.

同理,

$$\angle PFG = \angle PCD,$$
$$\angle EFG = \angle EFP + \angle PFG = \angle PBE + \angle PCD.$$

又

$$\angle EE_1G = \angle PDC + \angle E_1PD$$
$$= \angle PDC + \angle EPB$$
$$= 90° - \angle PCD + 90° - \angle PBE,$$

所以

$$\angle EFG + \angle EE_1G = 180°,$$

E、F、G、E_1 四点共圆.

因此,E、F、G、E_1、G_1 五点共圆.

同理,H、E、E_1、G、G_1 五点共圆,即 E、F、G、H、E_1、G_1 六点共圆.

同理,F_1、G_1 也在上述的圆上,即 E、F、G、H、E_1、F_1、G_1、H_1 八点共圆.

72. 已知:⊙O 与 ⊙O_1 内切于 P. E、F 在 ⊙O_1 上. 延长 PE、PF,分别交⊙O 于 A、D. 直线 EF 交⊙O 于 B、C.

求证:(i) $EF // AD$;

(ii) $\angle APB = \angle CPD$.

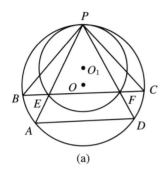
(a)

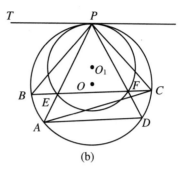
(b)

第 72 题图

证明 如图,作公切线 PT. 由弦切角定理,
$$\angle TPE = \angle PFE,$$
$$\angle TPA = \angle PDA.$$
所以
$$\angle PFE = \angle PDA, \quad EF // AD.$$
连接 AC.
$$\angle APB = \angle ACB = \angle CAD = \angle CPD.$$

注 公切线是常添的辅助线.

73. 已知:四边形 $ABCD$ 的边 AB、CD 延长后交于 E, AD、BC 延长后交于 F. $\angle AED$、$\angle AFC$ 的平分线交于 M.

求证:当且仅当 A、B、C、D 共圆时,$ME \perp MF$.

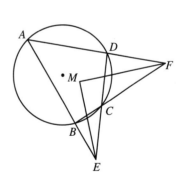

第 73 题图

证明 如图,
$$\angle ECF = \angle EDF + \angle AFC$$
$$= \angle A + \angle AEC + \angle AFC. \quad (1)$$
同样,
$$\angle EMF = \angle A + \angle AEM + \angle AFM. \quad (2)$$
注意
$$\angle AEC = 2\angle AEM, \quad \angle AFC = 2\angle AFM.$$
(1)-(2)得
$$\angle ECF + \angle A = 2\angle EMF,$$
即
$$\angle BCD + \angle A = 2\angle EMF.$$

当且仅当 A、B、C、D 共圆时,$\angle BCD + \angle A = 180°$. 即当且仅当 A、B、C、D 共圆时, $ME \perp MF$.

74. △ABC 中，O 为外心，H 为垂心，D 为 BC 的中点.

证明：$AH = 2OD$.

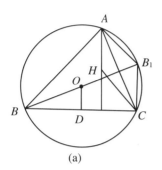
(a)

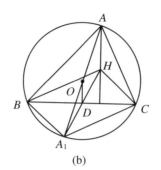
(b)

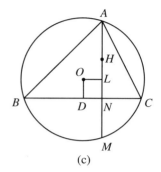
(c)

第 74 题图

证一 如图(a)，设 B 的对径点为 B_1，则 $B_1A \perp BA$，从而 $B_1A \parallel CH$. 同样 $B_1C \parallel AH$.

于是四边形 $AHCB_1$ 为平行四边形，

$$B_1C \underline{\underline{\parallel}} AH.$$

在 △BCB_1 中，OD 为中位线，所以

$$OD = \frac{1}{2}B_1C = \frac{1}{2}AH.$$

证二 如图(b)，设 A 的对径点为 A_1，则 $A_1B \perp AB$，从而 $A_1B \parallel CH$. 同样 $A_1C \parallel BH$.

四边形 A_1CHB 为平行四边形. 对角线 A_1H、BC 的交点是 A_1H 的中点 D.

在 △AA_1H 中，OD 为中位线，所以

$$OD = \frac{1}{2}AH.$$

证三 如图(c)，设直线 AH 交 BC 于 N，交 $\odot O$ 于 M.

过 O 作 AH 的垂线，垂足为 L，则 L 为 AM 的中点.

$$OD = LN = \frac{1}{2}AM - NM$$

$$= \frac{1}{2}AM - \frac{1}{2}HM(\text{第 1 部分第 7 章练习题 7}) = \frac{1}{2}AH.$$

75. $\odot O$ 为正△ABC 的外接圆. 点 P 在 $\overparen{BC}$ 上.

求证：$PA = PB + PC$.

证明 如图，延长 BP 到 D，使 $PD = PC$.

因为

$$\angle DPC = \angle BAC = 60°, \quad PD = PC,$$

所以△PCD 是正三角形，

$$CD = CP, \quad \angle PCD = 60°.$$

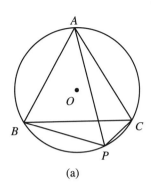 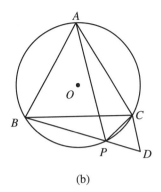

(a) （b）

第 75 题图

因为
$$\angle BCD = \angle PCD + \angle BCP = 60° + \angle BCP = \angle ACB + \angle BCP = \angle ACP,$$
$$AC = BC, \quad CP = CD,$$
所以 $\triangle ACP \cong \triangle BCD$,
$$AP = BD = BP + PD = BP + PC.$$

注 本题是托勒密(Ptolemy)定理(习题 2 第 10 题)的特殊情况.

76. 已知 $\odot O$ 的半径为 2，弦 AB、CD 互相垂直，相交于 H，且 $AB = CD$. 求 BD.

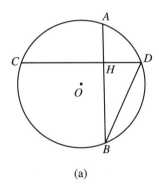 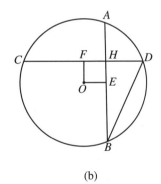

(a) （b）

第 76 题图

解一 如图，设 AB、CD 的中点分别为 E、F，则 $OE \perp AB$，$OF \perp CD$. 因为 $AB = CD$，所以 $OE = OF$.

因为 $AB \perp CD$，所以四边形 $OEHF$ 是正方形.

设
$$OE = (OF = FH = HE =)d,$$
则
$$DH^2 = (DF - FH)^2 = (\sqrt{2^2 - d^2} - d)^2,$$

$$HB^2 = (\sqrt{2^2 - d^2} + d)^2,$$

所以

$$BD^2 = (\sqrt{4 - d^2} - d)^2 + (\sqrt{4 - d^2} + d)^2 = 8,$$

$$BD = 2\sqrt{2}.$$

解二 由对称性得

$$HC = HB,$$

$$\angle HCB = \angle HBC = 45°.$$

由正弦定理得

$$BD = 2 \times 2\sin 45° = 2\sqrt{2}.$$

77. 正方形 $ABCD$ 中，M、N 分别在 AB、BC 上，并且 $BM = BN$. 过 B 作 $BP \perp CM$，垂足为 P.

求证：$DP \perp NP$.

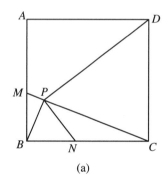
(a)

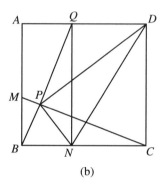
(b)

第 77 题图

证明 延长 BP 交 AD 于 Q，连接 QN、DN（见图）.

因为

$$\angle ABQ = 90° - \angle PBC = \angle BCM, \quad AB = BC,$$

所以

$$\text{Rt}\triangle ABQ \cong \text{Rt}\triangle BCM,$$

$$AQ = BM = BN.$$

从而四边形 $ABNQ$ 是平行四边形，则 $QN \parallel AB$.

于是 P、N、D 都在以 CQ 为直径的圆上，即 P、N、D、Q 四点共圆.

$$\angle DPN = \angle DQN = 90°,$$

即 $DP \perp NP$.

78. 半径为 2 的扇形 AOB 中,$\angle AOB = 90°$,C 是 $\overset{\frown}{AB}$ 上的一个动点。$OD \perp BC$,$OE \perp AC$,D、E 为垂足。

（ⅰ）$\triangle ODE$ 有没有长度不变的边与度数不变的角？

（ⅱ）设 $BD = x$,$AE = y$,$\triangle DOE$ 的面积为 u,找出 y、u 与 x 的函数关系。

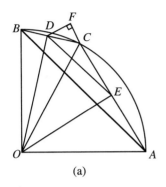
(a)

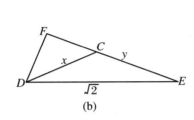
(b)

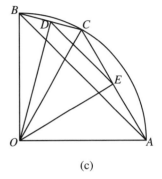
(c)

第 78 题图

解 如图,连接 AB,则 $AB = 2\sqrt{2}$,$DE = \frac{1}{2}AB = \sqrt{2}$。

$$\angle DOE = \angle COD + \angle COE = \angle DOB + \angle EOA$$

$$= \frac{1}{2}\angle BOA = 45°.$$

$$\angle DCE = 180° - \frac{1}{2}\angle AOB = 135°.$$

作 $DF \perp EC$,F 为垂足.

$$DF = CF = \frac{x}{\sqrt{2}}.$$

$$\left(y + \frac{x}{\sqrt{2}}\right)^2 = 2 - \frac{x^2}{2},$$

$$y = \frac{1}{\sqrt{2}}(\sqrt{4-x^2} - x).$$

$$OE = \sqrt{4-y^2} = \frac{1}{\sqrt{2}}\sqrt{8 - (\sqrt{4-x^2} - x)^2}$$

$$= \frac{1}{\sqrt{2}}\sqrt{4 + 2x\sqrt{4-x^2}} = \frac{1}{\sqrt{2}}(\sqrt{4-x^2} + x).$$

$$u = \frac{1}{2} \times OE \times OD \times \sin\angle DOE$$

$$= \frac{1}{2\sqrt{2}} \times \frac{1}{\sqrt{2}}(\sqrt{4-x^2} + x)\sqrt{4-x^2}$$

$$= \frac{1}{4}(4 - x^2 + x\sqrt{4-x^2}).$$

79. 已知正方形 $ABCD$. 以 D 为圆心、DA 为半径的圆与以 BC 为直径的半圆交于 C、P, 延长 AP 交 BC 于 N.

求 $\dfrac{BN}{NC}$.

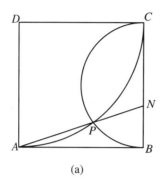

(a)

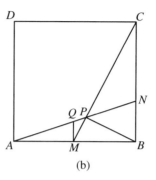

(b)

第 79 题图

解 如图, 连接 BP、CP, 延长 CP 交 AB 于 M.

因为 $\angle MBC = 90°$, 所以 MB 是 $\odot BPC$ 的切线. 同样, MA 是 $\odot D$ 的切线.

所以

$$MA^2 = MP \times MC = MB^2.$$

$$MA = MB.$$

又在 $\mathrm{Rt}\triangle MBC$ 中, BP 是斜边 MC 上的高, 所以

$$\frac{MP}{PC} = \frac{MB^2}{BC^2} = \frac{1}{4}.$$

过 M 作 $MQ \parallel BC$, 交 AN 于 Q, 则

$$MQ = \frac{1}{2} BN,$$

并且

$$\frac{MQ}{NC} = \frac{MP}{PC} = \frac{1}{4},$$

所以

$$\frac{BN}{NC} = 2 \times \frac{1}{4} = \frac{1}{2}.$$

注 或由截线定理(习题 2 第 1 题)得

$$\frac{BN}{NC} \times \frac{PC}{MP} \times \frac{AM}{AB} = 1,$$

所以

$$\frac{BN}{NC} = \frac{1}{4} \times 2 = \frac{1}{2}.$$

80. 两圆外切于 A，一条外公切线分别切两圆于 B、C.
求证：$AB \perp AC$.

证明 如图，过 A 作内公切线交 BC 于 D.
DA、DB 都是由 D 向同一圆引出的切线，所以
$$DA = DB,$$
$$\angle DAB = \angle DBA.$$
同理，
$$DA = DC, \quad \angle DAC = \angle DCA.$$
所以
$$\angle BAC = \angle DAB + \angle DAC = \angle DBA + \angle DCA = \frac{1}{2} \times 180° = 90°.$$

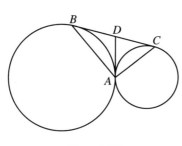

第 80 题图

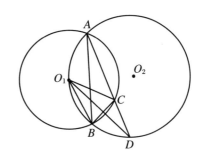

第 81 题图

81. 已知 $\odot O_1$、$\odot O_2$ 相交于 A、B. O_1 在 $\odot O_2$ 上. $\odot O_1$ 的弦 AC 交 $\odot O_2$ 于 D.
求证：$O_1D \perp BC$.

证明 如图，在 $\odot O_1$ 中，
$$\angle BO_1C = 2\angle BAC.$$
在 $\odot O_2$ 中，
$$\angle BO_1D = \angle BAD.$$
所以 $\angle BO_1C = 2\angle BO_1D$，$\angle DO_1C = \angle BO_1D$.
在 $\odot O_1$ 中，O_1D 平分 $\angle BO_1C$，所以 $O_1D \perp BC$.

82. 已知 $\odot O_1$ 与 $\odot O_2$ 半径相等，外切于 A. $\odot O_3$ 的半径是 $\odot O_1$ 的两倍，与 $\odot O_1$ 内切于 B，与 $\odot O_2$ 相交于 P、Q.
求证：直线 AB 过 P 或 Q.

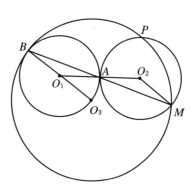

第 82 题图

证明 如图，因为 $\odot O_1$、$\odot O_3$ 内切于 B，所以 B、O_1、O_3 三点共线，并且
$$O_3O_1 = O_3B - O_1B = 2O_1B - O_1B = O_1B,$$
即 O_3 在 $\odot O_1$ 上，O_3B 是 $\odot O_1$ 的直径，所以
$$\angle O_3AB = 90°.$$
延长 BA 交 $\odot O_3$ 于 M. 因为 $O_3A \perp BM$，所以 $BA = AM$.

又⊙O_1、⊙O_2 外切于 A,所以 O_1、A、O_2 共线,并且 A 是 O_1O_2 的中点(两圆的半径相等).$\angle BAO_1 = \angle MAO_2$(对顶角相等),$O_1A = O_2A$,$BA = AM$,所以
$$\triangle BAO_1 \cong \triangle MAO_2,$$
$$O_2M = O_1B.$$
M 在⊙O_2 上,即 M 是⊙O_3 与⊙O_2 的交点 P 或 Q.证毕.

83. 已知⊙O_1 与⊙O_2 外切.外公切线 AB 分别切两圆于 A、B.$AB = 15$.⊙O_1 的半径 $r_1 = 10$.求⊙O_2 的半径 r_2.

解 如图,四边形 O_1O_2BA 是直角梯形.
$$O_1O_2 = r_1 + r_2,$$
$$AB^2 = (r_1 + r_2)^2 - (r_1 - r_2)^2 = 4r_1r_2,$$
所以
$$r_2 = \frac{AB^2}{4r_1} = \frac{15^2}{40} = \frac{45}{8}.$$

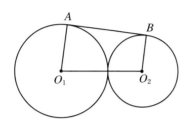

第 83 题图

注 这是一个必须做得很熟练的基本题.

84. 已知⊙O_1 与⊙O_2 外离.AB、CD 为外公切线,EF、GH 为内公切线.

求证:(ⅰ)切点 A、B、C、D 共圆;

(ⅱ)切点 E、F、G、H 共圆;

(ⅲ)外公切线与内公切线的交点 K、L、M、N 共圆.

(找出各自的圆心.)

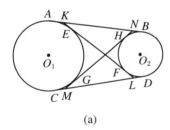 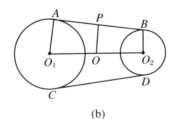 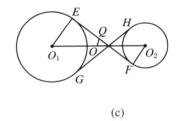

(a) (b) (c)

第 84 题图

证明 (ⅰ)如图(b),设 O_1O_2 的中点为 O,AB 的中点为 P.

因为 A、B 是切点,所以
$$O_1A \perp AB, \quad O_2B \perp AB.$$
OP 是梯形 O_1O_2BA 的中位线,所以 $OP \perp AB$.O 在 AB 的垂直平分线 OP 上,所以 $OA = OB$.

因为图形关于 O_1O_2 对称,所以
$$OA = OC, \quad OB = OD.$$
点 A、B、C、D 都在⊙(O, OA) 上.

（ⅱ）如图(c)，仍设 O 为 O_1O_2 的中点，又作 $OQ \parallel O_1E$，交 EF 于 Q.

因为 E、F 为切点，所以
$$O_1E \perp EF, \quad O_2F \perp EF.$$

$O_1E \parallel O_2F \parallel OQ$，所以 $\dfrac{EQ}{QF} = \dfrac{O_1O}{OO_2} = 1$，即 Q 为 EF 的中点. O 在 EF 的垂直平分线 OQ 上，所以 $OE = OF$.

因为图形关于 O_1O_2 对称，所以 $OE = OG$，$OF = OH$. 从而点 E、F、G、H 在 $\odot(O, OE)$ 上.

（ⅲ）因为
$$\angle O_1KO_2 = \angle O_1KE + \angle O_2KF = \frac{1}{2}(\angle AKE + \angle FKB)$$
$$= \frac{1}{2} \times 180° = 90°,$$

所以 $\triangle O_1KO_2$ 为直角三角形，则斜边上的中线
$$OK = \frac{1}{2}O_1O_2.$$

同理，
$$OL = OM = ON = \frac{1}{2}O_1O_2.$$

点 K、L、M、N 在 $\odot\left(O, \dfrac{O_1O_2}{2}\right)$ 上.

注 四边形 $ABCD$、$EFGH$、$KLMN$ 都是等腰梯形，当然均是圆内接四边形，圆心在两底的中点的连线上，也就是等腰梯形的对称轴上.

这三个圆的圆心都是 O_1O_2 的中点 O.

85. $\odot O_1$、$\odot O_2$ 外离，AB、CD 是两条外公切线（A、B、C、D 是切点）. 一条内公切线分别交 AB、CD 于 E、F.

求证：$DF = AE$.

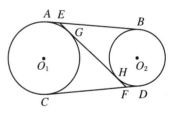

第85题图

证明 设这条内公切线分别切两圆于 G、H（见图）. 因为 $EB = EH$，所以
$$AE = AB - EB = AB - EH = AB - EG - GH.$$
而 $EG = AE$，所以
$$AE = \frac{1}{2}(AB - GH).$$

同样，
$$DF = \frac{1}{2}(CD - GH).$$

因为 $AB = CD$，所以
$$DF = AE.$$

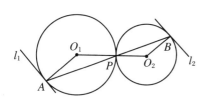

第86题图

86. $\odot O_1$、$\odot O_2$ 外切于 P. 直线过 P, 分别与 $\odot O_1$、$\odot O_2$ 相交于 A、B. 过 A 作 $\odot O_1$ 的切线 l_1, 过 B 作 $\odot O_2$ 的切线 l_2.

求证: $l_1 \parallel l_2$.

证明 如图, 连接 O_1O_2、O_1A、O_2B. 切点 P 在 O_1O_2 上.

$$\angle O_1AP = \angle O_1PA = \angle O_2PB = \angle O_2BP,$$

所以

$$O_1A \parallel O_2B.$$

因为 $l_1 \perp O_1A$, 所以 $l_1 \perp O_2B$.

因为 $l_2 \perp O_2B$, 所以 $l_1 \parallel l_2$.

87. $\odot O$ 与 $\odot O'$ 外切于 F, 外公切线 AB 分别切两圆于 A、B. 直线 $CE \parallel AB$, 切 $\odot O'$ 于 C, 交 $\odot O$ 于 D、E.

求证: (i) A、F、C 三点共线;

(ii) $\triangle ABC$ 的外接圆与 $\triangle BDE$ 的外接圆的公共弦通过点 F.

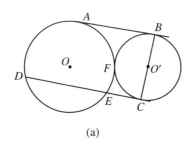

(a)   (b)

第87题图

证明 如图,

$$O'B \perp AB, \quad O'C \perp CD.$$

因为 $CD \parallel AB$, 所以 $O'B \perp CD$.

因此 $O'B$、$O'C$ 是同一条直线.

于是 $\angle BFC = 90°$.

由第 80 题得 $\angle AFB = 90°$, 所以 A、F、C 共线.

$\odot ABC$ 与 $\odot BDE$ 的连心线垂直于公共弦. B 是两圆的公共点, 要证公共弦通过 F, 只需证 BF 与连心线垂直. 上面已证 $AC \perp BF$, 只需证明 AC 是连心线.

$\odot ABC$ 的圆心肯定在斜边 AC 上. 只需证 $\odot BDE$ 的圆心也在 AC 上.

因为 $OA \perp AB$, $DE \parallel AB$, 所以 $OA \perp DE$, 从而 OA 是弦 DE 的垂直平分线, 过 $\odot BDE$ 的圆心.

又 $CB^2 = CF \times CA = CE \times CD$, 所以 CB 是 $\odot BDE$ 的切线, BA 过 $\odot BDE$ 的圆心.

因此, A 就是 $\odot BDE$ 的圆心.

$\odot ABC$ 与 $\odot BDE$ 的公共弦过点 F.

88. $\odot O_1$、$\odot O_2$ 外切于 P,外公切线 AB 分别切两圆于 A、B. 连心线 O_1O_2 分别交 $\odot O_1$ 于 D,交 AB 于 C.

求证：(ⅰ) $AD \parallel BP$；

(ⅱ) $CP \times CO_1 = CD \times CO_2$；

(ⅲ) $\dfrac{AD}{AP} = \dfrac{PC}{BC}$.

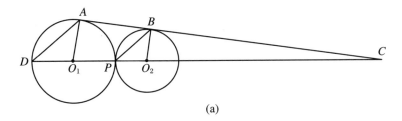

(a)

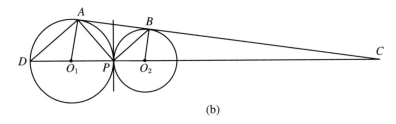

(b)

第88题图

证明 如图,点 P 当然在 O_1O_2 上.

O_1A、O_2B 均与 AB 垂直,所以 $O_1A \parallel O_2B$,

$$\angle DO_1A = \angle DO_2B,$$

$$\angle ADO_1 = \frac{1}{2}(180° - \angle DO_1A) = \frac{1}{2}(180° - \angle PO_2B) = \angle BPO_2,$$

所以 $AD \parallel BP$.

$$\frac{CP}{CD} = \frac{CB}{CA} = \frac{O_2B}{O_1A} = \frac{CO_2}{CO_1},$$

即

$$CP \times CO_1 = CD \times CO_2.$$

因为 $AD \parallel BP$,所以

$$\frac{PC}{BC} = \frac{DC}{AC}.$$

因为 $\angle PAC = \angle ADC$,所以 $\triangle PAC \sim \triangle ADC$.

$$\frac{AD}{AP} = \frac{DC}{AC},$$

从而

$$\frac{PC}{BC} = \frac{AD}{AP}.$$

89. 已知：点 P 引出两条射线，A、B 在第一条上，C、D 在第二条上，并且 $PA \times PB = PC \times PD$.

求证：A、B、C、D 共圆.

证明 如图，由已知得
$$\frac{PA}{PD} = \frac{PC}{PB},$$

所以 $\triangle PAC \backsim \triangle PDB$，
$$\angle PAC = \angle PDB.$$

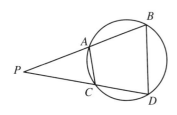

第 89 题图

因此点 A、B、C、D 共圆.

注 这是极常用的结论.

90. $\odot O_1$ 与 $\odot O_2$ 外切于 P. 外公切线 AB、CD 与两圆的切点为 A、B、C、D.

求证：四边形 $ABCD$ 有内切圆.

证明 如图，O_1O_2 是整个图形的对称轴，所以
$$AD \perp O_1O_2, \quad BC \perp O_1O_2.$$

设 O_1O_2 交 AD 于 E，交 BC 于 F.

过 P 作内公切线，交 AB 于 T.

$PT \perp O_1O_2$，所以 $PT \parallel AD$.

因为 $TA = TP = TB$，所以 T 为 AB 的中点.

因为 $AD \parallel PT \parallel BF$，所以 P 是 EF 的中点.

因为 $\angle TAP = \angle TPA = \angle EAP$，所以 PA 是 $\angle EAT$ 的平分线，P 到 AB 的距离等于 P 到 AE 的距离（PE）. 于是 $\odot(P, PE)$ 与 AB、AD、BC 相切.

由对称性，$\odot(P, PE)$ 与 CD 相切. 它就是四边形 $ABCD$ 的内切圆.

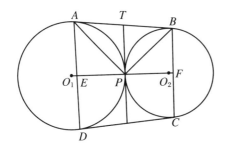 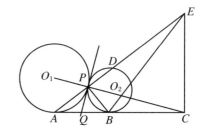

第 90 题图　　　　第 91 题图

91. $\odot O_1$、$\odot O_2$ 外切于 P. 外公切线 AB 分别切两圆于 A、B. 连心线 O_1O_2 交 AB 于 C. E 在 AP 的延长线上，满足 $\dfrac{AP}{AB} = \dfrac{AC}{AE}$. PE 交 $\odot O_2$ 于 D. $AP = 4$，$PD = \dfrac{9}{4}$.

求 $\dfrac{BC}{EC}$.

解 如图，由第 80 题得 $\angle APB = 90°$.

$\dfrac{AP}{AB} = \dfrac{AC}{AE}$ 即 $AP \times AE = AB \times AC$，所以 B、P、E、C 四点共圆，

$$\angle ACE = \angle APB = 90°, \quad \angle BEC = \angle BPC.$$

因为

$$AB^2 = AP \times AD = 4 \times \left(4 + \frac{9}{4}\right) = 25,$$

所以

$$AB = 5, \quad BP = 3.$$

作内公切线 PQ,则

$$\angle BPC = 90° - \angle QPB = \angle APQ = \angle BAP.$$

所以 $\angle BEC = \angle BAP$.从而 $\triangle ABP \backsim \triangle EBC$.

$$\frac{BC}{EC} = \frac{BP}{AP} = \frac{3}{4}.$$

92．求证:三角形两边的积等于第三条边上的高与外接圆直径的积．

证明 如图,设 AD 为 $\triangle ABC$ 的 BC 边上的高,AE 为外接圆的直径．连接 BE,则

$$\angle ABE = 90° = \angle ADC.$$

又

$$\angle E = \angle C,$$

所以 $\triangle ABE \backsim \triangle ADC$.

$$\frac{AB}{AE} = \frac{AD}{AC},$$

即

$$AB \times AC = AD \times AE.$$

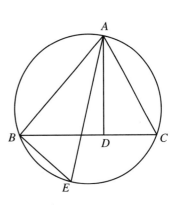

第 92 题图

93．已知：点 P 在 $\odot O$ 外，自 P 引割线交 $\odot O$ 于 B、C．点 A 在 $\odot O$ 上，并且满足 (1) $\angle PAB = \angle C$，或 (2) $PA^2 = PB \times PC$．

求证：PA 是 $\odot O$ 的切线．

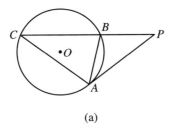
(a)

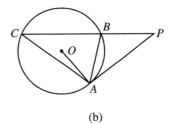
(b)

第 93 题图

证明 如图(b),由第 66 题得

$$\angle OAB + \angle C = 90°.$$

若(1)式成立,则

$$\angle OAP = \angle OAB + \angle PAB = \angle OAB + \angle C = 90°,$$

所以 PA 是 $\odot O$ 的切线.

若(2)式成立,则

$$\frac{PA}{PB} = \frac{PC}{PA},$$

所以 $\triangle PAB \sim \triangle PCA$.

$$\angle PAB = \angle C,$$

即(1)式成立,从而 PA 为切线.

94. 已知:D 在 $\triangle ABC$ 的边 AC 上,$\angle DBA = \angle ACB$.

求证:$\dfrac{BD^2}{BC^2} = \dfrac{AD}{AC}$.

证明 如图,因为

$$\angle DBA = \angle ACB, \quad \angle A = \angle A,$$

所以 $\triangle ABD \sim \triangle ACB$.

$$\frac{AD}{AB} = \frac{AB}{AC} = \frac{BD}{CB}.$$

于是

$$\frac{AD}{AC} = \frac{AD}{AB} \times \frac{AB}{AC} = \frac{BD}{CB} \times \frac{BD}{CB} = \left(\frac{BD}{CB}\right)^2.$$

注 图中的相似三角形经常遇到.由上题知 $\triangle BCD$ 的外接圆与 AB 相切.

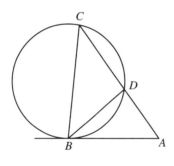

第 94 题图

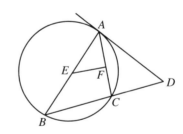

第 95 题图

95. 已知 $\triangle ABC$. D 在 BC 的延长线上,并且 $DA^2 = DB \times DC$. E、F 分别为 AB、AC 的中点.

求证:DA 与三角形 EAF 的外接圆相切.

证明 如图,由上题知 DA 与 $\odot ABC$ 相切,所以

$$\angle DAC = \angle B.$$

因为 E、F 为 AB、AC 的中点,所以 $EF \parallel BC$,

$$\angle AEF = \angle B = \angle DAC.$$

所以 DA 与 $\odot EAF$ 相切.

96. 已知：⊙O 是△ABC 的外接圆．直线 $OE \perp AB$，交 AC 的延长线于 E，交 BC 于 D．

求证：$OD \times OE = OA^2$．

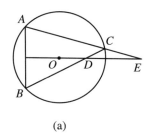

(a)

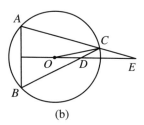

(b)

第 96 题图

证明 如图，连接 OC．

因为
$$\angle OCB = 90° - \angle A = \angle OEC,$$

所以 △$OCD \sim$ △OEC．
$$OC^2 = OD \times OE,$$

即
$$OD \times OE = OA^2.$$

97. 已知⊙O_1、⊙O_2 相交于 A、B．点 P 在直线 AB 上．过 P 作两条直线，一条交⊙O_1 于 C、D，一条交⊙O_2 于 E、F．

求证：C、D、E、F 四点共圆．

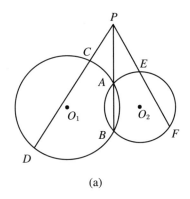

(a)

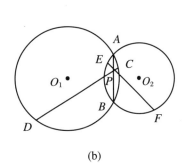

(b)

第 97 题图

证明 如图，因为 A、B、C、D 在⊙O_1 上，所以
$$PA \times PB = PC \times PD.$$

因为 A、B、E、F 在⊙O_2 上，所以
$$PA \times PB = PE \times PF.$$

由以上二式得
$$PC \times PD = PE \times PF,$$

所以 C、D、E、F 四点共圆.

98. 自 $\odot O$ 外一点 A 作切线 AB、AC，B、C 为切点. P 在 $\overset{\frown}{BC}$ 上. $PD \perp BC$，$PE \perp AC$，$PF \perp AB$，D、E、F 为垂足.

求证：$PD^2 = PE \times PF$.

证明 如图，在 △PFB 与 △PDC 中，

$$\angle F = \angle D = 90°,$$
$$\angle PBF = \angle PCD,$$

所以 △PBF ∽ △PCD.

$$\frac{PF}{PD} = \frac{PB}{PC}.$$

同理，

$$\frac{PE}{PD} = \frac{PC}{PB}.$$

所以

$$\frac{PF \times PE}{PD^2} = 1,$$

$$PD^2 = PE \times PF.$$

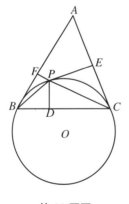

第 98 题图

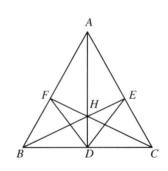

第 99 题图

99. △ABC 的高 AD、BE、CF 相交于 H.

求证：$DA \times DH = DE \times DF$.

证明 如图，因为

$$\angle HDC + \angle HEC = 180°,$$

所以 H、D、C、E 四点共圆.

$$\angle HDE = \angle HCE.$$

因为

$$\angle ADC = \angle AFC = 90°,$$

所以 A、F、D、C 四点共圆.

$$\angle DFC = \angle DAC,$$
$$\angle ADF = \angle ACF = \angle HDE.$$

在 $\triangle ADE$ 与 $\triangle FDH$ 中,

$$\angle ADE = \angle FDH, \quad \angle DAE = \angle DFH,$$

所以 $\triangle ADE \sim \triangle FDH$.

$$DA \times DH = DE \times DF.$$

100. 圆内接四边形 $ABCD$ 的对角线 AC 与 BD 相交于 E,直线 AD 与 BC 交于点 F.

求证:$\dfrac{AE}{DE} = \dfrac{FB}{FD}$.

证明 如图,由正弦定理,

$$\frac{AE}{DE} = \frac{\sin \angle ADE}{\sin \angle DAE} = \frac{\sin \angle BDF}{\sin \angle DBC} = \frac{FB}{FD}.$$

第 100 题图

注 $\triangle AED$ 与 $\triangle BFD$ 有一对角相等($\angle A = \angle B$),又有一对角互补($\angle ADE + \angle BDF = 180°$),这两个三角形虽然并不相似,但利用正弦定理可以导出比例关系. 如不用三角函数,可以在 AD 上取 D_1,使

$$\angle AD_1E = 180° - \angle ADE = \angle BDF,$$

则

$$ED_1 = ED, \quad \triangle AED_1 \sim \triangle BFD, \quad \frac{AE}{DE} = \frac{AE}{D_1E} = \frac{FB}{FD}.$$

101. AD 是 $\triangle ABC$ 的角平分线. 延长 AD 交外接圆于 E.

证明:$AD \times AE = AB \times AC$.

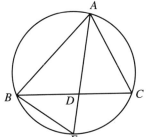

第 101 题图

证明 如图,因为

$$\angle BAE = \angle EAC, \quad \angle BEA = \angle DCA,$$

所以 $\triangle BAE \sim \triangle DAC$.

$$\frac{AB}{AD} = \frac{AE}{AC},$$

即

$$AD \times AE = AB \times AC.$$

注 在与角平分线有关的问题中,经常利用角平分线与外接圆的交点. 图中的交点 E 是 $\overset{\frown}{BC}$ 的中点.

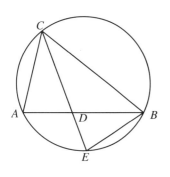

第 102 题图

102. △ABC 的角平分线 CE 交 AB 于 D，交外接圆于 E．

求证：（ⅰ）EB : EC = DB : CB；

（ⅱ）$EB^2 = ED \times EC$．

证明 如图，连接 EB．

在 △EDB 与 △EBC 中，

$$\angle EBD = \angle ACE = \angle ECB,$$
$$\angle E = \angle E,$$

所以

$$\triangle EDB \backsim \triangle EBC,$$
$$EB : EC = DB : BC, \quad EB : EC = ED : EB,$$
$$EB^2 = ED \times EC.$$

103. 圆内接四边形 ABCD 的边 AB、DC 延长后交于 E，并且 ∠DBA = ∠CBE．

求证：$AD \times BE = CE \times BD$．

证明 如图，

$$\angle BCE = \angle BAD, \quad \angle CBE = \angle ABD,$$

所以 △BCE ∽ △BAD．

$$\frac{BE}{BD} = \frac{CE}{AD},$$

即

$$AD \times BE = CE \times BD.$$

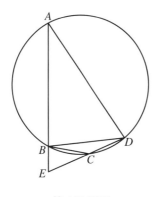

第 103 题图

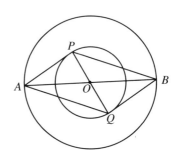

第 104 题图

104. 已知两个同心圆，AB 是其中一圆的直径，P 在另一圆上．

求证：$PA^2 + PB^2$ 为定值．

证明 设两圆的半径分别为 R、r．如图，直径 PQ、AB 互相平分，四边形 AQBP 为平行四边形．

$$PA^2 + PB^2 = \frac{1}{2}(AB^2 + PQ^2) = \frac{1}{2}[(2R)^2 + (2r)^2] = 2R^2 + 2r^2.$$

105. AB 为圆的直径,弦 AC、BD 相交于 E.

求证:$AC \times AE + BD \times BE = AB^2$.

证明 如图,作 $EF \perp AB$,F 为垂足,Rt$\triangle BEF \backsim$ Rt$\triangle BAD$,
$$BD \times BE = BF \times AB.$$
同理,
$$AC \times AE = AF \times AB.$$
两式相加即得结果.

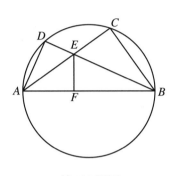

第 105 题图

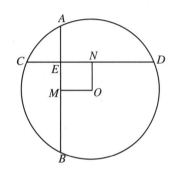

第 106 题图

106. 在 $\odot O$ 中,任作两条互相垂直的弦 AB、CD,两弦相交于 E.

求证:$AE^2 + EB^2 + CE^2 + ED^2$ 为定值.

证明 先猜一猜这定值是多少.

举一个特例:E 为圆心,这时 AE、EB、CE、ED 都是半径 r,则
$$AE^2 + EB^2 + CE^2 + ED^2 = 4r^2.$$

再举一个例子:E、B、C 重合,这时 AB、CD(即 BD)是由 B 点引出的两个互相垂直的弦,则
$$AE^2 + EB^2 + CE^2 + ED^2 = AB^2 + BD^2 = AD^2 = (2r)^2 = 4r^2.$$
于是,定值为 $4r^2$. 即我们应证明
$$AE^2 + EB^2 + CE^2 + ED^2 = 4r^2. \tag{1}$$
设 AB、CD 的中点分别为 M、N(见图),则
$$AE^2 + EB^2 + CE^2 + ED^2$$
$$= (AM - EM)^2 + (AM + EM)^2 + (CN - EN)^2 + (CN + EN)^2$$
$$= 2(AM^2 + EM^2 + CN^2 + EN^2)$$
$$= 2(AM^2 + EN^2) + 2(CN^2 + EM^2)$$
$$= 2(AM^2 + OM^2) + 2(CN^2 + ON^2)$$
$$= 2 \times OA^2 + 2 \times OC^2 = 4r^2.$$

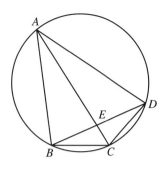

第107题图

107. 圆内接四边形 $ABCD$ 中，$BC = CD$.

求证：$AB \times AD + BC^2 = AC^2$.

证明 如图，连接 AC、BD，相交于 E.

因为 $BC = CD$，所以
$$\angle BAC = \angle EAD.$$

又
$$\angle BCA = \angle EDA,$$

所以 $\triangle BAC \sim \triangle EAD$.
$$AB \times AD = AC \times AE.$$

因为
$$\angle BAC = \angle BDC = \angle DBC,$$

所以 $\triangle ABC \sim \triangle BEC$.
$$CE \times AC = BC^2.$$

因此
$$AB \times AD + BC^2 = AC \times AE + CE \times AC = AC^2.$$

108. 过圆上一点 P 作弦 AB 的垂线 PC，C 为垂足. 过 A、B 作切线 PQ 的垂线，垂足分别为 D、E.

求证：$PC^2 = AD \times BE$.

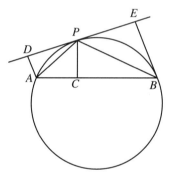

第108题图

证明 如图，连接 PA、PB.
$$\angle APD = \angle PBC,$$

所以 Rt$\triangle PAD \sim$ Rt$\triangle BPC$.
$$\frac{AD}{PA} = \frac{PC}{BP}. \quad (1)$$

同理，$\triangle PEB \sim \triangle ACP$.
$$\frac{BE}{BP} = \frac{PC}{PA}. \quad (2)$$

(1)×(2) 得
$$PC^2 = AD \times BE.$$

109. 弦 AB、CD 延长后交于 E，过 E 作 AD 的平行线，交 CB 的延长线于 F. 过 F 作切线 FG，G 为切点.

求证：$FG = FE$.

证明 如图，因为 $EF \parallel AD$，所以
$$\angle FEB = \angle DAB = \angle DCB.$$

从而
$$\triangle FEB \sim \triangle FCE,$$
$$FE^2 = FB \times FC.$$

另一方面，
$$FG^2 = FB \times FC,$$

所以
$$FE = FG.$$

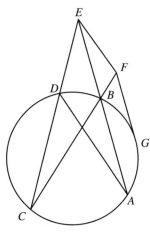

第109题图

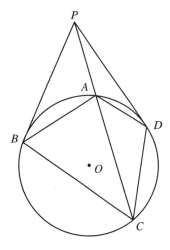

第110题图

110. 过 P 作 $\odot O$ 的割线,交圆于 A、C. 又作切线 PB、PD,B、D 为切点.
求证:$AB \times CD = BC \times AD$.

证明 如图,因为
$$\angle PBA = \angle PCB,$$
所以 $\triangle PBA \backsim \triangle PCB$.
$$\frac{AB}{BC} = \frac{PA}{PB}.$$
同理,
$$\frac{AD}{CD} = \frac{PA}{PD}.$$
因为 $PB = PD$,所以
$$\frac{AB}{BC} = \frac{AD}{CD},$$
即
$$AB \times CD = BC \times AD.$$

注 满足上式的四边形有人称为调和四边形.

习　题　2

这里的问题大多数是著名的定理.它们有广泛的应用.同时,这些定理本身也是有趣的问题,它们的证法也是经典的,可以应用于其他问题.

1. 设点 D、E、F 分别在 $\triangle ABC$ 的边 BC、CA、AB 上.

证明:当且仅当
$$\frac{CE}{EA} \times \frac{AF}{FB} \times \frac{BD}{DC} = 1$$
时,AD、BE、CF 三线共点.

2. 设直线 t 与 $\triangle ABC$ 的边(或边的延长线)分别相交于点 D、E、F.

证明:
$$\frac{CE}{EA} \times \frac{AF}{FB} \times \frac{BD}{CD} = 1.$$

反之,若点 D、E、F 分别在 $\triangle ABC$ 的边或边的延长线上,并且上式成立,则 D、E、F 三点共线.

3. 已知 $\triangle ABC$ 中,点 D、E 分别在 AB、AC 上,并且 $DE \parallel BC$. BE、CD 交于点 G,AG、DE 交于点 F.

求证:F 是 DE 的中点.

4. 已知线段 BC 的中点为 H,点 D、E 分别在射线 AB、AC 上,并且 AH、CD、BE 三条直线交于一点 G.

求证:$DE \parallel BC$.

5. $\triangle ABC$ 中有一点 I,延长 AI 交外接圆于点 D.

证明:当且仅当点 I 为内心时,$DB = DC = DI$.对于旁心,有怎样的结论?

6. 证明:凸四边形 $ABCD$ 有内切圆的充分必要条件是 $AB + CD = AD + BC$.

7. 证明:凹四边形 $ABCD$ 有内切圆的充分必要条件是 $AB + CD = AD + BC$.

8. 自点 P 向 $\triangle ABC$ 的边引垂线,垂足分别为点 D、E、F.

证明:D、E、F 三点共线的充分必要条件是点 P 在 $\triangle ABC$ 的外接圆上.

9. 以 $\triangle ABC$ 的边为边,向外作等边三角形,中心分别为点 O_1、O_2、O_3.

求证:$\triangle O_1 O_2 O_3$ 是正三角形.

10. 证明:对四边形 $ABCD$,必有 $AB \times CD + AD \times BC \geqslant AC \times BD$.当且仅当四边形内接于圆时,等号成立.

11. 已知 $\triangle ABC$ 的外心为点 O,内心为点 I.外接圆半径为 R,内切圆半径为 r,$d = OI$.

求证:$d^2 = R^2 - 2Rr$.

12. 证明:三角形的外心、垂心、重心共线,而且重心将连接外心与垂心的线段分为 $1:2$ 的两部分.

13. 证明:三角形的三条边的中点,三条高的垂足,垂心与顶点连线的中点,这九个点共圆.这九点圆的圆心与外心、重心、垂心有何关系?

14. 证明牛顿(Newton)定理:设四边形 $ABCD$ 有内切圆,分别切四边形于点 E、F、G、H,则 EG、FH、AC、BD 四线共点.

15. 证明圆内接六边形的三组对边的交点共线,即设圆内接六边形 $ABCDEF$ 的对边 AB、DE 相交于点 L,BC、EF 相交于点 M,CD、FA 相交于点 N,则 L、M、N 三点共线.

16. 设点 A、B、C、D 是共线的四点(顺序任意),则
$$\frac{CA}{CB} : \frac{DA}{DB} \left(= \frac{CA \times DB}{CB \times DA} \right)$$
称为点 A、B、C、D 的叉比,记为 $(ABCD)$.

证明:

(ⅰ) $(BACD) = \dfrac{1}{(ABCD)}$;

(ⅱ) $(ABDC) = \dfrac{1}{(ABCD)}$;

(ⅲ) 若点 A、B、C、D 是调和点列(第1部分第8章练习题4),则 $(ABCD) = -1$.

17. 过点 O 的四条直线被两条直线所截,截点分别为 A、B、C、D 与 A_1、B_1、C_1、D_1,则
$$(ABCD) = (A_1B_1C_1D_1).$$

18. 四条直线组成的图形称为完全四边形(如图),其中 AC、BD、EF 称为对角线.设 AC、BD 相交于点 O,FO 分别交 BE、AD 于 G、H.

求证:(ⅰ) $(BCGE) = -1$;

(ⅱ) $(ADHE) = -1$;

(ⅲ) $(FOHG) = -1$.

即 B、C、G、E,A、D、H、E,F、O、H、G 都是调和点列.

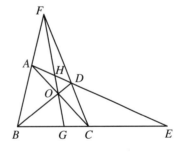

第18题图

19. 点 P 在 $\odot O$ 外,PT、PS 为切线,T、S 为切点. OP 交 ST 于点 Q,过点 Q 作弦 AB.

求证:$\angle APO = \angle OPB$.

20. 已知 $\odot O$ 与点 P. 过点 P 任作一直线与 $\odot O$ 相交于点 A、B,点 Q 在直线 PA 上,并且 $(ABQP) = -1$.

求 Q 的轨迹.

21. 设点 P 在 $\odot O$ 外,过点 P 作两条割线,分别交 $\odot O$ 于点 A、B 与 C、D. AC 与 BD 相交于点 Q.

求证:Q 在点 P 的极线上.

习题 2 解答

1. 设点 D、E、F 分别在 $\triangle ABC$ 的边 BC、CA、AB 上.

证明：当且仅当
$$\frac{CE}{EA} \times \frac{AF}{FB} \times \frac{BD}{DC} = 1 \tag{1}$$
时，AD、BE、CF 三线共点.

证明 证明这种"当且仅当命题 P 成立时，命题 Q 成立"的问题时，需要做两件事.

（i）证明"当命题 P 成立时，命题 Q 成立"．

这时称命题 P 是命题 Q 的充分条件，记为 $P \Rightarrow Q$.

（ii）证明"当命题 Q 成立时，命题 P 成立"．

这时称命题 P 是命题 Q 的必要条件，记为 $Q \Rightarrow P$.

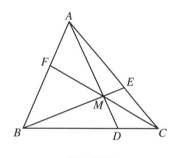

第 1 题图

在（i）、（ii）都成立时，称命题 P 是命题 Q 的充分必要条件．

在命题 P 是命题 Q 的充分必要条件时，我们也称命题 P 与命题 Q 等价，记为 $P \Leftrightarrow Q$.

显然 $P \Leftrightarrow Q$ 时，$Q \Leftrightarrow P$.

现在先证明（ii），即设 AD、BE、CF 三线共点，这公共点是 M（见图），要证（1）式成立．

可以利用面积法．$\triangle CAM$ 与 $\triangle CBM$ 有公共的底 CM，因此由习题 1 第 48 题知
$$\frac{AF}{FB} = \frac{S_{\triangle CAM}}{S_{\triangle CMB}}.$$

同样，
$$\frac{BD}{DC} = \frac{S_{\triangle ABM}}{S_{\triangle CAM}}, \quad \frac{CE}{EA} = \frac{S_{\triangle CMB}}{S_{\triangle ABM}}.$$

以上三式相乘即得（1）式.

（1）式的证法还很多．例如利用正弦定理，
$$\frac{BD}{\sin \angle BAD} = \frac{AB}{\sin \angle BDA},$$
$$\frac{DC}{\sin \angle DAC} = \frac{AC}{\sin \angle ADC}.$$

两式相除（注意 $\sin \angle BDA = \sin \angle ADC$）得
$$\frac{BD}{DC} = \frac{AB \sin \angle BAD}{AC \sin \angle DAC}.$$

同样,
$$\frac{CE}{EA} = \frac{BC\sin\angle CBE}{AB\sin\angle EBA}, \quad \frac{AF}{FB} = \frac{AC\sin\angle FCA}{BC\sin\angle BCF}.$$

三式相乘得
$$\frac{BD}{DC} \times \frac{CE}{EA} \times \frac{AF}{FB} = \frac{\sin\angle BAD \sin\angle CBE \sin\angle FCA}{\sin\angle DAC \sin\angle EBA \sin\angle BCF}. \tag{2}$$

而由第 1 部分第 12 章例 4 知(2)式的右边为 1. 因此(1)式成立.

反之,设(1)式成立.

设 BE、CF 相交于点 M,AM 交 BC 于点 D_1,则由上面所证得
$$\frac{CE}{EA} \times \frac{AF}{FB} \times \frac{BD_1}{D_1C} = 1.$$

与(1)式比较得
$$\frac{BD_1}{D_1C} = \frac{BD}{DC},$$

即点 D_1、D 将线段 BC 分成的两部分的比相等,所以点 D_1 与 D 重合,即 AD、BE、CF 三线共点.

注 本题的结论称为塞瓦(Ceva)定理.

点 D、E、F 在边的延长线上,结论同样成立.

2. 设直线 t 与 $\triangle ABC$ 的边(或边的延长线)分别相交于点 D、E、F.

证明:
$$\frac{CE}{EA} \times \frac{AF}{FB} \times \frac{BD}{CD} = 1. \tag{1}$$

反之,若点 D、E、F 分别在 $\triangle ABC$ 的边或边的延长线上,并且上式成立,则 D、E、F 三点共线.

证明 先设点 D、E、F 共线.

连接 AD、BE,如图. 由面积得
$$\frac{BD}{CD} = \frac{S_{\triangle BED}}{S_{\triangle ECD}}, \quad \frac{CE}{EA} = \frac{S_{\triangle ECD}}{S_{\triangle AED}}, \quad \frac{AF}{FB} = \frac{S_{\triangle AED}}{S_{\triangle BED}}.$$

三式相乘即得(1)式.

或作 $CG \parallel AB$,交 DE 于点 G,则
$$\frac{BD}{CD} = \frac{BF}{CG}, \quad \frac{CE}{EA} = \frac{CG}{FA}.$$

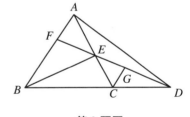

第 2 题图

两式相乘即得(1)式.

反之,设(1)式成立. 直线 FE 交 BC 延长线于点 D_1,则由上面所证结果得
$$\frac{BD_1}{CD_1} \times \frac{CE}{EA} \times \frac{AF}{FB} = 1.$$

与(1)式比较得
$$\frac{BD_1}{CD_1} = \frac{BD}{CD}.$$

所以点 D_1 与 D 重合,即点 D、E、F 共线.

注 本题的结论称为梅涅劳斯(Menelaus)定理.

3. 已知△ABC中,点D、E分别在AB、AC上,并且DE∥BC. BE、CD交于点G,AG、DE交于点F.

求证:F是DE的中点.

证一 如图,设AG交BC于点H,则

$$\frac{DF}{BH}\left(=\frac{AF}{AH}\right)=\frac{FE}{HC}, \tag{1}$$

$$\frac{DF}{HC}\left(=\frac{FG}{GH}\right)=\frac{FE}{BH}. \tag{2}$$

两式相乘得

$$DF^2 = FE^2,$$

即 $DF = FE$.

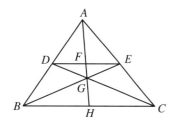

第3题图

所以F是DE的中点.

同样,H也是BC的中点.

本题的结果被华罗庚先生称为"射影几何的基本定理".

证二 对于△ADE,由塞瓦定理有

$$\frac{AB}{BD} \times \frac{FD}{EF} \times \frac{CE}{AC} = 1. \tag{3}$$

因为 $DE \parallel BC$,所以

$$\frac{AB}{BD} = \frac{AC}{CE}. \tag{4}$$

由(3)、(4)式得

$$\frac{FD}{EF} = 1,$$

即F为DE的中点.

4. 已知线段BC的中点为H,点D、E分别在射线AB、AC上,并且AH、CD、BE三条直线交于一点G.

求证:$DE \parallel BC$.

证明 如图,由塞瓦定理得

$$\frac{BH}{HC} \times \frac{CE}{EA} \times \frac{AD}{DB} = 1.$$

因为 $BH = HC$,所以

$$\frac{AD}{DB} = \frac{EA}{CE},$$

$$DE \parallel BC.$$

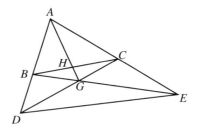

第4题图

注 本题可看作"射影几何基本定理"的逆定理.

5. △ABC 中有一点 I,延长 AI 交外接圆于点 D.

证明:当且仅当点 I 为内心时,$DB = DC = DI$. 对于旁心,有怎样的结论?

证明 如图,在点 I 为内心时,
$$\angle DIB = \angle DAB + \angle IBA = \angle DAC + \angle IBC$$
$$= \angle DBC + \angle IBC = \angle DBI,$$

所以 $DB = DI$.

同理,$DC = DI$.

反之,由 $DB = DC$ 得
$$\overset{\frown}{DB} = \overset{\frown}{DC},$$

即 AD 平分 $\angle BAC$.

又
$$\angle DIB = \angle DAB + \angle IBA = \angle DAC + \angle IBA = \angle DBC + \angle IBA,$$
$$\angle DBI = \angle DBC + \angle IBC,$$

因为 $DB = DI$,所以 $\angle DBI = \angle DIB$,则
$$\angle IBA = \angle IBC,$$

即 IB 平分 $\angle ABC$.

因此点 I 为内心.

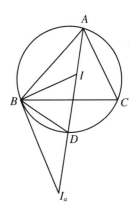

第5题图

将点 I 换成点 I_a,类似结论成立,即设点 I_a 在△ABC 外,当且仅当点 I_a 为与点 A 相对的旁心时,$DB = DC = DI_a$,其中点 D 为 AI_a 与外接圆的交点.

事实上,在点 I_a 为旁心时,BI_a 平分 $\angle ABC$ 的外角,$\angle IBI_a = 90°$.

$\angle I_aBD$ 是 $\angle DBI$ 的余角,$\angle BI_aI$ 是 $\angle DIB$ 的余角,所以 $\angle I_aBD = \angle BI_aI$,$DB = DI_a$.

注 本题结论被叶中豪等人称为"鸡爪定理".

6. 证明:凸四边形 $ABCD$ 有内切圆的充分必要条件是 $AB + CD = AD + BC$.

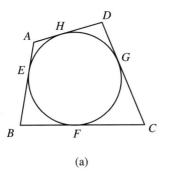

(a)

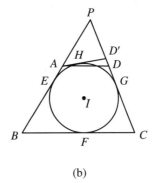

(b)

第6题图

证明 若四边形 $ABCD$ 有内切圆,切点为 E、F、G、H(见图(a)),则
$$AB + CD = AE + EB + DG + GC = AH + BF + DH + CF = AD + BC.$$

反之,设有
$$AB + CD = AD + BC. \tag{1}$$

若四边形 $ABCD$ 是平行四边形,则由(1)式得 $AB = AD$,四边形 $ABCD$ 是菱形,中心到

各边的距离相等.以中心为圆心、此距离为半径的圆即是内切圆.

若四边形 $ABCD$ 不是平行四边形,不妨设 BA 与 CD 相交于 P(见图(b)).作 $\triangle PBC$ 的内切圆 $\odot I$.又过点 A 作 $\odot I$ 的切线,交 PC 于点 D'.这时由前面必要性(仅当)的证明得
$$AD' = AB + CD' - BC.\qquad(2)$$
又由(1)式有
$$AD = AB + CD - BC.\qquad(3)$$
(2) - (3) 得
$$AD' - AD = CD' - CD = D'D,\qquad(4)$$
于是点 D' 与点 D 重合(否则 $\triangle ADD'$ 的两边之差 $AD' - AD$ 小于第三边 $D'D$),即 AD 与 $\odot I$ 相切.四边形 $ABCD$ 有内切圆 $\odot I$.

注 本题的"凸"字可以取消.

7. 证明:凹四边形 $ABCD$ 有内切圆的充分必要条件是 $AB + CD = AD + BC$.

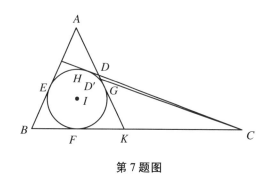

第7题图

证明 若四边形 $ABCD$ 有内切圆,设切点为 E、F、G、H(见图),则
$$\begin{aligned}AB + CD &= AE + EB + CH - DH \\ &= AG + BF + CF - DH \\ &= AD + DG + BC - DH \\ &= AD + BC.\end{aligned}$$

反之,设 $AB + CD = AD + BC$.延长 AD 交 BC 于点 K.作 $\triangle ABK$ 的内切圆 $\odot I$.作 CD' 与这圆相切,交 AK 于点 D',则由上面所证,
$$AB + CD' = AD' + BC,$$
从而
$$CD' - CD = AD' - AD = DD'.$$
由三角形两边之和大于第三条边得点 D' 与 D 重合,即 CD 也与 $\odot I$ 相切.

8. 自点 P 向 $\triangle ABC$ 的边引垂线,垂足分别为点 D、E、F.

证明:D、E、F 三点共线的充分必要条件是点 P 在 $\triangle ABC$ 的外接圆上.

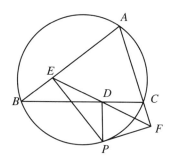

第8题图

证明 如图,因为
$$\angle PDB = 90° = \angle PFC,$$
所以 P、D、F、C 四点共圆,
$$\angle BDE = \angle BPE = 90° - \angle ABP.$$
同理,
$$\angle CDF = \angle CPF = 90° - \angle FCP.$$
D、E、F 三点共线 $\Leftrightarrow \angle BDE = \angle CDF$
$\Leftrightarrow \angle ABP = \angle FCP$
$\Leftrightarrow P$ 在 $\odot ABC$ 上.

注 本题所说的直线 DE 通常称为西姆松(Simson)线.其实是瓦伦斯(Wallace)在 1797 年首先发现的.

9. 以 $\triangle ABC$ 的边为边,向外作等边三角形,中心分别为点 O_1、O_2、O_3.
求证:$\triangle O_1 O_2 O_3$ 是正三角形.

证明 如图,因为
$$\angle O_3 A O_2 = \angle O_3 AB + \angle BAC + \angle CAO_2 = \angle BAC + 60° = \angle FAC,$$
$$\frac{AO_3}{AF} = \frac{1}{2}/\sin 60° = \frac{1}{\sqrt{3}} = \frac{AO_2}{AC},$$
所以 $\triangle AO_2 O_3 \backsim \triangle ACF$.
$$\frac{O_2 O_3}{CF} = \frac{1}{\sqrt{3}}.$$
同理,$\triangle BO_3 O_1 \backsim \triangle BFC$.
$$\frac{O_3 O_1}{CF} = \frac{1}{\sqrt{3}}.$$
由以上二式得 $O_2 O_3 = O_3 O_1$.
同理,$O_3 O_1 = O_1 O_2$.
于是 $\triangle O_1 O_2 O_3$ 是正三角形.

注 绕点 A 逆时针旋转 $30°$,$\triangle ACF$ 变成与 $\triangle AO_2 O_3$ 位似的三角形,将这三角形缩小到原来的 $\frac{\sqrt{3}}{3}$(作相似比为 $\frac{\sqrt{3}}{3}$ 的位似变换,点 A 为位似中心),就变成 $\triangle AO_2 O_3$.

本题的结论称为拿破仑(Napoleon)定理.

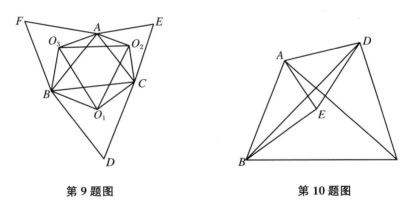

第9题图   第10题图

10. 证明:对四边形 $ABCD$,必有 $AB \times CD + AD \times BC \geqslant AC \times BD$. 当且仅当四边形内接于圆时,等号成立.

证明 以 AB 为边作 $\triangle ABE \backsim \triangle ACD$(即作 $\angle ABE = \angle ACD$,$\angle BAE = \angle CAD$),如图.

由习题1第35题得 $\triangle ABC \backsim \triangle AED$.
于是有
$$\frac{AB}{BE} = \frac{AC}{CD}, \tag{1}$$

$$\frac{BC}{ED} = \frac{AC}{AD}. \tag{2}$$

由(1)、(2)式得

$$AB \times CD + AD \times BC = AC \times (BE + ED) \geqslant AC \times BD. \tag{3}$$

当且仅当点 E 在 BD 上时,(3)式中的等号成立.这条件也就是 $\angle ABD = \angle ACD$,四边形 $ABCD$ 内接于圆.

本题的结果称为托勒密(Ptolemy)定理.

在高中学过复数后,采用复数 $a、b、c、d$ 表示 $A、B、C、D$,则由

$$(a-b)(c-d) + (a-d)(b-c) = (a-c)(b-d) \tag{4}$$

取模即可得出本题结论.

托勒密定理有很多应用.例如习题 1 题 75 可用这定理得

$$PA \times BC = AB \times PC + AC \times PB.$$

约去相等的因子 $BC(=AB=AC)$ 即得

$$PA = PC + PB.$$

11. 已知 $\triangle ABC$ 的外心为点 O,内心为点 I.外接圆半径为 R,内切圆半径为 r,$d = OI$.

求证:$d^2 = R^2 - 2Rr$.

证明 设 OI 交 $\odot O$ 于点 $P、Q$,AI 又交 $\odot O$ 于点 M,如图.

$$R^2 - d^2 = (R+d)(R-d) = (PO + OI)(OQ - OI)$$
$$= PI \times IQ = AI \times IM,$$

由第 5 题得 $MI = MB$,所以

$$R^2 - d^2 = AI \times MB.$$

第 11 题图

要证 $2Rr = AI \times MB$,只要找两个相似的三角形,一个以 $r、AI$ 为边,另一个以 $MB、2R$ 为对应边.

设内切圆与 AB 相切于点 F,则 $IF \perp AF$.$\triangle IFA$ 是以 $r = IF$ 与 AI 为边的直角三角形.作直径 MN,则 $\triangle MBN$ 是直角三角形,斜边 $MN = 2R$.

因为 $\angle BNM = \angle FAI$,所以 $\triangle MBN \sim \triangle IFA$.

$$\frac{MB}{IF} = \frac{MN}{IA},$$

即

$$MB \times IA = 2Rr.$$

注 本题的结论称为欧拉(Euler)定理.由于 $d \geqslant 0$,所以有如下推论:

$$R \geqslant 2r.$$

12. 证明:三角形的外心、垂心、重心共线,而且重心将连接外心与垂心的线段分为1∶2的两部分.

证一 设△ABC 的外心、重心、垂心分别为点 O、G、H(见图(a)).又设 BC 的中点为 D,则由习题1第74题得

$$AH = 2OD. \tag{1}$$

又 A、G、D 三点共线,并且

$$AG = 2GD. \tag{2}$$

因为 $OD // AH$,所以

$$\angle GAH = \angle GDO. \tag{3}$$

由(1)、(2)、(3)式得

$$\triangle GAH \sim \triangle GDO.$$

所以 $\angle AGH = \angle DGO$,O、G、H 三点共线,并且

$$OG : GH = 1 : 2. \tag{4}$$

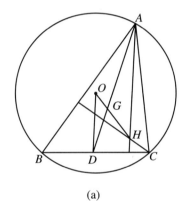

(a)

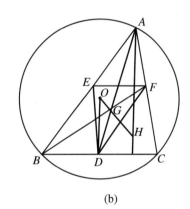

(b)

第12题图

证二 设△ABC 的外心、重心、垂心分别为点 O、G、H,各边的中点分别为点 D、E、F(见图(b)).

点 G 是△ABC 与△DEF 的位似中心,相似比 $DG : GA = 1 : 2$.

因为 $OD \perp BC$,而 $EF // BC$,所以 $OD \perp EF$.

同理,$OE \perp FD$,$OF \perp DE$.所以点 O 是△DEF 的垂心.

在上述以点 G 为中心的位似变换下,△ABC 的垂心 H 变为△DEF 的垂心 O,所以 O、G、H 三点共线,并且(4)式成立.

第二种证法未利用习题1第74题.反过来,由上述位似变换得

$$AH = 2OD,$$

即给出习题1第74题的一种新证法.

注 过外心、重心、垂心的直线称为欧拉线.

13. 证明：三角形的三条边的中点，三条高的垂足，垂心与顶点连线的中点，这九个点共圆．这九点圆的圆心与外心、重心、垂心有何关系？

证一 设点 O 为外心，点 H 为垂心．点 D_1 为高 AH 的垂足．E_1 为 BC 的中点，F_1 为 AH 的中点．点 D_2、E_2、F_2、D_3、E_3、F_3 意义类似（见图(a)）．

设 E_1F_1 交 OH 于点 K．因为 $F_1H \underline{\underline{\parallel}} OE_1$，所以四边形 OE_1HF_1 是平行四边形，K 是 E_1F_1 的中点，也是 OH 的中点．

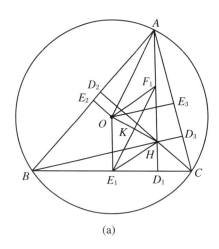 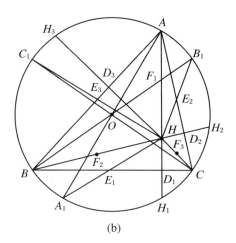

第 13 题图

$\triangle D_1E_1F_1$ 是直角三角形，它的外接圆的圆心是 E_1F_1 的中点 K，也是 OH 的中点 K．
又 $AF_1 \underline{\underline{\parallel}} OE_1$，所以四边形 OE_1F_1A 也是平行四边形，$E_1F_1 = OA$．
于是 $\odot D_1E_1F_1$ 的圆心为 K，直径 $E_1F_1 = OA$．

同理，$\odot D_2E_2F_2$、$\odot D_3E_3F_3$ 的圆心也都是 OH 的中点 K，直径也都是 OA．

因此 D_i、E_i、$F_i (1 \leqslant i \leqslant 3)$ 九点共圆，圆心为 OH 的中点 K，直径为 OA．O、H、K、G 四点共线，而且 K 为 OH 的中点，$2OG = GH$（见上题）．

证二 符号同前，又设 AH、BH、CH、AO、BO、CO 再交外接圆于点 H_1、H_2、H_3、A_1、B_1、C_1（见图(b)）．

以点 H 为位似中心，相似比为 $1:2$ 作位似变换，则由习题 1 第 74 题的证二知点 H_i、A_1、B_1、C_1 分别变为点 D_i、E_1、E_2、$E_3 (i = 1, 2, 3)$．又显然点 A、B、C 变为点 F_1、F_2、F_3．

因此 $\triangle ABC$ 的外接圆 $\odot O$ 变为过 D_i、E_i、$F_i (i = 1, 2, 3)$ 这九个点的圆．圆心 K 为 OH 的中点．

注 若以重心 G 为位似中心，相似比为 $1:(-2)$ 作位似变换，则 $\triangle ABC$ 变为 $\triangle E_1E_2E_3$，$\odot O$ 变为 $\odot E_1E_2E_3$，即九点共圆．

九点圆的圆心 K 也在欧拉线上，而且是 OH 的中点．

14. 证明牛顿(Newton)定理:设四边形 $ABCD$ 有内切圆,分别切四边形于点 E、F、G、H,则 EG、FH、AC、BD 四线共点.

证明 设 FH 交 AC 于 P(见图),则由正弦定理得
$$AP = AH \times \frac{\sin \angle AHF}{\sin \angle APH},$$
$$PC = CF \times \frac{\sin \angle CFH}{\sin \angle CPF}.$$

由于 $\angle APH = \angle CPF$(对顶角相等),$\angle CFH = \angle DHF$ $\left(\stackrel{\mathrm{m}}{=}\frac{1}{2}\stackrel{\frown}{HF}\right)$,所以

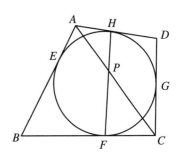

第 14 题图

$$\frac{AP}{PC} = \frac{AH}{CF}.$$

同理,设 EG 交 AC 于点 Q,则
$$\frac{AQ}{QC} = \frac{AE}{CG} = \frac{AH}{CF} = \frac{AP}{PC}.$$

因此点 P 与 Q 重合,即 AC 通过 EG、FH 的交点.

同理,BD 通过 EG、FH 的交点.

于是 EG、FH、AC、BD 四线共点.

注 牛顿定理是更一般的布列昂雄(Brianchon)定理的特殊情况.

15. 证明圆内接六边形的三组对边的交点共线,即设圆内接六边形 $ABCDEF$ 的对边 AB、ED 相交于点 L,BC、EF 相交于点 M,CD、FA 相交于点 N,则 L、M、N 三点共线.

证明 考察直线 AB、CD、EF 构成的 $\triangle IJK$(见图).

由截线定理,对三条截线 DE、BC、FA 分别有

$$\frac{LJ}{LK} \times \frac{EK}{EI} \times \frac{DI}{DJ} = 1, \qquad (1)$$

$$\frac{MK}{MI} \times \frac{CI}{CJ} \times \frac{BJ}{BK} = 1, \qquad (2)$$

$$\frac{NI}{NJ} \times \frac{AJ}{AK} \times \frac{FK}{FI} = 1. \qquad (3)$$

因为
$$EK \times FK = AK \times BK, \qquad (4)$$
$$DI \times CI = EI \times FI, \qquad (5)$$
$$BJ \times AJ = DJ \times CJ, \qquad (6)$$

所以(1)、(2)、(3)三式相乘,得

$$\frac{LJ}{LK} \times \frac{MK}{MI} \times \frac{NI}{NJ} \times \frac{EK \times FK}{AK \times BK} \times \frac{DI \times CI}{EI \times FI} \times \frac{BJ \times AJ}{DJ \times CJ} = 1,$$

即
$$\frac{LJ}{LK} \times \frac{MK}{MI} \times \frac{NI}{NJ} = 1,$$

因此 L、M、N 三点共线.

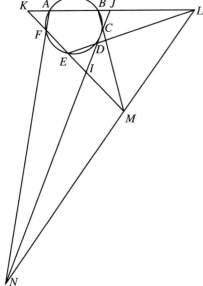

第 15 题图

上面的结论称为帕斯卡(Pascal)定理. 它是帕斯卡在16岁时发现并证明的. 其实, 帕斯卡发现的是更一般的情况: 对于圆锥曲线(椭圆、双曲线、抛物线), 它的内接六边形的对边的交点共线.

本题的六边形并不一定是凸的. A、B、C、D、E、F 只是圆上的6个点, 顺序可以任意, 所以六边形 $ABCDEF$ 其实是可以自身相交的闭折线. 六点亦可以有重合的, 例如点 C、D 重合, 则 CD 就是过点 C 的切线.

16. 设点 A、B、C、D 是共线的四点(顺序任意), 则

$$\frac{CA}{CB} : \frac{DA}{DB} \left(= \frac{CA \times DB}{CB \times DA} \right)$$

称为点 A、B、C、D 的叉比, 记为 $(ABCD)$.

证明:

(ⅰ) $(BACD) = \dfrac{1}{(ABCD)}$;

(ⅱ) $(ABDC) = \dfrac{1}{(ABCD)}$;

(ⅲ) 若点 A、B、C、D 是调和点列(第1部分第8章练习题4), 则 $(ABCD) = -1$.

证明 (ⅰ) $(BACD) = \dfrac{CB}{CA} : \dfrac{DB}{DA} = \dfrac{CB \times DA}{CA \times DB} = \dfrac{1}{(ABCD)}$.

(ⅱ) $(ABDC) = \dfrac{DA}{DB} : \dfrac{CA}{CB} = \dfrac{CB \times DA}{CA \times DB} = \dfrac{1}{(ABCD)}$.

(ⅲ) A、B、C、D 调和, 所以

$$\frac{CA}{CB} = -\frac{DA}{DB},$$

$$(ABCD) = -1.$$

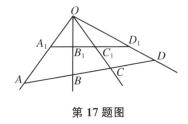

第17题图

17. 过点 O 的四条直线被两条直线所截, 截点分别为 A、B、C、D 与 A_1、B_1、C_1、D_1, 则

$$(ABCD) = (A_1B_1C_1D_1).$$

证明 如图, 由正弦定理得

$$\frac{AC}{\sin \angle AOC} = \frac{OA}{\sin \angle ACO},$$

$$\frac{BC}{\sin \angle BOC} = \frac{OB}{\sin \angle ACO},$$

所以

$$\frac{AC}{BC} = \frac{OA \sin \angle AOC}{OB \sin \angle BOC}.$$

同样,

$$\frac{AD}{BD} = \frac{OA \sin \angle AOD}{OB \sin \angle BOD}.$$

所以

$$\frac{AC}{BC} : \frac{AD}{BD} = \frac{\sin \angle AOC \sin \angle BOD}{\sin \angle BOC \sin \angle AOD},$$

即
$$(ABCD) = \frac{\sin\angle AOC \sin\angle BOD}{\sin\angle BOC \sin\angle AOD}. \tag{1}$$

同理,
$$(A_1B_1C_1D_1) = \frac{\sin\angle AOC \sin\angle BOD}{\sin\angle BOC \sin\angle AOD}.$$

因此
$$(ABCD) = (A_1B_1C_1D_1).$$

注 (ⅰ) 这是射影几何中最基本的定理,应用极为广泛.

(ⅱ) (1)式将叉比用角的正弦的比表示,也很有用.

(ⅲ) 图中 A_1、B_1、C_1、D_1 分别在射影 OA、OB、OC、OD 上,但结论与证明对于 A_1、B_1、C_1、D_1 分别在射线 OA、OB、OC、OD 的反向延长线上时仍然有效.

18. 四条直线组成的图形称为完全四边形(见图),其中 AC、BD、EF 称为对角线. 设 AC、BD 相交于点 O,FO 分别交 BE、AD 于 G、H.

求证:

(ⅰ) $(BCGE) = -1$;

(ⅱ) $(ADHE) = -1$;

(ⅲ) $(FOHG) = -1$.

即 B、C、G、E,A、D、H、E,F、O、H、G 都是调和点列.

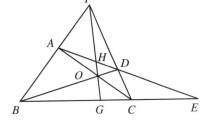

第18题图

证明 由于点 F 引出四条直线,
$$(ADHE) = (BCGE). \tag{1}$$

又由于点 O 引出四条直线,
$$(ADHE) = (CBGE). \tag{2}$$

由(1)、(2)式得
$$(BCGE) = (CBGE).$$

由第16题(ⅰ),上式即
$$(BCGE) = \frac{1}{(BCGE)}.$$

因此 $(BCGE) = -1$(点 C、E 不同,$(BCGE) \neq 1$).

于是 $(ADHE) = -1$.

同理,设 EO 交 AB 于点 K,则
$$(FKAB) = -1,$$

所以
$$(FOHG) = (FKAB) = -1.$$

注 在 $AD \parallel BC$ 时,E 成为"无穷远点". 而在 $E \to \infty$(无穷远点)时,G、H 分别趋向于 BC、AD 的中点. 这就成为第3题.

同样,在 $AB \parallel CD$ 时,F 成为"无穷远点",并且 $GH \parallel AB$. 这时本题的三个结论仍然成立,只是(ⅲ)成为 $HO = OG$.

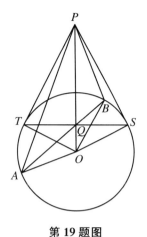

第 19 题图

19. 点 P 在 $\odot O$ 外，PT、PS 为切线，T、S 为切点。OP 交 ST 于点 Q，过点 Q 作弦 AB。

求证：$\angle APO = \angle OPB$。

证一 连接 OT、OS，如图。

易知 OP 垂直平分 TS。所以在 $\mathrm{Rt}\triangle OTP$ 中，
$$OQ \times QP = TQ^2 = TQ \times QS = AQ \times QB.$$
因此 O、A、P、B 四点共圆。
$$\angle APO = \angle ABO = \angle BAO = \angle OPB.$$

证二 在 $\mathrm{Rt}\triangle OTP$ 中，
$$OQ \times OP = OT^2 = OA^2.$$
所以 $\triangle AOQ \backsim \triangle POA$。
$$\angle APO = \angle OAQ.$$
同理，
$$\angle OPB = \angle OBQ = \angle OAQ = \angle APO.$$

20. 已知 $\odot O$ 与点 P。过点 P 任作一直线与 $\odot O$ 相交于点 A、B，点 Q 在直线 PA 上，并且 $(ABQP) = -1$。

求点 Q 的轨迹。

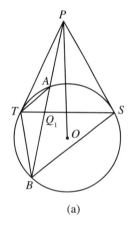

(a)

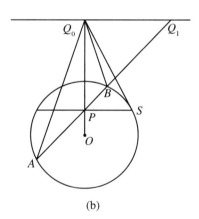

(b)

第 20 题图

解 先设点 P 在 $\odot O$ 外（见图(a)），过点 P 向 $\odot O$ 作切线 PT、PS，T、S 为切点。又设 PA 交 TS 于 Q_1。连接 TA、TB、BS。

由正弦定理得
$$\frac{BQ_1}{Q_1A} = \frac{BT\sin\angle BTQ_1}{TA\sin\angle Q_1TA}.$$
而由 $\triangle PTA \backsim \triangle PBT$ 得
$$\frac{BT}{TA} = \frac{PT}{PA}.$$
又由正弦定理得
$$\frac{PS}{PB} = \frac{\sin\angle SBP}{\sin\angle PSB} = \frac{\sin\angle Q_1TA}{\sin(\pi - \angle BTQ_1)}.$$

所以
$$\frac{BQ_1}{Q_1 A} = \frac{PT}{PA} \times \frac{PB}{PS} = \frac{PB}{PA},$$
即
$$(ABQ_1 P) = -1.$$
所以点 Q_1 与 Q 重合.

因此点 Q 的轨迹是线段 TS. 但通常习惯说点 Q 的轨迹是直线 TS. 虽然自点 P 引出的直线只有在直线 PT、PS 之间时,才与 $\odot O$ 有实交点,但可以理解为自点 P 引出的任一条直线(方程是一次的)与 $\odot O$(方程是两次的)均有交点. 当直线不在 PT 与 PS 之间时,交点 A、B 为虚的,而点 Q 仍满足 $(ABQP) = -1$.

点 P 在 $\odot O$ 内时(图(b)),过 O、P 作直线 l,又过 P 作直线垂直于 l,交 $\odot O$ 于 S. 过 S 作切线交 l 于 Q_0. 过 Q_0 作直线垂直于 l,交直线 AB 于 Q_1.

由上题(字母作相应变更)得 $\angle AQ_0 P = \angle PQ_0 B$.

在 $\triangle AQ_0 B$ 中,$Q_0 P$ 是内角平分线,$Q_0 Q_1$ 是外角平分线,所以 $(ABPQ_1) = -1$,即 Q_1 与 Q 重合.

因此 Q 的轨迹是一条直线,它与直线 OP 垂直,并且过点 Q_0. 易知 Q_0 是满足 $OP \times OQ_0 = OS^2$ 的点. 总之,Q 的轨迹是一条直线,它称为 P 的极线,而 P 称为这极线的极点.

当 P 在 $\odot O$ 上时,约定过 P 的切线为 P 为极线.

当 Q 在点 P 的极线上时,$(ABQP) = -1$,其中 A、B 为 PQ 与 $\odot O$ 的交点. 因为
$$(ABPQ) = \frac{1}{(ABQP)} = -1,$$
所以 P 也在 Q 的极线上.

21. 设 P 在 $\odot O$ 外,过点 P 作两条割线,分别交 $\odot O$ 于点 A、B 与 C、D. AC 与 BD 相交于 Q. 求证:Q 在点 P 的极线上.

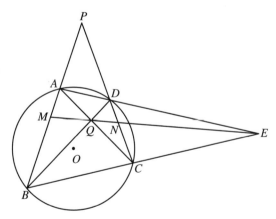

第 21 题图

证明 设直线 AD、BC 相交于 E. EQ 与 PB、PC 分别交于 M、N(见图).
由完全四边形的性质得
$$(ABMP) = -1, \quad (DCNP) = -1.$$
所以 M、N 都在点 P 的极线上,MN 就是点 P 的极线. Q 在点 P 的极线 MN 上.

习 题 3

习题 3 共 100 道题.其中有少数基础题,它们往往可用作"引理",帮助解较为复杂的题.绝大多数题都是竞赛题,选自国内外各种竞赛.例如第 29 题就是全国竞赛题,第 100 题是 2018 年 IMO(国际数学奥林匹克)的试题.

题目虽有一定难度,但我们应当满怀信心:我能够解决它.

很多问题需要一个好的想法(good idea).

好的想法往往是深思熟虑而产生出来的.思路者,思则有路,不思则没有路.

"思之,思之,反复思之.思之而不通,鬼神将通之."

当然鬼神是没有的,有的只是"灵感".反复思考,达到废寝忘食的地步,灵感就自然出现,就像阿基米德一样:

"我找到了!"

当然,由于题目较难,一时做不出来也很正常,谁都有做不出的题目.

做不出来可以看解答.看解答也是一种学习(当然不能每一道题都看解答).

即使做出来的题,也可以看一看解答,比较一下解答的异同.

看解答,重点在于看想法.将别人的好想法学来,用于今后的解题中.聪明的人就是善于学习别人长处的人.

1. 已知:I 为 $\triangle ABC$ 中的一点,AI 平分 $\angle BAC$,并且 $\angle BIC = 90° + \frac{1}{2}\angle BAC$.

求证:I 是 $\triangle ABC$ 的内心.

2. $\odot O$ 与 $\odot K$ 内切于 B,$\odot O$ 的弦 AC 切 $\odot K$ 于 I.

求证:BI 平分 $\angle CBA$.

3. 已知:在 $\triangle ABC$ 中,$\angle ABC = 2\angle C$,BD 平分 $\angle ABC$,交 AC 于 D,$AE \perp BD$,垂足为 E.

求证:$AC = 2BE$.

4. 已知:BC 为 $\odot O$ 的弦,A 为 $\overparen{BC}$ 的中点.过 C 的切线交 BA 的延长线于 D.$DE \perp AC$,垂足为 E.

求证:$BD = 2EC$.

5. $\odot O$ 的弦 CD 垂直于直径 AB.弦 AE 过 OC 的中点 M.DE 交 BC 于 N.

求证:N 为 BC 的中点.

6. 已知:线段 AB、CD 的长度均为 1,相交于 O,并且 $\angle AOC = 60°$.

求证:$AC + BD \geq 1$.

7. 已知:三条长都为2的线段 AA_1、BB_1、CC_1 相交于 O,并且
$$\angle AOB_1 = \angle B_1OC = 60°.$$
求证:$S_{\triangle AOB_1} + S_{\triangle BOC_1} + S_{\triangle COA_1} < \sqrt{3}$.

8. 半径不同的 $\odot B$、$\odot C$ 在点 A 外切.一条外公切线分别切 $\odot B$、$\odot C$ 于 D、E.过 A 作 DE 的垂线交 BC 的垂直平分线于 F.

证明:$BC = 2AF$.

9. 已知:等腰直角三角形 ABC 中,BM 为中线,$AD \perp BM$ 交斜边 BC 于 D.

求证:$\angle AMB = \angle CMD$.

10. 已知:直角三角形 ABC 中,CD 是斜边上的高,O_1、O_2 分别是 $\triangle ACD$、$\triangle BCD$ 的内心,AO_1、BO_2 相交于 O.

求证:(ⅰ) $O_1O \perp CO_2$;

(ⅱ) $OC = O_1O_2$.

11. 已知:$\triangle ABC$ 中,$\angle ABC = \angle ACB = 40°$,$CE$ 为角平分线.

求证:$BC = CE + AE$.

12. 已知:$\triangle ABC$ 中,$\angle ABC = \angle ACB = 40°$,$D$ 在 AB 的延长线上,并且 $AD = BC$.

求证:$\angle ADC = 30°$.

13. 点 P 在 $\triangle ABC$ 中,延长 AP、BP、CP 分别交对边于 D、E、F.

求证:$PD + PE + PF \leq \max\{AB, BC, CA\}$.

14. $\odot O_1$ 与 $\odot O_2$ 相交.一条外公切线切 $\odot O_1$ 于 M,另一条外公切线切 $\odot O_2$ 于 N.

证明:直线 MN 被两圆截得的弦相等.

15. 已知:$\triangle ABC$ 中,$\angle C = 90°$,$CA = CB$,D、E 分别在边 CA、CB 上,并且 $CD = CE$.过 C、E 作 BD 的垂线,分别交 AB 于 F、G.

求证:$AF = FG$.

16. 已知:点 P 在 $\odot O$ 的直径 EF 上,圆上的点 A、B 在 EF 同侧,并且 $\angle APE = \angle BPE$.

求证:A、O、P、B 四点共圆.

17. 已知:P 为凸五边形 $ABCDE$ 内一点.

(ⅰ) 如果 $AB = BC = CD = DE = EA$,求证:P 到各边的距离的和为定值.

(ⅱ) 如果 $\angle A = \angle B = \angle C = \angle D = \angle E$,求证:$P$ 到各边的距离的和为定值.

18. 以四边形 $ABCD$ 的边为斜边,向外作等腰直角三角形 ABP、BCQ、CDR、DAS.

求证:$PR \perp QS$,并且 $PR = QS$.

19. 正方形 $ABCD$ 的边长为1. P 为边 BC 上的任意一点,分别过 B、C、D 作直线 AP 的垂线,垂足分别为 B_1、C_1、D_1.

求 $BB_1 + CC_1 + DD_1$ 的最大值.

20. 已知:$\triangle ABC$ 中,E、F 分别在 AB、AC 上,并且 $\angle ECB = \angle FBC = \dfrac{1}{2}\angle A$.

求证:$BE = CF$.

21. 已知:$\triangle ABC$ 中,BD、CE 是角平分线,D、E 分别在 AC、AB 上.$AB > AC$.

求证:$BE > CE$.

22. 已知：⊙O 的半径为 r，点 P 到点 O 的距离为 d。过 P 作两条成直角的射线，分别交 ⊙O 于 A、B。以 PA、PB 为边作矩形 $APBQ$。

求证：OQ 为定长。

23. 已知：AD 是 $\triangle ABC$ 的中线，M、N 分别在 AB、AC 上，并且 $\angle MDN = 90°$，$BM^2 + CN^2 = DM^2 + DN^2$。

求证：$AD^2 = \dfrac{1}{4}(AB^2 + AC^2)$。

24. 已知 ⊙O 及其上的两点 A、B。点 P 在 $\overset{\frown}{AB}$ 上。

求 $PA + PB$ 的最大值。

25. 已知：正方形 $ABCD$ 中有两个内接的正三角形 EFG 与 $E_1F_1G_1$，其中 E 与 E_1 在 AB 上，F 与 F_1 在 BC 上，G 与 G_1 在 CD 上。

求证：四边形 EE_1GG_1 是平行四边形。

26. 已知：P 在平行四边形 $ABCD$ 的对角线 BD 上。过 P 作直线，分别交 BA、BC 的延长线于 Q、R，交 CD、AD 于 S、T。

求证：$PQ \times PT = PR \times PS$。

27. 已知：P 在 ⊙O 外，过 P 作两条切线，切点分别为 A、B。又过 P 作割线交圆于 C、D。M 为 AB 的中点。

求证：$\angle CMA = \angle DMA$。

28. 已知：$\triangle ABC$ 的内切圆切三边于 D、E、F，I 是内心。DI 的延长线交 EF 于 P，AP 的延长线交 BC 于 M。

求证：M 是 BC 的中点。

29. 过 ⊙O 外一点 P 作切线 PA、PB，又过 P 作割线，交圆于 C、D，C 在 P、D 之间。Q 在 CD 上，满足 $\angle DAQ = \angle PBC$。

求证：$\angle DBQ = \angle PAC$。

30. 已知：$\triangle ABC$ 的边长为 a、b、c，满足 $2a = b + c$。G、I 分别为重心与内心。

求证：$GI \parallel BC$。

31. 已知：$\triangle ABC$ 中，AD、BE 为高，并且 $AD = BC$，H 是垂心，M 是 BC 的中点。

求证：$MH + DH = \dfrac{1}{2}BC$。

32. 在 ⊙O 中，过弦 PQ 的中点 M 任作两条弦 AB、CD，AC、BD 分别交 PQ 于 E、F。

求证：$EM = MF$。

33. 四边形 $ABCD$ 有内切圆。过 A 作直线分别交 BC、DC 于 M、N。$\triangle ABM$、$\triangle NDA$ 的内切圆分别为 ⊙I_1、⊙I_2。

证明：C 在 ⊙I_1、⊙I_2 的内公切线上。

34. $\triangle ABC$ 的角平分线 AD、BE、CF 延长后分别交外接圆于 K、L、M。

证明：$\sqrt{\dfrac{AD}{KD}} + \sqrt{\dfrac{BE}{LE}} + \sqrt{\dfrac{CF}{MF}} \geq 3\sqrt{3}$。

35. 设 D 是 $\triangle ABC$ 内的一点,满足 $\angle DAC = \angle DCA = 30°$,$\angle DBA = 60°$. E 是边 BC 的中点,F 是边 AC 的三等分点,满足 $AF = 2FC$.

求证：$DE \perp EF$.

36. 四边形 $AMNB$ 内接于以 AB 为直径的半圆. $AB = x$,$AM = a$,$MN = b$,$NB = c$.

证明：$x^3 - (a^2 + b^2 + c^2)x - 2abc = 0$.

37. 已知：a 为实数.

求证：（ⅰ）存在一个边长分别为 $\sqrt{a^2+a+1}$、$\sqrt{a^2-a+1}$、$\sqrt{4a^2+3}$ 的三角形.

（ⅱ）上述三角形的面积与 a 无关.

38. $\triangle ABC$ 的外接圆半径为 R,内切圆半径为 r.

证明：
$$r = R(\cos A + \cos B + \cos C - 1) = 4R\sin\frac{A}{2}\sin\frac{B}{2}\sin\frac{C}{2}.$$

39. 半径分别为 R、r 的 $\odot O_1$、$\odot O_2$ 外切于 $P(R>r)$. C 在 $\odot O_1$ 上,CN 切 $\odot O_2$ 于 N.

证明：$\dfrac{CP}{CN}$ 为定值.

40. G 是 $\triangle ABC$ 的重心. D 为 CA 的中点. 过 G 作 BC 的平行线交 AB 于 E.

证明：当且仅当 $\angle ACB = 90°$ 时,$\angle AEC = \angle DGC$.

41. 已知：$\triangle ABC$ 中,$AC > AB$. $AD \perp BC$,垂足为 D. $DE \perp AC$,垂足为 E. 点 F 在 DE 上,并且 $EF \times DC = BD \times DE$.

求证：$AF \perp BF$.

42. A、B、C、D、E 为一个圆上的顺次五点,$AB \parallel ED$.

证明：当且仅当 $AC^2 = BD^2 + CE^2$ 时,$\angle ABC = 90°$.

43. 过 $\triangle ABC$ 的顶点 B、C 作外接圆的切线,相交于 D. AD 交圆于 E.

证明：$AE \times BC = 2AB \times CE$.

44. 已知 $\triangle ABC$ 中,H 在线段 BC 上,D 在线段 HC 上,并且 $AH \perp BC$,$\angle BAD = 60°$,$\angle CAD = 2\angle DAH$,$AB = 11$,$AC = 9$.

求 $\dfrac{CH}{HB}$.

45. 已知：圆内接四边形 $ABCD$ 中,$\dfrac{AB}{AD} = \dfrac{BC}{CD}$,$E$ 为 AC 的中点.

求证：$\angle BEA = \angle AED$.

46. $\odot K$ 与 $\odot H$ 外切于 I,又分别与 $\odot O$ 内切于 B、D. 过 I 作 $\odot K$ 与 $\odot H$ 的公切线,交 $\odot O$ 于 A、C. E 为 AC 的中点.

求证：I 是 $\triangle EBD$ 的内心.

47. $\triangle ABC$ 中,$AB = AC$. 以 BC 的中点 O 为圆心,作半圆与 AB、AC 相切. E、F 分别在 AB、AC 上,EF 与半圆相切. 过 E、F 分别作 AB、AC 的垂线,相交于 P. 过 P 作 BC 的垂线,交 BC 于 Q.

求证：$PQ = \dfrac{EF}{2\sin B}$.

48. 设 $\triangle ABC$ 的内切圆分别与边 BC、CA、AB 相切于点 D、E、F. 线段 AD 与内切圆再交于 Q. 直线 l 平行于 BC 且经过点 A, 直线 DF、DE 分别与直线 l 相交于 P、R.

证明:$\angle PQR = \angle EQF$.

49. 在 $\triangle ABC$ 中, $\angle BCA$ 的平分线与 $\triangle ABC$ 的外接圆交于点 R, 与边 BC 的垂直平分线交于点 P, 与边 AC 的垂直平分线交于点 Q. 设 K 与 L 分别是边 BC 与 AC 的中点.

证明:$\triangle RPK$ 与 $\triangle RQL$ 的面积相等.

50. 在 $\odot O$ 中, 弦 CD 与直径 AB 垂直, 相交于 N. 以 C 为圆心、CN 为半径作圆, 交 $\odot O$ 于 P、Q. PQ 交 CA 于 K. NK 交 $\odot C$ 于 L.

证明:$AL \perp PQ$.

51. G 为 $\triangle ABC$ 的重心. M、N 分别在 AB、AC 上.

证明:M、G、N 共线的充分必要条件是 $\dfrac{MB}{MA} + \dfrac{NC}{NA} = 1$.

52. 在 $\triangle ABC$ 中, $\odot O$ 分别切 AB、BC 于 D、E. F 在 BC 上, 并且 $AF \parallel DE$.

证明:如果 $\odot AFC$ 与 $\odot O$ 相切于 P, 那么 $\odot APD$ 与 $\odot EPC$ 相切.

53. 锐角三角形 ABC 中, H 为垂心, AD 是高. X 是 H 关于 BC 的对称点. D 在 BX、AB、AC 上的射影分别为 P、Q、R. M 是 AB 的中点. 线段 MN 的中点是 $\odot PQR$ 的圆心.

证明:N 在 CX 上.

54. 在 $\triangle ABC$ 中, $\angle A = 90°$, $AB > AC$. D、E、F 分别在 BC、CA、AB 上, 使得四边形 $AFDE$ 是正方形. 过 A 作外接圆的切线 l.

证明:l、BC、EF 三线共点.

55. 已知:锐角三角形 ABC 中, BC 的中点为 Q. 作外接圆的切线 BP、CP.

证明:$\angle BAQ = \angle PAC$.

56. P 为平行四边形 $ABCD$ 内一点. $\odot PAB$、$\odot PCD$ 又交于 Q, $\odot PAD$、$\odot PBC$ 又交于 R.

证明:RQ 的中点是平行四边形 $ABCD$ 的对角线的交点.

57. 已知:四边形 $ABCD$ 中, $AB = a$, $BC = b$, $CD = c$, $DA = x$, $AC = p$, $BD = q$, AC 与 BD 的夹角(锐角)为 θ.

求证:$x^2 = a^2 + c^2 - b^2 - 2pq\cos\theta$.

58. 已知 $\triangle ABC$, 一个圆形纸片与 $\triangle ABC$ 的三条边均相交.

求证:这个圆形纸片一定覆盖了 $\triangle ABC$ 的内心 I.

59. 已知:$\triangle ABC$ 的内角 $\angle A$、$\angle B$、$\angle C$ 分别为 $\dfrac{4\pi}{7}$、$\dfrac{2\pi}{7}$、$\dfrac{\pi}{7}$. 三条角平分线分别交对边于 A'、B'、C'.

求证:$\triangle A'B'C'$ 是等腰三角形.

60. 已知:$\triangle ABC$ 中, $AB + AC = 2BC$, 重心、外心、内心分别为 G、O、I.

求证:$\angle OIG = \dfrac{1}{2}|\angle ABC - \angle ACB|$.

61. △ABC 的内切圆⊙I 与边 AB、AC 分别切于点 D、E. O 为△BCI 的外心.

证明:∠ODB = ∠OEC.

62. 已知:△ABC 中,D 在边 AC 上,∠ABD = ∠C. E 在边 AB 上,BE = DE. M 为 CD 的中点. AH⊥DE,H 为垂足.

求证:以 AB、AH 为直角边的直角三角形中,AH 所对的角等于∠AME.

63. 已知:△ABC 的内切圆分别切 AC、AB 于 E、F. ∠ABC 的平分线交 EF 于 P.

求证:(ⅰ)∠BPC = 90°;

(ⅱ)点 P 在一条中位线上.

64. 已知:⊙O 为△ABC 的外接圆. ⊙O_1 与⊙O 内切于 A,且与边 BC 相切于 D. I 为△ABC 的内心. △IBC 的外接圆⊙O_2 与⊙O_1 相交于 E、F.

求证:O_1、E、O_2、F 四点共圆.

65. 已知:AB、CD 是⊙O 的弦,相交于点 E. ⊙I 与 ⊙O 内切于 F,且与 AB、CD 均相切.过 O 的直线 t 分别交弦 AB、CD 于 P、Q,且 EP = EQ.直线 EF 交 t 于点 M.

求证:过 M 且与 AB 平行的直线是⊙O 的切线.

66. △ABC 的外接圆半径为 R. ⊙O_1 过 A 并且切 BC 于 C,⊙O_2 过 B 并且切 AC 于 C. ⊙O_1 与⊙O_2 的另一交点为 D.

求证:CD≤R.

67. 直线 XY 在⊙O 外,O 在 XY 上的射影为 A.过 A 作割线交⊙O 于 B、C.过 B、C 作切线分别交 XY 于 D、E.

求证:DA = AE.

68. AB 为圆的直径.弦 AF、BG 相交于 E.过 E 作弦 CD⊥AB.

求证:$\dfrac{CG}{GD} = \dfrac{CF}{FD}$.

69. △ABC 内一点 D,满足∠DBA = ∠DCA. DE⊥AC,DF⊥AB,E、F 为垂足,M 为 BC 的中点.

求证:ME = MF,∠BDF = ∠MEF.

70. 梯形 ABCD 中,AD∥BC,E 在 AB 上,F 在 CD 的延长线上,FB 交 ED 于 H,HG∥CD 交 CE 于 G.

求证:AF∥BG.

71. 若角 x、y、α、β 满足 x + y = α + β<180°,并且

$$\dfrac{\sin\alpha}{\sin\beta} = \dfrac{\sin x}{\sin y}.$$

求证:x = α,y = β.

72. 已知:线段 AB、CD 的中点分别为 E、F. AC、BD 相交于 P.直线 EP 交 CD 于 G,FP 交 AB 于 H(G≠F).

证明:EG⊥CD,FH⊥AB 的充分必要条件是 A、B、C、D 共圆,并且 AC⊥BD.

73. 设 P,Q 是△ABC 的外接圆的(不含 A 的)$\overparen{BC}$上的两个点,并且∠BAP = ∠QAC<∠BAQ. H 为△ABC 的垂心,H 在 AP、AQ 上的射影分别为 E、F. M 为 BC 的中点.

求证:E、P、Q、F 四点共圆,且 M 为其圆心.

74. 设 H 为 $\triangle ABC$ 的垂心,过 A、H 分别作 CH、AC 的平行线,相交于 D.

求证:$\angle ADB = \angle ACB$.

75. P 是 $\triangle ABC$ 内的一点,AP、BP、CP 分别交对边于 D、E、F. 已知 $AP = 6$,$BP = 9$,$PD = 6$,$PE = 3$,$CF = 20$.

求 $\triangle ABC$ 的面积.

76. 已知 $\triangle ABC$ 中,$\angle ACB = 90°$. D 在 $\triangle ABC$ 内,满足 $\dfrac{DC}{DA} = \dfrac{AB}{BC}$,$M$ 为 BD 的中点.

求证:$\angle MCB = \angle ABD$.

77. 点 E 在正方形 $ABCD$ 内,且 $AE = 1$,$BE = 2\sqrt{5}$,$DE = 3\sqrt{2}$. 延长 AE 交 CD 于 F.

求四边形 $BEFC$ 的面积.

78. $\triangle ABC$ 中,D、E 在 BC 上,F、G 在 CA 上,H、I 在 AB 上,并且 $AH = BI = \dfrac{1}{m} AB$ ($m > 2$),$BD = CE = \dfrac{1}{m} BC$,$CF = AG = \dfrac{1}{m} CA$. 连接 AD、AE、BF、BG、CH、CI,交成 $\triangle PQR$.

求证:$\dfrac{S_{\triangle PQR}}{S_{\triangle ABC}} = \left(\dfrac{m-2}{2m-1}\right)^2$.

79. 四边形 $ABCD$ 中,$\triangle ABD$、$\triangle BCD$、$\triangle ABC$ 的面积之比为 $3 : 4 : 1$. 点 M、N 分别在 AC、CD 上,B、M、N 共线,并且 $\dfrac{AM}{AC} = \dfrac{CN}{CD}$.

求证:M、N 分别为 AC、CD 的中点.

80. 四边形 $ABCD$ 内接于圆. 另一圆的圆心 O 在边 AB 上,并且与其余三边相切.

求证:$AD + BC = AB$.

81. 已知凸四边形 $ABCD$,$AD \parallel BC$ 并且 $DA = DB = DC$. CD 的垂直平分线交 AB 的延长线于 E(B 在 A、E 之间),并且 $\angle BCE = 2\angle DEC$.

求 $\angle BCE$.

82. 已知正三角形 ABC 内一点 D,满足 $\angle ADC = 150°$.

求证:线段 AD、BD、CD 可构成一个直角三角形.

83. 在锐角三角形 ABC 中,$\angle BAC = 60°$,$AB > AC$,I 为内心,H 为垂心.

求证:$2\angle AHI = 3\angle ABC$.

84. 从 $\odot O$ 上一点 P 向直径 AB 作垂线,垂足为 C. 过 A、P 的切线相交于 D,BD 交 PC 于 E.

求证:$PE = EC$.

85. $\triangle ABC$ 的内心为 I,BC 的中点为 M. 过 M 作 MI 的平行线 l.

求证:l 与内切圆的一个交点和 M 的连线正好是内切圆的切线.

86. $\triangle ABC$ 中,AD 是高,以 BC 为直径作半圆,分别交 AC、AB、AD 于 E、F、X. $\triangle DEX$ 的外接圆、$\triangle DFX$ 的外接圆分别与 BC 又交于 N、L.

求证:$BN = CL$.

87. 锐角三角形 ABC 的边互不相等. 内切圆切 AB 于点 R. T 在 AB 上且 $IT \parallel CR$. 过 T 再作一条直线与 $\odot O$ 相切于 K,分别交 AC、BC 于 L、N.

求证:T 为 LN 的中点.

88. 已知正方形 $ABCD$ 与正三角形 CDE. M 为 $\triangle CDE$ 的中点. AC 与 BE 交于 S.

求证：$\triangle CMS$ 为等腰三角形.

89. 在凸四边形 $ABCD$ 中，已知 $AB=BD$，$\angle ABD=\angle DBC$. 点 K 在对角线 BD 上，$BK=BC$.

求证：$\angle KAD=\angle KCD$.

90. I 是 $\triangle ABC$ 的内心，I_a 是 $\angle A$ 内的旁切圆的圆心.

求证：$AB \times AC = AI \times AI_a$.

91. 在锐角三角形 ABC 中，AD 是高，I_a 是 $\angle A$ 内的旁心. K 在 AB 的延长线上，并且 $\angle AKI_a = 90° + \frac{3}{4}\angle ACB$. I_aK 与 AD 的延长线相交于 L.

求证：当且仅当 $AL=2R$ 时，DI_a 平分 $\angle AI_aB$，其中 R 为 $\triangle ABC$ 的外接圆半径.

92. 在锐角三角形 ABC 中，已知 D、E 分别为点 A、B 在边 BC、CA 上的射影. 以 BC 为直径向外作半圆与直线 AD 交于点 P. 以 AC 为直径向外作半圆与直线 BE 交于点 Q.

证明：$CP=CQ$.

93. 设正方形 $ABCD$ 的对角线交于 S. P 为 AB 的中点. AC 与 PD 交于 M，BD 与 PC 交于 N. 四边形 $PMSN$ 的内切圆半径为 r.

证明：$r = MP - MS$.

94. 已知一个三角形，任一边上的中线等于这边的中点到其他两边的距离的和.

求证：这个三角形是正三角形.

95. 已知：点 M、N 分别在 $\triangle ABC$ 的边 AB、AC 上，满足 $MC=AC$，$NB=AB$. A 关于 BC 的对称点为 P.

证明：PA 是 $\angle MPN$ 的平分线.

96. 已知：O 为 $\triangle ABC$ 内的一点，$OD \perp BC$，$OE \perp AC$，D、E 分别为垂足，F 为 AB 的中点，$DF=EF$.

求证：$\angle OBD = \angle OAE$.

97. 已知：$\triangle ABC$ 中，$\angle C=90°$. CH 为高，角平分线 AD 交 CH 于 P，M 为 DP 的中点. 角平分线 BE 交 CH 于 Q，N 为 EQ 的中点.

求证：$MN \parallel BC$.

98. 已知：$\triangle ABC$ 的垂心为 H，外心为 O，$\angle BAC=60°$. AD 是 $\angle BAC$ 的平分线.

求证：$AD \perp OH$.

99. 在 $\triangle ABC$ 中，$\angle C=90°$，D 在 AC 上，K 在 BD 上，并且 $\angle ABC=\angle KAD=\angle AKD$.

求证：$BK=2DC$.

100. 设 Γ 是锐角三角形 ABC 的外接圆，点 D 和 E 在线段 AB 和 AC 上，使得 $AD=AE$. BD、CE 的垂直平分线和 Γ 上的劣弧 $\overparen{AB}$、$\overparen{AC}$ 分别交于点 F、G.

证明：直线 DE 和 FG 重合或平行.

习题 3 解答

1. 已知:I 为 $\triangle ABC$ 中的一点,AI 平分 $\angle BAC$,并且
$$\angle BIC = 90° + \frac{1}{2}\angle BAC. \qquad (1)$$
求证:I 是 $\triangle ABC$ 的内心.

证明 当 I 是内心时,显然(1)式成立.

对于角平分线 AI 上任意两点 P_1、P_2,当 P_2 在线段 AP_1 上时(见图),
$$\angle BP_1C = \angle P_2BP_1 + \angle BP_2C + \angle P_1CP_2 > \angle BP_2C, \qquad (2)$$
所以当点 P 在线段 AD 上,由 D 向 A 移动时,$\angle BPC$ 严格递减,其中能使 $\angle BPC = 90° + \frac{1}{2}\angle BAC$ 的点 P 只有一个,即内心.已知 I 满足此式,所以 I 必为内心.

注 原命题成立时,逆命题未必成立.但如果有某种唯一性,那么原命题成立时,逆命题也就成立.本题中,由于单调性,在直线 AD 上满足 $\angle BPC = 90° + \frac{1}{2}\angle BAC$ 的点 P 只有一个,因而它就是内心.

同一法就是利用这种唯一性,由原命题正确导出逆命题也正确.

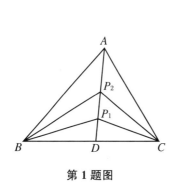

第1题图   第2题图

2. $\odot O$ 与 $\odot K$ 内切于 B,$\odot O$ 的弦 AC 切 $\odot K$ 于 I.
求证:BI 平分 $\angle CBA$.

证明 设过 B 的公切线交直线 AC 于 S(见图),则
$$\angle ABI = \angle SBI - \angle ABS = \angle SIB - \angle ABS = \angle SIB - \angle ACB = \angle IBC.$$

注1 设直线 BI 又交 $\odot O$ 于 M,则 M 是 $\overparen{AC}$ 的中点.

注2 若以 B 为位似中心,作位似变换,将点 K 变为点 O,$\odot K$ 变为 $\odot O$,则 $\odot K$ 的半径 KI 变为 $\odot O$ 的半径 OM,且 OM 与 KI 平行.$\odot K$ 的过 I 的切线 AC 变为 $\odot O$ 的过 M 的切线,且与 AC 平行.因此 M 为 $\overparen{AC}$ 的中点,BM(即 BI)平分 $\angle CBA$.

3. 已知：在△ABC中，∠ABC = 2∠C，BD平分∠ABC，交AC于D，AE⊥BD，垂足为E．
求证：AC = 2BE．

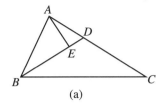
(a)

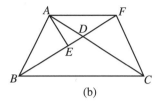
(b)

第3题图

证明 本题证法甚多，下面介绍一种．

过A作BC的平行线，与BD的延长线交于F（见图）．

四边形ABCF是梯形．因为

$$\angle FBC = \frac{1}{2}\angle ABC = \angle ACB, \tag{1}$$

所以这梯形是等腰梯形，AB = FC，并且

$$AC = BF. \tag{2}$$

又∠AFB = ∠FBC = ∠ABF，故△ABF是等腰三角形，高AE平分底边BF，即

$$2BE = BF = AC.$$

注 将BE延长到两倍，也可以得出点F，但上面作平行线的作法有更多的结果可以利用，更为方便．

4. 已知：BC为⊙O的弦，A为$\overset{\frown}{BC}$的中点．过C的切线交BA的延长线于D．DE⊥AC，垂足为E．
求证：BD = 2EC．

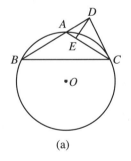
(a)

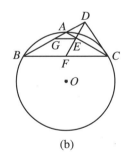
(b)

第4题图

证明 延长DE交BC于F（见图）．

因为CD是切线，所以

$$\angle DCA = \angle ABC.$$

因为A为$\overset{\frown}{BC}$的中点，所以

$$\angle ABC = \angle ACB.$$

于是

$$\angle DCA = \angle ACB.$$

△DCF 的角平分线 CE 又是 DF 上的高,所以 DE = EF.

过 E 作 BC 的平行线,交 DB 于 G.

在 △DBF 中,GE 是中位线,所以 BD = 2BG.

在梯形 GBCE 中,∠ABC = ∠ACB,所以腰 GB = EC.

因此 BD = 2EC.

注 本题其实就是上一题.

5. ⊙O 的弦 CD 垂直于直径 AB.弦 AE 过 OC 的中点 M.DE 交 BC 于 N.

求证:N 为 BC 的中点.

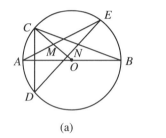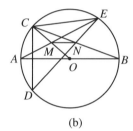

(a)　　　　　(b)

第 5 题图

证明 连接 MN、EC(见图).

因为 OB = OC,所以 ∠OBC = ∠OCB.

因为 CD⊥AB,所以 A 是 $\overset{\frown}{CD}$ 的中点,

$$\angle OBC \stackrel{\mathrm{m}}{=\!=\!=} \frac{1}{2}\overset{\frown}{CA} = \frac{1}{2}\overset{\frown}{AD} \stackrel{\mathrm{m}}{=\!=\!=} \angle DEM.$$

于是 ∠OCB = ∠DEM,C、M、N、E 四点共圆.

$$\angle MNC = \angle AEC = \angle ABC,$$
$$MN \ /\!/ \ AB.$$

因为 M 为 OC 的中点,所以 N 为 BC 的中点.

注 平行线可以产生相等的角,角与圆的关系也可以产生相等的角.反过来,角的相等也可产生平行线与共圆点.

6. 已知:线段 AB、CD 的长度均为 1,相交于 O,并且 ∠AOC = 60°.

求证:AC + BD ≥ 1.

证明 将 AC 平移,成为 BB_1(即过 B 作 $BB_1 \underline{\underline{/\!/}} AC$),连接 B_1C、B_1D(见图).

因为 $BB_1 \underline{\underline{/\!/}} AC$,所以四边形 ABB_1C 是平行四边形,$AB \underline{\underline{/\!/}} CB_1$.

因为 $AB \underline{\underline{/\!/}} CB_1$,所以 $\angle OCB_1 = \angle AOC = 60°$.

因为 $CB_1 = AB = 1 = CD$,$\angle OCB_1 = 60°$,所以 △CDB_1 是等边三角形,$DB_1 = CD = 1$.

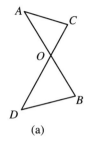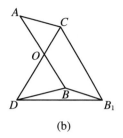

第 6 题图

在 $\triangle BDB_1$ 中,$BD+BB_1 \geqslant DB_1=1$,即 $BD+AC \geqslant 1$.

注 当且仅当 $DB \parallel AC$ 时,$AC+BD=1$.

上面的平移使条件集中,AC 与 BD 成为一个三角形的两条边,而第三条边正好是 1. 也可以说是将 AB 平移到 CB_1,产生等边三角形 CDB_1.

7. 已知:三条长都为 2 的线段 AA_1、BB_1、CC_1 相交于 O,并且
$$\angle AOB_1 = \angle B_1OC = 60°.$$
求证:$S_{\triangle AOB_1} + S_{\triangle BOC_1} + S_{\triangle COA_1} < \sqrt{3}$.

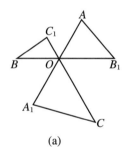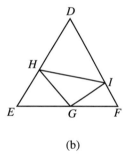

第 7 题图

证明 作一个边长为 2 的正三角形 DEF(见图(b)).

在边 EF 上取 G,使 $EG=OB_1$,则
$$GF=EF-EG=BB_1-OB_1=BO.$$
在边 DE 上取 H,使 $EH=OA$,则 $HD=A_1O$.

在边 DF 上取 I,使 $FI=OC_1$,则 $ID=CO$.

连接 GH、HI、IG.
$$\triangle AOB_1 \cong \triangle HEG,\quad \triangle BOC_1 \cong \triangle GFI,\quad \triangle COA_1 \cong \triangle IDH.$$
所以
$$S_{\triangle AOB_1} + S_{\triangle BOC_1} + S_{\triangle COA_1} = S_{\triangle HEG} + S_{\triangle GFI} + S_{\triangle IDH} < S_{\triangle DEF} = \frac{\sqrt{3}}{4} \cdot 2^2 = \sqrt{3}.$$

注 也可以说成通过平移,将已知的三个三角形集中到一起,拼成一个正三角形 DEF,还缺中间一块($\triangle GHI$).

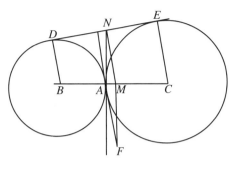

第 8 题图

8. 半径不同的 ⊙B、⊙C 在点 A 外切. 一条外公切线分别切 ⊙B、⊙C 于 D、E. 过 A 作 DE 的垂线交 BC 的垂直平分线于 F.

证明：$BC = 2AF$.

证明 如图，过 A 作内公切线交 DE 于 N，则
$$ND = NA = NE,$$
即 N 是 DE 的中点. 设 BC 的中点为 M，则
$$NM \mathbin{\!/\mkern-5mu/\!} BD,$$
并且
$$NM = \frac{1}{2}(BD + CE) = \frac{1}{2}BC.$$

因为 $AN \perp BC$，所以 $AN \mathbin{\!/\mkern-5mu/\!} MF$.

又 $NM \perp DE$，$AF \perp DE$，所以 $NM \mathbin{\!/\mkern-5mu/\!} AF$.

平行四边形 $AFMN$ 中,
$$AF = NM = \frac{1}{2}BC.$$

注 两圆相切时，过切点的公切线往往是需要添出的辅助线.
两圆的圆心及公切线的切点构成的直角梯形 $BCED$ 也是常用的图形.

9. 已知：等腰直角三角形 ABC 中，BM 为中线，$AD \perp BM$ 交斜边 BC 于 D.

求证：$\angle AMB = \angle CMD$.

证明 如图，设 A 关于 BC 的对称点为 F. 则 △FBC 也是等腰直角三角形，四边形 $ABFC$ 是正方形.

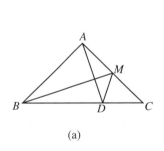

(a)

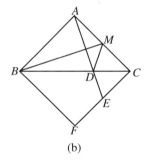

(b)

第 9 题图

取 FC 的中点 E，则 $AE \perp BM$（△ABM 绕正方形中心旋转 $90°$，则 A 变成 C，B 变成 A，M 变成 E，BM 变成 AE），所以 D 在 AE 上，$\angle AMB = \angle CEA$.

因为
$$CD = CD,$$
$$\angle DCM = 45° = \angle DCE,$$

$$CM = CE = \frac{CA}{2},$$

所以 △CDE≌△CDM.

$$\angle CMD = \angle CED = \angle AMB.$$

10. 已知：直角三角形 ABC 中，CD 是斜边上的高，O_1、O_2 分别是 △ACD、△BCD 的内心，AO_1、BO_2 相交于 O.

求证：（ⅰ）$O_1O \perp CO_2$；

（ⅱ）$OC = O_1O_2$.

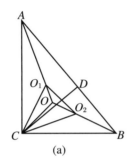
(a)

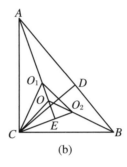
(b)

第 10 题图

证明 （ⅰ）如图(a)，

$$\angle CAO + \angle ACO_2 = \frac{1}{2}\angle CAB + \angle ACD + \frac{1}{2}\angle DCB$$

$$= \frac{1}{2}\angle CAB + \frac{1}{2}(90° - \angle ABC) + \angle ACD$$

$$= \angle CAB + \angle ACD = 90°,$$

所以 $O_1O \perp CO_2$.

（ⅱ）如图(b)，设直线 O_1O 交 CO_2 于 E，则由（ⅰ）得 $\angle O_1EC = 90°$.

$$\angle CO_1O = \angle O_1AC + \angle O_1CA$$

$$= \frac{1}{2}(\angle CAB + \angle ACD)$$

$$= \frac{1}{2} \times 90°$$

$$= 45°.$$

所以 △O_1EC 是等腰直角三角形，$O_1E = EC$.

同理，△O_2EO 是等腰直角三角形，$OE = EO_2$.

于是 Rt△OEC≌Rt△O_2EO_1，$OC = O_1O_2$.

注 △OEC 绕 E 顺时针旋转 90°，成为 △O_2EO_1.

11. 已知：△ABC 中，∠ABC = ∠ACB = 40°，CE 为角平分线．

求证：BC = CE + AE．

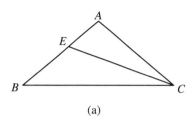
(a)

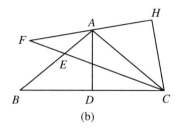
(b)

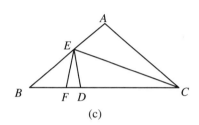
(c)

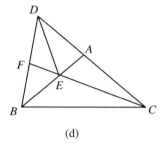
(d)

第 11 题图

证一 如图(b)，延长 CE 到 F，使 EF = EA．

$$\angle EFA = \angle EAF = \frac{1}{2}\angle AEC = \frac{1}{2}(\angle ABC + \angle ECB)$$
$$= \frac{1}{2}\left(40° + \frac{1}{2} \times 40°\right) = 30°.$$

作 AD⊥BC，D 为垂足，CH⊥FA，H 为垂足，则 CF = 2CH．

因为 ∠ABC = ∠ACB，所以 AB = AC，AD 平分∠BAC，也平分 BC．

$$\angle DAC = \frac{1}{2}\angle BAC = \frac{1}{2}(180° - 2 \times 40°) = 50°,$$

$$\angle CAH = 180° - \angle EAF - \angle BAC = 180° - 30° - 100° = 50°,$$

所以 CA 平分∠DAH，从而 CD = CH．

于是

$$BC = 2CD = 2CH = CF = CE + EF = CE + AE.$$

证二 如图(c)，在 BC 上取 D、F，使

$$CD = CA, \quad CF = CE,$$

则

$$\angle CFE = \angle CEF = \frac{1}{2}(180° - \angle ECF) = \frac{1}{2}(180° - 20°) = 80°.$$

易知△CED≌△CEA，所以 ED = EA．

$$\angle CDE = \angle CAE = 180° - 40° \times 2 = 100°,$$
$$\angle EDF = 180° - \angle CDE = 80° = \angle CFE.$$

所以 EF = ED = EA．

$$\angle BEF = \angle EFD - \angle B = 80° - 40° = 40° = \angle B.$$

所以 $BF = EF$.
$$BC = CF + BF = CE + EF = CE + EA.$$

证三 如图(d),作 $\angle ABD = \angle CBA = 40°$,$BD$ 与 CA、CE 的延长线分别交于 D、F.
因为
$$\angle BCF = \frac{1}{2}\angle ACB = 20°, \angle CBF = 2\angle ABC = 80°,$$
所以
$$\angle CFB = 180° - 20° - 80° = 80° = \angle CBF,$$
$$BC = CF.$$
因为
$$\angle DAB = \angle ABC + \angle ACB = 80° = \angle CFB,$$
所以 A、D、F、E 四点共圆.

因为 AB、CF 是 $\triangle DBC$ 的角平分线,所以 DE 也是 $\angle BDC$ 的平分线.在 $\odot ADF$ 中, $\overset{\frown}{AE} = \overset{\frown}{EF}$,$AE = EF$.
$$BC = CF = CE + EF = CE + AE.$$

注 证一是将 CE 与 AE 加起来,成为 CF,再证明 CF 与 BC 相等(实际证法是证明 $\frac{1}{2}CF = CH$ 与 $\frac{1}{2}BC = CD$ 相等).证二则是从 BC 中减去 CE,再证明差 $BF = AE$(实际证法是将线段 EF 与 ED 作为桥梁,证明 $BF = EF = ED = AE$).这两种方法在证明一条线段是两条线段的和(差)时,经常采用.

证三与前两种差别很大.或许本题正是从图(d)的 $\triangle DBC$ 中截出一部分而产生的.

一道题可以有多种解法.但不要追求数量的多.除非有较大的差别,否则所谓多种,其实只是一种.

我们提倡的解法应当是好的解法,即简单、优雅,而且一般的解法.

12. 已知:$\triangle ABC$ 中,$\angle ABC = \angle ACB = 40°$,$D$ 在 AB 的延长线上,并且 $AD = BC$.
求证:$\angle ADC = 30°$.

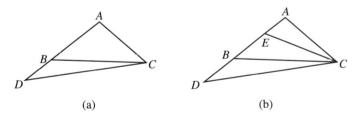

第 12 题图

证明 如图,作 $\angle ACB$ 的平分线交 AB 于 E,则由上题知 $BC = CE + AE$.所以
$$DE = AD - EA = BC - EA = CE.$$
从而
$$\angle ADC = \angle ECD = \frac{180° - \angle CED}{2} = \frac{\angle ABC + \angle BCE}{2} = \frac{40° + 20°}{2} = 30°.$$

注 没有上题,这道题不太容易证出.

13. 点 P 在 $\triangle ABC$ 中,延长 AP、BP、CP 分别交对边于 D、E、F.
求证:$PD + PE + PF \leqslant \max\{AB, BC, CA\}$.

证明 不妨设
$$BC = \max\{AB, BC, CA\}.$$
过 P 作 BC、CA、AB 的平行线,分别与各边相交于 B_1、C_2、A_1、C_1、A_2、B_2(见图).
$\triangle A_1 B_1 P$、$\triangle A_2 PC_2$、$\triangle PB_2 C_1$ 均与 $\triangle ABC$ 相似,各三角形中的最大边分别是 $B_1 P$、PC_2、$B_2 C_1$.

$\angle PDC_1$ 与 $\angle PDB_2$ 中有一个不是锐角,所以
$$PD \leqslant \max\{PB_2, PC_1\} \leqslant B_2 C_1.$$
同理,
$$PE \leqslant PC_2, \quad PF \leqslant PB_1.$$
所以
$$PD + PE + PF \leqslant B_2 C_1 + PC_2 + PB_1$$
$$= B_2 C_1 + C_1 C + BB_2$$
$$= BC.$$

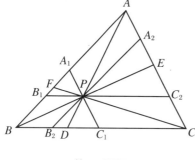

第 13 题图

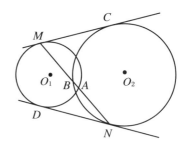

第 14 题图

14. $\odot O_1$ 与 $\odot O_2$ 相交.一条外公切线切 $\odot O_1$ 于 M,另一条外公切线切 $\odot O_2$ 于 N.
证明:直线 MN 被两圆截得的弦相等.

证明 如图,设外公切线为 MC、ND,C、D 是切点. MN 与 $\odot O_1$、$\odot O_2$ 分别交于 B、A.
由切线定理得
$$MB \times MN = MC^2,$$
$$NA \times MN = ND^2.$$
因为 $MC = ND$,所以
$$MB \times MN = NA \times MN.$$
从而
$$MB = NA, \quad MA = NB.$$

15. 已知:△ABC 中,∠C = 90°,CA = CB,D、E 分别在边 CA、CB 上,并且 CD = CE. 过 C、E 作 BD 的垂线,分别交 AB 于 F、G.

求证:AF = FG.

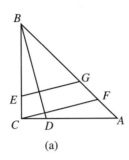
(a)

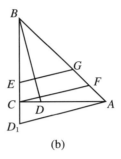
(b)

第 15 题图

证明 如图,将 △BCD 绕点 C 顺时针旋转 90°,成为 △ACD₁,则 D₁ 在直线 BC 上,且

$$CD_1 = CD = CE,\qquad(1)$$

$$\angle CAD_1 = \angle CBD = 90° - \angle BCF = \angle ACF,$$

所以

$$D_1 A \parallel CF.$$

又

$$CF \parallel EG,$$

所以由(1)式得

$$AF = FG.$$

注 利用梯形中位线的判定与性质(或者说利用平行线产生比例线段).在没有梯形时,构造出一个梯形 GED₁A.

16. 已知:点 P 在 ⊙O 的直径 EF 上,圆上的点 A、B 在 EF 同侧,并且 ∠APE = ∠BPF.

求证:A、O、P、B 四点共圆.

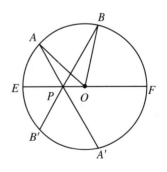

第 16 题图

证明 如图,延长 AP、BP,分别交圆于 A'、B',则

$$\angle B'PE = \angle BPF = \angle APE,$$

B' 与 A 关于 EF 对称.

同理,A' 与 B 关于 EF 对称.

由对称性得 $\widehat{A'B'} = \widehat{AB}$,

$$\angle APB \stackrel{m}{=\!=\!=} \frac{1}{2}(\widehat{AB} + \widehat{A'B'}) = \widehat{AB} \stackrel{m}{=\!=\!=} \angle AOB,$$

所以 A、P、O、B 四点共圆.

注 利用圆的对称性.

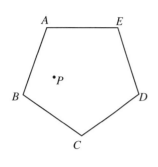

第17题图

17. 已知:P 为凸五边形 $ABCDE$ 内一点.

（i）如果 $AB=BC=CD=DE=EA$,求证:P 到各边的距离的和为定值.

（ii）如果 $\angle A=\angle B=\angle C=\angle D=\angle E$,求证:$P$ 到各边的距离的和为定值.

证一 （i）如图,设 P 到各边的距离为 $d_i(1\leqslant i\leqslant 5)$,则面积
$$S_{五边形ABCDE}=S_{\triangle PAB}+S_{\triangle PBC}+S_{\triangle PCD}+S_{\triangle PDE}+S_{\triangle PEA}$$
$$=\frac{1}{2}d_1\times AB+\frac{1}{2}d_2\times BC+\frac{1}{2}d_3\times CD$$
$$+\frac{1}{2}d_4\times DE+\frac{1}{2}d_5\times EA$$
$$=\frac{1}{2}AB\times(d_1+d_2+d_3+d_4+d_5).$$

所以 $d_1+d_2+d_3+d_4+d_5$ 为定值 $\dfrac{2S_{五边形ABCDE}}{AB}$.

（ii）首先,当 P 在线段 AB（包括 A 点与 B 点）上时,P 到各边的距离的和为定值:P 到 AB 的距离为 0;P 到 BC、EA 的距离的和为定值,因为 CB、EA 的延长线与 AB 构成等腰三角形;P 到 CD、DE 的距离的和为定值,因为 DC、DE 的延长线与 AB 三条直线构成等腰三角形.

同样,当 P 在 BC、CD、DE、EA 上时,P 到各边的距离的和为定值.而且由于 AB 与 BC 有公共点 B,BC 与 CD 有公共点 C……所以这些定值是同一个值 S.

当 P 在五边形内部时,过 P 作直线与 AB 平行,分别交直线 BC、AE 于 M、N.P 在线段 MN 上移动（但不超出五边形）时,它到 AB 的距离不变.P 到 BC、EA 的距离的和为定值,因为直线 BC、EA 和 MN 构成等腰三角形.同样,P 到 CD、DE 的距离的和为定值.

于是,P 到各边的距离的和与点 M 到各边距离的和相等.因而是定值 S.

证二 作一个很大的正五边形 $A_1B_1C_1D_1E_1$.将五边形 $ABCDE$ 放入其中,使得边 $AB\parallel A_1B_1$.这时其他边也与正五边形的相应边平行.设 AB、A_1B_1 的距离为 d_1',BC、B_1C_1 的距离为 d_2'……EA、E_1A_1 的距离为 d_5',P 到各边的距离为 d_1,d_2,d_3,d_4,d_5.

由（i）得
$$(d_1+d_1')+(d_2+d_2')+\cdots+(d_5+d_5')$$
为定值 S（与 P 的位置无关）.

因此,
$$d_1+d_2+\cdots+d_5=S-(d_1'+d_2'+\cdots+d_5')$$
也是定值,与 P 的位置无关.

注 五边形可推广为（各边相等或各角相等的）n 边形.

18. 以四边形 $ABCD$ 的边为斜边,向外作等腰直角三角形 ABP、BCQ、CDR、DAS. 求证:$PR \perp QS$,并且 $PR = QS$.

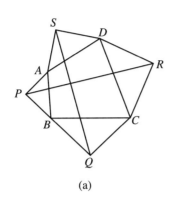

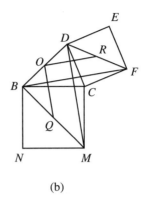

(a)   (b)

第 18 题图

证明 如图,以 BC、CD 为边向外作正方形 $BCMN$、$CDEF$,则 Q、R 分别为这两个正方形的中心,R 是 DF 的中点,Q 是 BM 的中点.

连接 BD. 设 O 为 BD 的中点,则

$$OR \underset{=}{\parallel} \frac{1}{2}BF, \quad OQ \underset{=}{\parallel} \frac{1}{2}DM.$$

将 $\triangle CMD$ 绕 C 顺时针旋转 $90°$,则 M 变为 B,D 变为 F,所以 $DM = BF$,并且 $DM \perp BF$. 因此 $OR = OQ$,并且 $OR \perp OQ$.

同理,$OP = OS$,并且 $OP \perp OS$.

将 $\triangle OQS$ 绕 O 逆时针旋转 $90°$,则 Q 变为 R,S 变为 P,所以 $PR = QS$,并且 $PR \perp QS$.

注 本题结论可说成:"以四边形 $ABCD$ 的边为边,向外作正方形,设正方形的中心分别为 P、Q、R、S,则 $PR \perp QS$,并且 $PR = QS$."

本题与拿破仑定理(习题 2 第 9 题)都是更一般的诺依曼(Neumann)定理的特殊情况.

19. 正方形 $ABCD$ 的边长为 1. P 为边 BC 上的任意一点,分别过 B、C、D 作直线 AP 的垂线,垂足分别为 B_1、C_1、D_1.

求 $BB_1 + CC_1 + DD_1$ 的最大值.

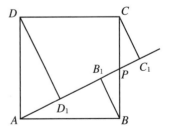

第 19 题图

解 如图,
$$BB_1 + CC_1 + DD_1 \leqslant BP + PC + DA$$
$$= BC + DA = 2,$$

在 P 与 B 重合时,$BB_1 + CC_1 + DD_1$ 取最大值 2.

注 本题其实是一个"显然"的问题,切勿将它想复杂了.

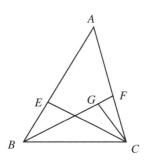

第 20 题图

20. 已知:△ABC 中,E、F 分别在 AB、AC 上,并且 $\angle ECB = \angle FBC = \frac{1}{2}\angle A$.

求证:$BE = CF$.

证明 如果 $\angle ACB = \angle ABC$,易知 $\triangle BCF \cong \triangle CBE$,结论显然成立.

设 $\angle ACB \neq \angle ABC$. 不妨设 $\angle ACB > \angle ABC$.

如图,作 $\angle BCG = \angle ABC$. 设射线 CG 交 BF 于 G.

因为
$$\angle ECB = \angle GBC, \quad \angle FBC = \angle GCB, \quad BC = BC,$$
所以 $\triangle ECB \cong \triangle GBC$.
$$BE = CG.$$

因为
$$\angle CFG = \angle A + \angle ABF = \angle A + \angle ABC - \frac{1}{2}\angle A$$
$$= \angle ABC + \frac{1}{2}\angle A = \angle ABC + \angle FBC$$
$$= \angle BCG + \angle FBC = \angle CGF,$$

所以 $CF = CG = BE$.

注 本题证法也用在下一题中.

21. 已知:△ABC 中,BD、CE 是角平分线,D、E 分别在 AC、AB 上. $AB > AC$.

求证:$BD > CE$.

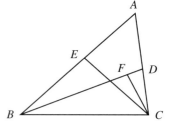

第 21 题图

证明 因为 $AB > AC$,所以
$$\angle ACB > \angle ABC,$$
$$\angle ACE = \frac{1}{2}\angle ACB > \frac{1}{2}\angle ABC = \angle ABD.$$

于是可在 $\angle ACE$ 内作 $\angle ECF = \angle ABD$,CF 交 BD 于 F (见图).

因为 $\angle ECF = \angle ABD$,所以 B、C、F、E 四点共圆. 在这圆中,
$$\angle BCF = \angle BCE + \angle ECF = \frac{1}{2}(\angle ACB + \angle ABC) < 90°,$$

并且
$$\angle BCF = \angle BCE + \angle ECF > \frac{1}{2}(\angle ABC + \angle ABC) = \angle ABC,$$

所以
$$\overset{\frown}{BF} \text{ 所对的弦 } BF > \overset{\frown}{CE} \text{ 所对的弦 } CE,$$

更有
$$BD > BF > CE.$$

注 由本题易得"有两条角平分线相等的三角形是等腰三角形",这一结论称为斯坦纳 (Steiner) 定理.

22. 已知:⊙O 的半径为 r,点 P 到点 O 的距离为 d.过 P 作两条成直角的射线,分别交⊙O 于 A、B.以 PA、PB 为边作矩形 $APBQ$.

求证:OQ 为定长.

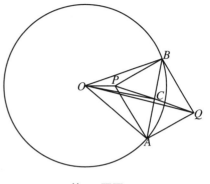

第22题图

证明 如图,设矩形 $APBQ$ 的中心为 C.

在△OAB 中,由中线公式得
$$4OC^2 = 2OA^2 + 2OB^2 - AB^2.$$

在△OPQ 中,由中线公式得
$$4OC^2 = 2OP^2 + 2OQ^2 - PQ^2.$$

因为 $AB = PQ$,以上两式相减得
$$OA^2 + OB^2 = OP^2 + OQ^2, \tag{1}$$
$$OQ^2 = OA^2 + OB^2 - OP^2 = 2r^2 - d^2.$$

注 (1)式表明任一点 O 到一个矩形的两个相对顶点的距离的平方和等于 O 到另两个相对顶点的距离的平方和.

23. 已知:AD 是△ABC 的中线,M、N 分别在 AB、AC 上,并且 $\angle MDN = 90°$,$BM^2 + CN^2 = DM^2 + DN^2$.

求证:$AD^2 = \dfrac{1}{4}(AB^2 + AC^2)$.

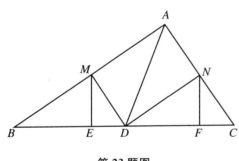

第23题图

证明 如图,由中线公式得
$$4AD^2 = 2(AB^2 + AC^2) - BC^2,$$
所以只需证明 $AB^2 + AC^2 = BC^2$,即 $\angle BAC = 90°$.

由已知得
$$BM^2 - DM^2 = DN^2 - CN^2. \tag{1}$$

作 ME、NF 垂直于 BC,E、F 分别为垂足,则由(1)式得
$$BE^2 - ED^2 = DF^2 - FC^2,$$
从而
$$BD(BE - ED) = DC(DF - FC).$$

因为 $BD = DC$,所以
$$BE - ED = DF - FC.$$
而
$$BE + ED = BD = DC = DF + FC,$$
所以
$$BE = DF, \quad ED = FC.$$
因为

$$\angle EDM + \angle FDN = 90°,$$

所以 Rt△DME∽Rt△NDF.

$$\frac{DE}{NF} = \frac{ME}{DF},$$

即

$$\frac{CF}{NF} = \frac{ME}{BE},$$

所以 Rt△CFN∽Rt△MEB.

$$\angle B + \angle C = 90°.$$

证毕.

24. 已知⊙O 及其上的两点 A、B. 点 P 在$\overset{\frown}{AB}$上.

求 PA + PB 的最大值.

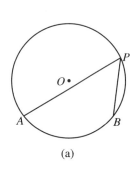
(a)

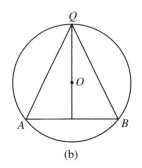
(b)

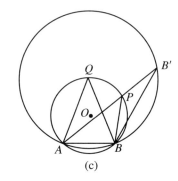
(c)

第24题图

解 如图(b),设$\overset{\frown}{AB}$的中点为 Q. 我们证明最大值为 QA + QB = 2QA.

设 P 为$\overset{\frown}{AB}$上任一点. 如图(c),以 Q 为圆心、QA 为半径作圆,AP 的延长线交⊙Q 于 B',连接 BB',则

$$\angle AB'B = \frac{1}{2}\angle AQB = \frac{1}{2}\angle APB.$$

所以

$$\angle PBB' = \angle APB - \angle AB'B = \frac{1}{2}\angle APB = \angle AB'B,$$

$$PA + PB = PA + PB' = AB' \leqslant \text{⊙}Q \text{的直径} = QA + QB,$$

即在 P 与 Q 重合时,PA + PB 最大.

设$\angle AQB = 2\alpha$,则$\angle QAB = 90° - \alpha$. 由正弦定理得

$$2QB = 2 \times 2R\sin\angle QAB = 4R\cos\alpha,$$

其中 R 为⊙O 的半径,即所求最大值为 $4R\cos\alpha$.

注 以上推导不论$\overset{\frown}{AB}$为劣弧或优弧,同样适用.

25. 已知:正方形 $ABCD$ 中有两个内接的正三角形 EFG 与 $E_1F_1G_1$,其中 E 与 E_1 在 AB 上,F 与 F_1 在 BC 上,G 与 G_1 在 CD 上.

求证:四边形 EE_1GG_1 是平行四边形.

证明 如图,设 EG 的中点为 H,则因为 $\triangle EFG$ 是正三角形,所以 $FH \perp EH$.

因为 $\angle EHF = \angle EBF = 90°$,所以 E、B、F、H 四点共圆. $\angle HBF = \angle HEF = 60°$.

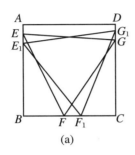
(a)

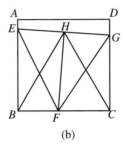
(b)

第 25 题图

同理,$\angle HCF = \angle HGF = 60°$.

所以 $\triangle HBC$ 是正三角形,H 是定点.

同理,$\triangle E_1F_1G_1$ 的边 E_1G_1 的中点也是这个与 B、C 构成正三角形的定点 H.

因为 EG 与 E_1G_1 都过 H,并互相平分,所以四边形 EE_1GG_1 是平行四边形.

注 "对于三个顶点分别在正方形三条边上的正三角形,连接正方形对边上的两个顶点的边通过一个定点."这个优美的结论是陆洪文先生 1978 年在解全国高中数学联赛题时发现的.

26. 已知:P 在平行四边形 $ABCD$ 的对角线 BD 上.过 P 作直线,分别交 BA、BC 的延长线于 Q、R,交 CD、AD 于 S、T.

求证:$PQ \times PT = PR \times PS$.

证一 如图(a),因为 $AD \parallel BC$,所以
$$\angle DTS = \angle BRQ.$$

同理,$\angle DST = \angle BQR$.

于是 $\triangle DTS \sim \triangle BRQ$.

$$\frac{DT}{BR} = \frac{DS}{BQ}.$$

又由 $TD \parallel BR$ 得 $\triangle PTD \sim \triangle PRB$.

$$\frac{DT}{BR} = \frac{PT}{PR}.$$

同样,

$$\frac{DS}{BQ} = \frac{PS}{PQ}.$$

所以

$$\frac{PT}{PR} = \frac{PS}{PQ},$$

即
$$PQ \times PT = PR \times PS.$$

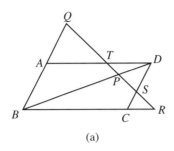
(a)

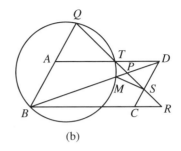
(b)

第26题图

证二 如图(b),设⊙BQT 又交 BD 于 M,则
$$\angle STM = \angle QBM = \angle BDC,$$
因此 M、T、D、S 四点共圆.
$$\angle DMS = \angle DTS = \angle SRB,$$
因此 B、M、S、R 四点共圆.

于是
$$PQ \times PT = PM \times PB = PR \times PS.$$

注 证二更有几何味.

27. 已知:P 在⊙O 外,过 P 作两条切线,切点分别为 A、B.又过 P 作割线交圆于 C、D.M 为 AB 的中点.

求证:∠CMA = ∠DMA.

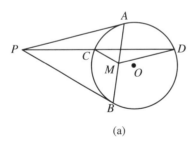
(a)

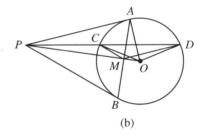
(b)

第27题图

证明 如图,连接 OP、OC、OD、OA.

OP 是 PA、PB 的对称轴,所以 AB 的中点 M 在 OP 上,而且 AM⊥OP.

△PAO 中,∠PAO = 90°,AM⊥OP,所以
$$PA^2 = PM \times PO.$$

因为 $PC \times PD = PA^2$,所以 $PC \times PD = PM \times PO$,C、D、O、M 四点共圆.故有
$$\angle CMP = \angle CDO,$$

$$\angle OCD = \angle OMD.$$

因为 $OC = OD$，所以 $\angle CDO = \angle OCD$。从而

$$\angle CMP = \angle OMD,$$

$$\angle CMA = 90° - \angle CMP = 90° - \angle OMD = \angle DMA.$$

28. 已知：$\triangle ABC$ 的内切圆切三边于 D、E、F，I 是内心。DI 的延长线交 EF 于 P，AP 的延长线交 BC 于 M。

求证：M 是 BC 的中点。

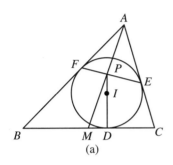
(a)
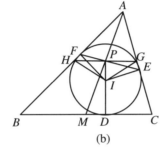
(b)
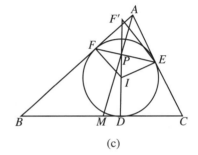
(c)

第 28 题图

证一 要证 M 为 BC 的中点，注意 P 在 AM 上，只需过 P 作 BC 的平行线（即 ID 的垂线），分别交 AB、AC 于 H、G（见图(b)），证明 $PG = PH$ 即可。

连接 IE、IF、IG、IH。

对 $\triangle AGH$，点 I 到三边的垂线 IP、IE、IF 的垂足 P、E、F 共线，所以点 I 在 $\triangle AGH$ 的外接圆上（习题 2 第 8 题）。

因为 I 是 $\triangle ABC$ 的内心，$\angle HAI = \angle IAG$，所以 I 是 $\overset{\frown}{GH}$ 的中点，$IH = IG$。

$\triangle IGH$ 是等腰三角形，IP 是底边 GH 的高，所以 P 为 GH 的中点。

从而 M 是 BC 的中点。

证二 如图(c)，过 E 作 IF 的平行线，交直线 ID 于 F'。$\triangle EF'I$ 的边分别与 $\triangle ABC$ 的边垂直，易知两个三角形的对应角相等，$\triangle EF'I \sim \triangle ABC$。所以

$$\frac{EI}{EF'} = \frac{AC}{AB}, \tag{1}$$

$$\frac{PF}{PE} = \frac{FI}{EF'} = \frac{EI}{EF'} = \frac{AC}{AB}, \tag{2}$$

$$PF \times AB = PE \times AC. \tag{3}$$

因为 $\angle AFP = \angle AEP$，所以由 (3) 式得

$$S_{\triangle APB} = S_{\triangle APC}.$$

从而 AP 是 $\triangle ABC$ 的中线。

29. 过⊙O外一点P作切线PA、PB, 又过P作割线, 交圆于C、D, C在P、D之间. Q在CD上, 满足$\angle DAQ = \angle PBC$.

求证: $\angle DBQ = \angle PAC$.

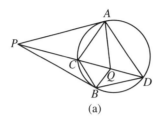
(a)

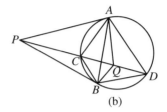
(b)

第29题图

证明 如图,
$$\angle DAB = \angle DCB, \quad \angle DAQ = \angle PBC,$$
两式相减得
$$\angle BAQ = \angle QPB,$$
所以A、P、B、Q四点共圆.
$$\angle PQB = \angle PAB.$$
又
$$\angle CDB = \angle CAB,$$
两式相减得
$$\angle DQB = \angle PAC.$$

注 本题相切的条件竟然未用, 意想不到.

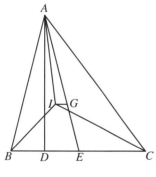

第30题图

30. 已知: $\triangle ABC$的边长为a、b、c, 满足$2a = b + c$. G、I分别为重心与内心.

求证: $GI \parallel BC$.

证明 如图, 设内切圆的半径为r, 则面积
$$S_{\triangle ABC} = S_{\triangle IBC} + S_{\triangle ICA} + S_{\triangle IAB}$$
$$= \frac{1}{2}ar + \frac{1}{2}br + \frac{1}{2}cr$$
$$= \frac{1}{2}r(a+b+c).$$

因为$b + c = 2a$, 所以
$$S_{\triangle ABC} = \frac{3}{2}ra = 3S_{\triangle IBC},$$

即I到BC的距离是$\frac{1}{3}h$, 其中$h = AD$是BC上的高.

设BC的中点为E, 则G在AE上, 并且$GE = \frac{1}{3}AE$, 所以G到BC的距离是$\frac{1}{3}h$. 从而$GI \parallel BC$.

注 反过来, 如果$GI \parallel BC$, 那么$2a = b + c$, 这也不难证明.

31. 已知：△ABC 中，AD、BE 为高，并且 AD = BC，H 是垂心，M 是 BC 的中点.

求证：$MH + DH = \dfrac{1}{2}BC$.

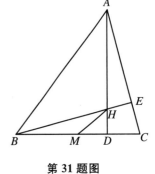

第 31 题图

证明 如图，设 BC = 2，又设 DM = x，则
$$BD = 1 + x, \quad DC = 1 - x.$$
因为 $\angle CAD = 90° - \angle C = \angle HBD$，所以 Rt△CAD ∽ Rt△HBD.
$$\dfrac{BD}{AD} = \dfrac{DH}{DC},$$
即
$$DH = \dfrac{1}{2} \times BD \times DC = \dfrac{1 - x^2}{2}.$$
在 Rt△HDM 中，由勾股定理得
$$MH^2 = MD^2 + DH^2 = x^2 + \left(\dfrac{1-x^2}{2}\right)^2 = \left(\dfrac{1+x^2}{2}\right)^2,$$
所以
$$MH = \dfrac{1+x^2}{2},$$
$$MH + DH = \dfrac{1+x^2}{2} + \dfrac{1-x^2}{2} = 1 = \dfrac{1}{2}BC.$$

注 本题条件不很集中，完全用几何手段来证明比较困难，利用适当的计算来辅助证明，也是常见方法.

32. 在 ⊙O 中，过弦 PQ 的中点 M 任作两条弦 AB、CD，AC、BD 分别交 PQ 于 E、F.
求证：EM = MF.

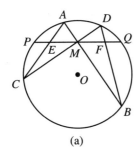
(a)

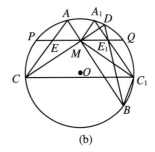
(b)

第 32 题图

证明 利用对称. 如图，设 A、C 关于 OM 的对称点分别为 A_1、C_1，则 A_1C_1 与 PQ 的交点 E_1 是 E 关于 OM 的对称点. 连接 DE_1、E_1B、CC_1 等. 因为 PQ、CC_1 都与 OM 垂直，所以 $CC_1 \parallel PQ$.
$$\angle A_1E_1P \stackrel{m}{=\!=\!=} \dfrac{1}{2}(\overset{\frown}{PA_1} + \overset{\frown}{QC_1}) = \dfrac{1}{2}(\overset{\frown}{PA_1} + \overset{\frown}{PC}) = \dfrac{1}{2}\overset{\frown}{A_1C} = \angle A_1DM,$$
所以 A_1、M、E_1、D 四点共圆，$\angle A_1E_1D = \angle A_1MD$.

$$\angle BMQ + \angle BC_1A_1 = \angle AMP + \angle BC_1C + \angle CC_1A_1$$
$$= \angle AMP + \angle BAC + \angle C_1CA = \angle AMP + \angle BAC + \angle AEM$$
$$= 180°,$$

所以 B、M、E_1、C_1 四点共圆.

$$\angle BE_1C = \angle BMC_1 = \angle BMQ - \angle C_1MQ = \angle BMQ - \angle CMP$$
$$= \angle AMP - \angle DMQ = \angle A_1MQ - \angle DMQ = \angle A_1MD = \angle A_1E_1D.$$

于是 B、D、E_1 共线,即 E_1 是 BD 与 PQ 的交点 F.

$$EM = ME_1 = MF.$$

注 本题的结果称为蝴蝶定理.

33. 四边形 $ABCD$ 有内切圆. 过 A 作直线分别交 BC、DC 于 M、N. $\triangle ABM$、$\triangle NDA$ 的内切圆分别为 $\odot I_1$、$\odot I_2$.

证明: C 在 $\odot I_1$、$\odot I_2$ 的内公切线上.

证明 利用习题 2 第 6 题.

如图, 过 C 作 $\odot I_1$ 的切线交 AM 于 P. 四边形 $ABCP$ 是 $\odot I_1$ 的外切四边形, 所以

$$AB - BC = AP - PC.$$

又四边形 $ABCD$ 有内切圆, 所以

$$AB - BC = AD - CD.$$

由以上两式得

$$AD - CD = AP - PC.$$

所以四边形 $APCD$ 有内切圆. 这内切圆的圆心就是 $\angle ADN$、$\angle DAN$ 的平分线的交点 I_2. 因而这内切圆就是 $\odot I_2$, 它也与 CP 相切. 换言之, CP 是 $\odot I_1$、$\odot I_2$ 的公切线.

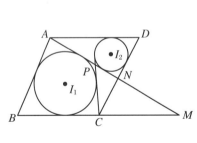

第 33 题图

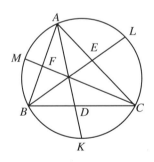

第 34 题图

34. $\triangle ABC$ 的角平分线 AD、BE、CF 延长后分别交外接圆于 K、L、M.

证明:
$$\sqrt{\frac{AD}{KD}} + \sqrt{\frac{BE}{LE}} + \sqrt{\frac{CF}{MF}} \geq 3\sqrt{3}.$$

证明 如图, 由第 1 部分第 9 章练习题 3 的解答得

$$AD \times DK = BD \times DC = \frac{ac}{b+c} \times \frac{ab}{b+c} = \frac{a^2bc}{(b+c)^2},$$

$$AD \times AK = AB \times AC = bc.$$

两式相除得
$$\frac{AD}{DK} + 1 = \frac{(b+c)^2}{a^2}.$$

所以
$$\sqrt{\frac{AD}{DK}} = \frac{2\sqrt{s(s-a)}}{a}.$$

因为有恒等式
$$x^3 + y^3 + z^3 - 3xyz = (x+y+z)(x^2+y^2+z^2-xy-yz-zx)$$
$$= \frac{1}{2}(x+y+z)[(x-y)^2+(y-z)^2+(z-x)^2],$$

所以对于 $x \geq 0, y \geq 0, z \geq 0$,
$$x^3 + y^3 + z^3 \geq 3xyz. \qquad (1)$$

在(1)式中取 $x = y = \sqrt[3]{a}, z = \sqrt[3]{2(s-a)}$,得
$$3\sqrt[3]{2a^2(s-a)} \leq a + a + 2(s-a) = 2s.$$

所以
$$\sum \sqrt{\frac{AD}{DK}} = \sum \frac{2\sqrt{2s}(s-a)}{\sqrt{2a^2(s-a)}} \geq \sum 2\sqrt{2s}(s-a)\sqrt{\left(\frac{3}{2s}\right)^3} = 3\sqrt{3}\sum \frac{s-a}{s} = 3\sqrt{3}.$$

35. 设 D 是 $\triangle ABC$ 内的一点,满足 $\angle DAC = \angle DCA = 30°$, $\angle DBA = 60°$. E 是边 BC 的中点, F 是边 AC 的三等分点,满足 $AF = 2FC$.

求证: $DE \perp EF$.

证明 先看看图形如何作出. $\triangle DAC$ 是底角为 $30°$ 的等腰三角形,不难作出. 点 B 在以 AD 为底、含角 $60°$ 的弧上任取. 取定 B 后不难完成图(a). 我们将这条弧补足为圆, 如图(b). 设这圆又交 CA 于 G. 延长 CD 交圆于 B_1.

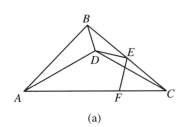 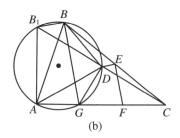

(a) (b)

第35题图

因为 $\angle DCA = 30°$, $\angle CB_1A = 60°$, 所以 $\angle B_1AC = 90°$. 从而 B_1G 就是圆的直径, $GD \perp B_1C$, $GB \perp B_1B$.

$$\angle B_1DA = \angle DCA + \angle DAC = 30° + 30° = 60° = \angle CB_1A,$$

所以 $\triangle B_1AD$ 是正三角形. $B_1D = DA = DC$.

$$\angle ADG = \angle DGC - \angle DAC = 60° - 30° = 30° = \angle DAC,$$

所以
$$AG = GD = \frac{1}{2}GC.$$

从而 $AG = \frac{1}{3}AC$，G 是 AC 的另一个三等分点.

DE、EF 分别为 $\triangle CB_1B$、$\triangle CGB$ 的中位线，所以分别与 B_1B、GB 平行. 因此 $DE\perp EF$.

36. 四边形 $AMNB$ 内接于以 AB 为直径的半圆. $AB = x$，$AM = a$，$MN = b$，$NB = c$. 证明：$x^3 - (a^2 + b^2 + c^2)x - 2abc = 0$.

证明 如图，设 $\angle ABN = \phi$，则因为 $\angle ANB = 90°$，所以

$$\cos\phi = \frac{c}{x}. \tag{1}$$

而 $\angle AMN = \pi - \phi$，所以在 $\triangle AMN$ 中，由余弦定理得

$$AN^2 = a^2 + b^2 + 2ab\cos\phi, \tag{2}$$

又

$$AN^2 = x^2 - c^2, \tag{3}$$

所以

$$x^2 - c^2 = a^2 + b^2 + 2ab\cos\phi. \tag{4}$$

再将(1)式代入(4)式即得

$$x^3 - (a^2 + b^2 + c^2)x - 2abc = 0.$$

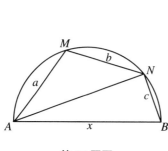

第 36 题图

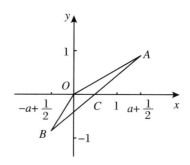

第 37 题图

37. 已知：a 为实数.

求证：（ⅰ）存在一个边长分别为 $\sqrt{a^2+a+1}$、$\sqrt{a^2-a+1}$、$\sqrt{4a^2+3}$ 的三角形；

（ⅱ）上述三角形的面积与 a 无关.

证明

$$a^2 + a + 1 = \left(a + \frac{1}{2}\right)^2 + \left(\frac{\sqrt{3}}{2}\right)^2, \quad a^2 - a + 1 = \left(a - \frac{1}{2}\right)^2 + \left(-\frac{\sqrt{3}}{2}\right)^2,$$

$$4a^2 + 3 = (2a)^2 + (\sqrt{3})^2 = \left(\left(a + \frac{1}{2}\right) + \left(a - \frac{1}{2}\right)\right)^2 + \left(\frac{\sqrt{3}}{2} - \left(-\frac{\sqrt{3}}{2}\right)\right)^2,$$

因此,如图,在直角坐标系中,点 $O(0,0)$、$A\left(a+\dfrac{1}{2},\dfrac{\sqrt{3}}{2}\right)$、$B\left(-a+\dfrac{1}{2},-\dfrac{\sqrt{3}}{2}\right)$ 所构成三角形的三边的边长分别为 $\sqrt{a^2+a+1}$、$\sqrt{a^2-a+1}$、$\sqrt{4a^2+3}$.

AB 的中点 C 是 $\left(\dfrac{1}{2},0\right)$,即这三角形的边 AB 交 x 轴于点 $C\left(\dfrac{1}{2},0\right)$,面积

$$S_{\triangle OAB}=S_{\triangle OAC}+S_{\triangle OCB}=\dfrac{1}{2}\times\dfrac{1}{2}\times\dfrac{\sqrt{3}}{2}+\dfrac{1}{2}\times\dfrac{1}{2}\times\dfrac{\sqrt{3}}{2}=\dfrac{\sqrt{3}}{4},$$

与 a 无关.

注 点 (x_1,y_1) 与点 (x_2,y_2) 连成的线段的中点是 $\left(\dfrac{x_1+x_2}{2},\dfrac{y_1+y_2}{2}\right)$.

38. $\triangle ABC$ 的外接圆半径为 R,内切圆半径为 r.

证明:

$$r=R(\cos A+\cos B+\cos C-1)=4R\sin\dfrac{A}{2}\sin\dfrac{B}{2}\sin\dfrac{C}{2}.$$

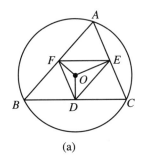
(a)
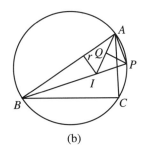
(b)

第 38 题图

证明 只需证明

$$r=R(\cos A+\cos B+\cos C-1) \tag{1}$$

及

$$r=4R\sin\dfrac{A}{2}\sin\dfrac{B}{2}\sin\dfrac{C}{2}. \tag{2}$$

如图(a),设 D、E、F 分别为 BC、CA、AB 的中点,则 $OE\perp AC$,$OF\perp AB$,O、A、E、F 四点共圆.

由托勒密定理得

$$OA\times EF=OE\times AF+OF\times AE, \tag{3}$$

即

$$R\times\dfrac{a}{2}=R\cos B\times\dfrac{c}{2}+R\cos C\times\dfrac{b}{2}. \tag{4}$$

注意在 $\angle B$ 为钝角时,(3)式应改为

$$OF\times AE=OE\times AF+OA\times EF, \tag{5}$$

但 $OE = -R\cos B$，所以(4)式仍成立，$\angle C$ 为钝角时也是如此.

同样，
$$R \times \frac{b}{2} = R\cos C \times \frac{a}{2} + R\cos A \times \frac{c}{2}, \tag{6}$$

$$R \times \frac{c}{2} = R\cos A \times \frac{b}{2} + R\cos B \times \frac{a}{2}. \tag{7}$$

又由面积
$$S_{\triangle ABC} = S_{\triangle OBC} + S_{\triangle OCA} + S_{\triangle OAB} \tag{8}$$

得
$$r \times \frac{a+b+c}{2} = R\cos A \times \frac{a}{2} + R\cos B \times \frac{b}{2} + R\cos C \times \frac{c}{2}. \tag{9}$$

(注意此式对于钝角三角形同样成立.)

(4)+(6)+(7)+(9)并约去 $\frac{a+b+c}{2}$ 得

$$R + r = R\cos A + R\cos B + R\cos C,$$

即(1)式成立.

设内心为 I，延长 BI 交外接圆于 P（图(b)），则

$$PI = PA = 2R\sin\frac{B}{2}. \tag{10}$$

在等腰三角形 PAI 中，设 Q 为 AI 的中点，则 $PQ \perp AI$，

$$AI = 2AQ = 2PA\cos\angle PAI, \tag{11}$$

而
$$\begin{aligned}\angle PAI &= \angle PAC + \angle CAI \\ &= \angle PBC + \angle CAI \\ &= \frac{1}{2}(\angle ABC + \angle BAC) \\ &= 90° - \frac{1}{2}\angle C,\end{aligned}$$

所以
$$\cos\angle PAI = \cos\left(90° - \frac{1}{2}\angle C\right) = \sin\frac{C}{2}. \tag{12}$$

由(10)、(11)、(12)式得
$$AI = 4R\sin\frac{B}{2}\sin\frac{C}{2}, \tag{13}$$

又显然有
$$r = AI\sin\frac{A}{2}. \tag{14}$$

由(13)、(14)式得(2)式.

注 学过三角知识后，本题有更多的证法.

39. 半径分别为 R、r 的 $\odot O_1$、$\odot O_2$ 外切于 $P(R>r)$. C 在 $\odot O_1$ 上, CN 切 $\odot O_2$ 于 N.

证明: $\dfrac{CP}{CN}$ 为定值.

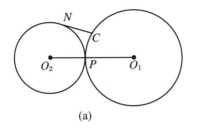
(a)

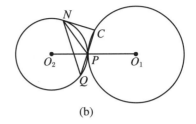
(b)

第 39 题图

证明 显然 P 为两圆的位似中心.

如图, 延长 CP 交 $\odot O_2$ 于 Q, 则 $\dfrac{CP}{PQ}=\dfrac{R}{r}$, 所以
$$\dfrac{CP}{CQ}=\dfrac{R}{R+r}.$$

因为 CN 与 $\odot O_2$ 相切, 所以
$$CN^2 = CP \times CQ,$$
$$\dfrac{CP}{CN}=\dfrac{CN}{CQ}=\sqrt{\dfrac{CP}{CN}\times\dfrac{CN}{CQ}}=\sqrt{\dfrac{CP}{CQ}}=\sqrt{\dfrac{R}{R+r}}.$$

注 本题的结论颇有用.

40. G 是 $\triangle ABC$ 的重心. D 为 CA 的中点. 过 G 作 BC 的平行线交 AB 于 E.

证明: 当且仅当 $\angle ACB=90°$ 时, $\angle AEC=\angle DGC$.

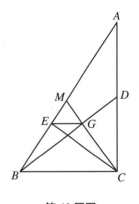

第 40 题图

证明 如图, 延长 CG 交 AB 于 M, 则 M 为 AB 的中点.

$\angle AEC = \angle DGC \Leftrightarrow \angle BEC = \angle BGC$

$\Leftrightarrow B、C、G、E$ 四点共圆

$\Leftrightarrow$ 梯形 $BCGE$ 为等腰梯形

$\Leftrightarrow BE = CG$

$\Leftrightarrow MB = MC$

$\Leftrightarrow \angle ACB = 90°$.

41. 已知: $\triangle ABC$ 中, $AC>AB$. $AD \perp BC$, 垂足为 D. $DE \perp AC$, 垂足为 E. 点 F 在 DE 上, 并且 $EF \times DC = BD \times DE$.

求证: $AF \perp BF$.

证明 如图,
$$\text{Rt}\triangle AED \backsim \text{Rt}\triangle DEC (\angle ADE = 90° - \angle EDC = \angle C),$$

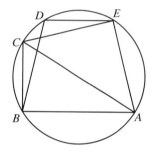

第 41 题图

所以
$$\frac{AE}{AD} = \frac{DE}{DC} = \frac{EF}{BD}. \tag{1}$$

于是
$$Rt\triangle ADB \sim Rt\triangle AEF,$$
$$\angle AFE = \angle ABD.$$

从而 A、B、D、F 四点共圆,
$$\angle AFB = \angle ADB = 90°.$$

注 反之,若 $AF \perp BF$,则不难将上述过程倒推得出(1)式.

42. A、B、C、D、E 为一个圆上的顺次五点,$AB /\!/ ED$.

证明:当且仅当 $AC^2 = BD^2 + CE^2$ 时,$\angle ABC = 90°$.

证明 如图,因为 $AB /\!/ ED$,所以 $AE = BD$.
$AC^2 = BD^2 + CE^2 \Leftrightarrow AC^2 = AE^2 + CE^2 \Leftrightarrow \angle AEC = 90° \Leftrightarrow AC$ 为直径 $\Leftrightarrow \angle ABC = 90°$.

注 本题甚易.

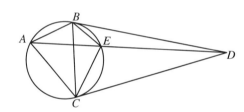

第 42 题图　　　　　第 43 题图

43. 过 $\triangle ABC$ 的顶点 B、C 作外接圆的切线,相交于 D. AD 交圆于 E.

证明:$AE \cdot BC = 2AB \cdot CE$.

证明 如图,连接 EB、EC. 由习题 1 第 110 题得
$$AB \times CE = AC \times BE.$$
由托勒密定理得
$$AE \times BC = AB \times CE + AC \times BE = 2AB \times CE.$$

44. 已知 $\triangle ABC$ 中,H 在线段 BC 上,D 在线段 HC 上,并且 $AH \perp BC$,$\angle BAD = 60°$,$\angle CAD = 2\angle DAH$,$AB = 11$,$AC = 9$.

求 $\dfrac{CH}{HB}$.

解 本题不难,但应当给出一个简洁的解法.

如图(b),过 C 作 AH 的平行线,交 BA 的延长线于 E,则
$$\frac{CH}{HB} = \frac{EA}{AB}. \tag{1}$$

设 $\angle HAD = \alpha$,则

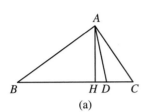
(a)

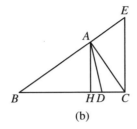
(b)

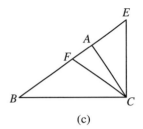
(c)

第 44 题图

$$\angle BAH = 60° - \alpha, \quad \angle DAC = 2\alpha,$$
$$\angle BAC = 60° + 2\alpha = 2(30° + \alpha) = 2(90° - \angle BAH) = 2\angle B. \tag{2}$$

如图(c)，在直角三角形 EBC 中，设 CF 为斜边上的中线，则
$$\angle CFE = \angle B + \angle FCB = 2\angle B = \angle BAC, \tag{3}$$
因此 $CF = AC = 9, EB = 2CF = 18, EA = EB - AB = 18 - 11 = 7$，
$$\frac{CH}{HB} = \frac{7}{11}.$$

45. 已知：圆内接四边形 $ABCD$ 中，$\dfrac{AB}{AD} = \dfrac{BC}{CD}$，$E$ 为 AC 的中点.

求证：$\angle BEA = \angle AED$.

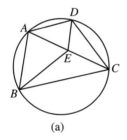
(a)

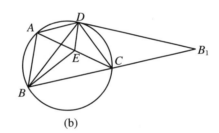
(b)

第 45 题图

证明 如图(b)，延长 BC 到 B_1，使 $CB_1 = BC$，连接 B_1D. 因为
$$\angle DCB_1 = \angle DAB,$$
$$\frac{CB_1}{CD} = \frac{BC}{CD} = \frac{AB}{AD},$$
所以
$$\triangle DCB_1 \backsim \triangle DAB.$$
从而
$$\triangle DAC \backsim \triangle DBB_1,$$
这两个三角形中，中线 DE 与中线 DC 是对应线段，所以
$$\angle AED = \angle BCD.$$
同样，延长 DC 到 D_1，使 $CD_1 = DC$，可得
$$\angle AEB = \angle BCD.$$
于是结论成立.

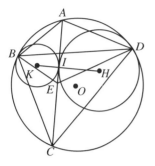

第 46 题图

46. ⊙K 与 ⊙H 外切于 I,又分别与 ⊙O 内切于 B、D. 过 I 作 ⊙K 与 ⊙H 的公切线,交 ⊙O 于 A、C. E 为 AC 的中点.

求证:I 是 △EBD 的内心.

证明 如图,由第 2 题知 BI 平分 ∠ABC,DI 平分 ∠ADC,所以

$$\frac{AB}{BC} = \frac{AI}{IC} = \frac{AD}{DC}. \qquad ①$$

由上题得

$$\angle BEA = \angle AED = \angle BCD. \qquad ②$$

又

$$\angle BID = \angle IBC + \angle BCD + \angle IDC$$
$$= \frac{1}{2}(\angle ABC + \angle ADC) + \angle BCD$$
$$= 90° + \angle BCD$$
$$= 90° + \frac{1}{2}\angle BED,$$

因此由第 1 题得 I 是 △EBD 的内心.

47. △ABC 中,$AB = AC$. 以 BC 的中点 O 为圆心,作半圆与 AB、AC 相切. E、F 分别在 AB、AC 上,EF 与半圆相切. 过 E、F 分别作 AB、AC 的垂线,相交于 P. 过 P 作 BC 的垂线,交 BC 于 Q.

求证:$PQ = \dfrac{EF}{2\sin B}$.

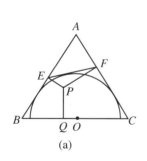
(a)

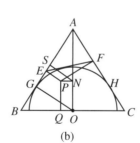
(b)

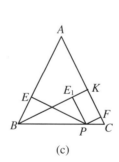
(c)

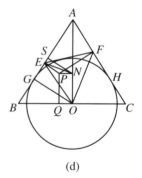
(d)

第 47 题图

证一 记 ∠$EAF = 2\alpha$. ⊙O 是 △AEF 的旁切圆,切点记为 G、H,P 在 OA 上的投影记为 N,N 在 AB 上的射影为 S(见图(b)),则

$$AO = \frac{AG}{\cos\alpha}, \quad AN = \frac{AS}{\cos\alpha},$$

$$PQ = AO - AN = \frac{AG - AS}{\cos\alpha}.$$

引理 在 △ABC 中,$AB = AC$. P 为底边 BC 上任一点,过 P 作 AB、AC 的垂线,垂足分

别为 E、F,则 $AE+AF$ 为定长.

$PE+PF$ 为定长,是熟知的结论.引理的证明与这熟知的结论类似.

先由 P 为 B 点的特殊情况得出定长应为 $AB+BK$,其中 BK 为高.对一般情况,作 $PE_1 \perp BK$,E_1 为垂足(见图(c)).易知
$$\triangle BPE_1 \cong \triangle PBE,$$
所以 $PE_1 = BE$.从而
$$AB + BK - (AE + AF) = BE - KF = PE_1 - KF = 0,$$
即引理成立.

回到原题,因为 $\odot O$ 是 $\triangle AEF$ 的旁切圆,所以
$$EF = EG + FH = AG - AE + AH - AF. \tag{1}$$

在图(b)中,直线 PN 与 AB、AC 构成一个等腰三角形,N 为底边的中点.由引理得
$$AE + AF = 2AS. \tag{2}$$

由(1)、(2)式得
$$EF = 2(AG - AS). \tag{3}$$

(3)式两边同除以 $2\sin B$ 得
$$\frac{EF}{2\sin B} = \frac{AG}{\sin B} - \frac{AS}{\sin B} = AO - AN = ON = PQ.$$

证二 N 的意义同前.

如图(d),O 是 $\triangle AEF$ 的旁心.$\triangle AEF$ 的外接圆以 AP 为直径,所以 N 在外接圆上,而且是角平分线与外接圆的交点.因此由习题1第72题得
$$NO = NE = AP\sin\angle EAN = \frac{EF}{\sin\angle EAF} \cdot \sin\angle EAN = \frac{EF}{2\cos\angle EAN} = \frac{EF}{2\sin B},$$
即结论成立.

注 证二中用到三角知识 $\sin 2x = 2\sin x\cos x$(倍角公式).本书中的方法尽量不用超过本书范围的知识,有些方法偶尔用到更多的知识,是希望读者将来学过这些知识后重新回看这些问题.

48. 设 $\triangle ABC$ 的内切圆分别与边 BC、CA、AB 相切于点 D、E、F.线段 AD 与内切圆再交于 Q.直线 l 平行于 BC 且经过点 A,直线 DF、DE 分别与直线 l 相交于 P、R.

证明:$\angle PQR = \angle EQF$.

证明 如图,因为 $PA /\!/ DC$,所以
$$\angle PAQ = \angle QDC. \tag{1}$$
因为 BC 与内切圆相切,所以
$$\angle QDC = \angle QFD. \tag{2}$$

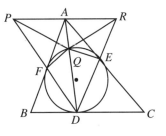

第48题图

由(1)、(2)式得
$$\angle PAQ = \angle QFD, \tag{3}$$
所以 P、A、Q、F 四点共圆.
$$\angle PQA = \angle PFA = \angle BFD = \angle FQD. \tag{4}$$

同理,R、A、Q、E 四点共圆.
$$\angle RQA = \angle EQD. \tag{5}$$

(4)、(5)两式相加即得结论.

注 可以证明 $PA = AR$.但这一结论在本题的证明中没有作用.

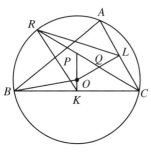

第49题图

49. 在 $\triangle ABC$ 中,$\angle BCA$ 的平分线与 $\triangle ABC$ 的外接圆交于点 R,与边 BC 的垂直平分线交于点 P,与边 AC 的垂直平分线交于点 Q.设 K 与 L 分别是边 BC 与 AC 的中点.

证明:$\triangle RPK$ 与 $\triangle RQL$ 的面积相等.

证一 如图,首先注意
$$\angle OQP = \angle CQL = 90° - \frac{1}{2}\angle ACB = \angle OPQ, \tag{1}$$

因此
$$OP = OQ. \tag{2}$$

由(1)式得
$$S_{\triangle RPK} : S_{\triangle RQL} = (RP \times PK) : (RQ \times QL). \tag{3}$$

因为 RC 平分 $\angle ACB$,所以 $\triangle PCK \backsim \triangle QCL$.
$$\frac{PK}{QL} = \frac{PC}{QC}. \tag{4}$$

由(3)、(4)式得
$$S_{\triangle RPK} : S_{\triangle RQL} = (RP \times PC) : (RQ \times QC). \tag{5}$$

$RP \times PC$ 是点 P 对 $\odot O$ 的幂,即 $r^2 - d^2$,其中 r 为圆的半径,$d = OP$.$RQ \times QC$ 是点 Q 对 $\odot O$ 的幂,由于(2)式,它也等于 $r^2 - d^2$.由(5)式即得结论.

证二
$\angle BPR = \angle PBC + \angle PCB = 2\angle PCB = \angle ACB$,
$\angle RQA = \angle QAC + \angle QCA = 2\angle QCA = \angle ACB = \angle BPR$,
$\angle BRP = \angle BAC = 180° - \angle ACB - \angle ABC = 180° - \angle RQA - \angle ARQ = \angle RAQ$.

又由 CR 平分 $\angle ACB$ 得
$$BR = RA,$$

所以
$$\triangle BPR \cong \triangle RQA. \tag{1}$$

$\triangle RPK$ 与 $\triangle BPR$ 有公共边 RP,因此
$$S_{\triangle RPK} : S_{\triangle BPR} = K \text{ 到 } CR \text{ 的距离} : B \text{ 到 } CR \text{ 的距离} = CK : CB = \frac{1}{2}.$$

同理,
$$S_{\triangle RQL} : S_{\triangle RQA} = CL : CA = \frac{1}{2}.$$

结合(1)式得
$$S_{\triangle RPK} = S_{\triangle RQL}.$$

50. 在⊙O中,弦CD与直径AB垂直,相交于N.以C为圆心、CN为半径作圆,交⊙O于P、Q. PQ交CA于K. NK交⊙C于L.

证明:$AL \perp PQ$.

证明 如图,PQ是⊙C与⊙O的公共弦,
$$LK \times KN = QK \times KP = CK \times KA,$$
所以L、C、N、A四点共圆,
$$\angle CLA = \angle CNB = 90°.$$
AL是⊙C的切线,$AL \perp CL$. AL、AN都是⊙C的切线,所以$AC \perp NL$.

又连心线OC垂直于公共弦PQ,所以OC、AC所成的角与NL、PQ所成的角相等,即
$$\angle OCA = \angle PKN.$$
从而
$$\angle PKN = \angle OAC = \angle CLN,$$
$$PQ \parallel CL,$$
所以
$$AL \perp PQ.$$

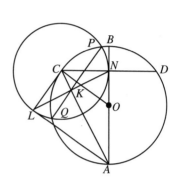

第50题图

51. G为△ABC的重心. M、N分别在AB、AC上.

证明:M、G、N共线的充分必要条件是$\dfrac{MB}{MA} + \dfrac{NC}{NA} = 1$.

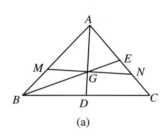
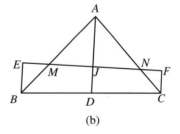

(a)　　　　　　　(b)

第51题图

证一 如图(a),设E为AC的中点,则G分BE为2:1,$NE = \dfrac{1}{2}(NA - CN)$.

对△BAE及截线MN用梅涅劳斯定理,

$M、G、N$ 共线 $\Leftrightarrow \dfrac{MA}{MB} \times \dfrac{GB}{GE} \times \dfrac{NE}{NA} = 1 \Leftrightarrow \dfrac{MB}{MA} = \dfrac{2NE}{NA} \Leftrightarrow \dfrac{MB}{MA} = \dfrac{NA-CN}{NA} \Leftrightarrow \dfrac{MB}{MA} + \dfrac{CN}{NA} = 1.$

证二 如图(b),设AG交MN于J,交BC于D,则D为BC的中点.
过B、C作AD的平行线,分别交MN于E、F,则
$$\dfrac{MB}{MA} = \dfrac{BE}{AJ}, \quad \dfrac{NC}{NA} = \dfrac{CF}{AJ}.$$
因此

$\dfrac{MB}{MA} + \dfrac{NC}{NA} = 1 \Leftrightarrow \dfrac{BE}{AJ} + \dfrac{CF}{AJ} = 1 \Leftrightarrow BE + CF = AJ \Leftrightarrow 2JD = AJ \Leftrightarrow J = G$

$\Leftrightarrow M、G、N$ 三点共线.

注 后一种证法用到的知识较少,似更好.

52. 在 $\triangle ABC$ 中, $\odot O$ 分别切 $AB、BC$ 于 $D、E$. F 在 BC 上,并且 $AF /\!/ DE$. 证明:如果 $\odot AFC$ 与 $\odot O$ 相切于 P,那么 $\odot APD$ 与 $\odot EPC$ 相切.

证明 如图, $D、E$ 关于 $\angle ABC$ 的平分线 BO 对称,所以 BO 垂直平分 DE.

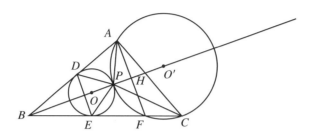

第 52 题图

$AF /\!/ DE$,所以 BO 垂直平分 AF.

$\odot AFC$ 的圆心 O' 在 AF 的垂直平分线 BO 上, P 在 OO' 上,即在 BO 上. 设 AF 交 BO 于 H,则

$$\angle APC = \angle AFC = \angle BHF + \angle PBC = 90° + \dfrac{1}{2}\angle ABC,$$

$$\angle CEP + \angle ADP = 2\angle ADP = \angle DOP = \angle ODB + \angle OBD$$

$$= 90° + \dfrac{1}{2}\angle ABC = \angle APC.$$

过 P 作射线 PT,使 $\angle TPA = \angle ADP$,则 $\odot APD$ 与 PT 相切.

$\angle TPC = \angle APC - \angle TPA = (\angle CEP + \angle ADP) - \angle ADP = \angle CEP$,

所以 PT 也是 $\odot EPC$ 的切线.

$\odot APD、\odot EPC$ 在 P 上有公切线 PT,所以两圆相切.

53. 锐角三角形 ABC 中, H 为垂心, AD 是高. X 是 H 关于 BC 的对称点. D 在 $BX、AB、AC$ 上的射影分别为 $P、Q、R$. M 是 AB 的中点. 线段 MN 的中点是 $\odot PQR$ 的圆心.

证明: N 在 CX 上.

证明 如图,由第 1 部分第 7 章练习题 7 知 H 关于 BC 的对称点 X 在 $\odot ABC$ 上.

延长 $PD、QD、RD$,分别交 $AC、XC、BX$ 于 $L、N_1、K$.

由第 15 题知 $L、N_1、K$ 分别为 $AC、XC、BX$ 的中点.

四边形 $LMKN_1$ 是矩形($ML /\!/ BC /\!/ KN_1$, $MK /\!/ AX /\!/ LN$).

设 MN_1 与 KL 相交于 J,则以 J 为圆心, JM 为半径的圆过 $M、K、N_1、L$. 因为 $MN_1、LK$ 都是 $\odot J$ 的直径,而

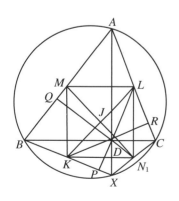

第 53 题图

$\angle MQN_1 = \angle LPK = \angle LRK = 90°$,

所以 P、Q、R 都在 $\odot J$ 上, $\odot J$ 即 $\odot PQR$. N_1 即 N, N 在 CX 上.

注 设 MD 交 CX 于 S, 则 K、L、M、N、P、Q、R、S 八点共圆(习题 1 第 71 题). 圆心 J 是点 A、B、C、X 的"重心" J.

54. 在 $\triangle ABC$ 中, $\angle A = 90°$, $AB > AC$. D、E、F 分别在 BC、CA、AB 上, 使得四边形 $AFDE$ 是正方形. 过 A 作外接圆的切线 l.

证明: l、BC、EF 三线共点.

证明 如图, 设 CD 交 EF 于 G, 由平行线得

$$\frac{GB}{GD} = \frac{BF}{DE}, \quad \frac{GD}{GC} = \frac{DF}{CE}.$$

两式相乘得

$$\frac{GB}{GC} = \frac{BF}{CE} = \frac{BF}{AB} \times \frac{AB}{AC} \times \frac{AC}{CE} = \frac{DF}{AC} \times \frac{AB}{AC} \times \frac{AB}{DE} = \left(\frac{AB}{AC}\right)^2. \tag{1}$$

设 l 交 BC 于 G', 则 $\triangle G'AB \sim \triangle G'CA$,

$$\frac{G'B}{G'C} = \frac{G'B}{G'A} \times \frac{G'A}{G'C} = \left(\frac{AB}{AC}\right)^2. \tag{2}$$

由(1)、(2)式得 $G' = G$, 即 l、BC、EF 三线共点.

注 可见同一法的作用.

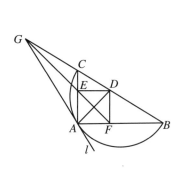

第 54 题图

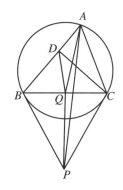

第 55 题图

55. 已知: 锐角三角形 ABC 中, BC 的中点为 Q. 作外接圆的切线 BP、CP.

证明: $\angle BAQ = \angle PAC$.

证明 如图, 作高 CD, 则 DQ 为直角三角形 BCD 斜边上的中线.

$\angle ADQ = 180° - \angle BDQ = 180° - \angle ABC = \angle BAC + \angle ACB = \angle BCP + \angle ACB = \angle ACP$.

因为 $\angle BAC = \angle BCP$, 所以 $\text{Rt}\triangle ACD \sim \text{Rt}\triangle CPQ$.

$$\frac{AD}{AC} = \frac{CQ}{CP} = \frac{DQ}{CP},$$

从而 $\triangle ADQ \sim \triangle ACP$.

$$\angle BAQ = \angle PAC.$$

56. P 为平行四边形 $ABCD$ 内一点. $\odot PAB$、$\odot PCD$ 又交于 Q,$\odot PAD$、$\odot PBC$ 又交于 R. 证明:RQ 的中点是平行四边形 $ABCD$ 的对角线的交点.

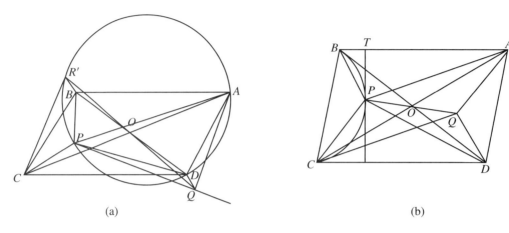

第 56 题图

证明 平行四边形 $ABCD$ 是中心对称图形,对称中心是对角线交点 O.

我们采用中心对称及同一法.

设 Q 关于对称中心 O 的对称点是 R'.

如果 $R' \neq P$,那么,如图(a),

$$\angle BR'C + \angle CPB = \angle AQD + \angle PBA + \angle PCD$$
$$= \angle AQD + 180° - \angle PQA + \angle PQD$$
$$= 180°,$$

所以 R' 在 $\odot PBC$ 上.

同理,R' 在 $\odot PAD$ 上.因此 $R' = R$,即 RQ 的中点为 O.

如果 $R' = P$,那么,如图(b),过 P 作 $\odot PBC$ 的切线 PT,

$$\angle TPA = \angle BPA - \angle BPT = \angle CQD - \angle BPT = \angle CPD - \angle BCP,$$

而 $\angle CPD = \angle BCP + \angle ADP$.

所以 $\angle TPA = \angle ADP$,即 PT 也与 $\odot PAD$ 相切,它是 $\odot PBC$、$\odot PAD$ 的公切线,这两个圆在 P 点相切.

于是 $R = P$,RQ 的中点仍为 O.

注 本题中,R' 可能与 P 相同,即 Q 可能与 P 关于 O 中心对称.这种情况不应漏掉.但这时,$\odot PBC$ 与 $\odot PAD$ 相切于 P(可视为 P 与 R 重合的极限情况).结论仍然成立.

57. 已知:四边形 $ABCD$ 中,$AB = a$,$BC = b$,$CD = c$,$DA = x$,$AC = p$,$BD = q$,AC 与 BD 的夹角(锐角)为 θ.

求证:$x^2 = a^2 + c^2 - b^2 + 2pq\cos\theta$.

证一 如图(a),作平行四边形 $DBCE$,$CE = BD = q$,$DE = BC = b$.

由余弦定理得

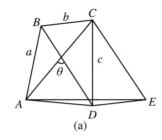
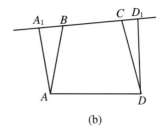

第 57 题图

$$x^2 + b^2 - 2bx\cos\angle ADE = AE^2 = p^2 + q^2 + 2pq\cos\theta$$
$$= (a^2 + b^2 - 2ab\cos\angle ABC) + (b^2 + c^2 - 2bc\cos\angle BCD)$$
$$+ 2pq\cos\theta,$$

于是

$$x^2 = a^2 + b^2 + c^2 + 2b(x\cos\angle ADE - a\cos\angle ABC - c\cos\angle BCD) + 2pq\cos\theta.$$

设 A、D 在 BC 上的射影分别为 A_1、D_1,如图(b),则

$$-a\cos\angle ABC = A_1 B, \quad -c\cos\angle BCD = CD_1, \quad x\cos\angle ADE = -A_1 D_1,$$

所以

$$x^2 = a^2 + b^2 + c^2 - 2b^2 + 2pq\cos\theta = a^2 + c^2 - b^2 + 2pq\cos\theta.$$

证二 如果知道向量的数量积,那么可用下面的方法.

$$\vec{x} = \vec{a} + \vec{b} + \vec{c} \quad (\vec{x} = \overrightarrow{AD}, \vec{a} = \overrightarrow{AB}, \vec{b} = \overrightarrow{BC}, \vec{c} = \overrightarrow{CA}),$$

所以

$$x^2 = (\vec{a} + \vec{b} + \vec{c})^2 = a^2 + b^2 + c^2 + 2\vec{a}\cdot\vec{b} + 2\vec{b}\cdot\vec{c} + 2\vec{c}\cdot\vec{a}$$
$$= a^2 + c^2 - b^2 + 2\vec{b}\cdot\vec{b} + 2\vec{b}\cdot\vec{a} + 2\vec{b}\cdot\vec{c} + 2\vec{c}\cdot\vec{a}$$
$$= a^2 + c^2 - b^2 + 2(\vec{b} + \vec{a})(\vec{b} + \vec{c})$$
$$= a^2 + c^2 - b^2 + 2\vec{p}\cdot\vec{q} \quad (\vec{p} = \overrightarrow{AC}, \vec{q} = \overrightarrow{BD})$$
$$= a^2 + c^2 - b^2 + 2pq\cos\theta.$$

58. 已知$\triangle ABC$,一个圆形纸片与$\triangle ABC$的三条边均相交.

求证:这个圆形纸片一定覆盖了$\triangle ABC$的内心I.

证明 设圆形纸片(圆心为 O)与三边的交点分别为 E、F、M、N、P、Q,

$\triangle ABC$ 的内心 I 当然在$\triangle ABC$ 内,所以只需要证明曲边三角形 APN(以 AP、AN 与 $\overset{\frown}{PN}$ 为边界围成的"三角形")、BQE、CFM 中的点都不是内心.

设 D 为曲边三角形 APN 中的一点,要证 D 不是内心,只需证明

$$\angle BDC < 90° + \frac{1}{2}\angle A.$$

设 BD 交 $\overset{\frown}{PN}$ 于 D_1,则如图(a),显然

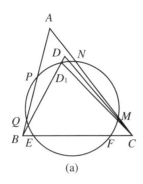
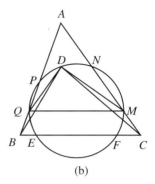

(a)　　　　　　　　　　(b)

第 58 题图

$$\angle BD_1C > \angle BDC,$$

因此可设 D 在 $\overset{\frown}{PN}$ 上,如图(b),这时

$$\angle BDC < \angle QDM.$$

连接 QM,我们有

$$\angle QDM = \angle DQA + \angle DMA + \angle A, \tag{1}$$

又有

$$\angle QDM = 180° - \angle DQM - \angle DMQ, \tag{2}$$

但

$$\angle DQA \overset{\mathrm{m}}{=\!=\!=} \frac{1}{2}\overset{\frown}{PD} < \frac{1}{2}\overset{\frown}{QD} \overset{\mathrm{m}}{=\!=\!=} \angle DMQ, \tag{3}$$

$$\angle DMA \overset{\mathrm{m}}{=\!=\!=} \frac{1}{2}\overset{\frown}{DN} < \frac{1}{2}\overset{\frown}{DM} \overset{\mathrm{m}}{=\!=\!=} \angle DQM. \tag{4}$$

所以(1)+(2)并利用(3)、(4)式得

$$2\angle QDM < 180° + \angle A,$$

即

$$\angle QDM < 90° + \frac{1}{2}\angle A,$$

更有

$$\angle BDC < 90° + \frac{1}{2}\angle A,$$

所以曲边三角形 APN 中的点不是 $\triangle ABC$ 的内心.

同理,曲边三角形 BQE、CFM 中的点也不是 $\triangle ABC$ 的内心.

于是圆形纸片覆盖 $\triangle ABC$ 的内心 I.

注 《覆盖》(单墫著,华东师范大学出版社出版,2011 年再版)中有本题的证明,现在的证明稍好.

59. 已知：$\triangle ABC$ 的内角 $\angle A$、$\angle B$、$\angle C$ 分别为 $\dfrac{4\pi}{7}$、$\dfrac{2\pi}{7}$、$\dfrac{\pi}{7}$．三条角平分线分别交对边于 A'、B'、C'．

求证：$\triangle A'B'C'$ 是等腰三角形．

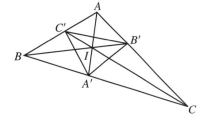

第 59 题图

证明 我们应尽可能多地挖掘图形中的几何性质．

如图，首先 $\angle B'BC = \dfrac{1}{2}\angle ABC = \dfrac{1}{2}\times\dfrac{2}{7}\pi = \dfrac{\pi}{7} = \angle ACB$，所以 $B'B = B'C$．

又 $\angle BAA' = \dfrac{1}{2}\angle BAC = \dfrac{1}{2}\times\dfrac{4}{7}\pi = \dfrac{2}{7}\pi = \angle ABC$，所以 $A'A = A'B$．

设内心为 I，除上述两个等腰三角形外，还有
$$\angle AB'I = \angle B'BC + \angle B'CB = \dfrac{2}{7}\pi = \angle IAB',$$
所以 $IB' = IA$，而且等腰三角形 AIB' 与 $BA'A$ 相似．
$$\angle AC'I = \angle ABC + \angle ICB = \dfrac{2}{7}\pi + \dfrac{\pi}{14} = \dfrac{5\pi}{14},$$
$$\angle AIC' = \pi - \dfrac{2}{7}\pi - \dfrac{5\pi}{14} = \dfrac{5\pi}{14} = \angle AC'I,$$
所以 $IA = AC'$．

$\angle CAA' = \dfrac{2}{7}\pi = \angle ABC$，所以 CA 与 $\odot ABA'$ 相切，
$$CA^2 = CA' \times CB. \tag{1}$$

$\angle BAC$ 为钝角，所以 C' 在 CA 上的射影 M 在 CA 的延长线上．又 $BC' = \dfrac{ac}{a+b}$，$BA' = \dfrac{ac}{b+c}$（a、b、c 为 $\triangle ABC$ 的边长），$BC' < BA'$，所以 $\angle C'A'B$ 为锐角，C' 在 CB 上的射影 N 在线段 $A'B$ 上．显然 $C'M = C'N$，$CM = CN$，而 $CB' = \dfrac{ab}{a+c} < \dfrac{ab}{b+c} = CA'$，所以 $B'M \ne A'N$，$C'B' \ne C'A'$．

同样，$B'C' \ne B'A'$．因此我们全力证明
$$A'B' = A'C'. \tag{2}$$

因为 $\triangle AIB' \sim \triangle BA'A$，所以
$$\dfrac{B'A}{AI} = \dfrac{AB}{BA'} = \dfrac{AI}{IA'} = \dfrac{CA}{CA'} = \dfrac{CB}{AC} = \dfrac{BC'}{AC'} = \dfrac{BC'}{AI},$$
从而 $B'A = BC'$，
$$\triangle BA'C' \cong \triangle AA'B',$$
于是 (2) 式成立．此外还有
$$\angle BC'A' = \angle AB'A',$$
即 A、C'、A'、B' 四点共圆．
$$\angle B'A'C' = \pi - \angle BAC = \dfrac{3\pi}{7}.$$

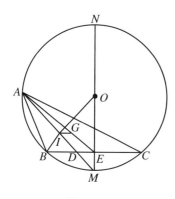

第 60 题图

60. 已知：△ABC 中，AB + AC = 2BC，重心、外心、内心分别为 G、O、I.

求证：$\angle OIG = \dfrac{1}{2}|\angle ABC - \angle ACB|$.

证明 如图，设 M 为 $\overset{\frown}{BC}$ 的中点，AM 交 BC 于 D. 由习题 1 第 102 题得 △BMD∽△AMB，所以 $\dfrac{BM}{AM} = \dfrac{BD}{AB}$.

由第 1 部分第 9 章练习题 3 的解答，$BD = \dfrac{ca}{b+c} = \dfrac{c}{2}$（a、b、c 为 △ABC 的边长）. 所以 $\dfrac{BM}{AM} = \dfrac{1}{2}$.

由习题 2 第 5 题得 $BM = IM = \dfrac{1}{2}AM$. 所以 I 是 AM 的中点，$OI \perp AM$.

由第 30 题知 $IG \parallel BC$. 所以

$$\angle OIG = 90° - \angle MIG = 90° - \angle MDE = \angle OMA.$$

不妨设 $\angle ABC > \angle ACB$.

设 M 的对径点为 N，则 B、C 关于直径 MN 对称.

$$\angle ABC - \angle ACB \stackrel{m}{=\!=\!=} \dfrac{1}{2}(\overset{\frown}{ANC} - \overset{\frown}{AB}) = \dfrac{1}{2}(\overset{\frown}{AN} + \overset{\frown}{NB} - \overset{\frown}{AB}) = \overset{\frown}{AN} \stackrel{m}{=\!=\!=} 2\angle OMA,$$

所以

$$\angle OIG = \angle OMA = \dfrac{1}{2}|\angle ABC - \angle ACB|.$$

61. △ABC 的内切圆⊙I 与边 AB、AC 分别切于点 D、E. O 为 △BCI 的外心.

证明：$\angle ODB = \angle OEC$.

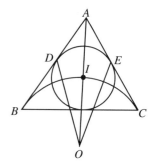

第 61 题图

证明 由习题 2 第 5 题，对⊙ABC 的 $\overset{\frown}{BC}$ 的中点 M，

$$MB = MI = MC.$$

所以 △BIC 的外心 O 就是 M（见图）.

因此 AO 是 $\angle BAC$ 的平分线，I 在 AO 上.

因为

$$\angle DAO = \angle EAO, \quad AD = AE, \quad AO = AO,$$

所以 △DAO≌△EAO.

$$\angle ADO = \angle AEO.$$

因为等角的补角相等，所以 $\angle ODB = \angle OEC$.

62. 已知：△ABC 中，D 在边 AC 上，$\angle ABD = \angle C$. E 在边 AB 上，$BE = DE$. M 为 CD 的中点. $AH \perp DE$，H 为垂足.

求证：以 AB、AH 为直角边的直角三角形中，AH 所对的角等于 $\angle AME$.

证明 如图，延长 ED 到 N，使得 $HN = AB$.

设 $\angle C = \alpha$，则 $\angle ABD = \alpha$. 所以⊙BDC 与 AB 相切.

$$AB^2 = AD \times AC. \qquad (1)$$

又 $BE = DE$,所以

$$\angle EDB = \angle ABD = \alpha, \quad \angle AED = \angle EDB + \angle ABD = 2\alpha.$$

设 $AB = 1, BE = a$,则 $AE = 1 - a, DE = a$,

$EH = (1 - a)\cos 2\alpha$,

$DN = 1 - DH = 1 - a + (1 - a)\cos 2\alpha = (1 - a)(1 + \cos 2\alpha).$

由余弦定理得

$$AD^2 = a^2 + (1-a)^2 - 2a(1-a)\cos 2\alpha.$$

又由(1)式有

$$AD^2 = AD \times AC - AD \times CD = 1 - 2AD \times DM.$$

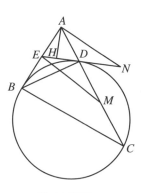

第62题图

所以

$$DM \times AD = \frac{1}{2}(1 - AD^2)$$
$$= \frac{1}{2}(1 - a^2 - (1-a)^2 + 2a(1-a)\cos 2\alpha)$$
$$= a(1-a) + a(1-a)\cos 2\alpha$$
$$= a(1-a)(1 + \cos 2\alpha)$$
$$= DE \times DN.$$

因此 A、E、M、N 四点共圆,$\angle AME = \angle ANH$.

63. 已知:$\triangle ABC$ 的内切圆分别切 AC、AB 于 E、F. $\angle ABC$ 的平分线交 EF 于 P.

求证:(ⅰ) $\angle BPC = 90°$;

(ⅱ) P 点在一条中位线上.

证明 如图,内心 I 在角平分线 BP 上,

$$\angle PIC = \angle IBC + \angle ICB$$
$$= \frac{1}{2}(\angle ABC + \angle ACB)$$
$$= \frac{1}{2}(180° - \angle A)$$
$$= \angle AEF,$$

第63题图

所以 P、I、C、E 四点共圆.

$$\angle BPC = \angle IEC = 90°.$$

设 BC 的中点为 M,则 PM 为直角三角形 BPC 的斜边上的中线,所以 $MP = MB$.

$$\angle MPB = \angle PBM = \angle ABP,$$
$$PM \parallel AB,$$

即 P 在与 AB 平行的中位线上.

注 显然 $IE \perp AC$,所以若(ⅰ)成立,则 P、I、C、E 共圆.因此应当设法证明这四点共圆.

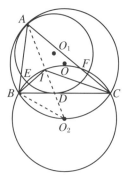

第64题图

64. 已知：⊙O 为 △ABC 的外接圆．⊙O_1 与 ⊙O 内切于 A，且与边 BC 相切于 D．I 为 △ABC 的内心．△IBC 的外接圆 ⊙O_2 与 ⊙O_1 相交于 E、F．

求证：O_1、E、O_2、F 四点共圆．

证明 如图，由习题3第2题可知 AD 与 ⊙O 的另一个交点是 $\overparen{BC}$ 的中点 M．从而 AD 是 $\angle BAC$ 的平分线，过内心 I．

由习题2第5题知 $MB = MI = MC$，所以 M 就是 △IBC 的外心 O_2．

由习题1第102题知

$$O_2E^2 = O_2B^2 = O_2D \times O_2A,$$

所以 O_2E 是 ⊙O_1 的切线，

$$\angle O_2EO_1 = 90°.$$

同理，$\angle O_2FO_1 = 90°$．

所以 E、F 都在以 O_1O_2 为直径的圆上．

65. 已知：AB、CD 是 ⊙O 的弦，相交于点 E．⊙I 与 ⊙O 内切于 F，且与 AB、CD 均相切．过 O 的直线 t 分别交弦 AB、CD 于 P、Q，且 $EP = EQ$．直线 EF 交 t 于点 M．

求证：过 M 且与 AB 平行的直线是 ⊙O 的切线．

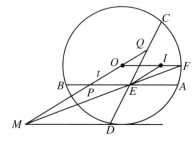

第65题图

证明 如图，连接 IE．IE 平分 $\angle AEC$．

因为 $EP = EQ$，所以

$$\angle EPQ = \angle EQP = \frac{1}{2}\angle AEC = \angle AEI,$$

即 $PQ // IE$．

以 F 为位似中心，$r : R$ 为相似比作位似变换（r、R 分别为 ⊙I、⊙O 的半径）．I 变为 O，IE 变为它的平行线 PQ，所以 E 变为 M．

⊙I 的切线 AB 变为 ⊙O 的切线，与 AB 平行，而且过 M．所以过点 M 且与 AB 平行的直线是 ⊙O 的切线．

66. △ABC 的外接圆半径为 R．⊙O_1 过 A 并且切 BC 于 C，⊙O_2 过 B 并且切 AC 于 C．⊙O_1 与 ⊙O_2 的另一交点为 D．

求证：$CD \leqslant R$．

证一 如图(b)，设 O 为 △ABC 的外心，点 P 在 CD 的延长线上．

因为 AC 与 ⊙O_2 相切，所以 $\angle ACD = \angle CBD$，

$$\angle PDB = \angle DCB + \angle CBD = \angle DCB + \angle ACD = \angle ACB.$$

同理，$\angle ADP = \angle ACB$．

所以

$$\angle ADB = \angle ADP + \angle PDB = \angle ACB + \angle ACB = 2\angle ACB = \angle AOB,$$

从而 A、O、D、B 四点共圆．

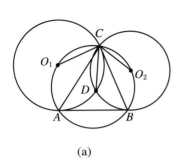
(a)

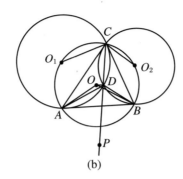
(b)

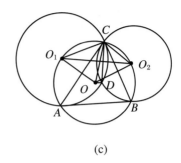
(c)

第66题图

$$\angle ODA = \angle OBA = \frac{1}{2}(180° - \angle AOB) = 90° - \angle ACB,$$
$$\angle ODP = \angle ODA + \angle ADP = 90°,$$

即 $OD \perp CD$.

显然 $CD \leqslant OC = R$.

证二 如图(c),设 $\triangle ABC$ 的外心为 O.

因为 AC 是 $\odot O$ 与 $\odot O_1$ 的公共弦,所以 $OO_1 \perp AC$.

因为 AC 与 $\odot O_2$ 相切于 C,所以 $O_2C \perp AC$.

因此 $OO_1 /\!/ O_2C$.

同理,$OO_2 /\!/ O_1C$.

四边形 CO_1OO_2 是平行四边形.对角线 O_1O_2 平分 OC.

又 O_1O_2 垂直平分 $\odot O_1$、$\odot O_2$ 的公共弦 CD,所以 O_1O_2 是 $\triangle OCD$ 的中位线,$O_1O_2 /\!/ OD$.

故 $OD \perp CD$,$CD \leqslant OC = R$.

67. 直线 XY 在 $\odot O$ 外,O 在 XY 上的射影为 A.过 A 作割线交 $\odot O$ 于 B、C.过 B、C 作切线分别交 XY 于 D、E.

求证:$DA = AE$.

证明 如图,连接 OB、OC、OD、OE.

因为 $\angle OBD = 90° = \angle OAD$,所以 O、B、A、D 四点共圆.

$$\angle ODB = \angle OAB.$$

同理,O、C、E、A 四点共圆.

$$\angle OEC = \angle OAC.$$

故 $\angle ODB = \angle OEC$.

又 $OB = OC$,所以 $\text{Rt}\triangle ODB \cong \text{Rt}\triangle OEC$.

$$OD = OE.$$

从而
$$DA = AE.$$

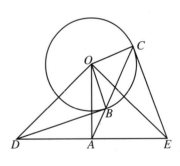

第67题图

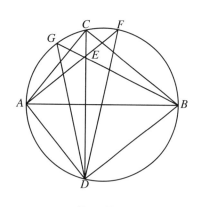

第 68 题图

68. AB 为圆的直径,弦 AF、BG 相交于 E. 过 E 作弦 $CD \perp AB$.

求证: $\dfrac{CG}{GD} = \dfrac{CF}{FD}$.

证明 如图,连接 AC、AD、BC、BD.

因为 AB 是直径,$CD \perp AB$,由对称性得 $AC = AD$,$BC = BD$.

因为
$$\angle GCE = \angle DBE, \quad \angle CGE = \angle BDE,$$
所以 $\triangle GCE \backsim \triangle DBE$.
$$\dfrac{GC}{DB} = \dfrac{CE}{BE}.$$

同理,
$$\dfrac{CF}{AD} = \dfrac{CE}{AE}.$$

所以
$$\dfrac{CG}{CF} = \dfrac{DB}{AD} \times \dfrac{AE}{BE}.$$

同理,
$$\dfrac{GD}{FD} = \dfrac{BC}{AC} \times \dfrac{AE}{BE}.$$

所以
$$\dfrac{CG}{CF} = \dfrac{GD}{FD},$$

即
$$\dfrac{CG}{GD} = \dfrac{CF}{FD}.$$

69. $\triangle ABC$ 内一点 D,满足 $\angle DBA = \angle DCA$. $DE \perp AC$,$DF \perp AB$,E、F 为垂足,M 为 BC 的中点.

求证:$ME = MF$,$\angle BDF = \angle MEF$.

证明 如图,EM 是 $\triangle EBC$ 的中线,延长 EM 到 G,使 $MG = EM$. 连接 BG,则 $BG \underline{\parallel} EC$.
$$\angle GBF = 180° - \angle A.$$
而 $DE \perp AE$,$DF \perp AF$,所以
$$\angle EDF = 180° - \angle A = \angle GBF.$$
由已知得 $\angle DBF = \angle DCE$,所以 $\text{Rt}\triangle DBF \backsim \text{Rt}\triangle DCE$.
$$\dfrac{BF}{CE} = \dfrac{DF}{DE}.$$

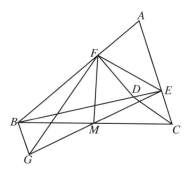

第 69 题图

即
$$\frac{BF}{BG} = \frac{DF}{DE},$$

从而
$$\triangle GBF \backsim \triangle EDF.$$

于是由习题 1 第 35 题得
$$\triangle GEF \backsim \triangle BDF.$$

从而
$$\angle MEF = \angle BDF, \quad \angle GFE = \angle BFD = 90°.$$

在 Rt△GFE 中, MF 为斜边上的中线, 所以
$$MF = ME.$$

70. 梯形 $ABCD$ 中, $AD \parallel BC$, E 在 AB 上, F 在 CD 的延长线上, FB 交 ED 于 H, $HG \parallel CD$ 交 CE 于 G.

求证: $AF \parallel BG$.

证明 如图, 由习题 1 第 48 题知

$$S_{\triangle AGF} = \frac{CG}{CE} S_{\triangle AEF} + \frac{EG}{CE} S_{\triangle ACF}$$

$$= \frac{HD}{ED} S_{\triangle AEF} + \frac{EH}{ED} S_{\triangle ACF}$$

$$= \frac{HD}{ED} S_{\triangle AEF} + \frac{EH}{ED} (S_{\triangle ADF} + S_{\triangle ACD})$$

$$= \left(\frac{HD}{ED} S_{\triangle AEF} + \frac{EH}{ED} S_{\triangle ADF}\right) + \frac{EH}{ED} S_{\triangle ABD}$$

$$= S_{\triangle AHF} + S_{\triangle ABH} = S_{\triangle ABF},$$

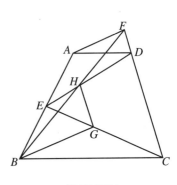

第 70 题图

所以 $AF \parallel BG$.

71. 若角 x、y、α、β 满足 $x + y = \alpha + \beta < 180°$, 并且 $\frac{\sin \alpha}{\sin \beta} = \frac{\sin x}{\sin y}$.

求证: $x = \alpha$, $y = \beta$.

证明 如图, 作两个三角形. △ABC 中, $\angle B = x$, $\angle C = y$. △A'B'C' 中, $\angle B' = \alpha$, $\angle C' = \beta$. 这时,

$$\angle A = 180° - x - y = 180° - \alpha - \beta = \angle A',$$

$$\frac{AC}{AB} = \frac{\sin x}{\sin y} = \frac{\sin \alpha}{\sin \beta} = \frac{A'C'}{A'B'},$$

所以 △ABC ∽ △A'B'C'.

$$x = \angle B = \angle B' = \alpha, \quad y = \angle C = \angle C' = \beta.$$

注 本题不需要太多的三角知识.

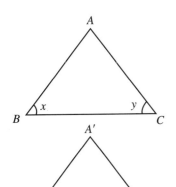

第 71 题图

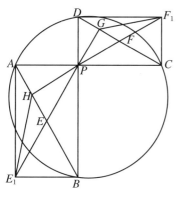

第 72 题图

72. 已知:线段 AB、CD 的中点分别为 E、F. AC、BD 相交于 P. 直线 EP 交 CD 于 G,FP 交 AB 于 H($G \neq F$).

证明:$EG \perp CD$,$FH \perp AB$ 的充分必要条件是 A、B、C、D 共圆,并且 $AC \perp BD$.

证明 如图,若 A、B、C、D 共圆,并且 $AC \perp BD$,则
$$\angle DPG = \angle EPB = \angle PBE = \angle PCD,$$
所以
$$\angle CPG + \angle PCG = \angle CPG + \angle DPG = 90°,$$
即 $EG \perp CD$.

同理,$FH \perp AB$.

反之,设 $EG \perp CD$,$FH \perp AB$,则
$$\text{Rt}\triangle PEH \backsim \text{Rt}\triangle PFG.$$

延长 PE 到 E_1,使 $EE_1 = PE$,连接 AE_1、BE_1. 四边形 AE_1BP 是平行四边形,$\angle E_1AP = 180° - \angle APB$.

同样,可得 F_1 及平行四边形 F_1DPC.
$$\angle PDF_1 = 180° - \angle DPC = \angle PAE_1.$$

以 F 为位似中心,作位似变化,使 $\triangle FPG$ 变成与 $\triangle EPH$ 全等. 这时 $\triangle FF_1G$ 变成与 $\triangle EE_1H$ 全等,以 PF_1 为底、含角 $\angle PDF_1$ 的弓形弧与以 PE_1 为底、含角 $\angle PAE_1$ 的弓形弧全等. 所以将 $\triangle PGF_1$ 放到 $\triangle PHE_1$ 上,可以使得这两个三角形重合,两个弓形弧重合,射线 FG 与 EH 重合,从而 D 点(FG 与弓形弧交点)与 A 点重合,$\angle FDP = \angle EAP$. 因为位似变换不影响 $\angle FDP$ 的大小,所以位似变换前仍有 $\angle FDP = \angle EAP$,即原来的 A、B、C、D 四点共圆.

设 $\angle DPG = \alpha$,则由上面的推导,$\angle APH = \alpha$,所以 $\angle CPF = \alpha$.

设 $\angle DCP = \beta$,则
$$\angle DPF = \alpha + \angle GPF = \angle GPC = 90° - \beta.$$
$$\angle PDG = 90° - \alpha.$$

由正弦定理得
$$\frac{CF}{\sin \alpha} = \frac{PF}{\sin \beta},$$
$$\frac{DF}{\sin(90° - \beta)} = \frac{PF}{\sin(90° - \alpha)}.$$

因为 $CF = DF$,所以
$$\frac{\sin \alpha}{\sin \beta} = \frac{\sin(90° - \beta)}{\sin(90° - \alpha)},$$
即
$$\frac{\sin \alpha}{\sin(90° + \beta)} = \frac{\sin \beta}{\sin(90° + \alpha)}.$$

由上题知 $\alpha = \beta$ ($90° + \beta = 90° + \alpha$).

于是 $\angle DPC = 90° - \beta + \alpha = 90°$,即 $AC \perp BD$.

注 本题后一半的证明过程有点诡异.

73. 设 P、Q 是 $\triangle ABC$ 的外接圆的(不含 A 的)$\overset{\frown}{BC}$ 上的两个点,并且 $\angle BAP = \angle QAC < \angle BAQ$. H 为 $\triangle ABC$ 的垂心,H 在 AP、AQ 上的射影分别为 E、F. M 为 BC 的中点.

求证:E、P、Q、F 四点共圆,且 M 为其圆心.

证明 如图,既然要证明 M 是圆心,那么只需证明
$$MP = MQ = ME = MF. \qquad (1)$$
显然 B、C 关于直线 OM 对称(O 为外心),而 $\angle BAP = \angle QAC$ 表明 $\overset{\frown}{BP} = \overset{\frown}{CQ}$,所以 P、Q 也关于 OM 对称,$MP = MQ$.

设 O 在 AP 上的射影为 K. 熟知(习题1第74题)
$$AH = 2OM,$$
因此 AH 在 AP 上的射影 AE 等于 OM 在 AP 上的射影 $KN \times 2$. 而 K 是 AP 的中点,即
$$PK = AK.$$
所以
$$PN = PK - KN = AN - 2 \times KN = AN - AE = NE,$$
$$MP = ME.$$

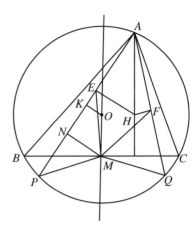

第73题图

从而(1)式成立.

注 求证中的"M 为其圆心"对我们很有帮助.

74. 设 H 为 $\triangle ABC$ 的垂心,过 A、H 分别作 CH、AC 的平行线,相交于 D.

求证:$\angle ADB = \angle ACB$.

证明 如图,四边形 $ADHC$ 是平行四边形,
$$\angle ADH = \angle ACH.$$
设 AN、BE、CF 为高,则
$$\angle ABH = 90° - \angle BHF = 90° - \angle CHE = \angle ACH = \angle ADH,$$
所以 A、D、B、H 四点共圆.
$$\angle ADB = \angle BHN = 90° - \angle EBC = \angle ACB.$$

注 $\odot ADB$ 的直径是 DB,圆心是 DB 的中点 O_1. 因为 AB 在 $\odot O$ 中对的角是 $\angle ACB$,在 $\odot O_1$ 中对的角是 $\angle ADB$,两角相等,所以两圆半径相等.
$$\angle O_1 AB = \angle O_1 BA = 90° - \angle ADB = 90° - \angle ACB = \angle CAH,$$
所以
$$\angle O_1 AH = \angle BAH + \angle CAH = \angle BAC.$$
从而
$$AH = 2O_1 A \cos \angle BAC = 2OB \cos \angle BAC.$$
这就给出习题1第74题的又一证法.

第74题图

75. P 是 $\triangle ABC$ 内的一点，AP、BP、CP 分别交对边于 D、E、F．已知 $AP=6, BP=9$，$PD=6, PE=3, CF=20$．

求 $\triangle ABC$ 的面积．

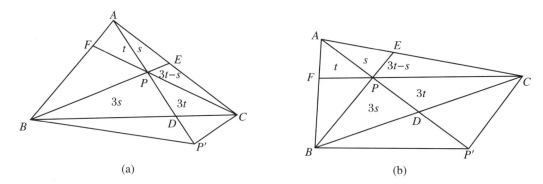

第 75 题图

解 先画一个草图，如图(a)．

$$\frac{PF}{CF}+\frac{PE}{BE}+\frac{DP}{AD}=\frac{S_{\triangle PAB}+S_{\triangle PAC}+S_{\triangle PBC}}{S_{\triangle ABC}}=1,$$

即

$$\frac{PF}{20}+\frac{3}{12}+\frac{6}{12}=1,$$

$$PF=5,\quad CP=15.$$

设 $S_{\triangle PAE}=s, S_{\triangle PFA}=t$，则

$$S_{\triangle BPD}=S_{\triangle BPA}=3s,$$
$$S_{\triangle PDC}=S_{\triangle PAC}=3t,$$
$$S_{\triangle PCE}=S_{\triangle PAC}-S_{\triangle PAE}=3t-s.$$

因为 $S_{\triangle BPC}=3S_{\triangle PCE}$，即

$$s+t=3t-s,$$

所以 $s=t$．

D 为 BC 的中点，如图(b)．延长 PD 到 P'，使 $DP'=PD=6$，则四边形 $P'BPC$ 为平行四边形，$BP'=PC=15$．

$$15^2=9^2+12^2,$$

所以 $\angle BPP'=90°$．

$$S_{\triangle ABC}=2S_{\triangle PBC}=2S_{\triangle PBP'}=9\times 12=108.$$

注 上面的图当然只是草图，很不精确．其中四边形 $P'BPC$ 不像平行四边形，$\angle BPP'$ 也不是直角，但结果 $S_{\triangle ABC}=108$ 却是正确的．

有人说："平面几何就是用不准确的图形推出准确的结果．"

本例验证了这句话．

不过，事后我们也可以绘制一个准确的图，如图(b)．

第 2 部分 平面几何问题

76. 已知 $\triangle ABC$ 中，$\angle ACB = 90°$. D 在 $\triangle ABC$ 内，满足 $\dfrac{DA}{DC} = \dfrac{AB}{BC}$, M 为 BD 的中点. 求证：$\angle MCB = \angle ABD$.

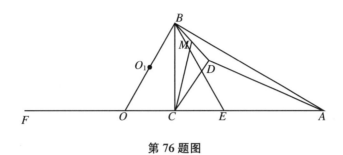

第 76 题图

证明 如图，设 $\lambda = \dfrac{AB}{BC}$. E、F 是 $\angle CBA$ 的内、外角平分线与直线 AC 的交点，则
$$\dfrac{AE}{EC} = \dfrac{AF}{CF} = \lambda.$$

设 O 为 EF 的中点，则 $\odot(O, OE)$ 为阿氏圆，过 B、D、E、F.
$$\angle OBA = \angle ABE + \angle EBO = \angle EBC + \angle BEO = 90°,$$
即 AB 是 $\odot O$ 的切线.

以 B 为位似中心、$\dfrac{1}{2}$ 为相似比，作位似变换，则 O 变为 BO 的中点 O_1，D 变为 M. $\odot O$ 变为 $\odot O_1$，M 在 $\odot O_1$ 上. 因为 $O_1 C = O_1 B$，所以 C 在 $\odot O_1$ 上，AB 与 $\odot O_1$ 相切于 B，所以 $\angle ABD = \angle MCB$.

77. 点 E 在正方形 $ABCD$ 内，且 $AE = 1$，$BE = 2\sqrt{5}$，$DE = 3\sqrt{2}$. 延长 AE 交 CD 于 F. 求四边形 $BEFC$ 的面积.

解 $2\sqrt{5} = \sqrt{20}$，$3\sqrt{2} = \sqrt{18}$，它们与长为 $\sqrt{2}$ 的线段组成直角三角形. 应对此"敏感".

如图，将 $\triangle ADE$ 绕 A 旋转 $90°$，成为 $\triangle ABG$，则 $\angle GAE = 90°$，$AG = AE = 1$，所以
$$\angle AGE = \angle AEG = 45°, \quad GE = \sqrt{2}, \quad BG = DE = \sqrt{18}.$$
又 $BE = \sqrt{20}$，所以 $\angle BGE = 90°$，$\angle AGB = 135°$.
$$AB^2 = 1^2 + 18 + 2 \times \dfrac{\sqrt{2}}{2} \times 1 \times \sqrt{18} = 25,$$
$$AB = 5.$$
因为
$$\angle AED = \angle AGB = 90° + 45°,$$
所以
$$\angle DEF = 180° - \angle AED = 45°.$$
设 $EF = x$，则

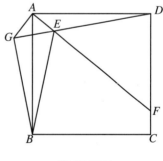

第 77 题图

$$(1+x)^2 - 5^2 = DF^2 = x^2 + 18 - 2 \times \frac{\sqrt{2}}{2} \times \sqrt{18}x = x^2 + 18 - 6x,$$

$$x = \frac{21}{4}.$$

D 到 EF 的垂线长为 $DE \times \sin 45° = \sqrt{18} \times \frac{\sqrt{2}}{2} = 3$.

所以

$$S_{BEFC} = 25 - S_{\triangle AGE} - S_{\triangle BGE} - S_{\triangle DEF}$$

$$= 25 - \frac{1}{2} - \frac{1}{2} \times \sqrt{2} \times \sqrt{18} - \frac{1}{2} \times 3 \times \frac{21}{4} = \frac{109}{8}.$$

78. $\triangle ABC$ 中，D、E 在 BC 上，F、G 在 CA 上，H、I 在 AB 上，并且 $AH = BI = \frac{1}{m}AB$ ($m > 2$), $BD = CE = \frac{1}{m}BC$, $CF = AG = \frac{1}{m}CA$. 连接 AD、AE、BF、BG、CH、CI，交成 $\triangle PQR$.

求证：$\dfrac{S_{\triangle PQR}}{S_{\triangle ABC}} = \left(\dfrac{m-2}{2m-1}\right)^2$.

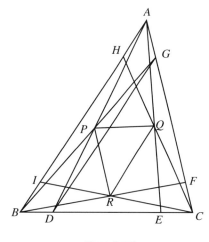

第 78 题图

证明 先算出 $\dfrac{AP}{AD}$.

如图，连接 DG.

因为 $\dfrac{AG}{AC} = \dfrac{BD}{BC} = \dfrac{1}{m}$，所以 $DG \parallel AB$, $\dfrac{DG}{AB} = \dfrac{m-1}{m}$.

$$\frac{AP}{PD} = \frac{AB}{GD} = \frac{m}{m-1},$$

$$\frac{AP}{AD} = \frac{m}{2m-1}.$$

同理，

$$\frac{AQ}{AE} = \frac{m}{2m-1}.$$

所以 $PQ \parallel BC$.

同理，$PR \parallel AC$, $RQ \parallel AB$, $\triangle RQP \sim \triangle ABC$.

$$\frac{PQ}{DE} = \frac{AP}{AD} = \frac{m}{2m-1}.$$

而

$$\frac{DE}{BC} = \frac{m-2}{m},$$

所以

$$\frac{PQ}{BC} = \frac{m}{2m-1} \times \frac{m-2}{m} = \frac{m-2}{2m-1}.$$

因为 $\triangle RQP \sim \triangle ABC$，所以

$$\frac{S_{\triangle PQR}}{S_{\triangle ABC}} = \left(\frac{m-2}{2m-1}\right)^2.$$

79. 四边形 ABCD 中，△ABD、△BCD、△ABC 的面积之比为 3∶4∶1. 点 M、N 分别在 AC、CD 上，B、M、N 共线，并且 $\dfrac{AM}{AC}=\dfrac{CN}{CD}$.

求证：M、N 分别为 AC、CD 的中点.

证明 如图，设 $\dfrac{AM}{MC}=\dfrac{CN}{ND}=\dfrac{m}{n}$.

由已知得

$$\frac{BE}{ED}=\frac{S_{\triangle ABC}}{S_{\triangle ACD}}=\frac{1}{6}.$$

又有

$$\frac{AE}{EC}=\frac{S_{\triangle ABD}}{S_{\triangle BCD}}=\frac{3}{4}.$$

关键在于求出 $\dfrac{EM}{MC}$. 为此先不管 A，在 B、C、D 上分别放置重量 6m、n、m，则 B、D 两处重量的重心在 E. B、D、C 三处重量的重心在 CE 上.

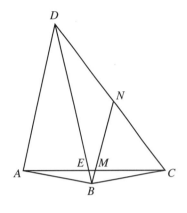

第79题图

C、D 两处重量的重心在 N. B、C、D 三处重量的重心在 NB 上.

因此，B、C、D 三处重量的重心为 M，并且

$$\frac{EM}{MC}=\frac{n}{7m}.$$

另一方面，$\dfrac{AE}{EC}=\dfrac{3}{4}$，$\dfrac{AM}{MC}=\dfrac{m}{n}$ 尚未用过. 我们有

$$\frac{AE}{EC}=\frac{AM-EM}{EM+MC}=\frac{\left(\dfrac{m}{n}-\dfrac{n}{7m}\right)MC}{\left(\dfrac{n}{7m}+1\right)MC}=\frac{3}{4},$$

去分母得

$$4(7m^2-n^2)=3n(n+7m),$$

即

$$4m^2-3mn-n^2=0,$$

所以 m=n. N 为 CD 的中点，M 为 AC 的中点.

80. 四边形 ABCD 内接于圆. 另一圆的圆心 O 在边 AB 上，并且与其余三边相切.

求证：AD+BC=AB.

甲：这种题，我知道，应当在 AB 上取 E，使 AE=AD（见图(b)）. 然后设法证明 EB=BC.

乙：这时

$$\angle AED=\frac{1}{2}(180°-\angle A)=\frac{1}{2}\angle BCD.$$

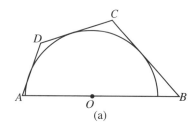
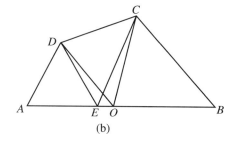

第 80 题图

如果连接 OC, 那么因为 CB、CD 都是切线，所以 OC 平分 $\angle BCD$, 即
$$\angle AED = \angle OCD,$$
D、E、O、C 四点共圆.

甲：同样，OD 平分 $\angle ADC$. 所以
$$\angle CEO = \angle CDO = \frac{1}{2}\angle ADC = \frac{1}{2}(180° - \angle B),$$
从而 $\angle ECB = \angle CEO = \frac{1}{2}(180° - \angle B)$.
$$BC = EB,$$
$$AB = AE + EB = AD + BC.$$

师：这个证明有一点毛病.

乙：什么毛病？

师：点 E 是在线段 AO 上，还是 OB 上？会不会在线段 AB 的延长线上？

甲：如果 E 在线段 OB 上，证明同样成立. E 不会跑到线段 AB 之外，看上去 AB 比 AD 长得多，不过，是应当证明这件事.

乙：怎么证明？

师：其实很简单.
$$\angle ADO + \angle OCB = \angle ODC + \angle OCD$$
$$= 180° - \angle DOC$$
$$= \angle AOD + \angle BOC,$$
所以
$$\angle ADO \geqslant \angle AOD, \quad \angle OCB \geqslant \angle BOC$$
至少有一个成立.

不妨设 $\angle ADO \geqslant \angle AOD$, 这时
$$AO \geqslant AD,$$
因此可在线段 AO 上取 E, 使 $AE = AD$.

81. 已知凸四边形 $ABCD$，$AD \parallel BC$ 并且 $DA = DB = DC$. CD 的垂直平分线交 AB 的延长线于 E（B 在 A、E 之间），并且 $\angle BCE = 2\angle DEC$.

求 $\angle BCE$.

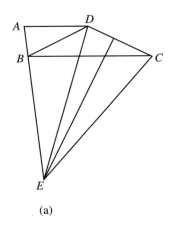

(a)

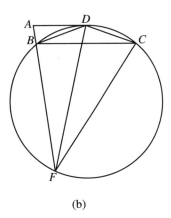

(b)

第 81 题图

解 图不太好画，先画一个草图，如图(a). DC 的垂直平分线需比较"陡"，这样才可能 $\angle BCE = 2\angle DEC$.

不过这图似也不便于证明. 尤其"垂直平分线"这个条件无法用上. 如设 $\angle DCB = \angle DBC = \angle ADB = 2\alpha$，则 $\angle DAB = \angle DBA = 90° - \alpha$. 其余的角难以表示. 再设 $\angle CED = 2\beta$，则 $\angle ECD = 90° - \beta$. 从而

$$\angle BCE = 90° - \beta - 2\alpha = 4\beta.$$

但也只能得出 $2\alpha = 90° - 5\beta$. 还少一个方程，需要别开生面.

作 $\triangle DBC$ 的外接圆（或许由 $\angle ADB = \angle DBC = \angle BCD$ 想到作这个圆，而 DA 为其切线），如图(b).

设直线 AB 又交这圆于 F，则仍设 $\angle DCB = 2\alpha$，我们得

$$\angle DFC = \angle DBC = 2\alpha,$$
$$\angle DCF = \angle ABD = 90° - \alpha,$$

所以

$$\angle FDC = 180° - 2\alpha - (90° - \alpha) = 90° - \alpha = \angle DCF.$$

从而 F 在 CD 的垂直平分线上，并且就是这垂直平分线与 AB 的交点 E！

因此由已知得

$$90° - \alpha - 2\alpha = 4\alpha,$$
$$\alpha = \frac{90°}{7},$$
$$\angle BCE = 4\alpha = \frac{360°}{7}.$$

注 适当运用同一法，可以化难为易. 本题即是一例. 当然，本题或许正是一个容易题被改编成难题了.

82. 已知正三角形 ABC 内一点 D，满足 $\angle ADC = 150°$.

求证：线段 AD、BD、CD 可构成一个直角三角形.

证明 正三角形往往启发我们作 $60°$ 的旋转，而
$$\angle DAB + \angle DCB = \angle ADC - \angle ABC = 90°,$$
启示我们应将 $\angle DCB$ 与 $\angle DAB$ 拼在一起.

具体地说，绕点 B 将 $\triangle BDC$ 旋转 $60°$. 这时，BC 成为 BA，BD 成为 BD'，$\angle BCD$ 成为 $\angle BAD'$，如图.

所以
$$\angle D'AD = \angle BAD' + \angle DAB = \angle BCD + \angle DAB = 90°, \quad AD' = CD.$$

因为 $\triangle BDD'$ 是正三角形，$DD' = BD$，所以 $\triangle DAD'$ 就是 DA、DC（即 $D'A$）、BD（即 DD'）构成的直角三角形（$\angle D'AD = 90°$）.

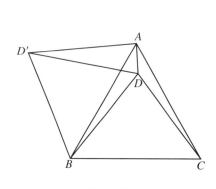

第 82 题图

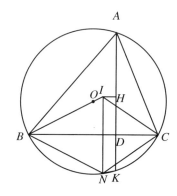

第 83 题图

83. 在锐角三角形 ABC 中，$\angle BAC = 60°$，$AB > AC$，I 为内心，H 为垂心.

求证：$2\angle AHI = 3\angle ABC$.

证明 如图，作外接圆 $\odot O$.

设直线 AH 交 BC 于 D，交 $\odot O$ 于 K.

设 I 关于 BC 的对称点为 N.

因为 $\angle BIC = 90° + \dfrac{1}{2}\angle BAC = 120°$，所以
$$\angle BNC = 120° = 180° - \angle BAC,$$
从而 N 在 $\odot O$ 上.

熟知 HK 被 BC 垂直平分，所以四边形 $INKH$ 是等腰梯形，BC 是它的对称轴.
$$\angle AHI = 180° - \angle IHK = 180° - \angle HKN = \angle ABN.$$
而 $\angle ABI = \angle IBC = \angle CBN$，所以
$$\angle AHI = 3\angle ABI = \dfrac{3}{2}\angle ABC.$$

84. 从⊙O上一点P向直径AB作垂线,垂足为C.过A、P的切线相交于D,BD交PC于E.

求证:$PE=EC$.

证明 如图,连接AP、PB.

因为AB为直径,所以$\angle APB=90°$.

切线$DA\perp AB$,所以$DA /\!/ PC$.

$$\frac{DA}{EC}=\frac{DB}{EB},\quad \angle DAP=\angle APC.$$

又

$$\angle DPA=\angle DAP,$$

所以$\angle DPA=\angle APC$,PA是$\angle DPE$的平分线.

因为$\angle APB=90°$,所以PB是△DPE的外角平分线.

$$\frac{DP}{PE}=\frac{DB}{EB},$$

从而

$$\frac{DA}{EC}=\frac{DP}{PE}.$$

因为$DA=DP$,所以

$$PE=EC.$$

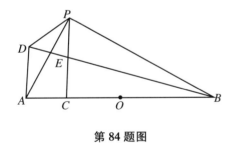

第84题图　　　　第85题图

85. △ABC的内心为I,BC的中点为M.过A作MI的平行线l.

求证:l与内切圆的一个交点和M的连线正好是内切圆的切线.

证明 如图,设⊙I切BC于F,作⊙I的直径FP.过P作BC的平行线,分别交AB、AC于B_1、C_1.

延长AP,交BC于E.因为△AB_1C_1∽△ABC,⊙I是△AB_1C_1的旁切圆,切B_1C_1于P,所以△ABC的旁切圆切BC于E.

熟知$BE=s-c\left(BC=a,CA=b,AB=c,s=\dfrac{a+b+c}{2}\right)$,$CF=s-c$,所以$M$是$EF$的

中点. MI 是 $\triangle EFP$ 的中位线, $AE /\!/ IM$, 即 AE 就是直线 l.

设 AE 与 $\odot I$ 的另一个交点为 Q, 连接 IQ.

圆心角 $\angle QIF = 2\angle QPF = 2\angle MIF$, 所以
$$\angle QIM = \angle MIF,$$
$$\triangle QIM \cong \triangle FIM (\text{SAS}),$$
$$\angle IQM = \angle IFM = 90°,$$

即 MQ 是 $\odot I$ 的切线.

注 反过来, 如果 Q 是 $\odot I$ 上的一点, M 在 BC 上, 并且 MQ 是切线, $AQ /\!/ IM$, 那么 M 一定是 BC 的中点. 理由如下:

设 AQ 交直线 FI 于 P, 则因为 $AQ /\!/ IM$, 所以 $\angle IPQ = \angle FIM = \angle MIQ = \angle IQP$, $IP = IQ$. P 在 $\odot I$ 上. FP 是 $\odot I$ 的直径, P 是 $\triangle AB_1C_1$ 的旁切圆的切点, 从而 E 是 $\triangle ABC$ 的旁切圆的切点, $BE = FC = s - c$, M 为 EF 的中点, 也是 BC 的中点.

86. $\triangle ABC$ 中, AD 是高, 以 BC 为直径作半圆, 分别交 AC、AB、AD 于 E、F、X. $\triangle DEX$ 的外接圆、$\triangle DFX$ 的外接圆分别与 BC 又交于 N、L.

求证: $BN = CL$.

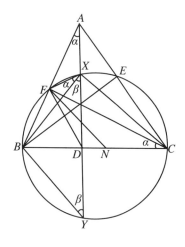

第 86 题图

证明 如图, BE、CF 是 $\triangle ABC$ 的高.
$$\angle BXF = \angle BCF = \angle BAD = \alpha,$$
$$\angle DNF = \angle DXF = \alpha + \beta,$$
$$\angle NFC = \angle DNF - \angle BCF = \beta.$$

延长 AX, 再交以 BC 为直径的圆于 Y, 则 Y 与 X 关于直径 BC 对称, $\angle BYX = \angle BXY = \beta$.
$$\triangle BAY \sim \triangle NCF,$$

所以
$$\frac{CN}{AB} = \frac{CF}{AY},$$
$$CN = \frac{AB \times CF}{AY} = \frac{2S_{\triangle ABC}}{AY}.$$

同理,
$$BL = \frac{2S_{\triangle ABC}}{AY} = CN.$$

于是 $BN = CL$.

注 (i) 本题亦可用三角, 但有几何意义的证法更好.

(ii) 不求 CL, 改求 CN, 因为后者更易求(有几何意义). 补足完整的圆亦颇有趣.

87. 锐角三角形 ABC 的边互不相等. 内切圆切 AB 于点 R. T 在 AB 上且 $IT /\!/ CR$. 过 T 再作一条直线与 $\odot I$ 相切于 K, 分别交 AC、BC 于 L、N.

求证: T 为 LN 的中点.

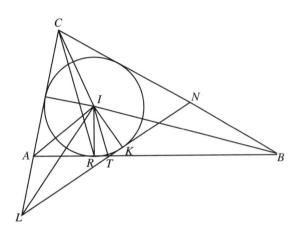

第 87 题图

证明 如图, 因为 $\odot I$ 是 $\triangle CLN$ 的内切圆, R 在 $\odot I$ 上, T 在 LN 上, $IT /\!/ CR$, TR 与 $\odot I$ 相切, 所以 T 是 LN 的中点.

88. 已知正方形 $ABCD$ 与正三角形 CDE. M 为 $\triangle CDE$ 的中心. AC 与 BE 交于 S.

求证: $\triangle CMS$ 为等腰三角形.

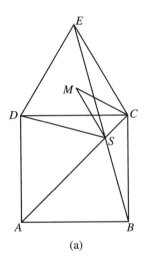 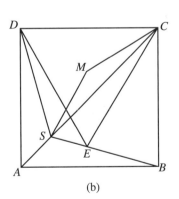

(a)   (b)

第 88 题图

证明 有 E 在正方形 $ABCD$ 外与 E 在正方形 $ABCD$ 内两种情况.

先设 E 在正方形 $ABCD$ 外, 如图(a).

因为 $CE = CD = CB$, 所以

$$\angle CEB = \angle CBE.$$

因为正方形 $ABCD$ 的顶点 D、B 关于对角线 AC 对称,所以
$$\angle CDS = \angle CBS = \angle CES.$$

从而 C、E、D、S 四点共圆.圆心当然就是 $\triangle CDE$ 的中心 M,半径
$$MC = MS,$$

$\triangle CMS$ 是等腰三角形.

再设 E 在正方形 $ABCD$ 内,如图(b).

同样,
$$\angle CEB = \angle CBE,$$
$$\angle CDS = \angle CBS = \angle CEB,$$

从而 C、E、D、S 四点共圆,圆心为 M,半径
$$MC = MS,$$

故 $\triangle CMS$ 是等腰三角形.

注 （ⅰ）题中求证 $\triangle CMS$ 是等腰三角形,未说明哪两条边相等.但从图形立即看出应当是 $MC=MS$.从而应证明(不论哪一种情况) S 在 $\triangle DCE$ 的外接圆上.

（ⅱ）因为 $EM \parallel CB$,所以
$$\angle CBE = \angle MEB = \frac{1}{2}(\angle MEB + \angle CEB) = 15°.$$

89. 在凸四边形 $ABCD$ 中,已知 $AB=BD$, $\angle ABD=\angle DBC$.点 K 在对角线 BD 上, $BK=BC$.

求证: $\angle KAD = \angle KCD$.

证明 设法构造全等三角形.

如图,在 BA 上取 E,使 $BE=BK$,则 $\triangle BEK \cong \triangle BKC$.
$$\angle AEK = 180° - \angle BEK = 180° - \angle BKC = \angle DKC,$$
$$EK = KC.$$

又
$$AE = AB - BE = DB - BK = DK,$$

所以 $\triangle AEK \cong \triangle DKC$.
$$\angle AKE = \angle DCK.$$

因为 $\triangle BEK$、$\triangle BAD$ 都是以 $\angle ABD$ 为顶点的等腰三角形,所以 $\angle BEK = \angle BAD = \frac{1}{2}(180° - \angle ABD)$.

$$\angle KAD = \angle BAD - \angle BAK$$
$$= \angle BEK - \angle BAK$$
$$= \angle AKE = \angle DCK.$$

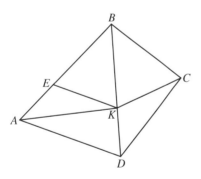

第89题图

90. I 是 $\triangle ABC$ 的内心,I_a 是 $\angle A$ 内的旁切圆的圆心.

求证:$AB \times AC = AI \times AI_a$.

证明 如图,因为

$$\angle AIB = 90° + \frac{1}{2}\angle ACB = \angle ICI_a + \angle ACI = \angle ACI_a,$$

$$\angle BAI = \angle I_aAC = \frac{1}{2}\angle BAC,$$

所以 $\triangle BAI \sim \triangle I_aAC$.

$$\frac{AB}{AI_a} = \frac{AI}{AC},$$

即

$$AB \times AC = AI \times AI_a.$$

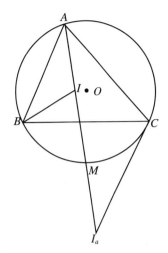

第 90 题图

注 作图时,先作 $\triangle ABC$ 的外接圆,再过圆心 O 作 BC 的垂线,交圆于 M.AM 是 $\angle BAC$ 的平分线.在直线 AM 上取 I、I_a,使 $MI = MI_a = MB$.

91. 在锐角三角形 ABC 中,AD 是高,I_a 是 $\angle A$ 内的旁心.K 在 AB 的延长线上,并且 $\angle AKI_a = 90° + \frac{3}{4}\angle ACB$.$I_aK$ 与 AD 的延长线相交于 L.

求证:当且仅当 $AL = 2R$ 时,DI_a 平分 $\angle AI_aB$,其中 R 为 $\triangle ABC$ 外接圆的半径.

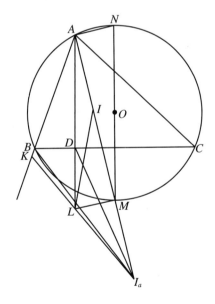

第 91 题图

证明 如图,设内心为 I,AI 交外接圆于 M,则 $MI = MI_a$.

先设 $AL = 2R$.作直径 MN,则 $MN \perp BC$.

因为 $AL \parallel MN$,所以四边形 $ALMN$ 是平行四边形,$\angle LMA = \angle MAN = 90°$.

$$AL^2 - LI_a^2 = AM^2 - MI_a^2 = (AM + MI_a)(AM - MI_a)$$
$$= AI_a(AM - MI) = AI_a \times AI = AB \times AC$$
$$= AD \times 2R = AD \times AL,$$

即
$$LI_a^2 = AL^2 - AD \times AL = LD \times AL,$$

所以 $\triangle I_a LD \backsim \triangle ALI_a$.

$$\angle DI_a L = \angle I_a AL = \frac{1}{2}(\angle DAC - \angle BAD)$$
$$= \frac{1}{2}(\angle ABC - \angle ACB).$$

因为
$$\angle KI_a B = 180° - \frac{1}{2}(180° - \angle ABC) - \left(90° + \frac{3}{4}\angle ACB\right) = \frac{1}{2}\angle ABC - \frac{3}{4}\angle ACB,$$
所以
$$\angle DI_a B = \angle DI_a L - \angle KI_a B$$
$$= \frac{1}{2}(\angle ABC - \angle ACB) - \left(\frac{1}{2}\angle ABC - \frac{3}{4}\angle ACB\right) = \frac{1}{4}\angle ACB.$$

因为 $\angle BI_a A = \frac{1}{2}\angle ACB$,所以 DI_a 平分 $\angle AI_a B$.

反之,设 DI_a 平分 $\angle AI_a B$. 在 AD 的延长线上取 L',使 $AL' = 2R$,则由上面所证得
$$\angle DI_a L' = \frac{1}{2}(\angle ABC - \angle ACB),$$
$$\angle BI_a L' = \angle DI_a L' - \angle DI_a B$$
$$= \angle DI_a L' - \frac{1}{2}\angle AI_a B = \angle DI_a L' - \frac{1}{4}\angle ACB$$
$$= \frac{1}{2}\angle ABC - \frac{3}{4}\angle ACB.$$

设 $I_a L'$ 交 AB 的延长线于 K',则
$$\angle AK' I_a = 180° - \frac{1}{2}(180° - \angle ABC) - \angle BI_a L'$$
$$= 90° + \frac{3}{4}\angle ACB.$$

因此 $K' = K, L' = L$,即 $AL = 2R$.

注 本题较难.需要一些准备工作,证明:

(i) $\angle BI_a A = \frac{1}{2}\angle ACB$(习题 1 第 65 题);

(ii) $AI_a \times AI = AB \times AC$(上一题);

(iii) $AD \times 2R = AB \times AC$(习题 1 第 92 题).

92. 在锐角三角形 ABC 中,已知 D、E 分别为点 A、B 在边 BC、CA 上的射影.以 BC 为直径向外作半圆与直线 AD 交于点 P.以 AC 为直径向外作半圆与直线 BE 交于点 Q.

证明:$CP = CQ$.

证明 如图,设 $\triangle ABC$ 的边长 $AC = b$,$BC = a$,则
$$CD = b\cos C.$$
因为 $\angle BPC = 90°$,在 Rt$\triangle BPC$ 中,
$$CP^2 = CD \times CB = ab\cos C.$$
同理,
$$CQ^2 = ab\cos C.$$
所以 $CP = CQ$.

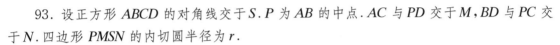

第 92 题图

93. 设正方形 $ABCD$ 的对角线交于 S.P 为 AB 的中点.AC 与 PD 交于 M,BD 与 PC 交于 N.四边形 $PMSN$ 的内切圆半径为 r.

证明:$r = MP - MS$.

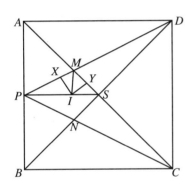

第 93 题图

证明 如图,由对称性,直线 SP 是正方形 $ABCD$ 的对称轴.

SP 平分 $\angle ASB$ 与 $\angle DPC$.

设 $\angle SMP$ 的平分线交 SP 于 I,则 I 是四边形 $PMSN$ 的内切圆圆心(四个角的平分线相交于 I).

过 I 作 $IX \perp MP$、$IY \perp MS$,X、Y 分别为垂足,则 $IX = IY$ 是内切圆半径 r.

$SP // AD$,所以
$$\angle PSM = \angle DAM = 45°,\quad \angle MPS = \angle MDA.$$
在 Rt$\triangle IYS$ 中,$YS = IY = r$.

在 Rt$\triangle IXP$ 中,
$$PX = IX\cot\angle MPS = r\cot\angle MDA = r \times \frac{DA}{AP} = 2r$$
$$\left(\text{或}\triangle IXP \backsim \triangle PAD, \frac{XP}{IX} = \frac{AD}{PA} = 2, XP = 2r\right).$$

因此
$$MP - MS = XP - YS = 2r - r = r.$$

94. 已知一个三角形,任一边上的中线等于这边的中点到其他两边的距离的和.

求证:这个三角形是正三角形.

证明 设 a、b、c 上的中线分别为 m_a、m_b、m_c,高分别为 h_a、h_b、h_c.由已知得
$$m_a = \frac{1}{2}(h_b + h_c).$$
类似地还有其他两个等式.三个等式相加得

$$\sum m_a = \sum h_a.$$

但 $m_a \geqslant h_a$,等等.所以从上式得 $m_a = h_a$, $m_b = h_b$, $m_c = h_c$.第一式导出 $b = c$,第二式导出 $a = c$.

所以三角形是正三角形.

95. 已知:点 M、N 分别在 $\triangle ABC$ 的边 AB、AC 上,满足 $MC = AC$, $NB = AB$. A 关于 BC 的对称点为 P.

证明:PA 是 $\angle MPN$ 的平分线.

证明 如图,因为 $MC = AC$,所以
$$\angle AMC = \angle BAC = \angle BPC,$$
故 B、M、C、P 四点共圆.
$$\begin{aligned}\angle MPA &= \angle MPC - \angle APC\\&= \angle ABC - \angle PAC\\&= \angle ABC - (90° - \angle ACB)\\&= \angle ABC + \angle ACB - 90°.\end{aligned}$$

同理,
$$\angle NPA = \angle ABC + \angle ACB - 90°.$$

所以 PA 是 $\angle MPN$ 的平分线.

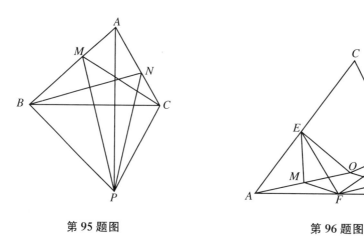

第 95 题图   第 96 题图

96. 已知:O 为 $\triangle ABC$ 内的一点,$OD \perp BC$,$OE \perp AC$,D、E 分别为垂足.F 为 AB 的中点,$DF = EF$.

求证:$\angle OBD = \angle OAE$.

证明 作图时可先作 AB 及其中点 F,以 F 为圆心作圆,交得 D、E,再作垂线定出 O($\odot F$ 的半径可调整),如图.

有中点出现的题目,应考虑利用中位线.直角三角形斜边上的中线是斜边的一半,这也是一条重要性质.

取 OA 的中点 M、OB 的中点 N,则
$$FM \underline{\parallel} ON = DN, \quad FN \underline{\parallel} OM = EM.$$
又 $FE = FD$,所以 $\triangle FME \cong \triangle DNF$.
$$\angle FME = \angle DNF.$$
因为四边形 $FMON$ 是平行四边形,$\angle FMO = \angle FNO$,所以
$$\angle OME = \angle FME - \angle FMO = \angle DNF - \angle FNO = \angle DNO,$$
即
$$2\angle OAE = 2\angle OBD, \quad \angle OAE = \angle OBD.$$

97. 已知:$\triangle ABC$ 中,$\angle C = 90°$. CH 为高,角平分线 AD 交 CH 于 P,M 为 DP 的中点. 角平分线 BE 交 CH 于 Q,N 为 EQ 的中点.

求证:$MN \parallel BC$.

证明 如图,因为
$$\angle CPD = \angle APH = 90° - \frac{1}{2}\angle BAC = \angle CDP,$$
所以 $CP = CD$,$CM \perp AD$.

延长 CM 交 AB 于 S. 因为 AM 平分 $\angle CAS$,且垂直于 CS,所以 M 是 CS 的中点.

同样,延长 CN 交 AB 于 T,则 N 是 CT 的中点.

在 $\triangle CST$ 中,中位线 $MN \parallel ST$,即 $MN \parallel AB$.

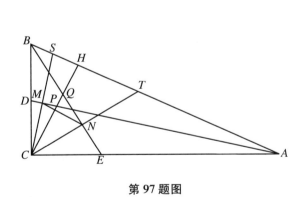

第 97 题图   第 98 题图

98. 已知:$\triangle ABC$ 的垂心为 H,外心为 O,$\angle BAC = 60°$. AD 是 $\angle BAC$ 的平分线.

求证:$AD \perp OH$.

证明 如图,过圆心 O 作 BC 的垂线,交 BC 于 E,交 $\overparen{BC}$ 于 M,则 E 为 BC 的中点,M 为 $\overparen{BC}$ 的中点. AM 过 D.
$$\angle BOM = \frac{1}{2}\angle BOC = \angle BAC = 60°,$$
所以 $\triangle OBM$ 是正三角形,$OM = 2OE$.

由习题1第74题知 $AH = 2OE = OM$.

设 OH 与 AM 相交于 F.

$AN // OM$,所以
$$\triangle OMF \cong \triangle HAF, \quad AF = FM.$$

因为 F 是 AM 的中点,所以 $OF \perp AM$,即 $AD \perp OH$.

99. 在 $\triangle ABC$ 中,$\angle C = 90°$,D 在 AC 上,K 在 BD 上,并且 $\angle ABC = \angle KAD = \angle AKD$. 求证:$BK = 2DC$.

证明 如图(a),延长 DC 到 E,使
$$CE = DC,$$
则 $DE = 2DC$,
$$\angle EBC = \angle CBD, \quad BE = BD.$$

因为
$$\angle KAB = \angle AKD - \angle KBA = \angle ABC - \angle KBA = \angle CBD,$$
所以
$$\angle EBA = \angle EBC + \angle ABC = \angle CBD + \angle ABC$$
$$= \angle KAB + \angle KAD = \angle EAB,$$
$$EA = EB = BD. \tag{1}$$

因为 $\angle KAD = \angle AKD$,所以
$$DA = DK. \tag{2}$$

(1)-(2)得
$$ED = BK,$$
即 $BK = 2CD$.

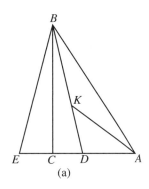
(a)

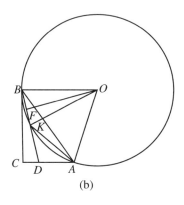
(b)

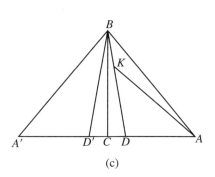
(c)

第99题图

证二 设 $\angle ABC = \alpha$,则 $\angle KAD = \angle AKD = \alpha$,
$$\angle BDC = \angle KAD + \angle AKD = 2\alpha,$$
$$\angle KAB = \angle AKD - \angle KBA = \angle CBD = 90° - 2\alpha.$$

如图(b),过 A、K、B 三点作圆. 设圆心为 O.

因为 $\angle KAB = 90° - 2\alpha$,所以 $\angle KOB = 2(90° - 2\alpha)$,

$$\angle OBK = \angle OKB = \frac{1}{2}(180° - \angle KOB) = 2\alpha = \angle CDB,$$

从而 $BO // AD$.

$$\angle BOA = 2(180° - \angle BKA) = 2\alpha = \angle OBK,$$

所以四边形 $OBDA$ 是等腰梯形.

$$BD = OA = OB.$$

设 F 为 BK 的中点,则 $\mathrm{Rt}\triangle OFB \cong \mathrm{Rt}\triangle BCD$.

$$BK = 2FB = 2CD.$$

证三 库超先生的解法更好.

如图(c),将图形关于 BC 翻转,得到 A'、D'.

设 $\angle ABC = \alpha$,则

$$\angle BDA' = 2\alpha = \angle ABA',$$

所以 $\triangle BDA' \backsim \triangle ABA'$. 从而 $\triangle BDA'$ 也是等腰三角形,$A'D = BD$.

$$BK = BD - KD = A'D - DA = D'D = 2CD.$$

100. 设 Γ 是锐角三角形 ABC 的外接圆,点 D 和 E 在线段 AB 和 AC 上,使得 $AD = AE$. BD、CE 的垂直平分线和 Γ 上的劣弧 $\overparen{AB}$、$\overparen{AC}$ 分别交于点 F、G.

证明:直线 DE 和 FG 重合或平行.

证明 如图,设外心为 O,BD、CE、AB、AC 的中点分别为 P、Q、M、N. 直线 PF 又交圆于 F_1,GQ 又交圆于 G_1.

$$MP = MB - PB = \frac{1}{2}(AB - DB) = \frac{1}{2}AD.$$

同理,

$$NQ = \frac{1}{2}AE = MP.$$

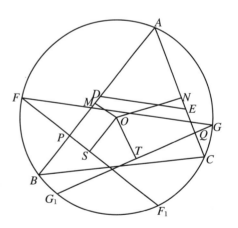

第100题图

设 S 为 FF_1 的中点,T 为 GG_1 的中点,则因为 OM、FF_1 都与 AB 垂直,所以 $OM // FF_1$. 弦 FF_1 的弦心距 OS 即 OM 与 FF_1 的距离 MP.

同理,弦 GG_1 的弦心距 $OT = NQ = MP$.

所以 $FF_1 = GG_1$,$\overparen{FF_1} = \overparen{GG_1}$.

$$\overparen{FG_1} = \overparen{FF_1} - \overparen{G_1F_1} = \overparen{GG_1} - \overparen{G_1F_1} = \overparen{F_1G},$$

$$\angle F_1FG = \angle G_1GF.$$

FG 与 AB 所成的角是 $\angle F_1FG$ 的余角,与 AC 所成的角是 $\angle G_1GF$ 的余角,因而 FG 与 AB、AC 所成的角相等,均为 $\frac{1}{2}(180° - \angle A)$. 而 DE 与 AB、AC 所成的角也是 $\frac{1}{2}(180° - \angle A)$. 所以直线 DE 与 FG 重合或平行.

习 题 4

习题 4 中共有 100 道题,基本上都是竞赛题.

竞赛题有易有难,有的很难.但我们选择的标准并不是难易,主要看题目(包括图形)与解答是否"好",也就是是否简明优雅,方法有无一般性(能用于较多问题).

此外,我们注意题目的多样性,使收录的题目能包含较多的类型.笔者已经写过一些有关几何问题的书,如《平面几何 100 题》《我怎样解题》等.那些书中已有的题尽量不用,以免重复.

过分偏、过分难的题一般不选.尤其那些需要极特殊的定理或仅有个别人知道的"独门武器"才能顺利解决的问题不选.

我们希望将几何学的优美介绍给读者.

我们希望读者能欣赏几何学的优美,不仅在开始,对题目(及图形)的欣赏;不仅在解完后,对解法及解题过程的欣赏.更重要地,在解题之中,在每一个关键步骤处,需要慢一点,仔细想一想走过来的路,当前的状况,以及前面的路该如何走.欣赏一番,看好了,想好了,谋定而后动.切忌匆匆忙忙,慌不择路.有时虽然也解出来了,但兜了太大的圈子,花费太多的时间与精力.当然更糟糕的是走进一条死路.此路不通却又不迷途知返,及时抽身.其实在这种时候,更应当冷静地想一想,是否是误入歧途.苦海无边,回头是岸.另选一条路,说不定就拨开云雾,豁然开朗.

欣赏,宜从多种角度.有时换一个角度来看,问题就大不相同(例如同一法就是更换看问题的角度).

希望读者能够学会欣赏几何问题的优美,享受解题的愉快.

1. 已知:DB、DC 是 $\triangle ABC$ 的外接圆的切线.点 G 在射线 DB 上,并且 $\angle GAB = \angle BAD = \alpha$.

求证:$\dfrac{DA}{DG} = \dfrac{AC}{BC\cos\alpha}$.

2. 已知:$\triangle ABC$ 中,$AB = AC$,O、I 分别为外心与内心.D 在 AC 上,$DI \parallel AB$.

求证:$OD \perp CI$.

3. 已知:$\triangle ABC$ 中,R、Q 分别在 AB、AC 上,直线 RQ 交 BC 的延长线于 P.

求证:$\dfrac{AQ \times CQ}{PQ \times RQ} + \dfrac{PC \times PB}{PQ \times PR} - \dfrac{AR \times BR}{QR \times PR} = 1$.

4. 设 $\triangle ABC$ 是锐角三角形，点 D、E、F 分别在边 BC、CA、AB 上，线段 AD、BE、CF 经过 $\triangle ABC$ 的外心 O. 已知：以下六个比值

$$\frac{BD}{DC},\quad \frac{CE}{EA},\quad \frac{AF}{FB},\quad \frac{BF}{FA},\quad \frac{AE}{EC},\quad \frac{CD}{DB}$$

中至少有两个是整数.

求证：$\triangle ABC$ 是等腰三角形.

5. 已知：锐角三角形 ABC 中，$AB \ne AC$. O 是外心. P 在射线 AO 上，并且 PA 平分 $\angle BPC$. PQ、PR 分别与 AB、AC 垂直，Q、R 分别为垂足. AD 垂直于 BC，D 为垂足.

求证：四边形 $DQPR$ 是平行四边形.

6. 在 $\triangle ABC$ 中，$\angle ABC = 90°$. D、G 在边 CA 上. 连接 BD、BG. 过点 A、G 分别作 BD 的垂线，垂足分别为 E、F. 连接 CF. 已知 $BE = EF$.

求证：$\angle ABG = \angle DFC$.

7. 已知：$\triangle ABC$ 中，$AB = AC$. P、Q、R 分别在 BC、AB、AC 上运动，保持 $QP = RP$ 及 $\angle QPR = $ 定值 2θ.

求证：$AQ + AR$ 为定值.

8. 点 P 在四边形 $ABCD$ 中，满足 $\angle PAB = \angle CAD$，$\angle PCB = \angle ACD$. E、F 分别是 $\triangle ABC$、$\triangle ADC$ 的外心.

求证：$\triangle PEB \backsim \triangle PFD$.

9. 已知凸四边形 $ABCD$. 点 P 在 $\triangle ABC$ 内部，满足 $\angle BAP = \angle CAD$，$\angle BCP = \angle ACD$，$PB = PD$.

求证：A、B、C、D 四点共圆.

10. 已知：$\triangle ABC$ 中，BE、CF 是角平分线. 点 P 在 BC 上，且 $AP \perp EF$.

求证：$AB - AC = PB - PC$ 的充分必要条件是 $AB = AC$ 或 $\angle BAC = 90°$.

11. 已知：$\triangle ABC$ 中，I 是内心. 点 P 与 A 在 BC 的异侧，且 $IP \perp BC$，$\angle IBP + \angle ICP = 90°$. 过 P 作 IB、IC 的垂线，垂足分别为 M、N.

求证：$\angle MAN = \frac{1}{2} \angle BAC$.

12. 已知锐角三角形 ABC，M 为 AC 的中点，O 为外心. 延长 OM 到 P，使 $AP = OP$. 在直线 AB、BC 上分别取点 Q、R，使得 $\angle BQM = \angle BRM = \angle ABC$.

求证：$BP \perp QR$.

13. 设锐角三角形 ABC 的三边互不相等，O 为外心. A' 在线段 AO 的延长线上，并且 $\angle BA'A = \angle CA'A$. 过 A' 作 $A'A_1 \perp AC$，$A'A_2 \perp AB$，垂足分别为 A_1、A_2. $AH_A \perp BC$，垂足为 H_A. $\triangle H_A A_1 A_2$ 的外接圆半径为 R_A. 类似地定义 R_B、R_C. 又设 R 为 $\triangle ABC$ 的外接圆半径.

求证：$\dfrac{1}{R_A} + \dfrac{1}{R_B} + \dfrac{1}{R_C} = \dfrac{2}{R}$.

14. △ABC 中,AB = AC.⊙O 与 AB、AC 相切,切点分别为 D、E.这圆交 BC 于 K、L. AK 又交圆于 M.P、Q 分别是 K 关于点 B、C 的对称点.

证明:△PMQ 的外接圆与⊙O 相切.

15. △ABC 中,D、E、F 为边的中点,O 为外心.直线 AD 又交外接圆于 A'.过 A' 作切线,过 D 作 OA 的垂线,两线相交于 A''.类似地定义 B''、C''.

证明:A''、B''、C'' 三点共线.

16. 已知平行四边形 ABCD.O、G 分别是△ABC 的外心与重心.OE⊥AD,垂足为 E. A 关于 BC 的对称点是 A'.

求证:$A'E$ 过 G,并且 $GA' = 2GE$.

17. △ABC 中,O 为外心,H 为垂心.A、B、C 关于 BC、CA、AB 的对称点分别为 D、E、F.

证明:D、E、F 三点共线的充分必要条件是 OH = 2R,这里 R 是外接圆的半径.

18. D 为△ABC 内一点.已知△ABC、△ABD、△BCD、△ACD 的外接圆中,有三个圆的半径相等.

证明:四个外接圆的半径全相等,并且△ABC 是锐角三角形,D 为垂心.

19. 点 O 是△ABC 的外心.分别以三边的中点为圆心作过 O 的圆.这些圆两两相交,异于 O 的交点是 K、L、M.

证明:O 是△KLM 的内心.

20. 两个不等的圆⊙O_1、⊙O_2 相交于 A、B.一条外公切线分别切两圆于 P_1、P_2.另一条外公切线分别切两圆于 Q_1、Q_2.P_1Q_1、P_2Q_2 分别交直线 O_1O_2 于 M_1、M_2.

求证:$\angle O_1AO_2 = \angle M_1AM_2$.

21. 已知:⊙O 与△ABC 的外接圆相切,又与 AB、AC 分别相切于 P、Q.

求证:PQ 的中点是△ABC 的内心.

22. 两圆内切.A、B、C、D 为大圆上的顺次四点.AC、BD 分别切小圆于 E、F.B 与小圆在 AC 同侧.

证明:直线 EF 过△ABC 的内心.

23. 四条直线 AB、BC、CD、DA 形成一个完全四边形.证明它形成的四个三角形,即 △ABF、△CDF、△ADE、△BCE 的外接圆共点.这点称为 Miquel 点.

证明:上述四个外接圆的圆心及 Miquel 点五点共圆.

24. △ABC 中,AB = AC.D、M 分别为 BC、AB 的中点.H 为垂心.X 在直线 BH 上,并且 XD∥AB.⊙AHX 与 DX 又交于 P.

证明:⊙AMP 在 A 点的切线平行于 BC.

25. 设凸四边形 ABCD 的对角线相交于 O.O 到 AB、BC、CD、DA 的距离分别是 h_1、h_2、h_3、h_4.

求证:四边形 ABCD 有内切圆的充分必要条件是 $\dfrac{1}{h_1} + \dfrac{1}{h_3} = \dfrac{1}{h_2} + \dfrac{1}{h_4}$.

26. 凸五边形 $AXYZB$ 内接于以 AB 为直径、O 为圆心的半圆. 自点 Y 向 AX、BX、AZ、BZ 作垂线,垂足分别为 P、Q、R、S.

证明:PQ 与 RS 所夹的锐角等于 $\angle XOZ$ 的一半.

27. $\triangle ABC$ 中,$\angle B > 90°$. 过 C 作外接圆 $\odot O$ 的切线,交 AB 的延长线于 B_1. O_1 为 $\triangle AB_1C$ 的外心. B_2 在线段 BB_1 上. 过 B_2 作 $\odot O$ 的切线,切点 C_1 在 $\overset{\frown}{BC}$ 上. O_2 为 $\triangle AB_2C_1$ 的外心. 已知 $OO_2 \perp AO_1$.

求证:A、C、O_2 三点共线.

28. 凸四边形 $ABCD$ 中,$\angle ADC = 90°$. 过 B 作 AD、AC 的垂线,垂足 E 在线段 DA 的延长线上,F 在线段 AC 上. 已知:EF 经过 BD 的中点.

求证:A、B、C、D 四点共圆.

29. 已知平行四边形 $ABCD$. 点 E 在 BC 上. 延长 AE、DC,相交于 F. O 是 $\triangle ECF$ 的外心. B、O、C、D 四点共圆.

求证:$AD = FD$.

30. $\triangle ABC$ 中,点 D、E 分别在边 AC、AB 上,$ED \parallel BC$. BD、CE 相交于 F.

证明:$\triangle AEF$、$\triangle ADF$、$\triangle EFB$、$\triangle DFC$ 的外心四点共圆.

31. 点 D、E、F 分别在 $\triangle ABC$ 的边 BC、CA、AB 上,并且 AD、BE、CF 交于一点 G. $\triangle AFG$、$\triangle BFG$、$\triangle BGD$、$\triangle GDC$、$\triangle CGE$、$\triangle AGE$ 的外心分别为 O_1、O_2、O_3、O_4、O_5、O_6. 这六点互不相同.

证明:O_1、O_2、O_3、O_4、O_5、O_6 六点共圆的充分必要条件是 G 为 $\triangle ABC$ 的重心.

32. 已知:$\triangle ABC$ 的外心为 O,直径 MN 分别交 AB、AC 于 E、F. E、F 关于 O 的对称点分别为 E_1、F_1.

求证:直线 BF_1、CE_1 的交点在外接圆上.

33. 锐角三角形 ABC 中,O 为外心. 线段 MN 过 O,M、N 分别在 AB、AC 上. K 是 MN 的中点,与 O 不同. E、F 分别为 BN、CM 的中点.

证明:O、E、F、K 四点共圆.

34. 已知:锐角三角形 ABC 中,O 为外心. 线段 MN 过 O,M、N 分别在 AB、AC 上. E、F、K 分别为 BN、CM、MN 的中点.

求证:当且仅当 K 与外心 O 重合时,$\odot EKF$ 与 MN 相切.

35. 圆的弦 BD 与直径 AC 垂直,相交于 E. F 在 DA 的延长线上,G 在 BA 的延长线上,$DG \parallel BF$. H 在 GF 的延长线上,$CH \perp GF$.

证明:B、E、F、H 四点共圆.

36. $\triangle ABC$ 的边长分别为 a、b、c,$c \geqslant b$. 过 A 作外接圆的切线,交直线 BC 于 R. 记 AR 为 x.

（i）将 x 用 a、b、c 表示.

（ii）证明:$\dfrac{\cos A}{x} + \dfrac{\cos C}{b} = \dfrac{\cos B}{c}$.

平面几何的知识与问题

37. 延长圆内接四边形 $ABCD$ 的边 AB、DC 交于 E，AD、BC 交于 F. EF 的中点为 G. AG 又交圆于 K.

证明：C、E、F、K 四点共圆.

38. $\odot O$ 是 $\triangle ABC$ 的外接圆. 直线 AB、AC 分别与 $\odot OBC$ 交于 B_1（不同于 B）、C_1（不同于 C）. BA、BC 分别与 $\odot OAC$ 交于 A_1、C_2. CA、CB 分别与 $\odot OAB$ 交于 A_2、B_3.

证明：A_2A_3、B_1B_3、C_1C_2 三线共点.

39. $\odot O$ 是 $\triangle ABC$ 的外接圆. 点 P 在 $\overset{\frown}{AB}$ 上. 过 P 作 OB 的垂线，交 AB 于 S，交 BC 于 T. 过 P 作 OA 的垂线，交 AB 于 Q，交 AC 于 R.

证明：（ⅰ）$\triangle PQS$ 是等腰三角形；

（ⅱ）$PQ^2 = QR \times ST$.

40. $\odot O$ 分别切 $\triangle ABC$ 的边 AB、AC 于 B、E. D 在 AB 上，$ED \parallel BC$. DE、BC 又分别交圆于 K、H. 延长 AK 交 BC 于 G.

证明：$BG = HC$.

41. 设 $\odot O$ 的半径为 r. AM、AN 是切线. L 在劣弧 $\overset{\frown}{MN}$ 上. 过 A 作 MN 的平行线，分别交 ML、NL 于 P、Q.

证明：$r^2 = OP \times OQ \times \cos\angle POQ$.

42. 在 $\triangle ABC$ 中，$\angle B = 60°$. 过 A 作外接圆的切线，交 CB 的延长线于 P. 点 D、E 分别在线段 PA 与外接圆上，满足 $\angle DBE = 90°$，$AD = AE$. BE 交 AC 于 F. 已知：PF、AB、CD 三线共点.

（ⅰ）求证：BF 平分 $\angle ABC$.

（ⅱ）求 $\tan \angle ACB$ 的值.

43. 设 $\triangle ABC$ 的边长为 a、b、c ($a < c$). 中线 BM 被内切圆分成三条线段.

证明：三条线段相等的充分必要条件是 $\dfrac{a}{5} = \dfrac{b}{10} = \dfrac{c}{13}$.

44. 已知：锐角三角形 ABC 的内切圆分别切 AB、AC 于 D、E. $\angle ABC$ 与 $\angle ACB$ 的平分线分别交直线 DE 于 X、Y. Z 为 BC 的中点.

求证：当且仅当 $\angle A = 60°$ 时，$\triangle XYZ$ 是正三角形.

45. O 是线段 AC 的中点. $\odot O$ 是 $\triangle APQ$ 的与 A 相对的旁切圆，也是 $\triangle CMN$ 的与 C 相对的旁切圆.

证明：四边形 $PQMN$ 有一组边平行.

46. 四边形 $ABCD$ 有内切圆，圆心为 O.

证明：$\triangle OAB$、$\triangle OBC$、$\triangle OCD$、$\triangle ODA$ 的垂心共线.

47. $\triangle ABC$ 中，$AB = AC$. I 为内心. 点 P 在 $\triangle BIC$ 的外接圆上，并且在 $\triangle ABC$ 内. 过 P 作 AB、AC 的平行线，分别交 BC 于 D、E. 过 P 作 BC 的平行线分别交 AB、AC 于 F、G.

证明：直线 DF 与 EG 的交点在 $\triangle ABC$ 的外接圆上.

48. O、H 分别为 $\triangle ABC$ 的外心、垂心. M、N 分别为 BH、CH 的中点. D 为 B 的对径点. 已知:四边形 $HOMN$ 是圆内接四边形.

求证:$DN = \dfrac{1}{2} AC$.

49. 已知在 $\triangle ABC$ 中,$\angle C = 90°$. 内切圆分别切 BC、CA、AB 于 D、E、F. BE 又交内切圆于 P. $PD \perp PA$.

求 $\triangle ABC$ 三条边长度的比.

50. 设 $\triangle ABC$ 的外心为 O,内心为 I. 一旁切圆分别切 AB 的延长线、AC 的延长线、BC 于 M、N、L. 已知:MN 的中点在外接圆上.

求证:I、O、L 三点共线.

51. $\odot M$ 与 $\odot N$ 相交于 A、B. CB 是 $\odot M$ 的弦,也是 $\odot N$ 的切线. $\odot N$ 又切 $\odot M$ 的弦 CE 于 D. $DF \perp BE$,垂足为 F.

求证:$\angle EAF = 2 \angle BEC$.

52. 设凸四边形 $ABCD$ 的对角线交于 O. $\odot OAD$ 与 $\odot OBC$ 又交于 M. 直线 OM 分别交 $\triangle OAB$、$\triangle OCD$ 的外接圆于 T、S.

证明:M 是 TS 的中点.

53. 两个不等的圆在点 R 外切. 直线 AP 切小圆于 A,交大圆于 P、M,M 在 A、P 之间. 直线 BQ 切小圆于 B,交大圆于 Q、N,N 在 B、Q 之间. $\odot ARP$ 与 $\odot BRQ$ 又交于点 I.

证明:PI 平分 $\angle APQ$.

54. $\triangle ABC$ 中,$CA > AB$. BE、CF 是角平分线. 外接圆的弦 $BQ \parallel EF$,交 CF 于 L. $\odot QCL$ 又交 AC 于 K.

求证:$AK = AB$.

55. $\triangle ABC$ 中,$BC > CA > AB$. BE、CF 是角平分线,外接圆的弦 $BQ \parallel EF$,$QP \parallel AC$.

求证:$PC = PA + PB$.

56. 动点 P 在 $\triangle ABC$ 的边 BC 上. $PE \parallel AB$,$PF \parallel AC$,E、F 分别在 AC、AB 上.

证明:$\odot AEF$ 过一个定点.

57. $\angle XAY = \theta$ 为给定的锐角. 点 B、C 分别在 AX、AY 上运动. P 在 $\angle XAY$ 内,也是动点,PA、PB、PC 分别为定长 a、b、c.

求 $\triangle ABC$ 的面积的最大值.

58. 已知:$\triangle ABC$ 的各边中点为 A_1、B_1、C_1. P 为外接圆上的一点. 射线 PA_1、PB_1、PC_1 分别交外接圆于 A_2、B_2、C_2. 直线 AA_2、BB_2、CC_2 相交产生出 $\triangle A_0 B_0 C_0$.

求证:(ⅰ) $AA_0 \parallel BB_0 \parallel CC_0$;

(ⅱ) $\triangle A_0 B_0 C_0$ 的面积为定值,与 P 的位置无关.

59. 锐角三角形 ABC 的垂心为 H,内心为 I,外心为 O. 延长 AH、AI,分别交外接圆于 D、L.

证明:当且仅当 $\angle IDL = 90°$ 时,$\angle AIH = 90°$.

60. $\triangle ABC$ 的边长为 a、b、c,高为 h_a、h_b、h_c,外接圆的半径为 R,内切圆的半径为 r,面积为 Δ. 三个旁切圆分别切 BC、CA、AB 于 D、E、F. 设 $\triangle DEF$ 的边长为 a'、b'、c',面积为 Δ'.

证明:(i) $a' = a\sqrt{1 - \dfrac{h_a}{2R}}$;

(ii) $\Delta' = \Delta \times \dfrac{r}{2R}$.

61. $\triangle ABC$ 的内切圆 $\odot I$ 分别切 BC、CA、AB 于 D、E、F. G 为 $\overparen{EF}$ 的中点. $\triangle DCE$ 的内切圆与 $\triangle DBF$ 的内切圆有一条不同于 BC 的外公切线,分别交 DG、DF 于 M、N.

证明: $\triangle FMN$ 为等腰三角形.

62. $\odot O$ 是 $\triangle ABC$ 的外接圆. D 在 $\overparen{AB}$ 上. $\triangle CAD$、$\triangle CBD$ 的内心分别为 E、F. $\odot DEF$ 与 $\odot O$ 的另一个交点为 X.

求 D 在 $\overparen{AB}$ 上运动时 X 的轨迹.

63. 圆内接四边形 $ABCD$ 的对角线 AC、BD 相交于点 E,G、H 分别为边 AB、CD 的中点. 直线 AD 与 BC 交于点 F.

证明: EF 与过点 E、G、H 的圆相切.

64. 已知: $\triangle ABC$ 中,E、F 分别为 AB、AC 上的点. M、N 分别为线段 BC、EF 的中点. 直线 MN 交直线 AB 于 L. 圆 ABF 与圆 AEC 的公共弦为 AD.

求证: $\angle BLM = \angle DAC$.

65. 已知: $\triangle ABC$ 的内切圆分别切 AB、AC 于 Z、Y. BY 与 CZ 相交于 G. 作平行四边形 $BCYR$ 与 $BCSZ$.

求证: $GR = GS$.

66. 在 $\triangle ABC$ 中,$\angle C = 90°$. $CD \perp AB$,垂足为 D. O 是 $\triangle BCD$ 的外心. $\triangle ACD$ 内有一圆,圆心为 O_1,分别切边 AD、AC 于 M、N,并且与 $\odot O$ 相切于 P.

证明:(i) $BD \times CN + BC \times DM = CD \times BM$;

(ii) $BM = BC$;

(iii) CM 平分 $\angle ACD$;

(iv) MN 过 $\triangle BCD$ 的旁心.

67. $\odot O$ 是 $\triangle ABC$ 的外接圆,半径为 R. O 关于 BC、CA、AB 的对称点分别为 O_1、O_2、O_3.

(i) 分别以 O_1、O_2、O_3 为圆心,R 为半径作圆. 证明:这三个圆交于一点.

(ii) 过(i)中所说的交点任作一条直线,分别与 $\odot O_i$ 交于 M_i ($i = 1,2,3$). 过 M_i ($i = 1,2,3$) 分别作 BC、CA、AB 的垂线. 证明:这三条垂线交于一点.

68. 四边形 $ABCD$ 的边 AD、BC 相交于 P. AB 与 CD 不平行. $\triangle ABP$、$\triangle CDP$ 的外心分别为 O_1、O_2,垂心分别为 H_1、H_2,O_1H_1、O_2H_2 的中点分别为 E_1、E_2. 过 E_1、E_2 分别作 CD、AB 的垂线.

证明:这两条垂线与 H_1H_2 三线共点.

69. 四边形 $ABCD$ 有内切圆.过 A 作直线 t 分别交 BC、DC 于 M、N.$\triangle ABM$、$\triangle MNC$、$\triangle NDA$ 的内心分别为 I_1、I_2、I_3.

证明：$\triangle I_1I_2I_3$ 的垂心 H 在直线 t 上.

70. 已知：$\odot O_1$、$\odot O_2$ 交于 P、Q.靠近 P 的外公切线切 $\odot O_1$ 于 X,切 $\odot O_2$ 于 Y.YP 又交 $\odot O_1$ 于 C,XP 又交 $\odot O_2$ 于 B.直线 BX 与 CY 相交于 A.$\odot ABC$ 与 $\odot AXY$ 又交于 K.

求证：$\angle KXA = \angle KQP$.

71. 在 $\triangle ABC$ 中,$AB > AC$.内切圆的圆心为 I,分别切 BC、CA、AB 于 D、E、F.M 是 BC 的中点,AH 是高.直线 AI 与 DE、DF 分别交于 K、L.

证明：M、L、H、K 四点共圆.

72. $\odot O$ 是 $\triangle ABC$ 的外接圆.AM、AD 分别为中线与角平分线.过 B、C 分别作切线相交于 P,AP 交 BC 于 E,交 $\odot O$ 于 F.

证明：D 是 $\triangle AMF$ 的内心.

73. 已知：$\triangle ABC$ 的内切圆分别切三边 BC、CA、AB 于 D、E、F.过点 A、B 作圆 w,使得 D、E 在圆 w 内.直线 DE 交圆 w 于点 P、Q,M 为线段 AB 的中点.

求证：P、Q、F、M 四点共圆.

74. 已知：两个半径不同的圆 $\odot O$ 与 $\odot O'$ 外离.一条内公切线分别交外公切线 l_1、l_2 于 B、C.过 B 且与 $\odot O$、$\odot O'$ 均外切的 $\odot O_1$ 又交 l_1 于 P,过 C 且与 $\odot O$、$\odot O'$ 均外切的 $\odot O_2$ 又交 l_2 于 Q.

求证：B、P、C、Q 四点共圆.

75. 已知 $\triangle ABC$.X 为直线 BC 上的动点,且 C 在 B、X 之间.$\triangle ABX$ 与 $\triangle ACX$ 的内切圆相交于 P、Q.求证：PQ 经过一个与 X 无关的定点.

76. AD 是 $\triangle ABC$ 的高,H 在 AD 上,BH 交 AC 于 E,CH 交 AB 于 F.

求证：$\angle EDH = \angle HDF$.

77. 在四边形 $ABCD$ 中,对角线 AC 平分 $\angle BAD$.F 在 AC 上,BF 交 CD 于 E,DF 交 BC 于 G.

求证：$\angle EAF = \angle FAG$.

78. $\triangle ABC$ 的内切圆圆心为 I,切 BC 于 D.AH 为 BC 边上的高.M 为 AH 的中点.DM 交 $\odot I$ 于 E.

求证：（i）$DH = \dfrac{(c-b)(s-a)}{a}$,其中 a、b、c 为 $\triangle ABC$ 的边长,$s = \dfrac{1}{2}(a+b+c)$；

（ii）$\angle BED = \angle DEC$.

79. 设点 A_1、A_2 处分别放有质量 m_1、m_2.A 在线段 A_1A_2 上,并且 $\dfrac{A_1A}{AA_2} = \dfrac{m_2}{m_1}$,则 A 称为 A_1、A_2 的质心.一般地,设点 A_i 处放有质量 $m_i (1 \leqslant i \leqslant n)$,$B$ 为 A_1、A_2、$\cdots$、A_{n-1} 的质心,A 在线段 BA_n 上,并且 $\dfrac{BA}{AA_n} = \dfrac{m_n}{m_1 + m_2 + \cdots + m_{n-1}}$,则 A 称为 A_1、A_2、$\cdots$、A_{n-1} 的质心.设点 A_i 到直线 t 的有向距离为 $d_i (1 \leqslant i \leqslant n)$,当 A_i 在直线 t 的右(或上)侧时,$d_i > 0$.否则 $d_i < 0$.

证明：质心 A 到直线 t 的有向距离为 $d = \dfrac{m_1 d_1 + m_2 d_2 + \cdots + m_n d_n}{m_1 + m_2 + \cdots + m_n}$.

平面几何的知识与问题

80. 已知：n 个半径分别为 r_1、r_2、$\cdots$、r_n 的圆不可分离(这里将一个图形 F 分离,指可以作一条与 F 无公共点的直线,使 F 分成两部分,分别在这条直线的两侧.否则就称 F 为不可分离的).

证明：这些圆可用一个半径为 $r_1 + r_2 + \cdots + r_n$ 的圆覆盖.

81. $\triangle ABC$ 的外接圆在点 A 的切线交直线 BC 于 P.设 P 关于 AB、AC 的对称点分别为 Q、R.

证明：$BC \perp QR$.

82. 设 H 是锐角三角形 ABC 的垂心,M 为边 BC 的中点.过 H 作 AM 的垂线交 AM 于点 P.

求证：$AM \cdot PM = BM^2$.

83. $\triangle ABC$ 的外接圆 Γ 在 A 处的切线为 l.D、E 分别在 AB、AC 上(不是端点),满足 $BD:DA = AE:EC$.直线 DE 交 Γ 于 F、G.过 D 且与 AC 平行的直线交 l 于点 H.过 E 且与 AB 平行的直线交 l 于点 I.

证明：F、G、H、I 四点共圆,并且这圆与 BC 相切.

84. $\triangle ABC$ 的内切圆分别切 AB、BC 于 E、F.M、N 分别为 AC、BC 的中点,AD 为角平分线.AD、EF 相交于 P.

求证：M、N、P 三点共线.

85. H 是锐角 $\triangle ABC$ 的垂心,过 B、C 的圆 Γ 与以 AH 为直径的圆交于两个不同点 X、Y.$AD \perp BC$,D 为垂足.$DK \perp XY$,K 为垂足.

证明：$\angle BKD = \angle CKD$.

86. $\triangle ABC$ 的内心为 I.圆 Ω 过 B、C,又分别交 AB、AC、BI、CI 于 D、E、P、Q,并且 $AD + AE = BC$.

求证：A、I、P、Q 四点共圆.

87. 在锐角三角形 ABC 中,$\angle A = 30°$,X 在三角形内,$\angle XBC = \angle XCB = 30°$,$P$、$Q$ 分别在直线 BX、CX 上,$AP = BP$,$AQ = CQ$,M 是 BC 的中点.

求证：$\angle PMQ = 90°$.

88. $\triangle PAB$、$\triangle PCD$ 满足 $PA = PB$,$PC = PD$.P、A、C 依次共线,B、P、D 依次共线.过 A、C 的 $\odot S_1$ 与过 B、D 的 $\odot S_2$ 相交于两个不同点 X、Y.

证明：$\triangle PXY$ 的外心是 $S_1 S_2$ 的中点.

89. 在锐角 $\triangle ABC$ 中,$AB \neq AC$.过 A 作 BC 的垂线,垂足为 H,点 P 在 AB 的延长线上,Q 在 AC 的延长线上,且 B、C、P、Q 共圆,$HP = HQ$.

证明：H 为 $\triangle APQ$ 的外心.

90. 四边形 $ABCD$ 有内切圆,圆心为 O,$OA = 5$,$OB = 6$,$OC = 7$,$OD = 8$.M 为线段 AC 的中点,N 为线段 BD 的中点.

求 $OM:ON$.

91. 在四边形 $ABCD$ 中,已知 $\angle DAB = 110°$,$\angle ABC = 50°$,$\angle BCD = 70°$. M、N 分别是 AB、CD 的中点,P 在线段 MN 上,满足 $AM:CN = MP:NP$,$AP = CP$.

求 $\angle APC$.

92. $\triangle ABC$ 中,$\angle BAC = 60°$,$\angle ABC$ 的平分线为 BP,$\angle ACB$ 的平分线为 CQ.

求证:点 A 关于 PQ 的对称点在直线 BC 上.

93. 在锐角三角形 ABC 中,$AB < AC$. H、I 分别为垂心、内心. J、K 分别在 AB、BC 上,满足 $\angle HIK = 90°$,$AC = AJ + CK$.

试用 $\angle BCA$ 表示 $\angle HJK$.

94. 正六边形 $ABCDEF$ 的边长为 1,过 A、C 作圆,过 B、D 作圆,两圆不同,相交于两不同点 P、Q.

求线段 PQ 的最小值.

95. $\triangle ABC$ 中,$\angle A = 60°$,$\angle ABC$、$\angle ACB$ 的平分线分别交边 AC、AB 于 P、Q,r_1、r_2 分别为 $\triangle ABC$ 与 $\triangle APQ$ 的内切圆半径.

请用 r_1、r_2 表示 $\triangle APQ$ 的外接圆的半径.

96. $\triangle ABC$ 中,$AB > AC$. $\angle BAC$ 的平分线交 BC 于 D. 线段 AD 的垂直平分线分别交 AB、AC 于 E、F. 点 X 在边 BC 上,满足 $\dfrac{BX}{XC} = \dfrac{BE}{CF}$,$AX$ 又交外接圆于 Y. 已知 $BC = a$,$CA = b$,$AB = c$.

求 $\triangle ADY$ 的外接圆的半径.

97. 在锐角 $\triangle ABC$ 中,$AB > AC$. $\odot O$ 与 $\odot I$ 分别为 $\triangle ABC$ 的外接圆与内切圆,$\odot I$ 与边 BC 相切于点 D. 直线 AO 与边 BC 相交于 X. AY 是 BC 边上的高. $\odot O$ 在点 B、C 处的切线相交于点 L. PQ 是过 I 的 $\odot O$ 的直径.

证明:A、D、L 三点共线当且仅当 P、X、Y、Q 四点共圆.

98. 平面上有四个不同的点,其中任三点不共线.

证明:如果以其中任三个点为顶点的四个三角形的内切圆半径都相等,那么这四个三角形全等.

99. 平面上有一半径小于 1 的圆. 在这圆上任取 2019 个不同的点. 以这些点为圆心作单位圆盘(半径为 1 的圆及其内部). 被这 2019 个单位圆盘覆盖的区域 Γ' 周长为 l.

求这 2019 个单位圆盘的公共部分 Γ 的周长.

100. $\triangle ABC$ 中,M 是 BC 的中点,点 E、F 分别是 M 关于直线 AC、AB 的对称点. 直线 FB、EC 交于点 P. 点 Q 满足 $QA = QM$,$\angle QAP = 90°$. O 是 $\triangle PEF$ 的外心.

证明:$\angle AOQ = 90°$.

习题 4 解答

1. 已知: DB、DC 是 $\triangle ABC$ 的外接圆的切线. 点 G 在射线 DB 上, 并且 $\angle GAB = \angle BAD = \alpha$.

   求证: $\dfrac{DA}{DG} = \dfrac{AC}{BC\cos\alpha}$.

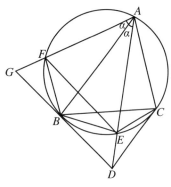

第 1 题图

证明 如图, AD、AG 分别交圆于 E、F, 则
$$\angle DBE = \alpha = \angle BEF = \angle BFE,$$
所以 $EF /\!/ DG$, $BE = BF$.
$$EF = 2BE \times \cos\alpha.$$
$$\frac{DA}{DG} = \frac{EA}{EF} = \frac{EA}{2BE\cos\alpha}.$$

由习题 3 第 43 题得
$$EA \times BC = 2BE \times AC,$$
所以
$$\frac{DA}{DG} = \frac{AC}{BC\cos\alpha}.$$

以上证法是西安铁一中张翘楚同学提供的.

2. 已知: $\triangle ABC$ 中, $AB = AC$. O、I 分别为外心与内心. D 在 AC 上, $DI /\!/ AB$.

   求证: $OD \perp CI$.

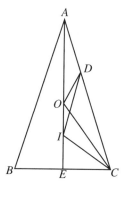

第 2 题图

证明 如图, 因为 $DI /\!/ AB$, 所以 $\angle IDC = \angle BAC$.
$$\angle IOC = \angle OAC + \angle OCA$$
$$= 2\angle OAC = \angle BAC = \angle IDC,$$
所以 O、I、C、D 四点共圆.
$$\angle ODC = \angle EIC\ (E\text{ 为 }AI\text{ 与 }BC\text{ 的交点})$$
$$= \angle IAC + \angle ICA = 90° - \angle ICA,$$
$$\angle ODC + \angle ICA = 90°.$$
所以 $OD \perp CI$.

注 已知条件当然要用. 平行的用处首先是带来角的相等. 寻找到四点共圆, 通往本题结论的大门就洞开了.

3. 已知：$\triangle ABC$ 中，R、Q 分别在 AB、AC 上，直线 RQ 交 BC 的延长线于 P.

求证：
$$\frac{AQ \times CQ}{PQ \times RQ} + \frac{PC \times PB}{PQ \times PR} - \frac{AR \times BR}{QR \times PR} = 1.$$

证明 如图，过 A、R、C 作圆，交 PQ 于 E、交 PC 于 F.
$$\frac{AQ \times CQ}{PQ \times RQ} = \frac{RQ \times QE}{PQ \times RQ} = \frac{QE}{PQ}, \quad (1)$$

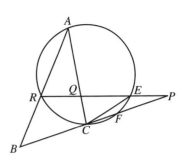

第 3 题图

所以
$$\frac{AQ \times CQ}{PQ \times RQ} + \frac{PC \times PB}{PQ \times PR} - 1 = \frac{PC \times PB}{PQ \times PR} - \frac{PE}{PQ}$$
$$= \frac{PC \times PB - PR \times PE}{PQ \times PR}$$
$$= \frac{PC \times PB - PC \times PF}{PQ \times PR}$$
$$= \frac{PC \times BF}{PQ \times PR}. \quad (2)$$

只需证
$$\frac{AR \times BR}{QR} = \frac{PC \times BF}{PQ}. \quad (3)$$

又
$$BF = \frac{BR \times AB}{BC}, \quad (4)$$

所以(3)式即
$$\frac{PC}{BC} \times \frac{AB}{AR} \times \frac{QR}{PQ} = 1. \quad (5)$$

对 $\triangle BPR$ 及截线 AQC 用梅涅劳斯定理即得(5)式.

4. 设 $\triangle ABC$ 是锐角三角形，点 D、E、F 分别在边 BC、CA、AB 上，线段 AD、BE、CF 经过 $\triangle ABC$ 的外心 O. 已知：以下六个比值
$$\frac{BD}{DC}, \frac{CE}{EA}, \frac{AF}{FB}, \frac{BF}{FA}, \frac{AE}{EC}, \frac{CD}{DB}$$

第 4 题图

中至少有两个是整数.

求证：$\triangle ABC$ 是等腰三角形.

嘉兴一中戴致远同学的证法如下：

首先证明一个引理.

引理 在 O 为锐角三角形 ABC 的外心时，$S_{\triangle AOB}$、$S_{\triangle BOC}$、$S_{\triangle COA}$ 中，任一个小于另两个的和.

引理的证明 如图，延长 AO 交 BC 于 D.

△ABC 在 ⊙O 内,所以 D 在 ⊙O 内部,OD<OA.

$$\frac{S_{\triangle OCA} + S_{\triangle OAB}}{S_{\triangle OBC}} = \frac{OA}{OD} > 1,$$

所以

$$S_{\triangle OCA} + S_{\triangle OAB} > S_{\triangle OBC}.$$

同理,可证其他两个不等式.

注 1 引理对钝角三角形依然成立.

注 2 戴致远原来的证明利用三角知识,这里的证明未用.

现在回到原题.

证明 如果有比值为1,例如 $\frac{BD}{DC}=1$,那么 D 为 BC 的中点,$OD \perp BC$,AD 为 BC 的垂直平分线,$AB=AC$.

以下设6个比值均不为1.证明这将产生矛盾.

不妨设 $\frac{AF}{FB}=m \in \mathbf{N}$,并且是整数比值中最大的.

由塞瓦定理得

$$\frac{AF}{FB} \times \frac{BD}{DC} \times \frac{CE}{EA} = 1. \tag{1}$$

若 $\frac{BD}{DC} \in \mathbf{N}$,则

$$\frac{EA}{CE} = \frac{BD}{DC} \times \frac{AF}{FB} > \frac{AF}{FB},$$

而且 $\frac{EA}{CE} \in \mathbf{N}$,与 $\frac{AF}{FB}$ 的最大性矛盾.因此 $\frac{BD}{DC} \notin \mathbf{N}$.同理,$\frac{CE}{EA} \notin \mathbf{N}$.

显然 $\frac{FB}{AF}=\frac{1}{m} \notin \mathbf{N}$.所以6个比值中为整数的只有两种可能.

(ⅰ)$\frac{EA}{CE}=n \in \mathbf{N}$.由(1)式及 $\frac{BD}{DC} \neq 1$ 得 $n \neq m$,所以

$$n < m. \tag{2}$$

$$S_{\triangle AOC} = \frac{AF}{FB} S_{\triangle BOC} = m S_{\triangle BOC}, \tag{3}$$

$$S_{\triangle AOB} = \frac{EA}{CE} S_{\triangle BOC} = n S_{\triangle BOC}, \tag{4}$$

从而由引理得

$$m S_{\triangle BOC} = S_{\triangle AOC} < S_{\triangle AOB} + S_{\triangle BOC} = (n+1) S_{\triangle BOC}, \tag{5}$$

即

$$m < n+1, \tag{6}$$

(6)式与(2)式矛盾.

(ⅱ)$\frac{DC}{BD}=n \in \mathbf{N}$.同样有(2)式成立,又有(3)式及

$$S_{\triangle AOC} = nS_{\triangle AOB}, \tag{7}$$

从而由引理得

$$S_{\triangle AOC} < S_{\triangle AOB} + S_{\triangle BOC} = \left(\frac{1}{n} + \frac{1}{m}\right)S_{\triangle AOC}, \tag{8}$$

即

$$1 < \frac{1}{n} + \frac{1}{m} \leqslant \frac{1}{2} + \frac{1}{3} < 1, \tag{9}$$

矛盾.

5. 已知:锐角三角形 ABC 中,$AB \neq AC$.O 是外心.P 在射线 AO 上,并且 PA 平分 $\angle BPC$.PQ、PR 分别与 AB、AC 垂直,Q、R 分别为垂足.AD 垂直于 BC,D 为垂足.

求证:四边形 $DQPR$ 是平行四边形.

证明 画这图时,先画出 $\angle BPC$ 及其平分线 PA,再画出 $\odot O$ 较好(见图).

若 $PB = PC$,则 $\triangle BPA \cong \triangle CPA$,与 $AB \neq AC$ 矛盾. 所以 $PB \neq PC$.

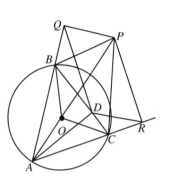

第5题图

$\triangle BPC$ 中,角平分线 PA 与边 BC 的垂直平分线是不同的直线,相交于 $\odot BPC$ 的 $\overset{\frown}{BC}$ 的中点,因而这中点就是 O,即 O、B、P、C 四点共圆,而且 O 是 $\overset{\frown}{BC}$ 的中点.(证明 O、B、P、C 共圆的另一种方法是设 $\odot O$ 又交 PC 于 B',则

$$\angle OCP = \angle OB'C = 180° - \angle OB'P = 180° - \angle OBP.)$$

又由 $\angle PAQ = 90° - \angle BCA = \angle DAC$ 得

$$\text{Rt}\triangle PAQ \sim \text{Rt}\triangle CAD,$$

从而 $\triangle AQD \sim \triangle APC$.

$$\angle AQD = \angle APC = \angle OBC = 90° - \angle BAC.$$

所以 $QD \perp AC$.

故 $QD \parallel PR$.

同理,$RD \parallel PQ$.

因此四边形 $DQPR$ 是平行四边形.

注 首先利用条件 PA 平分 $\angle BPC$,得出 O、B、P、C 四点共圆,$\angle APC = \angle OBC = 90° - \angle BAC$.

然后再利用 $AD \perp BC$ 与 $AQ \perp PQ$ 得出相似三角形.

很多几何证明的关键就是寻找四点共圆与寻找相似三角形.

6. 在 $\triangle ABC$ 中,$\angle ABC = 90°$.D、G 在边 CA 上. 连接 BD、BG. 过点 A、G 分别作 BD 的垂线,垂足分别为 E、F. 连接 CF. 已知 $BE = EF$.

求证:$\angle ABG = \angle DFC$.

证明 如图,设 AE 交 BG 于 K.

$\angle ABG$ 与 $\angle CFD$ 分别在 $\triangle ABK$ 与 $\triangle CFD$ 中. 但这两个三角形看上去并不相似(更不全等). 为了寻找相似三角形,注意 $\angle BAK = 90° - \angle ABD = \angle CBF$,但 $\angle ABK = \angle CFD$ 时,

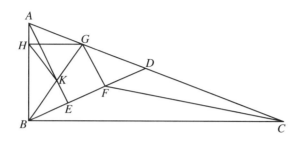

第6题图

$$\angle AKB < 180° - \angle ABK = 180° - \angle CFD = \angle BFC.$$

所以△ABK 与△BCF 也不相似,但已有一对相等的角,即∠BAK 与∠CBF.

于是,在 AB 上取 H,使∠KHB=∠KBH,则

$$\angle AHK = 180° - \angle KHB = 180° - \angle KBH.$$

只要证明

$$\triangle AHK \backsim \triangle BFC. \tag{1}$$

注意 AE∥GF(都与 BD 垂直),E 是 BF 的中点,所以 K 是 BG 的中点.

由∠KHB=∠KBH 得 KH=KB=KG.所以△BGH 是直角三角形,∠BHG=90°(也可以直接作 GH⊥AB,H 为垂足.然后证明∠KHB=∠KBH).

$$HG \parallel BC. \tag{2}$$

要证△AHK∽△BFC,只要证

$$\frac{AH}{AK} = \frac{BF}{BC},$$

即

$$AH \times BC = AK \times BF. \tag{3}$$

由(2)式得

$$\frac{AH}{AB} = \frac{HG}{BC},$$

即

$$AH \times BC = HG \times AB = 2S_{\triangle AGB}, \tag{4}$$

而

$$AK \times BF = 2AK \times BE = 4S_{\triangle AKB} = 2S_{\triangle AGB}. \tag{5}$$

由(4)、(5)式得(3)式.因此△AHK∽△BFC,∠AHK=∠BFC,∠ABG=∠CFD.

寻找相似三角形常常是解题的关键.如果没有现成的相似三角形,那么就需要添设辅助线,产生相似三角形.添设辅助线当然是在已有的基础上(如有一对相等的角)加砖添瓦,而不是完全"白手起家".

中线的作用值得注意.它可以产生平行线,可以平分面积.直角三角形斜边上的中线性质更多.应当善于利用这些性质.

7. 已知：△ABC 中，AB = AC. P、Q、R 分别在 BC、AB、AC 上运动，保持 QP = RP 及 ∠QPR = 定值 2θ.

求证：AQ + AR 为定值.

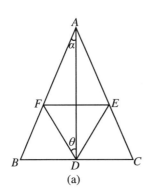
(a)

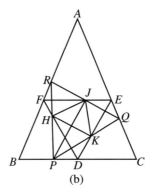
(b)

第 7 题图

证明 先考虑一个特殊情况，得出"定值". 为此，取 BC 的中点 D，当 P 与 D 重合时，Q、R 分别为图(a)中的 E、F.

设 ∠BAC = 2α，显然

$$AE + AF = 2 \times \frac{AD\sin\theta}{\sin(\alpha+\theta)}.$$

对一般情况，应当将它与上述特殊情况比较（见图(b)）.

设 △PQR 与 △DEF 的边相交于 J、H、K.

因为 ∠HPK = ∠HDK = 2θ，所以 H、P、D、K 四点共圆.

∠PHK = ∠CDK = 90° − θ = ∠PDH = ∠PKH，

所以

PH = PK，HK // RQ，HR = KQ.

因为 ∠JEK = 90° − θ = ∠JQK，所以 J、K、Q、E 四点共圆.

同理，J、H、F、R 四点共圆.

因为 ∠RJH = ∠BFD = ∠DEQ，HR = KQ，所以 ⊙JKQE 与 ⊙JHFR 的半径相等.

因为 ∠FJR = ∠QJE，所以上述两等圆的弦

RF = EQ.

因此

$$AR + AQ = AF + AE = \frac{2AD\sin\theta}{\sin(\alpha+\theta)}.$$

注 从上面的证明可以得出 J 为 QR 的中点. 于是我们有：QR 的中点 J 到 BC 的距离为定值 $AD \times \frac{\sin\alpha\cos\theta}{\sin(\alpha+\theta)}$. 直接证明这一结论似并不容易.

8. 点 P 在四边形 $ABCD$ 中,满足 $\angle PAB = \angle CAD$,$\angle PCB = \angle ACD$. E、F 分别是 $\triangle ABC$、$\triangle ADC$ 的外心.

求证:$\triangle PEB \backsim \triangle PFD$.

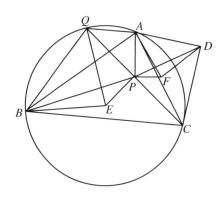

第 8 题图

证明 如图,延长 CP 交 $\odot E$ 于 Q.
$$\frac{BQ}{AD} = \frac{2R_1 \sin \angle PCB}{2R_2 \sin \angle ACD} = \frac{R_1}{R_2},$$
其中 R_1、R_2 分别为 $\odot E$、$\odot F$ 的半径.
$$\angle PQB = \angle CAB = \angle CAP + \angle PAB = \angle CAP + \angle CAD = \angle PAD,$$
$$\frac{PQ}{PA} = \frac{\sin \angle PAQ}{\sin \angle AQP} = \frac{\sin(\angle PAB + \angle BAQ)}{\sin \angle ABC} = \frac{\sin(\angle CAD + \angle ACD)}{\sin \angle ABC}$$
$$= \frac{\sin \angle CDA}{\sin \angle ABC} = \frac{\frac{AC}{R_2}}{\frac{AC}{R_1}} = \frac{R_1}{R_2} = \frac{BQ}{AD},$$
所以 $\triangle PQB \backsim \triangle PAD$.
$$\frac{PB}{PD} = \frac{R_1}{R_2} = \frac{EB}{FD}.$$
又
$$\angle EBQ = \frac{1}{2}(180° - \angle QEB) = 90° - \angle PCB = 90° - \angle ACD = 90° - \frac{1}{2}\angle AFD = \angle ADF,$$
$$\angle EBP = \angle EBQ - \angle PBQ = \angle ADF - \angle ADP = \angle PDF,$$
所以
$$\triangle PEB \backsim \triangle PFD.$$

9. 已知凸四边形 $ABCD$. 点 P 在 $\triangle ABC$ 内部,满足 $\angle BAP = \angle CAD$,$\angle BCP = \angle ACD$,$PB = PD$.

求证:A、B、C、D 四点共圆.

证明 如果 A、B、C、D 不共圆,那么在第 8 题中,E、F 不同.

在第 8 题中,$\triangle PQB \backsim \triangle PAD$,相似比为 $\frac{PB}{PD} = \frac{R_1}{R_2}$,其中 R_1、R_2 分别为 $\triangle ABC$、$\triangle ADC$

的半径.但已知 $PB = PD$,因此 $R_1 = R_2$.

连心线 EF 垂直于公共弦 AC,而且 $EA = FA$,因此 E、F 必须在 AC 的两侧,关于 AC 对称.

因为在第 8 题中,$\triangle PEB \backsim \triangle PFD$,而 $EB = FD$,所以 $PE = PF$.从而 P 在 EF 的中垂线即 AC 上.与 P 在 $\triangle ABC$ 内部不符.

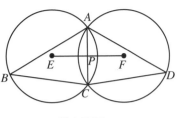

第 9 题图

因此 A、B、C、D 四点共圆.

如果允许 P 在 AC 上,那么 A、B、C、D 不一定共圆,如图所示.

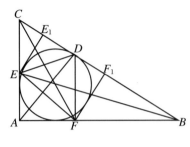

第 10 题图

10. 已知:$\triangle ABC$ 中,BE、CF 是角平分线.点 P 在 BC 上,且 $AP \perp EF$.

求证:$AB - AC = PB - PC$ 的充分必要条件是 $AB = AC$ 或 $\angle BAC = 90°$.

证明 先证明充分性.

如图,如果 $AB = AC$,那么 $EF \parallel BC$,P 是 BC 的中点,显然 $AB - AC = 0 = PB - PC$.

如果 $\angle BAC = 90°$,设内切圆切 BC 于 D,那么
$$AB - AC = c - b = (s - b) - (s - c) = DB - DC,$$
所以只需证明 P 与 D 重合,即 $AD \perp EF$.

作 EE_1、FF_1 垂直于 BC,垂足分别为 E_1、F_1.

因为 BE 是角平分线,$\angle BAC = 90°$,所以
$$EE_1 = EA, \quad BE_1 = BA. \tag{1}$$
$$DE_1 = BE_1 - BD = c - (s - b) = b + c - s. \tag{2}$$

关于 F 及 F_1 也有类似结论.所以
$$DE^2 - EA^2 = DE^2 - EE_1^2 = DE_1^2 = DF_1^2 = DF^2 - FA^2. \tag{3}$$

由(3)式不难得出所需要的结论 $AD \perp EF$.

现在证必要性.我们有 P 与 D 重合,而且 $AD \perp EF$.要证 $\angle BAC = 90°$ 或 $b = c$.前面证充分性的内容应尽量利用,不必另起炉灶.当然图中 $\angle BAC = 90°$ 现在不能利用,它正是需要证明的可能结果(另一个可能的结果是 $b = c$).

前面证明的要点(本质)是"角平分线是角的对称轴".

因此,应当在 BC 上取 E_1、F_1,使
$$BE_1 = BA, \quad CF_1 = CA,$$
这时(1)、(2)式仍然成立,而且还有
$$FF_1 = F_1 A, \quad CF_1 = CA, \quad DF_1 = DE_1, \quad \angle BE_1 E = \angle BAC = \angle CF_1 F. \tag{4}$$
于是,由余弦定理(代替勾股定理)得
$$DE^2 - EA^2 = DE^2 - EE_1^2 = DE_1^2 - 2DE_1 \times EE_1 \times \cos \angle BE_1 E.$$

同样,

$$DF^2 - FA^2 = DF_1^2 - 2DF_1 \times FF_1 \times \cos\angle CF_1F.$$

因为 $AD \perp EF$，所以 $DE^2 - EA^2 = DF^2 - FA^2$，从而结合(1)、(2)、(4)式得
$$\cos A \times (EA - FA) = 0.$$

当 $\cos A = 0$ 时，$\angle BAC = 90°$.

$EA - FA = 0$ 时，易得 $b = c$（例如利用第1部分第9章练习题3）.

11. 已知：$\triangle ABC$ 中，I 是内心. 点 P 与 A 在 BC 的异侧，且 $IP \perp BC$，$\angle IBP + \angle ICP = 90°$. 过 P 作 IB、IC 的垂线，垂足分别为 M、N.

求证：$\angle MAN = \dfrac{1}{2}\angle BAC$.

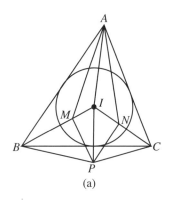
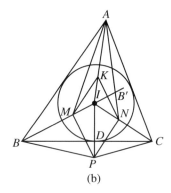

第11题图

证明 如图，设 IP 交 BC 于 D. 因为 $\angle BMP = \angle BDP = 90°$，$B$、$M$、$D$、$P$ 四点共圆，
$$IM \times IB = ID \times IP. \tag{1}$$
同理，
$$IN \times IC = ID \times IP. \tag{2}$$
所以
$$IM \times IB = IN \times IC. \tag{3}$$
设 $\odot ANC$ 交 IA 于 K，则
$$IK \times IA = IN \times IC = IM \times IB, \tag{4}$$
所以 K 也在 $\odot AMB$ 上.
$$\angle KNI = \angle KAC = \dfrac{1}{2}\angle BAC.$$
设 B' 在 BI 延长线上，则
$$\angle B'IN = \angle IBC + \angle ICB = \dfrac{1}{2}(\angle ABC + \angle ACB)$$
$$= 90° - \dfrac{1}{2}\angle BAC = 90° - \angle KNI,$$
所以 $BI \perp NK$，$NK \parallel PM$.

同理,$MK \parallel PN$,四边形 $PMKN$ 是平行四边形.

又由 $\angle IBP = 90° - \angle ICP = \angle NPC$,得

$$\text{Rt}\triangle BMP \backsim \text{Rt}\triangle PNC, \tag{5}$$

所以
$$\frac{BM}{MK} = \frac{BM}{PN} = \frac{MP}{NC} = \frac{KN}{NC}.$$

又
$$\angle BMK = 180° - \angle BAI = 180° - \angle IAC = \angle KNC,$$

所以
$$\triangle BMK \backsim \triangle KNC. \tag{6}$$

最后,
$$\angle BAM = \angle BKM = \angle KCN = \angle KAN.$$

因此
$$\angle MAN = \frac{1}{2}\angle BAC.$$

注 由条件 $\angle IBP + \angle ICP = 90°$ 立即得出(5)式.由 $IP \perp BC$ 不难得出(1)、(2)、(3)式.但这些如何与要证的结论,也就是 $\angle BAM = \angle IAN$,发生联系?K 点的产生是点睛之笔.通过它不仅产生了关键的相似三角形($\triangle BMK \backsim \triangle KNC$),而且使得 AI 两侧的量建立了联系.当然,也可以作 $NK \parallel PM$(相当于平移 PM),效果是一样的.

12. 已知锐角三角形 ABC,M 为 AC 的中点,O 为外心.延长 OM 到 P,使 $AP = OP$.在直线 AB、BC 上分别取点 Q、R,使得 $\angle BQM = \angle BRM = \angle ABC$.

求证:$BP \perp QR$.

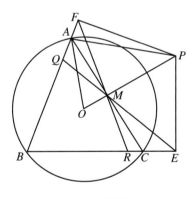

第 12 题图

证明 如图,$AP = OP$,A 与 C 关于 OM 对称,所以
$$\angle OAP = \angle POA = \frac{1}{2}\angle AOC = \angle ABC,$$
即 $\triangle POA$ 是底角为 $\angle ABC$ 的等腰三角形.

延长 QM、RM 分别交直线 BC、AB 于 E、F,则 $\triangle EQB$、$\triangle FRB$ 都是底角为 $\angle ABC$ 的等腰三角形.因此
$$\angle OPA = \angle BFR = \angle BEQ = 180° - 2\angle ABC.$$

于是 A、F、M、P 四点共圆,Q、E、R、F 四点共圆.

因为 $PM \perp AC$,所以 $\odot AFMP$ 的直径是 PA,$\angle PFB$ 是直角.同理 $\angle PEB$ 是直角.于是 B、E、F、P 四点共圆.
$$\angle PBF = \angle PEF = 90° - \angle BEF = 90° - \angle BQR,$$
所以 $BP \perp QR$.

13. 设锐角三角形 ABC 的三边互不相等,O 为外心. A' 在线段 AO 的延长线上,并且 $\angle BA'A = \angle CA'A$. 过 A' 作 $A'A_1 \perp AC$,$A'A_2 \perp AB$,垂足分别为 A_1、A_2. $AH_A \perp BC$,垂足为 H_A. $\triangle H_A A_1 A_2$ 的外接圆半径为 R_A. 类似地定义 R_B、R_C. 又设 R 为 $\triangle ABC$ 的外接圆半径.

求证:$\dfrac{1}{R_A} + \dfrac{1}{R_B} + \dfrac{1}{R_C} = \dfrac{2}{R}$.

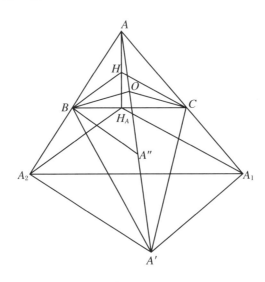

第 13 题图

证明 如图,因为 $\angle BA'A = \angle CA'A$,$OB = OC$,所以

$$\frac{OA'}{\sin \angle OBA'} = \frac{OB}{\sin \angle BA'A} = \frac{OC}{\sin \angle CA'A} = \frac{OA'}{\sin \angle OCA'},$$

$\angle OBA' = \angle OCA'$ 或 $\angle OBA' + \angle OCA' = 180°$.

从而 O、B、A'、C 四点共圆或 $A'B = A'C$. 但后者导致 $AB = AC$,与已知矛盾. 所以 O、B、A'、C 共圆.

$$\angle BA'C = 180° - \angle BOC = 180° - 2\angle BAC.$$

因为

$$\angle A'AA_1 = 90° - \angle ABC = \angle BAH_A,$$

所以

$$\text{Rt}\triangle AA'A_1 \backsim \text{Rt}\triangle ABH_A.$$

从而 $\triangle ABA' \backsim \triangle AH_A A_1$.

$$\angle AA_1 H_A = \angle AA'B = \frac{1}{2}\angle BA'C = 90° - \angle BAC.$$

于是 $A_1 H_A \perp AB$.

$$A_1 H_A \parallel A'A_2.$$

同理,

$$A_2H_A /\!/ A'A_1.$$

四边形 $A'A_2H_AA_1$ 是平行四边形. $\triangle H_AA_1A_2$ 与 $\triangle A'A_2A_1$ 全等,外接圆直径相同. 而 A_1、A'、A_2、A 四点共圆. 圆的直径为 AA'. 所以

$$2R_A = AA'.$$

设 $\triangle ABC$ 的垂心为 H,$AA'' = 2R$.

因为 $A'A_2 /\!/ A''B$, $A_2H_A /\!/ BH$, 所以

$$\frac{AA''}{AA'} = \frac{AB}{AA_2} = \frac{AH}{AH_A},$$

$$\sum \frac{R}{R_A} = \sum \frac{AH}{AH_A} = \sum \frac{S_{\triangle ABH} + S_{\triangle AHC}}{S_{\triangle ABC}} = 2.$$

注 （ⅰ）因为 $\dfrac{BH}{A_2H_A} = \dfrac{AH}{AH_A} = \dfrac{CH}{A_1H_A}$, 所以

$$\triangle BHC \backsim \triangle A_2H_AA_1,$$

并且对应边均互相平行,$BC /\!/ A_2A_1$.

（ⅱ）利用三角计算亦可证明,但稍繁.

（ⅲ）本题的作图较难,主要是 A' 难以确定. 由上面的证明可知,我们可以在作出高 AH_A 后,过 H_A 分别作 AC、AB 的垂线,分别交 AB、AC 于 A_2、A_1. 再完成平行四边形 $A'A_1H_AA_2$（也就是过 A_2 作 AB 的垂线,过 A_1 作 AC 的垂线,两条垂线相交于 A'）.

14. $\triangle ABC$ 中,$AB = AC$. $\odot O$ 与 AB、AC 相切,切点分别为 D、E. 这圆交 BC 于 K、L. AK 又交圆于 M. P、Q 分别是 K 关于点 B、C 的对称点.

证明：$\triangle PMQ$ 的外接圆与 $\odot O$ 相切.

证明 如果结论成立,那么两圆相切于点 M, M 是两圆的位似中心, M、D、P 三点共线.

首先证明 M、D、P 三点共线.

为此,作 $KD' /\!/ MD$, 交 AD 的延长线于 D', 如图. 以 A 为位似中心,$\dfrac{AM}{AK}$ 为相似比,将 $\odot O$ 变为 $\odot O'$. $\odot O'$ 过 K、D',并且与 AB 切于 D'.

因为 $AB = AC$, $\odot O$ 与 AB、AC 相切,这些图形都关于 OA 轴对称,所以 L 与 K 关于 OA 轴对称. $\odot O'$ 关于 OA 轴对称,$\odot O'$ 也过 L.

$$BD'^2 = BK \times BL = BD^2,$$

所以 B 是 DD' 的中点.

B 又是 PK 的中点,所以四边形 $PD'KD$ 是平行四边形,

$$PD /\!/ D'K.$$

从而 M、D、P 三点共线.

同理,M、E、Q 三点共线.

又 DE、BC 均与对称轴 OA 垂直,所以

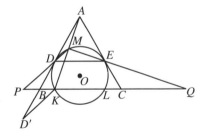

第14题图

$DE \parallel BC$.

过 M 作 $\odot O$ 的切线 MT,则 $\angle TMD = \angle MED$,而 $\angle MED = \angle MQP$,所以 $\angle TMP = \angle MQP$,即 $\odot MPQ$ 也与 MT 相切.所以 $\odot O$ 与 $\odot MPQ$ 相切,切点为 M.

注 以 M 为位似中心,$\dfrac{MD}{MP}$ 为相似比,作位似变换,过 M、D、E 的 $\odot O$ 变为过 M、P、Q 的圆.

因此 $\odot MPQ$ 与 $\odot O$ 在位似中心 M 处相切.

15. $\triangle ABC$ 中,D、E、F 为边的中点,O 为外心.直线 AD 又交外接圆于 A'.过 A' 作切线,过 D 作 OA 的垂线,两线相交于 A''.类似地定义 B'',C''.

证明:A''、B''、C'' 三点共线.

证明 如图,$A''D \perp OA$,所以
$$\angle A''DA' = 90° - \angle OAD,$$
$$\angle A''A'D = \angle ABA' = \angle CBA + \angle CAA' = 90° - \angle CAO + \angle CAA'$$
$$= 90° - \angle OAD = \angle A''DA'.$$

从而 $A''A' = A''D$.

又设 $A''D$ 交 AB 于 N,则因为 $DE \parallel AB$,所以
$$\angle A''DE = \angle A''NA = 90° - \angle OAN = \angle BCA = \angle DFE.$$

于是 $A''D$ 与 $\odot DEF$ 相切.

因此,A'' 在 $\odot O$ 与 $\odot DEF$ 的根轴(见第 1 部分第 11 章练习题 4)上.

同理,B''、C'' 也在 $\odot O$ 与 $\odot DEF$ 的根轴上.因此,A''、B''、C'' 三点共线.

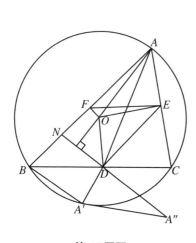

第 15 题图

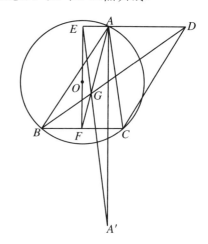

第 16 题图

16. 已知平行四边形 $ABCD$.O、G 分别是 $\triangle ABC$ 的外心与重心.$OE \perp AD$,垂足为 E.A 关于 BC 的对称点是 A'.

求证:$A'E$ 过 G,并且 $GA' = 2GE$.

证明 如图,设 BC 的中点为 F,则 $OF \perp BC$.所以 $OF \perp AD$.OF 与 AD 的交点就是 E.而且 EF 是 A 到 BC 的距离,

$$AA' = 2EF. \tag{1}$$

中线 AF 过重心 G,并且

$$AG = 2GF. \tag{2}$$

又 $AA' /\!/ EF$,所以

$$\angle GAA' = \angle GFE.$$

从而 $\triangle GAA' \backsim \triangle GFE$.

$$\angle A'GA = \angle EGF,$$

即 $A'E$ 过 G,并且

$$GA' = 2GE.$$

注 本题甚易,只是为下一题作铺垫.题中的平行四边形无甚用处.

17. $\triangle ABC$ 中,O 为外心,H 为垂心.A、B、C 关于 BC、CA、AB 的对称点分别为 D、E、F.

证明:D、E、F 三点共线的充分必要条件是 $OH = 2R$,这里 R 是外接圆的半径.

证明 如图,过 A、B、C 分别作对边的平行线得 $\triangle A'B'C'$.H 为 $\triangle A'B'C'$ 的外心,G 仍为 $\triangle A'B'C'$ 的重心,也是 $\triangle ABC$ 与 $\triangle A'B'C'$ 的位似中心,相似比为 $1:2$,所以 $\odot A'B'C'$ 的半径为 $2R$.

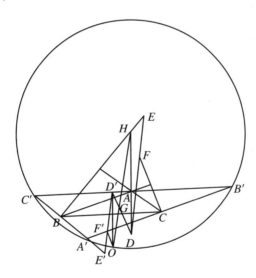

第 17 题图

过 O 向 $\triangle A'B'C'$ 的各边引垂线,垂足分别为 D'、E'、F',则由上题,D、D' 与 G 共线,并且

$$\frac{D'G}{DG} = \frac{1}{2}.$$

关于 E 与 E',F 与 F' 也有类似结果.

于是 D、E、F 共线 $\Leftrightarrow D'$、E'、F' 共线 $\Leftrightarrow O$ 在 $\triangle A'B'C'$ 的外接圆上西姆松(Simson 线的正、逆定理)$\Leftrightarrow OH = 2R$.

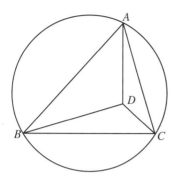

第18题图

18. D 为 $\triangle ABC$ 内一点. 已知 $\triangle ABC$、$\triangle ABD$、$\triangle BCD$、$\triangle ACD$ 的外接圆中,有三个圆的半径相等.

证明:四个外接圆的半径全相等,并且 $\triangle ABC$ 是锐角三角形,D 为垂心.

证明 如图,如果 $\odot ABC$、$\odot ABD$、$\odot ACD$ 的半径相等,那么由于 $\odot ABC$ 与 $\odot ABD$ 有公共弦 AB,所以
$$\sin\angle ACB = \sin\angle ADB.$$
但 $\angle ADB > \angle ACB$,所以
$$\angle ACB + \angle ADB = \pi. \tag{1}$$
同样,
$$\angle ABC + \angle ADC = \pi. \tag{2}$$
由(1)、(2)式得
$$\angle BDC + \angle BAC = \pi.$$
所以 $\odot BCD$ 和 $\odot ABC$ 的半径相等.

如果 $\odot ABD$、$\odot ACD$、$\odot BCD$ 的半径相等,那么由于 $\odot ABD$ 与 $\odot ACD$ 有公共弦 AD,所以
$$\sin\angle ABD = \sin\angle ACD.$$
但 $\angle ABD + \angle ACD < \angle ABC + \angle ACB < \pi$,所以
$$\angle ABD = \angle ACD. \tag{3}$$
同理,
$$\angle DAC = \angle DBC, \tag{4}$$
$$\angle BAD = \angle BCD. \tag{5}$$
于是
$$\angle BDC + \angle BAC = \angle BDC + \angle BAD + \angle DAC = \angle BDC + \angle BCD + \angle DBC = \pi.$$
从而 $\odot ABC$ 与以上三圆的半径相等.

由(1)式及 $\angle ADB > \angle ACB$ 得出 $\angle ACB$ 为锐角. 同理 $\angle ABC$、$\angle BAC$ 也都是锐角. $\triangle ABC$ 是锐角三角形.

设 H 为 $\triangle ABC$ 的垂心,则 $\angle BHC + \angle BAC = \pi$,所以
$$\angle BHC = \angle BDC.$$
于是 H 在 $\odot BDC$ 上.

同理,H 在 $\odot BDA$ 上,因而 H 是 $\odot BDC$ 与 $\odot BDA$ 的交点,但 H 不是 B,所以 D 是垂心 H.

19. 点 O 是 $\triangle ABC$ 的外心. 分别以三边的中点为圆心作过 O 的圆. 这些圆两两相交, 异于 O 的交点是 K、L、M.

证明: O 是 $\triangle KLM$ 的内心.

证明 如图, 设 $\triangle ABC$ 三边的中点为 A_1、B_1、C_1, 则 O 为 $\triangle A_1B_1C_1$ 的垂心.

设 OK、OL、OM 分别交 B_1C_1、C_1A_1、A_1B_1 于 K_1、L_1、M_1, 则由于 $\odot B_1$、$\odot C_1$ 的公共弦 $OK \perp B_1C_1$, 并且被 B_1C_1 平分, 等等, 所以 $\triangle K_1L_1M_1$ 的边分别与 $\triangle KLM$ 的边平行.

$\triangle A_1B_1C_1$ 的垂心 O 是 $\triangle K_1L_1M_1$ 的内心. 因此 O 也是 $\triangle KLM$ 的内心.

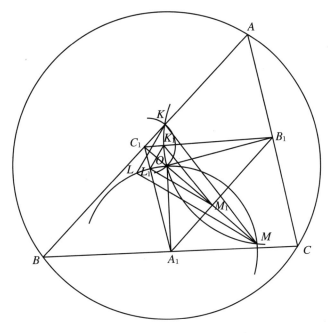

第19题图

20. 两个不等的圆 $\odot O_1$、$\odot O_2$ 相交于 A、B. 一条外公切线分别切两圆于 P_1、P_2. 另一条外公切线分别切两圆于 Q_1、Q_2. P_1Q_1、P_2Q_2 分别交直线 O_1O_2 于 M_1、M_2.

求证: $\angle O_1AO_2 = \angle M_1AM_2$.

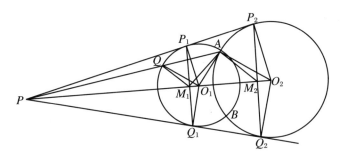

第20题图

证明 如图, 设 P 为两个圆的位似中心, 也就是两条外公切线的交点. 又设 PA 交 $\odot O_1$

于 Q,则 Q 与 A、M_1 与 M_2、O_1 与 O_2 为两圆在位似变换下的对应点.因此 $O_1Q /\!/ O_2A$,$M_1Q /\!/ M_2A$,$\angle M_1QO_1 = \angle M_2AO_2$.

又 $O_1P_1 \perp PP_1$,所以由射影定理得
$$PM_1 \times PO_1 = PP_1^2 = PQ \times PA,$$
从而 M_1、O_1、A、Q 共圆.
$$\angle M_1AO_1 = \angle M_1QO_1 = \angle M_2AO_2.$$
于是结论成立.

21. 已知:⊙O 与 △ABC 的外接圆相切,又与 AB、AC 分别相切于 P、Q.

求证:PQ 的中点是 △ABC 的内心.

证明 本题的证法很多,下面的证法或许在其他书上没有.

内心 I、PQ 的中点 J 都在 $\angle BAC$ 的平分线 OA 上,只需证明 $OI = OJ$.

如图,设 $\angle BAC = 2\alpha$,则 $\angle OPJ = \angle PAO = \alpha$.

因为 $OA \perp PQ$,所以
$$OJ = \rho \sin\alpha,$$
其中 ρ 为 ⊙O 的半径.

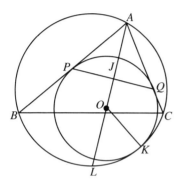

第 21 题图

设 △ABC 的外接圆半径为 R,内切圆半径为 r,则由于 ⊙O 与外接圆内切于点 K,O 关于外接圆的幂为
$$OK \times (2R - OK) = \rho(2R - \rho).$$
设直线 AO 又交外接圆于 L,则
$$LI = LB = 2R\sin\alpha,$$
从而
$$\rho(2R - \rho) = LO \times OA = (2R\sin\alpha - OI) \times OA.$$
因为 $OP \perp PA$,所以
$$OA = \frac{\rho}{\sin\alpha},$$
代入上式得
$$OI = \rho\sin\alpha = OJ.$$
于是 I 即 PQ 的中点 J.

22. 两圆内切.A、B、C、D 为大圆上的顺次四点.AC、BD 分别切小圆于 E、F.B 与小圆在 AC 同侧.

证明:直线 EF 过 △ABC 的内心.

证明 本题是上题的推广.

如图,设两圆在点 K 内切,KT 为公切线.延长 KE、KF,分别交大圆于 M、N.

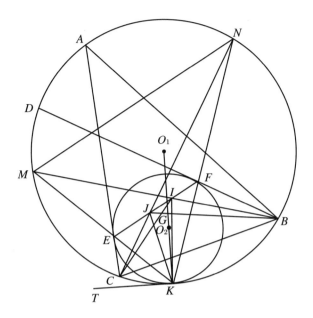

第 22 题图

由习题 3 第 2 题知 M 为 $\overparen{AC}$ 的中点, N 为 $\overparen{DB}$ 的中点.

又 $\angle EFK = \angle TKE = \angle MNK$, 所以 $MN /\!/ EF$.

借助以 K 为中心的位似亦可得到上述结论:位似将小圆变为大圆, E 变为 M, AC 变为大圆在 M 处的切线而且与 AC 平行, 因此 M 为 $\overparen{AC}$ 的中点, EF 变为 MN, 所以 $EF /\!/ MN$.

设 BM、CN 分别交 EF 于 I、J, 如图. 因为
$$\angle MIE = \angle BMN = \angle BCN,$$
所以 B、I、J、C 四点共圆.
$$\angle IJB = \angle ICB.$$

因为 $\angle BIF = \angle BMN = \angle BKN$, 所以 B、F、I、K 共圆.

因为 $\angle KEJ = \angle KMN = \angle KCN$, 所以 K、J、E、C 共圆.

设 BJ 又交 $\odot BFK$ 于 G, 则
$$\angle BGK = \angle BFK \stackrel{\mathrm{m}}{=\!=\!=} \frac{1}{2}(\overparen{BK} + \overparen{DN}) = \frac{1}{2}\overparen{KN} = \angle KCN,$$
所以 G 也在 $\odot KCJ$ 上.

同理, CI 与 $\odot KCJ$ 的另一个交点也在 $\odot BFK$ 上, 因而就是 G 点, 即 G 是 CI 与 BJ 的交点.

因为 $\angle IJG = \angle GCA$, 即 $\angle IJB = \angle ICA$, 所以 $\angle ICB = \angle ICA$.

CI 平分 $\angle ACB$, BI 平分 $\angle ABC$, 所以 I 为 $\triangle ABC$ 的内心.

注 有些书上用线段的比来证明本题. 我们尽量发掘图中的几何内容, 发现许多共圆的点.

23. 四条直线 AB、BC、CD、DA 形成一个完全四边形. 证明它形成的四个三角形, 即 $\triangle ABF$、$\triangle CDF$、$\triangle ADE$、$\triangle BCE$ 的外接圆共点. 这点称为密克尔(Miquel)点.

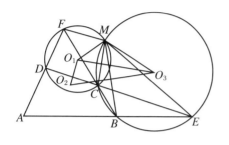

第23题图

证明: 上述四个外接圆的圆心及密克尔点五点共圆.

证明 如图, 设 $\odot CDF$ 与 $\odot BCE$ 又交于 M, 则
$$\angle BMF = \angle BMC + \angle CMF$$
$$= \angle BEC + \angle ADE$$
$$= 180° - \angle DAE.$$

所以 M 也在 $\odot ABF$ 上.

同理, M 也在 $\odot ADE$ 上.

设 $\odot CDF$ 的圆心为 O_1, $\odot FAB$ 的圆心为 O_2, $\odot EBC$ 的圆心为 O_3, 则
$$O_1O_2 \perp FM, \quad O_2O_3 \perp BM.$$
$$\angle O_1O_2O_3 = 180° - \angle FMB.$$
$$\angle O_1MF = 90° - \angle FCM = 90° - \angle BEM = \angle BMO_3.$$

所以
$$\angle O_1O_2O_3 = 180° - (\angle O_1MF + \angle O_1MB)$$
$$= 180° - (\angle BMO_3 + \angle O_1MB)$$
$$= 180° - \angle O_1MO_3.$$

O_2 在 $\odot O_1MO_3$ 上. 同理 $\odot ADE$ 的圆心 O_4 也在 $\odot O_1MO_3$ 上. 因此 O_1、O_2、O_3、O_4、M 五点共圆.

注 直接证明 O_1、O_2、O_3、O_4 共圆反比本题困难. 增加一个点 M, 证明五点共圆反倒容易, 可与下面的37题对照.

24. $\triangle ABC$ 中, $AB = AC$. D、M 分别为 BC、AB 的中点. H 为垂心. X 在直线 BH 上, 并且 $XD \parallel AB$. $\odot AHX$ 与 DX 又交于 P.

证明: $\odot AMP$ 在 A 点的切线平行于 BC.

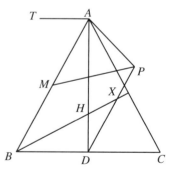

第24题图

证明 如图, 由共圆点得
$\angle APX = 180° - \angle AHX = 180° - \angle C = 180° - \angle ABC$,
所以 A、P、D、B 四点共圆.

因为 $DP \parallel AB$, 所以圆内接四边形 $ABDP$ 是等腰梯形.

因为 $AD \perp BD$, 所以 AB 是 $\odot ABP$ 的直径, M 是圆心.
$$MP = MA,$$
$$\angle MPA = \angle MAP = \angle ABC.$$

设 $\odot AMP$ 在 A 处的切线为 AT, 则
$$\angle TAM = \angle MPA = \angle ABC,$$
$$TA \parallel BC.$$

25. 设凸四边形 $ABCD$ 的对角线相交于 O。O 到 AB、BC、CD、DA 的距离分别是 h_1、h_2、h_3、h_4。

求证：四边形 $ABCD$ 有内切圆的充分必要条件是 $\dfrac{1}{h_1}+\dfrac{1}{h_3}=\dfrac{1}{h_2}+\dfrac{1}{h_4}$。

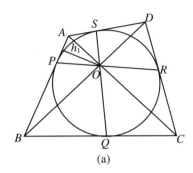
(a)

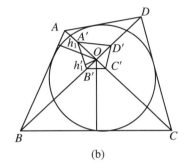
(b)

第 25 题图

证明 如图(a)，先证必要性。设切点为 P、Q、R、S。由牛顿定理得 PQ、RS 均过点 O。

$$h_1 = OP \times \sin\angle APR = OP \times \sin\angle PQR = \dfrac{OP \times PR}{2r},$$

其中 r 为圆的半径。

对于 h_2、h_3、h_4，有类似的公式。于是

$$\dfrac{1}{h_1}+\dfrac{1}{h_3} = \dfrac{2r}{PR}\left(\dfrac{1}{OP}+\dfrac{1}{OR}\right) = \dfrac{2r}{OP \times OR},$$

$$\dfrac{1}{h_2}+\dfrac{1}{h_4} = \dfrac{2r}{OS \times OQ}.$$

而在这圆中，$OP \times OR = OS \times OQ$，所以

$$\dfrac{1}{h_1}+\dfrac{1}{h_3}=\dfrac{1}{h_2}+\dfrac{1}{h_4}.$$

再证充分性。在 OA、OB、OC、OD 上分别取 A'、B'、C'、D'，使

$$OA \times OA' = OB \times OB' = OC \times OC' = OD \times OD' = 定值\ a,$$

则有 A、B、B'、A' 四点共圆，$\angle OA'B' = \angle OBA$，等等。

由正弦定理得

$$\dfrac{A'B'}{B'C'} = \dfrac{\dfrac{OB'}{\sin\angle OA'B'} \times \sin\angle A'OB'}{\dfrac{OB'}{\sin\angle OC'B'} \times \sin\angle B'OC'} = \dfrac{\sin\angle OC'B'}{\sin\angle OA'B'} = \dfrac{\sin\angle OBC}{\sin\angle OBA} = \dfrac{h_2}{h_1},$$

于是 $A'B' = \dfrac{k}{h_1}$，$B'C' = \dfrac{k}{h_2}$，$C'D' = \dfrac{k}{h_3}$，$D'A' = \dfrac{k}{h_4}$，k 为定值。

由已知 $\dfrac{1}{h_1}+\dfrac{1}{h_3}=\dfrac{1}{h_2}+\dfrac{1}{h_4}$，所以

$$A'B' + C'D' = B'C' + D'A',$$

从而四边形 $A'B'C'D'$ 有内切圆.

如图(b),设 O 到四边形 $A'B'C'D'$ 各边的距离为 h_1'、h_2'、h_3'、h_4',则由必要性的证明有
$$\frac{1}{h_1'}+\frac{1}{h_3'}=\frac{1}{h_2'}+\frac{1}{h_4'}.$$

因为 $\triangle OA'B' \sim \triangle OBA$,所以
$$\frac{A'B'}{h_1'}=\frac{AB}{h_1},$$

从而
$$AB=\frac{A'B'\times h_1}{h_1'}=\frac{k}{h_1'}.$$

BC、CD、DA 亦有类似公式.于是
$$AB+CD=\frac{k}{h_1'}+\frac{k}{h_3'}=\frac{k}{h_2'}+\frac{k}{h_4'}=BC+DA,$$

从而四边形 $ABCD$ 有内切圆.

注 设图中 $\triangle OAB$、$\triangle OBC$、$\triangle OCD$、$\triangle ODA$ 的内切圆半径分别为 r_1、r_2、r_3、r_4,则条件
$$\frac{1}{r_1}+\frac{1}{r_3}=\frac{1}{r_2}+\frac{1}{r_4}$$

与上述条件 $\frac{1}{h_1}+\frac{1}{h_3}=\frac{1}{h_2}+\frac{1}{h_4}$ 等价(证明不难).

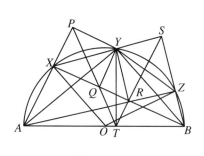

第 26 题图

26. 凸五边形 $AXYZB$ 内接于以 AB 为直径、O 为圆心的半圆.自点 Y 向 AX、BX、AZ、BZ 作垂线,垂足分别为 P、Q、R、S.

证明:PQ 与 RS 所夹的锐角等于 $\angle XOZ$ 的一半.

证明 如图,设自 Y 向 AB 作垂线,垂足为 T.
由西姆松线的定理知 T 在 PQ 上,也在 SR 上.
Y、Q、T、B、S 都在以 YB 为直径的圆上.所以
$$\angle PTS=\angle QBS=\angle XBZ=\frac{1}{2}\angle XOZ.$$

27. $\triangle ABC$ 中,$\angle B>90°$.过 C 作外接圆 $\odot O$ 的切线,交 AB 的延长线于 B_1.O_1 为 $\triangle AB_1C$ 的外心.B_2 在线段 BB_1 上.过 B_2 作 $\odot O$ 的切线,切点 C_1 在 $\overparen{BC}$ 上.O_2 为 $\triangle AB_2C_1$ 的外心.已知 $OO_2 \perp AO_1$.

求证:A、C、O_2 三点共线.

证明 如图,AC_1 是 $\odot O$、$\odot O_2$ 的公共弦,所以 $AC_1 \perp OO_2$.

又已知 $AO_1 \perp OO_2$,所以 O_1 在 AC_1 上.

OO_1 垂直平分 $\odot O$ 与 $\odot O_1$ 的公共弦 AC.

设 OO_2 交 AC 于 K.

$$\frac{1}{2}\angle C_1MC = 90° - \angle MCC_1 = 90° - \angle C_1AC$$
$$= \angle AO_1O = \angle B_1.$$

所以
$$\angle MB_2B_1 = \angle C_1MC - \angle B_1 = 2\angle B_1 - \angle B_1 = \angle B_1,$$
$$\angle AKO = 90° + \angle O_1AC = 90° + 90° - \angle B_1 = 180° - \angle B_1.$$

我们知道圆心角是同弧上的圆周角的两倍,所以
$$\angle AO_2O = \frac{1}{2}\angle AO_2C_1 = \angle AB_2C_1 = 180° - \angle B_1 = \angle AKO.$$

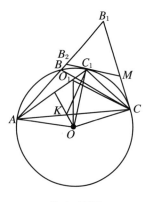

第27题图

因为 O_2 与 K 同在 KO 上,所以 O_2 与 K 重合,即 O_2 在 AC 上.

28. 凸四边形 $ABCD$ 中, $\angle ADC = 90°$. 过 B 作 AD、AC 的垂线,垂足 E 在线段 DA 的延长线上, F 在线段 AC 上. 已知: EF 经过 BD 的中点.

求证: A、B、C、D 四点共圆.

证明 A、B、C、D 共圆是 EF 经过 BD 的中点 M 的充分必要条件.

如图,作 $BG \perp CD$, G 为垂足. 如果 A、B、C、D 共圆,那么 EF 过 G(EF 是点 B 的西姆松线).

四边形 $EBGD$ 是矩形,对角线 EF 过 BD 的中点 M.

反之,设 EF 过点 M. 矩形 $EBGD$ 的对角线 EG 过 BD 的中点 M,所以 E、F、G 三点共线. 因此点 B 在 $\odot ACD$ 上.

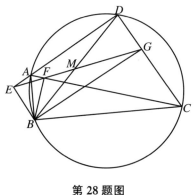

第28题图

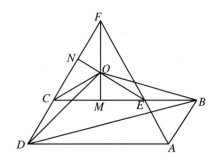

第29题图

29. 已知平行四边形 $ABCD$. 点 E 在 BC 上. 延长 AE、DC,相交于 F. O 是 $\triangle ECF$ 的外心. B、O、C、D 四点共圆.

求证: $AD = FD$.

证明 自 O 向 BC、CD 引垂线,垂足分别为 M、N,如图.

因为 B、O、C、D 四点共圆,所以 $\angle OBM = \angle ODN$,
$$\text{Rt}\triangle OBM \sim \text{Rt}\triangle ODN.$$

因为平行线 $AB/\!/CD$，$AD/\!/BC$，所以
$$\frac{2CM}{BE} = \frac{CE}{BE} = \frac{EF}{AE} = \frac{FC}{CD} = \frac{2FN}{CD},$$
$$\frac{CM}{BM} = \frac{FN}{DN}. \tag{1}$$

(1)式表明对于相似的 $\triangle OBM$、$\triangle ODN$，C 与 F 是对应点，所以
$$\triangle OCM \backsim \triangle OFN.$$

从而
$$\angle OCM = \angle OFN = \angle OCF.$$

因此 $\triangle CEF$ 是等腰三角形，$CE = CF$。

故 $AD = FD$。

30. $\triangle ABC$ 中，点 D、E 分别在边 AC、AB 上，$ED/\!/BC$。BD、CE 相交于 F。

证明：$\triangle AEF$、$\triangle ADF$、$\triangle EFB$、$\triangle DFC$ 的外心四点共圆。

证明 如图，设 $\triangle AEF$、$\triangle EFB$、$\triangle DFC$、$\triangle ADF$、$\triangle DEF$ 的外心分别为 O_1、O_2、O_3、O_4、O。

因为 $ED/\!/BC$，所以 AF 平分 DE。

设 AF 交 DE 于 Q，则 $EQ = QD$。

EF 是 $\odot O_1$、$\odot O_2$ 与 $\odot O$ 的公共弦，所以 O、O_1、O_2 共线并且 $OO_2 \perp EF$。设 O_2、O 在 BD 的射影分别为 G、H，则
$$BD = 2GH = 2OO_2 \sin\angle EFB.$$

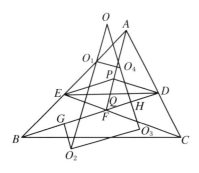

第30题图

同理，O、O_3、O_4 共线，并且 $OO_3 \perp DF$，
$$CE = 2OO_3 \sin\angle EFB.$$

于是
$$\frac{OO_2}{OO_3} = \frac{BD}{CE} = \frac{FD}{EF}. \tag{1}$$

在 QA 上取 P，使 $QP = FQ$。四边形 $EFDP$ 是平行四边形，$PD = EF$，$\angle FDP = \angle CFD$。

因为 OO_2、OO_3 分别与 EF、FD 垂直，所以
$$\angle O_2 O O_3 = \angle CFD = \angle FDP.$$

又由(1)式得
$$\frac{OO_2}{OO_3} = \frac{DF}{DP},$$

所以 $\triangle DFP \backsim \triangle OO_2O_3$。 \hfill (2)
$$\angle DFP = \angle OO_2O_3. \tag{3}$$

又 $OO_4 \perp DF$，$O_1 O_4 \perp AF$，所以
$$\angle OO_4O_1 = \angle DFP = \angle OO_2O_3. \tag{4}$$

因此 O_1、O_2、O_3、O_4 四点共圆。

注 容易得出 $\angle OO_4O_1 = \angle DFP$. 因此只需证明(3)式. 当然同时也应有 $\angle OO_2O_3 = \angle DFP$, 所以应当有(2)式. 但 $\odot O_2$、$\odot O_3$ 在图中只有一个公共点 F(不像 $\odot O_1$ 与 $\odot O_4$, 或其他情况, 在图中就有画好的公共弦), 所以 O_2O_3 难起作用. 因而(2)式不能依靠(3)式来证明, 只能借助比例式(1).

31. 点 D、E、F 分别在 $\triangle ABC$ 的边 BC、CA、AB 上, 并且 AD、BE、CF 交于一点 G. $\triangle AFG$、$\triangle BFG$、$\triangle BGD$、$\triangle GDC$、$\triangle CGE$、$\triangle AGE$ 的外心分别为 O_1、O_2、O_3、O_4、O_5、O_6. 这六点互不相同.

证明: O_1、O_2、O_3、O_4、O_5、O_6 六点共圆的充分必要条件是 G 为 $\triangle ABC$ 的重心.

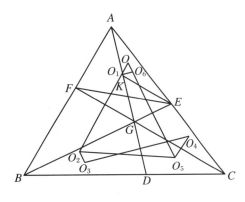

第 31 题图

证明 先证充分性. 如图, 设 G 为 $\triangle ABC$ 的重心, 则 $EF \parallel BC$, 由上题, O_1、O_2、O_5、O_6 四点共圆.

同理, O_1、O_2、O_3、O_4 四点共圆, O_3、O_4、O_5、O_6 四点共圆.

O_1O_6 与 $\odot O_1$、$\odot O_6$ 的公共弦 AG 垂直.

同理, $O_3O_4 \perp GD$. 所以 $O_1O_6 \parallel O_3O_4$.

于是六边形 $O_1O_2O_3O_4O_5O_6$(可能不是凸的, 也可能边自身相交)中, 对边平行.

因为 O_1、O_2、O_5、O_6 共圆, 所以

$$\angle O_1O_6O_5 + \angle O_5O_2O_1 = \pi.$$

由平行线的性质得

$$\angle O_2O_5O_4 + \angle O_5O_2O_1 = \pi,$$
$$\angle O_4O_3O_2 = \angle O_1O_6O_5,$$

所以

$$\angle O_2O_5O_4 = \angle O_4O_3O_2.$$

从而 O_2、O_3、O_4、O_5 共圆.

因为 O_3、O_4、O_5、O_6 共圆, 所以 O_2、O_3、O_4、O_5、O_6 共圆. 从而 O_1、O_2、O_3、O_4、O_5、O_6 六点共圆.

再证必要性.

设 O 为 $\triangle GEF$ 的外心, 则 $OO_1 \perp FG$, $OO_6 \perp EG$. 与上题相同(只是字母不同), 过 E 作 $EK \parallel CF$, 交 AG 于 K, 则 $\angle OO_1O_6 = \angle EKG$, $\angle O_1OO_6 = \angle KEG$.

而由 O_1、O_6、O_2、O_5 四点共圆得 $\angle OO_5O_2 = \angle OO_1O_6 = \angle EKG$.

所以

$$\triangle OO_2O_5 \backsim \triangle EGK.$$

而与上题相同, 有

$$\frac{OO_2}{OO_5} = \frac{BE}{CF}. \tag{1}$$

所以
$$\frac{EG}{EK} = \frac{BE}{CF}. \qquad (2)$$

而
$$\frac{EK}{CG} = \frac{AE}{AC}, \qquad (3)$$

(2)×(3)得
$$\frac{EG}{CG} = \frac{BE}{CF} \times \frac{AE}{AC}. \qquad (4)$$

又对△BFG用梅涅劳斯定理得
$$\frac{EG}{EB} \times \frac{CF}{CG} \times \frac{AB}{AF} = 1. \qquad (5)$$

由(4)、(5)式得
$$\frac{AE}{AC} = \frac{AF}{AB}, \qquad (6)$$

所以 $EF \parallel BC$.

同理，$DE \parallel AB$，$FD \parallel AC$.

于是 $BD = EF = DC$，AD 为中线．BE、CF 也为中线．G 为△ABC 的重心．

32. 已知：△ABC 的外心为 O，直径 MN 分别交 AB、AC 于 E、F．E、F 关于 O 的对称点分别为 E_1、F_1．

求证：直线 BF_1、CE_1 的交点在外接圆上．

分析 本题属于蝴蝶定理型．几何的证法也类似：采用对称法．

证明 如图，设 A、B、C 关于直径 MN 的中垂线 l 作对称，对称点分别为 A_1、B_1、C_1，则 E_1、F_1 分别在 A_1B_1、A_1C_1 上．

设 CE_1 交外接圆于 A'，连接 $A'F_1$、$A'A_1$．

因为
$$\angle A_1 F_1 E_1 \stackrel{m}{=\!=\!=} \frac{1}{2}(\overset{\frown}{NA_1} + \overset{\frown}{MC_1})$$
$$= \frac{1}{2}(\overset{\frown}{NA_1} + \overset{\frown}{CN}) \quad (\overset{\frown}{MC_1} \text{与} \overset{\frown}{CN} \text{关于直线} l \text{对称})$$
$$= \frac{1}{2}\overset{\frown}{CA_1}$$
$$\stackrel{m}{=\!=\!=} \angle A_1 A' E_1,$$

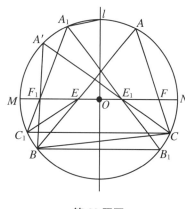

第32题图

所以 A_1、F_1、E_1、A' 四点共圆，$\angle A'F_1A_1 = \angle A'E_1A_1 = \angle CE_1B_1$．

同样，因为

$$\angle BEM \stackrel{m}{=\!=\!=} \frac{1}{2}(\overparen{BM}+\overparen{AN})$$
$$= \frac{1}{2}(\overparen{BM}+\overparen{MA_1})(\overparen{AN} 与 \overparen{MA_1} 关于直线 l 对称)$$
$$= 180° - \frac{1}{2}\overparen{BNA_1}$$
$$\stackrel{m}{=\!=\!=} 180° - \angle F_1C_1B,$$

所以 B、F_1、E、C_1 四点共圆.
$$\angle C_1F_1B = \angle C_1EB.$$

因为 $\angle CE_1B_1 = \angle C_1EB$(两个角关于直线 l 对称)，所以
$$\angle A'F_1A_1 = \angle CE_1B_1 = \angle C_1EB = \angle C_1F_1B.$$

从而 A'、F_1、B 三点共线，即直线 BF_1、CE_1 相交于外接圆上的点 A'.

注 当图形不同时，证明略作修改即可.

33. 锐角三角形 ABC 中，O 为外心. 线段 MN 过 O，M、N 分别在 AB、AC 上. K 是 MN 的中点，与 O 不同. E、F 分别为 BN、CM 的中点.

证明：O、E、F、K 四点共圆.

证明 设 M、N 关于 O 的对称点分别为 M_1、N_1，如图. 由上题(只是字母不同)知 CM_1 与 BN_1 相交于外接圆上一点 A_1，$\angle BA_1C = \angle BAC$.

因为 K、E 分别为 MN、BN 的中点，所以 $KE \parallel AB$.

同理，$KF \parallel AC$，$OE \parallel A_1B$，$OF \parallel A_1C$.
$$\angle EKF = \angle BAC, \quad \angle EOF = \angle BA_1C.$$

从而 $\angle EKF = \angle EOF$，O、E、F、K 四点共圆.

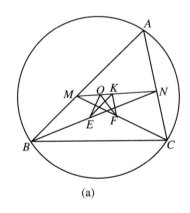
(a)

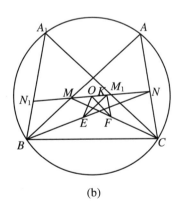
(b)

第 33 题图

注1 有了上题，本题就变得很容易了.

注2 有人设 $\odot EKF$ 与 MN 又交于 O'，然后对四边形 $O'EFK$ 用托勒密定理. 但这样证时，必须先排除 $\odot EKF$ 与 MN 相切的情况(在 O' 与 K 重合时，四边形 $O'EFK$ 退化为三角形，用托勒密定理毫无所得)，即应当先证明"当且仅当 K 与圆心 O 重合时，$\odot EKF$ 与 MN 相切". 这就是下一题.

34. 已知:锐角三角形 ABC 中,O 为外心.线段 MN 过 O,M、N 分别在 AB、AC 上.E、F、K 分别为 BN、CM、MN 的中点.

求证:当且仅当 K 与外心 O 重合时,$\odot EKF$ 与 MN 相切.

证明 如图,

$\odot EKF$ 与 MN 相切 $\Leftrightarrow \angle MKE = \angle KFE$

$\Leftrightarrow \triangle KFE \backsim \triangle AMN$(显然 $KE \parallel AB$、$KF \parallel AC$、$\angle EKF = \angle BAC$)

$\Leftrightarrow \dfrac{AM}{KF} = \dfrac{AN}{KE}$

$\Leftrightarrow AM \times MB = AN \times NC$($MB = 2KE$,$NC = 2KF$)

$\Leftrightarrow M$、N 关于 $\odot O$ 的幂相等

$\Leftrightarrow O$ 是 MN 的中点 K.

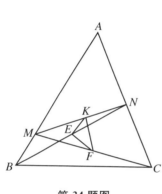

第 34 题图

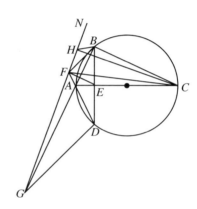

第 35 题图

35. 圆的弦 BD 与直径 AC 垂直,相交于 E.F 在 DA 的延长线上,G 在 BA 的延长线上,$DG \parallel BF$.H 在 GF 的延长线上,$CH \perp GF$.

证明:B、E、F、H 四点共圆.

证明 如图,$DG \parallel BF$,所以

$$\dfrac{FA}{AB} = \dfrac{DA}{AG},$$

$$AG \times FA = AB^2 = AE \times AC,$$

$$\dfrac{FA}{EA} = \dfrac{AC}{AG}.$$

又直线 AB、AD 关于直径 AC 对称,所以

$$\angle FAE = \angle CAG.$$

从而 $\triangle FAE \backsim \triangle CAG$.

$$\angle FEA = \angle CGA.$$

又 $\angle GHC = \angle GBC = 90°$,$H$、$B$ 都在以 CG 为直径的圆上,所以

$$\angle BEF = 90° - \angle FEA = 90° - \angle CGA = 90° - \angle CHB = \angle BHN,$$

其中 N 在 FH 的延长线上.

因此 B、E、F、H 四点共圆.

36. $\triangle ABC$ 的边长分别为 a、b、c，$c \geq b$. 过 A 作外接圆的切线，交直线 BC 于 R. 记 AR 为 x.

(i) 将 x 用 a、b、c 表示.

(ii) 证明：$\dfrac{\cos A}{x} + \dfrac{\cos C}{b} = \dfrac{\cos B}{c}$.

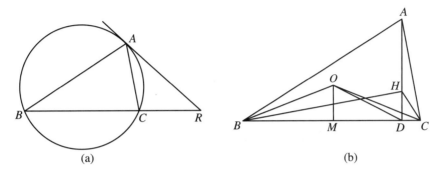

第 36 题图

解 (i) 如图(a)，记 $RC = y$，$RB = z$，则
$$y + a = z. \tag{1}$$
由习题 1 第 94 题(符号需作相应修改)得
$$\frac{y}{z} = \left(\frac{b}{c}\right)^2. \tag{2}$$
将(1)式代入(2)式得
$$c^2 y = b^2(y + a),$$
$$y = \frac{ab^2}{c^2 - b^2},$$
$$z = \frac{ac^2}{c^2 - b^2},$$
$$x = \sqrt{yz} = \frac{abc}{c^2 - b^2}. \tag{3}$$

证明 (ii) 如图(b)，设 O 为外心，H 为垂心，AD 为高，M 为 BC 的中点. 又不妨设外接圆的半径为 1，则由第 1 部分第 12 章例 2 与习题 1 第 74 题得
$$OM = \cos A, \tag{4}$$
$$AH = 2OM = 2\cos A. \tag{5}$$
而
$$\frac{bc}{x} = \frac{c^2 - b^2}{a} = \frac{BD^2 - DC^2}{a} = BD - DC,$$
所以

$$\frac{bc\cos A}{x} = OM(BD - DC) = \frac{1}{2}AH(BD - DC) = S_{\triangle ABH} - S_{\triangle AHC}. \tag{6}$$

又

$$b\cos B - c\cos C = \frac{1}{2}(b \times BH - c \times CH)$$

$$= (S_{\triangle ABH} + S_{\triangle BCH}) - (S_{\triangle BCH} + S_{\triangle AHC})$$

$$= S_{\triangle ABH} - S_{\triangle AHC}, \tag{7}$$

所以

$$\frac{bc\cos A}{x} = b\cos B - c\cos C.$$

即结论成立.

注 1 如图(b)中,$\angle A$ 为锐角,但以上的证明对于 $\angle A$ 为钝角的情况同样适用.只需约定线段 OM、AH 为有向线段(O 到 M 是由上向下时,OM 为正;O 到 M 是由下向上时,OM 为负).这时(4)式恒成立.(5)式也是这样.又约定 $A \to B \to H \to A$ 为逆时针顺序时,$\triangle ABH$ 的面积为正,否则为负.这样,(6)、(7)式也都恒成立.

注 2 更一般地,设圆内接四边形 $ABCD$ 的边 BA、CD 延长后交于 P,AC、BD 交于 Q,AD、BC 延长后交于 R,则 $\dfrac{\cos\alpha}{AR} + \dfrac{\cos\gamma}{CP} = \dfrac{\cos\beta}{BQ}$,其中 $\alpha = \angle BAC$,$\beta = \angle ABC$,$\gamma = \angle BCA$,这一结论的证明需要较多的三角知识.

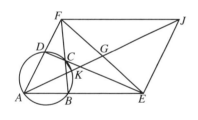

第 37 题图

37. 延长圆内接四边形 $ABCD$ 的边 AB、DC 交于 E,AD、BC 交于 F.EF 的中点为 G.AG 又交圆于 K.

证明:C、E、F、K 四点共圆.

证明 如图,延长 AG 到 J,使 $GJ = AG$,则四边形 $AFJE$ 是平行四边形.

$$\angle KCE = \angle KAD = \angle EJA,$$

所以 E、K、C、J 四点共圆.

同理,F、K、C、J 四点共圆($\angle KCB = \angle KAB = \angle KJF$).

因此 E、F、K、C、J 五点共圆.

注 增加一个点 J,满盘皆活.

38. $\odot O$ 是 $\triangle ABC$ 的外接圆.直线 AB、AC 分别与 $\odot OBC$ 交于 B_1(不同于 B)、C_1(不同于 C).BA、BC 分别与 $\odot OAC$ 交于 A_2、C_2.CA、CB 分别与 $\odot OAB$ 交于 A_3、B_3.

证明:A_2A_3、B_1B_3、C_1C_2 三线共点.

证明 如图,先应确定点 A_2、A_3、B_1、B_3、C_1、C_2 以及直线 A_2A_3、B_1B_3、C_1C_2 的位置.我们有

$$\angle AA_2C = \angle AOC = 2\angle ABC,$$

所以
$$\angle A_2CB = \angle AA_2C - \angle ABC = \angle ABC,$$
$$A_2B = A_2C,$$
即 A_2 在 BC 的垂直平分线上.

同理，A_3 在 BC 的垂直平分线上. 因此 A_2A_3 就是 BC 的垂直平分线. 同理，B_1B_3 是 AC 的垂直平分线，C_1C_2 是 AB 的垂直平分线. 三条线相交于外心 O.

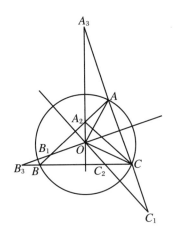

第 38 题图

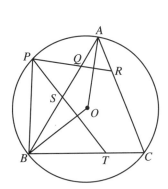

第 39 题图

39. $\odot O$ 是 $\triangle ABC$ 的外接圆. 点 P 在 $\overparen{AB}$ 上. 过 P 作 OB 的垂线，交 AB 于 S，交 BC 于 T. 过 P 作 OA 的垂线，交 AB 于 Q，交 AC 于 R.

证明：(i) $\triangle PQS$ 是等腰三角形；

(ii) $PQ^2 = QR \times ST$.

证明 (i) 如图，
$$\angle PSQ = 90° - \angle OBA = 90° - \angle OAB = \angle PQS,$$
所以 $\triangle PQS$ 是等腰三角形，而且 $\angle PSQ = \angle BCA$.

(ii) 因为
$$\angle BCA = \angle BCP + \angle PCA = \angle PAB + \angle PBA,$$
所以
$$\angle PBS = \angle BCA - \angle PAB = \angle PQS - \angle PAB = \angle APQ.$$
同理，$\angle PAQ = \angle BPS$.

所以 $\triangle PBS \sim \triangle APQ$.
$$\frac{PQ}{BS} = \frac{AQ}{PS}. \tag{1}$$
又 $\triangle AQR \sim \triangle ACB \sim \triangle TSB$（$\angle PSQ = \angle BCA = \angle PQS$），所以
$$\frac{AQ}{QR} = \frac{TS}{BS}. \tag{2}$$

(1)、(2) 式相乘即得结果.

注 本题应寻找相似三角形，不要滥用三角知识.

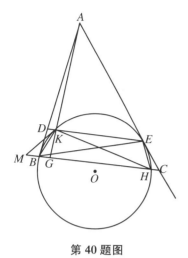

第40题图

40. ⊙O 分别切 △ABC 的边 AB、AC 于 B、E. D 在 AB 上,$ED \parallel BC$. DE、BC 又分别交圆于 K、H. 延长 AK 交 BC 于 G.

证明:$BG = HC$.

证明 如图,过 K 作切线,交 CB 的延长线于 M.

因为 $KE \parallel BH$,所以 $KB = EH$,四边形 $KBHE$ 是等腰梯形,$BE = HK$.

因为 $\angle MKB = \angle MHK$,所以 △$MKB \sim$ △MHK.

$$\frac{MB}{MH} = \frac{MB}{MK} \times \frac{MK}{MH} = \left(\frac{KB}{HK}\right)^2 = \left(\frac{KB}{BE}\right)^2. \tag{1}$$

同样,由 △$DBK \sim$ △DEB 得

$$\frac{DK}{DE} = \left(\frac{KB}{BE}\right)^2. \tag{2}$$

于是由(1)、(2)式得

$$\frac{MB}{MH} = \frac{DK}{DE}. \tag{3}$$

因为 $ED \parallel BC$,所以

$$\frac{DK}{DE} = \frac{BG}{BC}. \tag{4}$$

又圆与梯形 $KMCE$ 关于 KE 的垂直平分线对称,所以 $MB = HC$,$MH = BC$. 从而由(3)、(4)式得

$$MB = BG.$$

于是

$$HC = BG.$$

41. 设 ⊙O 的半径为 r. AM、AN 是切线. L 在劣弧 $\overparen{MN}$ 上. 过 A 作 MN 的平行线,分别交 ML、NL 于 P、Q.

证明:$r^2 = OP \times OQ \times \cos\angle POQ$.

证明 如图,因为
$\angle AMP = \angle MNL = \angle AQN$,$\angle ANQ = \angle NML = \angle APM$,
所以 △$AMP \sim$ △AQN.

$$AP \times AQ = AM \times AN = AM^2 = OA^2 - r^2. \tag{1}$$

由余弦定理得
$$2OP \times OQ \times \cos\angle POQ = OP^2 + OQ^2 - PQ^2$$
$$= OP^2 + OQ^2 - (AP + AQ)^2$$
$$= OP^2 + OQ^2 - AP^2 - AQ^2 - 2AP \times AQ$$
$$= 2OA^2 - 2(OA^2 - r^2) = 2r^2.$$

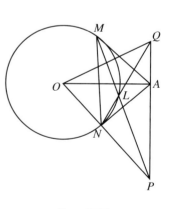

第41题图

42. 在△ABC中,∠B=60°.过A作外接圆的切线,交CB的延长线于P.点D、E分别在线段PA与外接圆上,满足∠DBE=90°,AD=AE.BE交AC于F.已知:PF、AB、CD三线共点.

(ⅰ)求证:BF平分∠ABC.

(ⅱ)求tan∠ACB的值.

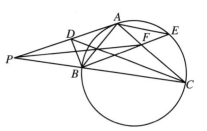

第42题图

证明 (ⅰ)如图,设△ABC及P点均已确定.

如果E在外接圆上,并且BE平分∠ABC,那么∠ABE=30°.

作DB⊥BE,即∠DBA=60°=∠PBD,D在AP上.这时

$$\frac{AF}{FC} \times \frac{CB}{BP} \times \frac{PD}{DA} = \frac{AB}{BC} \times \frac{CB}{BP} \times \frac{PB}{AB} = 1. \tag{1}$$

根据塞瓦定理,CD、AB、PF交于一点.

当E向A点运动时,$\frac{AF}{FC}$与$\frac{PD}{DA}$(D满足∠DBE=90°)同时减少.E向C点运动时,$\frac{AF}{FC}$与$\frac{PD}{DA}$同时增加.因而使(1)式成立的点E只有一个,即E为$\overset{\frown}{AC}$的中点.

所以在PF、AB、CD三线共点时,BF平分∠ABC.

注 上面采用的方法可以说是同一法.其中AD=AE的条件完全未用.现在增加这一条件,可以定出∠ACB.

解 (ⅱ)不妨设外接圆的半径为1.
$$AD = AE = 2\sin 30° = 1, \quad BC = 2\sin\angle BAC.$$

在△ABD中,
$$\angle ADB = 180° - \angle DAB - \angle DBA = 180° - \angle ACB - 60° = \angle BAC.$$

由正弦定理得
$$\frac{AD}{\sin 60°} = \frac{AB}{\sin\angle ADB} = \frac{AB}{\sin\angle BAC} = \frac{2AB}{BC},$$

即
$$BC = \sqrt{3}AB.$$

设AN为△ABC的高,则$AN = AB\sin 60° = \frac{\sqrt{3}}{2}AB$,$CN = BC - BN = \left(\sqrt{3} - \frac{1}{2}\right)AB$,

所以
$$\tan\angle ACB = \frac{\frac{\sqrt{3}}{2}}{\sqrt{3} - \frac{1}{2}} = \frac{\sqrt{3}(2\sqrt{3}+1)}{11} = \frac{6+\sqrt{3}}{11}.$$

43. 设 △ABC 的边长为 a、b、$c(a<c)$. 中线 BM 被内切圆分成三条线段.

证明：三条线段相等的充分必要条件是 $\dfrac{a}{5}=\dfrac{b}{10}=\dfrac{c}{13}$.

证明 充分性. 设 $a=5, b=10, c=13$.

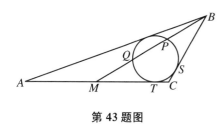

第 43 题图

如图，中线 BM 被分成三段，$BP=x$，$PQ=y$. 内切圆分别切 CB、CA 于 S、T.

因为 $CM=CB=5$，所以 △CMB 是等腰三角形，它及 ⊙PQS 关于 ∠C 的平分线对称. 从而

$$MQ=PB=x,$$

$$MT=BS=\dfrac{1}{2}(5+13-10)=4,$$

$$BM^2=\dfrac{1}{4}(2\times 13^2+2\times 5^2-10^2)=72.$$

所以

$$\begin{cases} 2x+y=\sqrt{72}, \\ x(x+y)=4^2, \end{cases}$$

消去 y 得

$$x(6\sqrt{2}-x)=4^2,$$

从而解出 $x=2\sqrt{2}, y=2\sqrt{2}$. 即中线被分成的三段相等.

必要性. 设图中 $MQ=QP=PB=x$，

$$MT^2=MQ\times MP=BP\times BQ=BS^2,$$

$$a=BC=CM, \quad b=2a.$$

由中线公式得

$$2(a^2+c^2)=(2a)^2+4\times(3x)^2,$$

即

$$c^2-a^2=18x^2. \tag{3}$$

又

$$BS^2=\left(\dfrac{a+c-b}{2}\right)^2=\left(\dfrac{c-a}{2}\right)^2=2x^2, \tag{4}$$

(3)÷(4) 得

$$\dfrac{c+a}{c-a}=\dfrac{9}{4},$$

所以

$$\dfrac{c}{a}=\dfrac{9+4}{9-4}=\dfrac{13}{5},$$

即

$$\dfrac{a}{5}=\dfrac{b}{10}=\dfrac{c}{13}.$$

44. 已知：锐角三角形 ABC 的内切圆分别切 AB、AC 于 D、E. $\angle ABC$ 与 $\angle ACB$ 的平分线分别交直线 DE 于 X、Y. Z 为 BC 的中点.

求证：当且仅当 $\angle A = 60°$ 时，$\triangle XYZ$ 是正三角形.

证明 如图，设 I 为内心.
$$\angle CIX = \angle IBC + \angle ICB = 90° - \frac{1}{2}\angle A = \angle AED,$$
因此 C、I、E、X 共圆. 这圆以 IC 为直径，所以
$$CX \perp BX.$$
同理，$BY \perp CY$.

因为 Z 为 BC 的中点，所以
$$ZX = ZB = ZY,$$
$$\angle CZX = 2\angle ZBX = \angle ABC,$$
$$ZX \parallel AB.$$
同理，$ZY \parallel AC$.
$$\angle XZY = \angle BAC.$$
因此当且仅当 $\angle A = 60°$ 时，$\triangle XYZ$ 是正三角形.

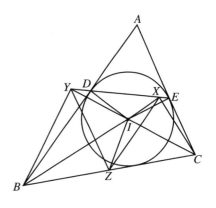

第 44 题图

45. O 是线段 AC 的中点. $\odot O$ 是 $\triangle APQ$ 的与 A 相对的旁切圆，也是 $\triangle CMN$ 的与 C 相对的旁切圆.

证明：四边形 $PQMN$ 有一组边平行.

证明 如图(a)，设 AQ 交 CN 于 D，AP 交 CM 于 B.

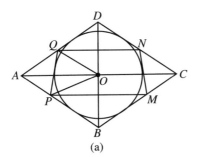 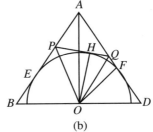

(a) (b)

第 45 题图

因为 O 是 AC 的中点，四边形 $ABCD$ 以 O 为对称中心，又以 AC 的中垂线为对称轴，所以四边形 $ABCD$ 是菱形.

如图(b)，设 E、F、H 为图(a)中的切点.
$$\angle OHQ = \angle OFQ = 90°,$$
所以
$$\angle HOF = 180° - \angle HQF = \angle PQA.$$

平面几何的知识与问题

从而

$$\angle OPB = \frac{1}{2}\angle BPQ = \frac{1}{2}(\angle BAD + \angle PQA)$$
$$= \angle OAD + \frac{1}{2}\angle HOF$$
$$= \angle FOD + \angle QOF = \angle QOD.$$

又 $\angle B = \angle D$，所以 $\triangle OPB \backsim \triangle QOD$.

$$\frac{PB}{OB} = \frac{OD}{QD},$$
$$PB \times QD = OB \times OD. \tag{1}$$

同理，

$$BM \times DN = OB \times OD. \tag{2}$$

由(1)、(2)式得

$$PB \times QD = BM \times DN.$$

所以 $\triangle DQN \backsim \triangle BMP$.

$$\angle DQN = \angle BMP.$$

又 $AD /\!/ BC$，所以

$$QN /\!/ PM.$$

46. 四边形 $ABCD$ 有内切圆，圆心为 O.

证明：$\triangle OAB$、$\triangle OBC$、$\triangle OCD$、$\triangle ODA$ 的垂心共线.

证明 如图，设切点为 M、J、N、K，$\triangle OAD$ 的垂心为 H_4，$\triangle OAB$ 的垂心为 H_1. H_1H_4 交 BD 于 P'. BH_1、DH_4 都是 OA 的垂线，所以

$$BH_1 /\!/ DH_4.$$

又 $OM \perp AB$，$\angle MH_1B = 90° - \angle H_1BA = \angle OAB$，所以

$$\frac{BP'}{DP'} = \frac{BH_1}{DH_4} = \frac{BM}{\sin\angle OAB} \Big/ \frac{DJ}{\sin\angle OAD} = \frac{BM}{DJ}.$$

又设 AC、BD 的交点为 P，则由牛顿定理(习题2第14题)的证明，有

$$\frac{BP}{DP} = \frac{BM}{DJ}.$$

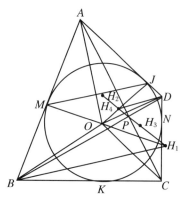

第 46 题图

因此 P' 与 P 重合，即 H_4 在直线 H_1P 上.

同理，$\triangle OBC$ 的垂心 H_2、$\triangle OCD$ 的垂心 H_3 都在这条直线上.

47. △ABC 中，AB = AC．I 为内心．点 P 在△BIC 的外接圆上，并且在△ABC 内．过 P 作 AB、AC 的平行线，分别交 BC 于 D、E．过 P 作 BC 的平行线，分别交 AB、AC 于 F、G．

证明：直线 DF 与 EG 的交点在△ABC 的外接圆上．

证明 如图，因为 $\angle FBI = \frac{1}{2}\angle ABC = \frac{1}{2}\angle ACB = \angle ICB$，所以 BF 与⊙BIC 相切，同样 CG 也与⊙BIC 相切．

四边形 BEPF 是等腰梯形，因而有外接圆．设 FD 与⊙BEPF 相交于 M．

$$\angle FMP = \angle FBP = \angle BCP,$$

所以 M 在⊙PCD 上．

四边形 PDCG 是等腰梯形，所以⊙PCD 也过 G．

$$\angle GMP = \angle GCP = \angle CBP = \angle EMP,$$

所以 M、E、G 共线．

$$\angle ABM = \angle GPM = 180° - \angle ACM,$$

所以 M 在⊙ABC 上．

注 $\angle PMC = 180° - \angle PGC = \angle ABC = \angle AMC$，所以 A、P、M 三点共线．

由 $AF \times AB = AG \times AC$ 亦可得 A 在⊙BMEPF 与⊙PDMCG 的根轴 PM 上．

48. O、H 分别为△ABC 的外心、垂心．M、N 分别为 BH、CH 的中点．D 为 B 的对径点．已知：四边形 HOMN 是圆内接四边形．

求证：$DN = \frac{1}{2}AC$．

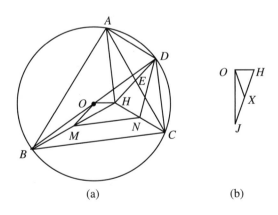

第 48 题图

证明 如图(a)，连接 AD、DC、DH．设 DH 交 AC 于 E．

因为 BD 为直径，$AD \perp AB$，$DC \perp BC$，所以

$$AD \parallel HC, \quad DC \parallel AH.$$

四边形 AHCD 是平行四边形，E 是 DH 的中点.于是
$$EN \parallel CD.$$
要证 $DN = \frac{1}{2}AC = CE$，只需证 $HC = HD$. 而 M、N 分别为 BH、CH 的中点，所以
$$HC = 2HN, \quad HD \underline{\parallel} 2OM,$$
只需证圆内接四边形 HOMN 中，$OH \parallel MN$.

因为 $\angle BHC = 180° - \angle BAC$，所以 ⊙BHC 与 ⊙O 大小相等，而且关于 BC 对称.如图(b)，设 ⊙BHC 的圆心为 J，半径为 R（即 ⊙O 的半径），又设 ⊙HMN 的圆心为 X. △HMN 与 △HBC 位似，位似中心为 H，相似比为 1:2，因此 ⊙HMN 的半径为 $\frac{1}{2}R$.
$$XO = XH = \frac{1}{2}R = R - \frac{1}{2}R = XJ,$$
所以 $JO \perp OH$.

又 $JO \perp BC$，所以 $OH \parallel BC \parallel MN$. 因此
$$OM = HN, \quad HD = HC,$$
$$DN = CE = \frac{1}{2}AC.$$

注 由点 O 在 ⊙HMN 上可得 ⊙X 与 ⊙O、⊙J 都相切，X 在 BC 上.

49. 已知在 △ABC 中，$\angle C = 90°$. 内切圆分别切 BC、CA、AB 于 D、E、F. BE 又交内切圆于 P. $PD \perp PA$.

求 △ABC 三条边长度的比.

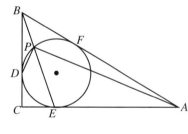

第 49 题图

解 如图，以 C 为原点，直线 CA、CB 分别为 x 轴、y 轴，建立直角坐标系.设三边长分别为 a、b、c.

设内切圆的半径为 1，记 s 为 △ABC 的半周长，有
$$r = CE = s - c = 1, \tag{1}$$
故内切圆方程为
$$(x-1)^2 + (y-1)^2 = 1. \tag{2}$$
因点 B 的坐标为 (0, a)，故 BE 方程为
$$x + \frac{y}{a} = 1. \tag{3}$$
由(2)、(3)式解得点 P 的坐标为
$$y_P = \frac{2a^2}{1+a^2}, \tag{4}$$
$$x_P = \frac{(a-1)^2}{1+a^2}. \tag{5}$$
因为 $PD \perp PA$，所以
$$\frac{y_P - 1}{x_P} \cdot \frac{y_P}{x_P - b} = -1. \tag{6}$$
化简(6)式，并利用 $x_P^2 + y_P^2 = 2x_P + 2y_P - 1$（P 在内切圆上）得

第 2 部分　平面几何问题

$$(2-b)x_P + y_P = 1. \tag{7}$$

将(4)、(5)式代入(7)式得

$$(a-1)(ab-3a-b+1) = 0. \tag{8}$$

a 当然大于内切圆的半径 1,所以

$$ab - 3a - b + 1 = 0. \tag{9}$$

又(1)式即

$$a + b - c = 2, \tag{10}$$

所以

$$(a+b)^2 = (c+2)^2 = a^2 + b^2 + 4c + 4,$$

从而

$$ab = 2c + 2. \tag{11}$$

(10)、(11)式消去 c 得

$$a + b = 1 + \frac{ab}{2}. \tag{12}$$

(12)、(9)式消去 ab 得

$$b - a = 1. \tag{13}$$

由(13)、(12)式得

$$a = 3, \quad b = 4,$$

代入(10)式得 $c=5$.

因此 $a:b:c=3:4:5$.这是我们最熟悉的直角三角形(勾三股四弦五).

注　本题直接用解析几何解最为省事.

50. 设△ABC 的外心为 O,内心为 I.一旁切圆分别切 AB 的延长线、AC 的延长线、BC 于 M、N、L.已知:MN 的中点在外接圆上.

求证:I、O、L 三点共线.

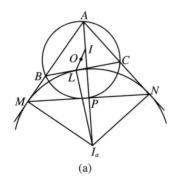 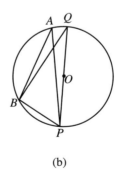

(a)　　　　　　　　　(b)

第 50 题图

证明　如图(a),设 MN 的中点 P 在⊙O 上.因为

$$AM = AN,$$

所以 P 在∠MAN 的平分线 AI 上,P 为 $\overset{\frown}{BC}$ 的中点.

由习题2第5题知 $PI = PI_a$（I_a 为旁心）. BC 的垂线 OP、I_aL 平行. $OP = R$，$I_aL = r_a$（旁切圆半径）. 如果
$$R = \frac{r_a}{2}, \tag{1}$$
那么 O 在 IL 上，而且是 IL 的中点. 因此只需证(1)式.

延长 PO 交 $\odot O$ 于 Q，如图(b)，则
$$\angle PQB = \angle PAB = 90° - \angle AMN = \angle I_aMP,$$
$$PB = PI = PI_a.$$
所以 $\text{Rt}\triangle PBQ \cong \text{Rt}\triangle I_aPM$.
$$PQ = I_aM,$$
即(1)式成立.

注 对几何问题应尽量挖掘其中的几何意义，如本题的(1)式及 O 为 IL 的中点等.

51. $\odot M$ 与 $\odot N$ 相交于 A、B. CB 是 $\odot M$ 的弦，也是 $\odot N$ 的切线. $\odot N$ 又切 $\odot M$ 的弦 CE 于 D. $DF \perp BE$，垂足为 F.

求证：$\angle EAF = 2\angle BEC$.

证明 如图，作 $\angle BAG = \angle BAC = \alpha$，$G$ 在 CB 的延长线上.

由第1题得
$$\frac{CA}{CG} = \frac{AD}{BD\cos\alpha}.$$

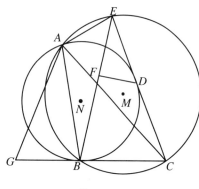

第 51 题图

因为
$$\angle DAB = \angle BDC = \frac{1}{2}(180° - \angle BCD),$$
$$\angle EAB = 180° - \angle BCD = 2\angle DAB,$$
所以
$$\angle EAD = \angle EAB - \angle DAB = \angle DAB.$$
又
$$\angle EDA = \angle DBA,$$
所以 $\triangle EDA \sim \triangle DBA$.
$$\frac{AD}{BD} = \frac{AE}{ED}.$$
从而
$$\frac{CA}{CG} = \frac{AE}{ED\cos\alpha} = \frac{AE}{EF}.$$
又 $\angle ACG = \angle AEF$，所以 $\triangle ACG \sim \triangle AEF$.
$$\angle EAF = \angle CAG = 2\alpha = 2\angle BEC.$$

52. 设凸四边形 $ABCD$ 的对角线交于 O. $\odot OAD$ 与 $\odot OBC$ 又交于 M. 直线 OM 分别交 $\triangle OAB$、$\triangle OCD$ 的外接圆于 T、S.

证明：M 是 TS 的中点.

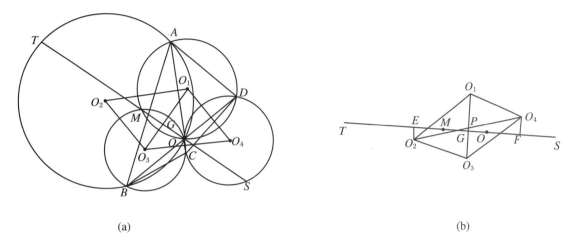

第 52 题图

证明 设 $\odot ODA$、$\odot OAB$、$\odot OBC$、$\odot OCD$ 的圆心分别为 O_1、O_2、O_3、O_4，则 O_1O_2、O_3O_4 都与 AC 垂直，所以 $O_1O_2 /\!/ O_3O_4$.

同理，$O_2O_3 /\!/ O_1O_4$. 四边形 $O_1O_2O_3O_4$ 为平行四边形，如图(a).

O_1O_3 平分 $\odot O_1$、$\odot O_3$ 的公共弦 OM，过 OM 的中点 G，如图(b).

又设 O_2、O_4 在 TS 上的射影分别为 E、F，则 E 为 TO 中点，F 为 OS 的中点. O_2O_4 的中点 P 在 O_1O_3 上，P 在 TS 上的射影为 G，所以 G 也是 EF 的中点.

$$TM = TO - MO = 2(EO - GO) = 2EG,$$
$$MS = MF + FS = OF + MF = 2(MF - MG) = 2GF = 2EG = TM.$$

53. 两个不等的圆在点 R 外切. 直线 AP 切小圆于 A，交大圆于 P，M，M 在 A、P 之间. 直线 BQ 切小圆于 B，交大圆于 Q，N，N 在 B、Q 之间. $\odot ARP$ 与 $\odot BRQ$ 又交于点 I.

证明：PI 平分 $\angle APQ$.

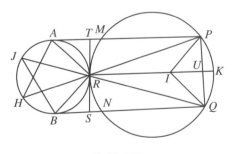

第 53 题图

证明 如图，设直线 QR 又交小圆于 J，RI 交大圆于 K，ST 为公切线.

$$\angle QIK = \angle RBQ = \angle RJB,$$
$$\angle QKI = \angle SRQ = \angle TRJ = \angle RBJ,$$

所以 $\triangle QIK \sim \triangle RJB$.

$$\frac{KQ}{KI} = \frac{RB}{JB}.$$

易知 $\triangle RQB \backsim \triangle BQJ$，所以
$$\frac{RB}{BJ} = \frac{RQ}{BQ}.$$
而由习题 3 第 39 题 $\frac{RQ}{BQ}$ 为定值，所以 $\frac{KQ}{KI}$ 为定值．

同样（延长 PR 交小圆于 H），$\frac{KP}{KI}$ 也是这个定值．

所以
$$KP = KQ, \qquad (1)$$
即 K 为 $\overset{\frown}{PQ}$ 的中点．

设 RK 交 PQ 于 U，则
$$\angle RUP \overset{\mathrm{m}}{=\!=\!=} \frac{1}{2}(\overset{\frown}{RP} + \overset{\frown}{KQ}) = \frac{1}{2}\overset{\frown}{RK} \overset{\mathrm{m}}{=\!=\!=} \angle TRI.$$

所以
$$\angle API = 180° - \angle ARI = 180° - \angle ART - \angle TRI = 180° - \angle RAT - \angle TRI$$
$$= 180° - \angle PIU - \angle RUP = \angle IPQ,$$
即 IP 平分 $\angle APQ$．

注 本题中，(1) 式为关键．

如果 AP、BQ 都是外公切线，那么由对称，RI 就是对称轴 O_1O_2（O_1、O_2 为两圆的圆心），所以 RI 平分 $\overset{\frown}{PQ}$．本题是更一般的情况，但 RI 平分 $\overset{\frown}{PQ}$ 这一结论仍然保持．这也就是 (1) 式．

通过 KP、KQ 对同一个量 KI 的比相等，导出 KP 与 KQ 相等，不易想到，值得学习．

54. $\triangle ABC$ 中，$CA > AB$．BE、CF 是角平分线．外接圆的弦 $BQ /\!/ EF$，交 CF 于 L．$\odot QCL$ 又交 AC 于 K．

求证：$AK = AB$．

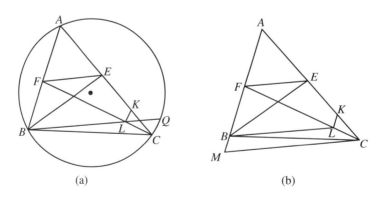

第 54 题图

证明 如图 (a)，因为 Q、C、L、K 四点共圆，所以
$$\angle LKC = \angle LQC = \angle BAC,$$

从而 $LK \parallel AB$.

设 $BC=a, AC=b, AB=c$. 又设 $CM \parallel BL$, 交 AB 于 M, 如图(b).

由平行线及角平分线的性质得

$$\frac{AK}{AC} = \frac{FL}{FC} = \frac{FB}{FM} = \frac{FB}{AF} \times \frac{AF}{FM} = \frac{FB}{AF} \times \frac{AE}{EC} = \frac{a}{b} \times \frac{c}{a} = \frac{c}{b},$$

所以 $AK = c = AB$.

注 本题为自创题,可用来解下一道题.

55. $\triangle ABC$ 中, $BC>CA>AB$. BE、CF 是角平分线,外接圆的弦 $BQ \parallel EF$, $QP \parallel AC$.
求证: $PC = PA + PB$.

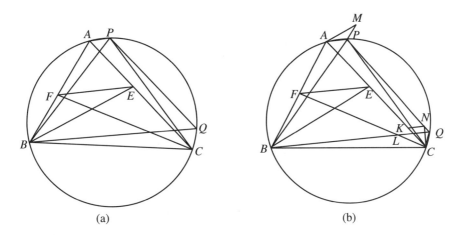

第 55 题图

证一 如图(a),P 与 A、B、C 构成圆内接四边形. 这样的条件当然应当想到利用托勒密定理.

设 $\triangle ABC$ 的边长分别为 a、b、c. 由圆内接四边形 $PABC$ 得

$$b \times PB = a \times PA + c \times PC. \tag{1}$$

另一方面,应当根据平行关系,发现相似三角形.

由 $BQ \parallel EF$, $QP \parallel AC$ 得

$$\angle PQB = \angle AEF,$$

所以

$$\angle PCB = \angle PQB = \angle AEF.$$

又 $\angle BPC = \angle FAE$,所以 $\triangle PCB \sim \triangle AEF$.

$$\frac{PB}{PC} = \frac{AF}{AE} = \frac{\dfrac{bc}{a+b}}{\dfrac{bc}{a+c}} = \frac{a+c}{a+b},$$

即

$$(a+b) \times PB = (a+c) \times PC. \tag{2}$$

(2)-(1)得
$$a \times PB = -a \times PA + a \times PC,$$
$$PC = PA + PB.$$

证二 如图(b),延长 BP 到 M,使 $PM = PA$.于是只需证明
$$BM = PC. \tag{3}$$
因为 $QP \parallel AC$,所以 $PA = QC$,
$$\angle PBA = \angle PCA = \angle CPQ.$$
设 BQ 交 CF 于 L,$\odot QCL$ 又交 AC 于 K,交 PQ 于 N,则由上题,$AK = AB$.
因为 $PQ \parallel AC$,所以四边形 $KCQN$ 是圆内接梯形,因而是等腰梯形.
易知 $KN \parallel AP$,所以 $PN = AK = AB$.
又
$$\begin{aligned}\angle PCN &= \angle ACN - \angle ACP = \angle QKC - \angle ACP \\ &= \angle QLC - \angle QBC = \angle FCB \\ &= \frac{1}{2}\angle BCA = \frac{1}{2}\angle BPA = \angle BMA,\end{aligned}$$
所以 $\triangle PCN \cong \triangle BMA$.
$$PC = BM = PB + PA.$$

注 证明一条线段等于另两条线段的和,一种常用的方法就是将后两条线段先加起来,成为一条线段;再用全等三角形证明第一条线段与这个和相等.借用上题,我们找到了全等三角形.其中 L、C、Q、N、K 五点共圆亦颇有趣.

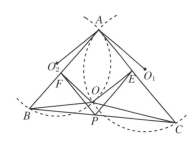

第56题图

56. 动点 P 在 $\triangle ABC$ 的边 BC 上. $PE \parallel AB$,$PF \parallel AC$,E、F 分别在 AC、AB 上.

证明:$\odot AEF$ 过一个定点.

证明 如图,首先应利用特殊情况确定 $\odot AEF$ 所过的定点.

当 P 趋向于 C 时,点 F 趋向于 A,E 趋向于 C. $\odot AEF$ 的极限位置是过 A、C 两点,并且在点 A 与 AB 相切的圆(这圆的圆心 O_1 是 AB 在 A 的垂线与 AC 的中垂线的交点).

同样,当 P 趋向于 B 时,$\odot AEF$ 的极限位置是过 A、B 两点,并且在点 A 与 AC 相切的圆(圆心 O_2 在 AC 过 A 的垂线上,也在 AB 的中垂线上).

$\odot O_1$、$\odot O_2$ 的交点 O 即所说的定点.

我们证明对一般位置的 P 及 E、F,$\odot AEF$ 一定过 O.

因为 $\angle BAO = \angle ACO$,$\angle ABO = \angle CAO$,所以 $\triangle BAO \sim \triangle ACO$.
$$\frac{AO}{CO} = \frac{BA}{AC} = \frac{PE}{EC} = \frac{FA}{EC},$$
所以 $\triangle FAO \sim \triangle ECO$,$\angle OEC = \angle OFA$,$O$、$E$、$A$、$F$ 共圆,即 $\odot AEF$ 过 O.

57. $\angle XAY = \theta$ 为给定的锐角. 点 B、C 分别在 AX、AY 上运动. P 在 $\angle XAY$ 内, 也是动点, PA、PB、PC 分别为定长 a、b、c.

求 $\triangle ABC$ 的面积的最大值.

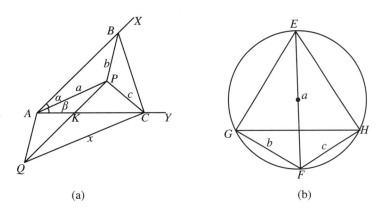

第 57 题图

解 如图(a), 设 $\angle PAB = \alpha$, $\angle PAC = \beta$.

如果有满足要求的点 P, 那么必有
$$b \geqslant a\sin\alpha, \quad c \geqslant a\sin\beta. \tag{1}$$

在 $b < a$, $c < a$ 时, 作直径 $EF = a$ 的圆及弦 $FG = b$, $FH = c$.

令 $\theta_0 = \angle GEH = \angle GEF + \angle FEH$, 如图(b), 则
$$\theta = \alpha + \beta \leqslant \angle GEF + \angle FEH = \theta_0. \tag{2}$$

反过来, 在 $b \geqslant a$ 时, 可先作 $\triangle APC$, 其中 $AP = a$, $PC = c$, 而 AC 为 $|a - c|$ 与 $a + c$ 之间的任一值. 这时总有 AX 上的 B 满足 $PB = b$.

同样, $c \geqslant a$ 时, 也有满足要求的点 P 存在.

在 $b < a$, $c < a$ 时, 只要(2)式成立, 可作射线 AP, 使
$$\angle PAB = \alpha < \angle GEF, \quad \angle PAC = \beta < \angle FEH.$$

再取定点 P, 使 $PA = a$. 这时可在 AX 上取 B, AY 上取 C, 使得 $PB = b$, $PC = c$.

因此, 有满足要求的 P 存在的充分必要条件是
$$\theta \leqslant \theta_0, \tag{3}$$

其中约定 $b \geqslant a$ 或 $c \geqslant a$ 时, (3)式的右边改为 $\dfrac{\pi}{2}$.

下面在(3)式成立时, 求 $S_{\triangle ABC}$ 的最大值.

作 $PQ \underline{\parallel} AB$, 交 AC 于 K, 则 $AQ = PB = b$,
$$S_{PAQC} = \frac{1}{2} AC \times PQ \times \sin\theta = S_{\triangle ABC}.$$

设 $QC = x$, 则由托勒密定理得
$$AC \times PQ \leqslant bc + ax,$$
$$S_{\triangle ABC} \leqslant \frac{1}{2}(bc + ax)\sin\theta. \tag{4}$$

由习题 3 第 57 题得
$$x^2 = b^2 + c^2 - a^2 + 2QP \times AC\cos\theta$$
$$\leqslant b^2 + c^2 - a^2 + 2(bc + ax)\cos\theta \text{(仍用托勒密定理)}, \tag{5}$$
即
$$x^2 - 2ax\cos\theta \leqslant b^2 + c^2 - a^2 + 2bc\cos\theta, \tag{6}$$
所以
$$x \leqslant a\cos\theta + \sqrt{b^2 + c^2 - a^2\sin^2\theta + 2bc\cos\theta}, \tag{7}$$
代入(4)式得
$$S_{\triangle ABC} \leqslant \frac{1}{2}(bc + a^2\cos\theta + a\sqrt{b^2 + c^2 - a^2\sin^2\theta + 2bc\cos\theta})\sin\theta. \tag{8}$$

我们证明等号可以成立,从而(8)式右边即所求最大值.

为此,只需要将上面的图逐步作出来.

注意在(4)、(5)式等号成立时,A、Q、C、P 共圆,应当有 $\dfrac{AK}{PK} = \dfrac{\sin\alpha}{\sin\beta} = \dfrac{AQ}{PC} = \dfrac{b}{c}$. 所以我们先作 $\triangle AKP$,其中 $\angle AKP = \pi - \theta$,而 $AP = a$,$AK = y$,$PK = z$,满足
$$\begin{cases} y^2 + z^2 + 2yz\cos\theta = a^2, \tag{9} \\ \dfrac{y}{z} = \dfrac{b}{c}, \tag{10} \end{cases}$$
即
$$y = \frac{ab}{\sqrt{b^2 + c^2 + 2bc\cos\theta}}, \quad z = \frac{ac}{\sqrt{b^2 + c^2 + 2bc\cos\theta}}. \tag{11}$$

再在 PK 的延长线上取点 Q,使 $AQ = b$. 在 $b \geqslant a$ 时,Q 点显然可作. 在 $b < a$ 时,需要
$$a\sin\angle APK = y\sin\theta = \frac{ab}{\sqrt{b^2 + c^2 + 2bc\cos\theta}}\sin\theta < b. \tag{12}$$

在 $c \geqslant a$ 时,(12)式显然成立.

在 $c < a$ 时,由(3)式得
$$\frac{ab\sin\theta}{\sqrt{b^2 + c^2 + 2bc\cos\theta}} \leqslant \frac{ab\sin\theta_0}{\sqrt{b^2 + c^2 + 2bc\cos\theta_0}} = \frac{b \times GH}{GH} = b, \tag{13}$$
因此 Q 可作.

再作 $\odot APQ$. AK 的延长线交这圆于 C,则
$$\frac{PC}{AQ} = \frac{z}{y} = \frac{c}{b},$$
所以 $PC = c$.

最后完成平行四边形 $AQPB$,则 $PB = AQ = b$.

因为四边形 $PAQC$ 是圆内接四边形,所以(4)、(5)、(8)式都是等式.

上面的点 Q 通常有两个. 其中 AQ 较长的对应于(7)式中根式前取正号的 x 值,当然取这个 Q;另一个 AQ 较短的对应于(7)式中根式前换成负号的 x 值,我们不取.

58. 已知：$\triangle ABC$ 的各边中点为 A_1、B_1、C_1. P 为外接圆上的一点. 射线 PA_1、PB_1、PC_1 分别交外接圆于 A_2、B_2、C_2. 直线 AA_2、BB_2、CC_2 相交产生出 $\triangle A_0 B_0 C_0$.

求证：(ⅰ) $AA_0 \parallel BB_0 \parallel CC_0$；

(ⅱ) $\triangle A_0 B_0 C_0$ 的面积为定值，与 P 的位置无关.

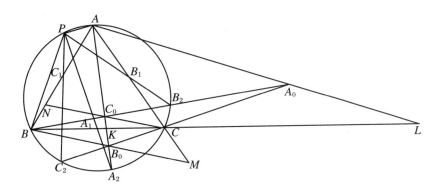

第 58 题图

证明 不妨设 P 在 $\overset{\frown}{AB}$ 上，如图.

过 C 作射线 CN 交 AB 于 N，使得
$$\angle ACN = \angle BCP.$$

因为 $\angle ACN = \angle BCP$，$\angle CAN = \angle CPB$，所以
$$\triangle ACN \sim \triangle PCB.$$

因为 $\angle CAA_2 = \angle CPA_2$，所以在这两个相似三角形中，$AA_2$ 与 PA_2 相对应. PA_2 过 BC 的中点 A_1，所以 AA_2 过 CN 的中点.

同样，$\triangle BCN \sim \triangle PCA$，$\angle B_2 PA = \angle B_2 BA$，$BB_2$ 过 CN 的中点.

于是 AA_2、BB_2、CN 三线共点. 这一点就是 C_0，它也是 CN 的中点，而且 $\angle ACC_0 = \angle BAP$.

同理（作 $\angle CAL = \angle BAP$，AL 交 BC 于 L. $\triangle CAL \sim \triangle PAB$，$CC_2$ 与 PC_2 对应，C_1 为中点，所以 CC_2 交 AL 于 A_0），$\angle CAA_0 = \angle BAP$，而且设 AA_0 交 BC 于 L，则 A_0 是 AL 的中点.

又有 $\angle CBB_0 = \angle ABP$，而且设 BB_0 交 AC 于 M，则 B_0 是 BM 的中点.

$\angle BMC = 180° - \angle CBB_0 - \angle BCM = 180° - \angle ABP - \angle APB = \angle BAP$，

所以
$$AL \parallel BM \parallel CN.$$

设 AA_2 交 BC 于 K，则因为 $CC_0 \parallel BB_0$，所以
$$S_{\triangle CKB_0} = S_{\triangle BKC_0},$$
$$S_{\triangle A_0 B_0 C_0} = S_{\triangle A_0 BC} = \frac{1}{2} S_{\triangle ABC} \, (A_0 \text{ 是 } AL \text{ 的中点}).$$

59. 锐角三角形 ABC 的垂心为 H，内心为 I，外心为 O. 延长 AH、AI，分别交外接圆于 D、L.

证明：当且仅当 $\angle IDL = 90°$ 时，$\angle AIH = 90°$.

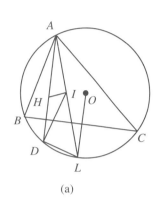 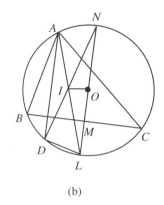 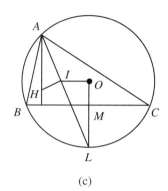

(a)　　　　　　　　　(b)　　　　　　　　　(c)

第 59 题图

证明　首先，我们证明：当且仅当 $\angle IDL = 90°$ 时，
$$r = R\cos A, \tag{1}$$
其中 r、R 分别为内切圆、外接圆的半径.

如图，设过 L 的直径为 LN，交 BC 于 M. 因为 AL 平分 $\angle BAC$，所以 L 是 $\overset{\frown}{BC}$ 的中点，$OM \perp BC$ 并且 M 是 BC 的中点，$OM = R\cos A$.

AD、NL 均与 BC 垂直，因而互相平行. 四边形 $ADLN$ 是圆内接梯形，因而是等腰梯形，关于 LN 的中垂线对称.

如果 $\angle IDL = 90° = \angle NDL$，那么 I 在 ND 上. 因而 I 是对角线 AL 与 ND 的交点，必在上述对称轴上，即 OI 是 LN 的中垂线. 所以 I 到 BC 的距离 $r = OM = R\cos A$.

反之，如果(1)式成立，那么 $IO \parallel BC$，因而 IO 是 LN 的中垂线. 在等腰梯形 $ADLN$ 中，AL 与对称轴 OI 的交点 I 也是对角线 AL 与 ND 的交点. 从而 $\angle IDL = \angle NDL = 90°$.

其次，证明 $(1) \Leftrightarrow \angle AIH = 90°$.

由欧拉定理(习题 2 第 11 题)及第 1 部分第 8 章练习题 5 有
$$2Rr = R^2 - OI^2 = AI \times IL. \tag{2}$$
于是，
$$(1) \Leftrightarrow OL \times 2OM = AI \times IL. \tag{3}$$
又 $AH = 2OM$ (习题 1 第 74 题)，所以
$$(1) \Leftrightarrow OL \times AH = AI \times IL. \tag{4}$$
因为 $\angle HAI = \angle ILO$，所以由(4)式得
$$(1) \Leftrightarrow \triangle HAI \sim \triangle ILO \Leftrightarrow \angle AIH = \angle LOI = 90°.$$

60. △ABC 的边长为 a、b、c, 高为 h_a、h_b、h_c, 外接圆的半径为 R, 内切圆的半径为 r, 面积为 Δ. 三个旁切圆分别切 BC、CA、AB 于 D、E、F. 设 △DEF 的边长为 a'、b'、c', 面积为 Δ'.

证明:（ⅰ）$a' = a\sqrt{1 - \dfrac{h_a}{2R}}$;

（ⅱ）$\Delta' = \Delta \times \dfrac{r}{2R}$.

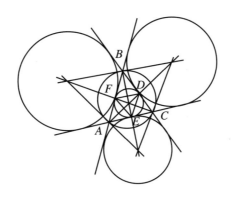

第 60 题图

证明 如图, 易知 $AE = s - c$, $AF = s - b$.

对 △AEF, 由余弦定理得

$$a'^2 = (s-b)^2 + (s-c)^2 - 2(s-b)(s-c)\cos A$$
$$= (s-b+s-c)^2 - 2(s-b)(s-c)(1+\cos A)$$
$$= a^2 - 2(s-b)(s-c)(1+\cos A). \tag{1}$$

因为

$$(s-b)(s-c) = \frac{1}{4}(a+c-b)(a+b-c) = \frac{1}{4}[a^2 - (b-c)^2]$$
$$= \frac{1}{4}(a^2 - b^2 - c^2 + 2bc) = \frac{1}{4}(2bc - 2bc\cos A)$$
$$= \frac{bc}{2}(1-\cos A), \tag{2}$$

所以

$$2(s-b)(s-c)(1+\cos A) = bc(1-\cos A)(1+\cos A) = bc\sin^2 A$$
$$= 2\Delta \sin A = \frac{a\Delta}{R} = \frac{a^2 h_a}{2R}. \tag{3}$$

由(1)、(3)式得

$$a'^2 = a^2\left(1 - \frac{h_a}{2R}\right),$$

即（ⅰ）成立.

又由(2)式得

$$S_{\triangle AEF} = \frac{1}{2}(s-b)(s-c)\sin A = \frac{bc}{4}(1-\cos A)\sin A$$
$$= \frac{1}{2}(1-\cos A)\Delta. \tag{4}$$

同理,可得 $S_{\triangle BDF}$、$S_{\triangle CED}$ 的相应结论. 所以

$$\Delta' = \Delta - \sum \frac{1}{2}(1-\cos A)\Delta$$
$$= \frac{1}{2}\Delta(\cos A + \cos B + \cos C - 1). \tag{5}$$

由习题 3 第 38 题知 $r = R(\cos A + \cos B + \cos C - 1)$,所以

$$\Delta' = \frac{r}{2R}\Delta.$$

注 熟悉三角知识的人很难抑制使用三角知识的冲动. 我们认为几何问题还是尽量少用三角知识为好. 本题我们只用了正弦定理与余弦定理.

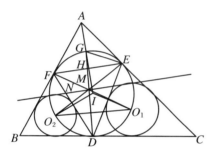

第 61 题图

61. $\triangle ABC$ 的内切圆 $\odot I$ 分别切 BC、CA、AB 于 D、E、F. G 为 $\widehat{EF}$ 的中点. $\triangle DCE$ 的内切圆与 $\triangle DBF$ 的内切圆有一条不同于 BC 的外公切线,分别交 DG、DF 于 M、N.

证明:$\triangle FMN$ 为等腰三角形.

证明 如图,$\odot AEF$ 的直径为 AI,AI 是等腰三角形 AEF 的对称轴,G 在 AI 上. I 在 $\odot AEF$ 上,并且 $IE = IF = IG$,所以 G 为 $\triangle AEF$ 的内心. 同理 O_1、O_2 分别为 IC、IB 与 $\odot I$ 的交点,并且分别是 $\widehat{DE}$、$\widehat{FD}$ 的中点.

$$\widehat{GE} + \widehat{EO_1} + \widehat{DO_2} = \widehat{GF} + \widehat{O_1D} + \widehat{O_2F},$$

所以 $O_1O_2 \perp DG$.

因为两条外公切线 BC、MN 关于连心线 O_1O_2 对称,$O_1O_2 \perp DG$,所以 D、M 关于 O_1O_2 对称.

$$\angle MO_2O_1 = \angle DO_2O_1 \stackrel{m}{=\!=\!=} \frac{1}{2}\widehat{DO_1} = \frac{1}{2}\widehat{O_1E} \stackrel{m}{=\!=\!=} \angle EO_2O_1,$$

从而 E、M、O_2 三点共线.

同样,F、M、O_1 三点共线.

因为 O_2 是 $\widehat{FD}$ 的中点,所以 EO_2 平分 $\angle FED$. 同理,FO_1 平分 $\angle DFE$. 所以 M 是 $\triangle DEF$ 的内心.

设 GD 交 EF 于 H,则

$$\angle NMD = \angle BDM = \angle DEG \stackrel{m}{=\!=\!=} \frac{1}{2}(\widehat{GF} + \widehat{FD}) = \frac{1}{2}(\widehat{GE} + \widehat{FD}) \stackrel{m}{=\!=\!=} \angle FHM,$$

所以 $EF /\!/ MN$.

$$\angle NFM = \angle MFH = \angle FMN,$$
$$NM = NF.$$

62. ⊙O 是 △ABC 的外接圆. D 在 $\overparen{AB}$ 上. △CAD、△CBD 的内心分别为 E、F. ⊙DEF 与 ⊙O 的另一个交点为 X.

求 D 在 $\overparen{AB}$ 上运动时 X 的轨迹.

解 如图,设 M、N 分别为 $\overparen{BC}$、$\overparen{CA}$ 的中点,则 F 在 DM 上,E 在 DN 上.

第62题图

$$\angle FXE = \angle FDE = \angle MXN.$$

同减去 $\angle NXF$ 得

$$\angle FXM = \angle EXN.$$

又

$$\angle FMX = \angle ENX,$$

所以 △FMX ∽ △ENX.

$$\frac{XM}{XN} = \frac{FM}{EN}. \tag{1}$$

因为 F 是 △DBC 的内心,M 为 DF 与 ⊙DBC 的交点,所以 $MF = MC$. 同理,$EN = NC$.

所以

$$\frac{XM}{XN} = \frac{MC}{NC}. \tag{2}$$

M、N 是定点,X 到 M、N 的距离比为定值,所以 X 应为 ⊙O 上的定点,即到 M、N 的距离比为 $\frac{MC}{NC}$ 的阿氏圆与 ⊙O 的交点.

定出点 X 的更简单的办法是:

过 C 作 MN 的平行线,交 ⊙O 于 P,四边形 $CPMN$ 是等腰梯形,$CM = PN$,$CN = PM$,所以由(2)式得

$$XM \times PM = XN \times PN.$$

因为 $\angle XMP$ 与 $\angle XNP$ 互补,所以

$$S_{\triangle XMP} = S_{\triangle XNP},$$

MN 与 PX 的交点 Q 是 MN 的中点.

Q 是定点,P 也是定点,PQ 与 ⊙O 的另一个交点就是 X(阿氏圆与 ⊙O 的交点是 X 与 P).

注 本题的结果表明 X 只是一个定点. 题中"轨迹"二字可谓英雄欺人.

63. 圆内接四边形 $ABCD$ 的对角线 AC、BD 相交于点 E,G、H 分别为边 AB、CD 的中点. 直线 AD 与 BC 交于点 F.

证明:EF 与过点 E、G、H 的圆相切.

证一 如图,完成 ▱$AEBX$ 与 ▱$DECY$,则 G 为 XE 的中点,H 为 YE 的中点,GH∥XY.

$\angle FBX = \angle XBA + \angle ABF = \angle BAC + \angle ABF = \angle BDC + \angle CDF = \angle EDF.$

又由习题1第100题得

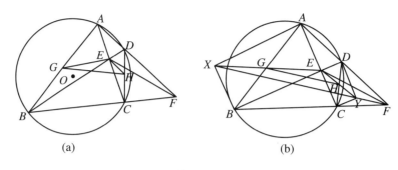

第63题图

$$\frac{BX}{DE} = \frac{AE}{DE} = \frac{FB}{FD},$$

所以△FBX∽△FDE.

$$\frac{FX}{FE} = \frac{FB}{FD},$$

$$\angle XFB = \angle EFD.$$

同理，$\triangle FCY \backsim \triangle FAE$（因为$\angle FCY = \angle FBD = \angle FAE$，$\dfrac{YC}{AE} = \dfrac{DE}{AE} = \dfrac{FC}{FA}$）．

$$\frac{FE}{FY} = \frac{FA}{FC} = \frac{FB}{FD} = \frac{FX}{FE}, \tag{1}$$

$$\angle YFC = \angle EFA = \angle XFB. \tag{2}$$

(2)式表明 X、Y、F 三点共线．

(1)式即 $FE^2 = FX \cdot FY$，这表明 FE 与 $\odot XYE$ 相切．

因为 $GH \parallel XY$，所以 $\angle EGH = \angle EXF = \angle YEF$，即 FE 与过 E、G、H 的圆相切．

注 XY 过 F，这是一个有趣的结论．而 GH 并不过 F，所以我们用 XY 代替 GH 来证明．

另一种证法如下，采用变换的观点，实质与上面的证法相同．

证二 关于$\angle DFC$的平分线作对称，再以 F 为位似中心，$k = \dfrac{FC}{FA}$为相似比作位似变换．这两次变换的合成为 f．

在变换 f 下，C 变成 A，D 变成 B，CD 变成 AB．直线 DE 变成过 B 的直线，这直线与 BA 的夹角应等于$\angle BDC$，也就是$\angle BAC$．因此这直线与 CA 平行．同样直线 CE 变成过 A 的 BD 的平行线．因此点 E 变成点 X，四边形 $AEBX$ 是平行四边形．

同样，设四边形 $CEDY$ 为平行四边形．AB 的原像为 CD，AE 的原像是直线 CY（$\angle DCY = \angle BAC = \angle EDC$），$BE$ 的原像是 DY，E 的原像是 Y．

于是$\dfrac{FY}{FE} = k = \dfrac{FE}{FX}$．$FE$ 与 $\odot XEY$ 相切．

$\odot GEH$ 与 $\odot XEY$ 位似，位似中心为 E，所以 $\odot GEH$ 也与 FE 相切．

64. 已知:△ABC 中,E、F 分别为 AB、AC 上的点. M、N 分别为线段 BC、EF 的中点. 直线 MN 交直线 AB 于 L. ⊙ABF 与 ⊙AEC 的公共弦为 AD.

求证:∠BLM = ∠DAC.

证明 如图,设 BF 的中点为 K,连接 KN、KM,则 KN∥BE,KM∥CF.

$$\angle BLM = \angle KNM, \quad \angle BAC = 180° - \angle MKN. \tag{1}$$

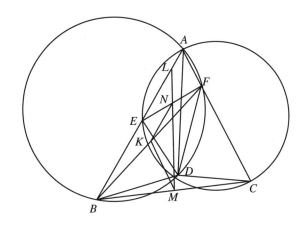

第 64 题图

由圆内接四边形 ABDF 得

$$\angle DFC = \angle DBE. \tag{2}$$

同理,

$$\angle DCF = \angle DEB. \tag{3}$$

由(2)、(3)式得 △DBE∽△DFC.

$$\frac{BE}{FC} = \frac{DB}{DF}. \tag{4}$$

因为 $KN = \frac{1}{2}BE$,$KM = \frac{1}{2}FC$,所以由(4)式得

$$\frac{KN}{KM} = \frac{DB}{DF}. \tag{5}$$

又

$$\angle BDF = 180° - \angle BAC = \angle MKN,$$

所以 △DBF∽△KNM.

$$\angle DBF = \angle KNM.$$

因此

$$\angle DAC = \angle DBF = \angle KNM = \angle BLM.$$

65. 已知：△ABC 的内切圆分别切 AB、AC 于 Z、Y. BY 与 CZ 相交于 G. 作平行四边形 BCYR 与 BCSZ.

求证：GR = GS.

证明 如图，设旁切圆 I_a 切 BC 于 Q，则
$$CS = BZ = BD = CQ,$$
$$ZB + BQ = BD + CD = BC = ZS.$$

因此，C 到 $\odot I_a$ 的切线长等于 C 到 S 的距离，C 在点圆 S 与 $\odot I_a$ 的根轴上. Z 也是如此，CZ 就是点圆 S、$\odot I_a$ 的根轴.

同理，BY 是点圆 R、$\odot I_a$ 的根轴.

G 是点圆 S、R 及 $\odot I_a$ 的根心，GR = GS.

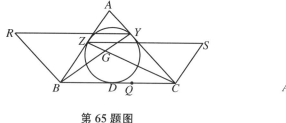

第 65 题图   第 66 题图

66. 在△ABC 中，∠C = 90°. CD⊥AB，垂足为 D. O 是△BCD 的外心. △ACD 内有一圆，圆心为 O_1，分别切边 AD、AC 于 M、N，并且与 $\odot O$ 相切于 P.

证明：(i) $BD \times CN + BC \times DM = CD \times BM$；

(ii) BM = BC；

(iii) CM 平分∠ACD；

(iv) MN 过△BCD 的旁心.

证明 如图，因为∠CDB = 90°，所以 BC 是⊙BCD 的直径，圆心 O 是 BC 的中点.

因为∠ACB = 90°，所以 AC 是⊙O 的切线.

由习题 3 第 39 题得
$$\frac{CP}{CN} = \frac{DP}{DM} = \frac{BP}{BM}.$$

又由托勒密定理得
$$BD \times CP + BC \times DP = CD \times BP,$$
即得(i).

因为 O 为 BC 的中点，O_1N 与 OC 均垂直于 AC，所以 $O_1N // OC$.
$$\angle NO_1P = \angle BOP,$$
$$\angle NPO_1 = \frac{1}{2}(180° - \angle NO_1P) = \frac{1}{2}(180° - \angle BOP) = \angle OPB.$$

从而 N、P、B 三点共线.

在 Rt△BCN 中,斜边 BN 上的高为 CP,所以
$$\frac{BP}{BC} = \frac{CP}{CN} = \frac{BP}{BM}.$$

从而(ⅱ)成立.

设 BC、CA、AB 分别为 a、b、c,则
$$BD = \frac{a^2}{c}, \quad CD = \frac{ab}{c}.$$
$$DM = BM - BD = a - \frac{a^2}{c} = \frac{a(c-a)}{c}.$$
$$AM = AB - BM = c - a.$$
$$\frac{AM}{DM} = \frac{c}{a} = \frac{AC}{CD}.$$

所以(ⅲ)成立.

设 ∠ABC 的平分线交 MN 于 E,则
$$\triangle BCE \cong \triangle BME.$$
$$\angle ECB = \angle EMB = 90° + \frac{1}{2}\angle BAC = 90° + \frac{1}{2}\angle DCB.$$

从而 EC 与 ∠DCB 的内角平分线垂直. EC 是 ∠DCB 的外角平分线,E 为 △DCB 的旁心.

67. ⊙O 是 △ABC 的外接圆,半径为 R. O 关于 BC、CA、AB 的对称点分别为 O_1、O_2、O_3.

(ⅰ) 分别以 O_1、O_2、O_3 为圆心,R 为半径作圆. 证明:这三个圆交于一点.

(ⅱ) 过(ⅰ)中所说的交点任作一条直线,分别与 ⊙O_i 交于 $M_i(i=1,2,3)$. 过 $M_i(i=1,2,3)$ 分别作 BC、CA、AB 的垂线. 证明:这三条垂线交于一点.

证明 如图,设 H 为 △ABC 的垂心,则
$$\angle BHC = 180° - \angle BAC.$$
所以 ⊙BHC 与 ⊙BAC 相等,半径都是 R,而且关于 BC 对称,从而 ⊙BHC 就是 ⊙O_1.

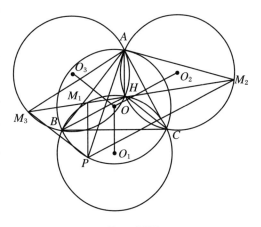

第 67 题图

⊙O_1、⊙O_2、⊙O_3 交于 H.

设过 M_2 且与 AC 垂直的直线交 ⊙O 于 P. 因为 AC 是 ⊙O 与 ⊙O_2 的公共弦,而这两个圆相等,所以 AC 是这两个圆的对称轴.
$$AP = AM_2, \quad \angle PAC = \angle CAM_2.$$

又
$$\angle AM_2H = \angle ACH = \angle ABH = \angle AM_3H,$$
所以 $AM_3 = AM_2 = AP$.

$$\angle M_3AM_2 = 180° - 2\angle AM_2H = 180° - 2\angle ACH = 2\angle BAC.$$
$$\angle M_3AB = \angle M_3AM_2 - \angle BAC - \angle CAM_2 = \angle BAC - \angle CAM_2$$
$$= \angle BAP + \angle PAC - \angle CAM_2 = \angle BAP.$$

因此点 P 与 M_3 关于 AB 对称. P 是过 M_3 所作的 AB 的垂线与 $\odot O$ 的交点.

同理,由 $BM_1 = BM_3 = BP$ 等可知 P 是过 M_1 所作的 BC 的垂线与 $\odot O$ 的交点.

于是,过 M_1、M_2、M_3 所作的三条垂线交于点 P.

注 运用"同理",不仅省了一些事,而且种种性质更为彰显.

68. 四边形 $ABCD$ 的边 AD、BC 相交于 P. AB 与 CD 不平行. $\triangle ABP$、$\triangle CDP$ 的外心分别为 O_1、O_2,垂心分别为 H_1、H_2,O_1H_1、O_2H_2 的中点分别为 E_1、E_2. 过 E_1、E_2 分别作 CD、AB 的垂线.

证明:这两条垂线与 H_1H_2 三线共点.

证明 如图,E_1、E_2 分别为 $\triangle ABP$、$\triangle CDP$ 的九点圆的圆心.

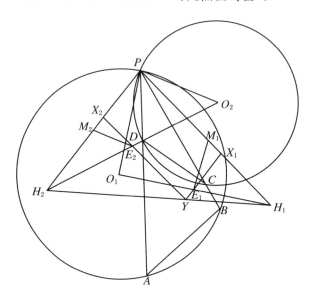

第 68 题图

设 M_1、M_2 分别为 PH_1、PH_2 的中点,过 E_1 作 CD 垂线,交 PH_1 于 X_1,交 H_1H_2 于 Y_1. 过 E_2 作 AB 的垂线,交 PH_2 于 X_2,交 H_1H_2 于 Y_2. 要证明 Y_1 与 Y_2 重合.

考虑 $\triangle E_1X_1M_1$ 与 $\triangle E_2X_2M_2$.

因为 $X_1M_1 \parallel X_2E_2$(均垂直于 AB),$E_1X_1 \parallel M_2X_2$(均垂直于 CD),所以 $\angle E_1X_1M_1$ 与 $\angle E_2X_2M_2$ 互补.

又 $E_1M_1 \parallel O_1P$,$E_1X_1 \parallel PH_2$,所以
$$\angle M_1E_1X_1 = \angle H_2PO_1 = \angle CPH_2 - \angle BPO_1 = (90° - \angle PCD) - (90° - \angle PAB)$$
$$= \angle PAB - \angle PCD.$$

同理,

$$\angle M_2E_2X_2 = \angle O_2PH_1 = \angle O_2PD - \angle H_1PA$$
$$= (90° - \angle PCD) - (90° - \angle PAB)$$
$$= \angle PAB - \angle PCD = \angle M_1E_1X_1.$$

于是,由正弦定理得

$$\frac{X_1M_1}{M_1E_1} = \frac{\sin\angle M_1E_1X_1}{\sin\angle E_1X_1M_1} = \frac{\sin\angle M_2E_2X_2}{\sin\angle E_2X_2M_2} = \frac{X_2M_2}{M_2E_2}.$$

因为

$$PM_1 = O_1 \text{ 到 } AB \text{ 的距离} = O_1A\cos\angle APB = O_1P\cos\angle APB = 2M_1E_1\cos\angle APB,$$
$$PM_2 = 2M_2E_2\cos\angle CPD = 2M_2E_2\cos\angle APB,$$

所以

$$\frac{X_1M_1}{PM_1} = \frac{X_2M_2}{PM_2}.$$

由比的性质得

$$\frac{X_1H_1}{X_1P} = \frac{PM_1 - X_1M_1}{PM_1 + X_1M_1} = \frac{PM_2 - X_2M_2}{PM_2 + X_2M_2} = \frac{X_2P}{X_2H_2}.$$

因为 $X_1Y_1 // PH_2, X_2Y_2 // PH_1$,所以

$$\frac{Y_1H_1}{Y_1H_2} = \frac{X_1H_1}{X_1P} = \frac{X_2P}{X_2H_2} = \frac{Y_2H_1}{Y_2H_2},$$

从而 $Y_1 = Y_2$,即 $X_1E_1 \text{、} X_2E_2 \text{、} H_1H_2$ 三线共点.

69. 四边形 $ABCD$ 有内切圆.过 A 作直线 t 分别交 $BC \text{、} DC$ 于 $M \text{、} N$. $\triangle ABM \text{、} \triangle MNC \text{、} \triangle NDA$ 的内心分别为 $I_1 \text{、} I_2 \text{、} I_3$.

证明: $\triangle I_1I_2I_3$ 的垂心 H 在直线 t 上.

证明 如图,设 C 关于 I_1I_2 的对称点为 L_3,关于 I_2I_3 的对称点为 L_1.

因为 I_1I_2 是 $\angle AMB$ 的平分线,I_2I_3 是 $\angle MNC$ 的平分线,所以 $L_1 \text{、} L_3$ 都在直线 t 即 AM 上,并且 $L_1 \neq L_3$.

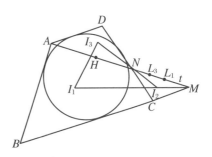

第69题图

由习题3第33题知 C 在 $\odot I_1 \text{、} \odot I_3$ 的公切线上,因此

$$\angle I_1CI_3 = \frac{1}{2}\angle BCD = \frac{1}{2}(\angle CMN + \angle CNM)$$
$$= \angle I_2MN + \angle I_2NM = \angle I_1I_2I_3,$$

所以 $I_1 \text{、} C \text{、} I_2 \text{、} I_3$ 四点共圆.

$$\angle I_1L_3I_2 = \angle I_1CI_2 = 180° - \angle I_1I_3I_2 = \angle I_1HI_2,$$

所以 $I_1 \text{、} H \text{、} I_2 \text{、} L_3$ 四点共圆.

$$\angle I_2L_1I_3 = \angle I_2CI_3 = \angle I_2I_1I_3 = 180° - \angle I_2HI_3,$$

所以 $I_2 \text{、} L_1 \text{、} I_3 \text{、} H$ 四点共圆.

$$\angle L_3HI_2 = \angle L_3I_1I_2 = \angle I_2I_1C = \angle I_2I_3C = \angle I_2I_3L_1 = \angle I_2HL_1.$$

于是 H、L_1、L_3 三点共线,即 H 在直线 $t(L_1L_3)$ 上.

注 本题的关键是 C 在 $\odot I_1I_2I_3$ 上.而证明 C、I_1、I_2、I_3 共圆的关键又是 C 在 $\odot I_1$、$\odot I_3$ 的一条内公切线上.这一点在前面的习题中已经解决.

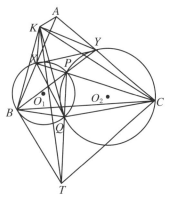

第 70 题图

70. 已知:$\odot O_1$、$\odot O_2$ 交于 P、Q.靠近 P 的外公切线切 $\odot O_1$ 于 X,切 $\odot O_2$ 于 Y.直线 YP 又交 $\odot O_1$ 于 B,XP 又交 $\odot O_2$ 于 C.直线 BX 与 CY 相交于 A.$\odot ABC$ 与 $\odot AXY$ 又交于 K.

求证:$\angle KXA = \angle KQP$.

证明 如图,因为
$$\angle XKY = \angle BAC,$$
$$\angle KYX = \angle KAB = \angle ACB,$$
所以
$$\triangle KXY \sim \triangle ABC. \tag{1}$$

因为
$$\angle YXQ = \angle XBQ,$$
$$\angle BXQ = \angle BPQ = \angle YCQ = \angle XYQ,$$
所以
$$\triangle BXQ \sim \triangle XYQ. \tag{2}$$

设 T 在 PQ 的延长线上,则
$$\angle BQT = \angle BXC.$$
因此在 PQ 的延长线上取 T,使
$$\angle QBT = \angle XBC,$$
则
$$\triangle BQT \sim \triangle BXC. \tag{3}$$
从而
$$\triangle BXQ \sim \triangle BCT. \tag{4}$$
由(2)、(4)式得
$$\triangle XYQ \sim \triangle BCT. \tag{5}$$

由(1)、(5)式可知,在以 K 为相似中心所作的相似变换(K 不变,而 $\triangle KXY$ 经过旋转,再位似放大)下,X、Y、Q 分别变为 B、C、T.

因此 $\triangle KXB \sim \triangle KQT$.
$$\angle KXB = \angle KQT,$$
即
$$\angle KXA = \angle KQP.$$

注 本题有多对相似三角形.

71. 在 $\triangle ABC$ 中，$AB > AC$．内切圆的圆心为 I，分别切 BC、CA、AB 于 D、E、F．M 是 BC 的中点，AH 是高．直线 AI 与 DE、DF 分别交于 K、L．

证明：M、L、H、K 四点共圆．

证明 如图，由习题 3 第 63 题知 $\angle AKB = 90° = \angle AHB$，所以 A、B、K、H 四点共圆．

仍由习题 3 第 63 题知 $LM \parallel AB$，所以
$$\angle MLK = \angle BAK = \angle MHK,$$
即 M、L、H、K 四点共圆．

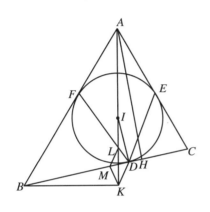

第 71 题图

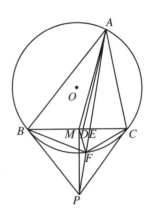

第 72 题图

72. $\odot O$ 是 $\triangle ABC$ 的外接圆．AM、AD 分别为中线与角平分线．过 B、C 分别作切线相交于 P，AP 交 BC 于 E，交 $\odot O$ 于 F．

证明：D 是 $\triangle AMF$ 的内心．

证明 如图，由习题 3 第 55 题知 $\angle BAM = \angle PAC$，而 $\angle BAD = \angle DAC$，所以相减得 $\angle MAD = \angle DAE$，即 AD 平分 $\angle MAF$．

又由习题 3 第 43 题得
$$AF \times BC = 2AB \times CF,$$
即
$$\frac{AF}{CF} = \frac{2AB}{BC} = \frac{AB}{BM}.$$

而 $\angle AFC = \angle ABC$，所以 $\triangle AFC \backsim \triangle ABM$．
$$\angle AMB = \angle ACF.$$

同理（视 $\odot O$ 为 $\triangle FBC$ 的外接圆），
$$\angle FMB = \angle FCA = \angle AMB.$$

于是 BM 平分 $\angle AMF$．D 是 $\triangle AMF$ 的内心．

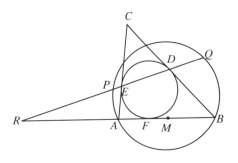

第 73 题图

73. 已知：△ABC 的内切圆分别切三边 BC、CA、AB 于 D、E、F. 过点 A、B 作圆 w，使得 D、E 在圆 w 内. 直线 DE 交圆 w 于点 P、Q，M 为线段 AB 的中点.

求证：P、Q、F、M 四点共圆.

证明 如图，设 PQ 交 AB 于 R（若 PQ∥AB，则由 CD=CE 得 CA=CB，F 与 M 重合，P、Q、F 三点当然共圆），则

$$RP \times RQ = RA \times PB, \tag{1}$$

由梅涅劳斯定理（对△ABC 与截线 PQ）得

$$\frac{RA}{RB} \times \frac{EC}{EA} \times \frac{DB}{DC} = 1, \tag{2}$$

而 EC=DC，所以

$$\frac{RA}{RB} = \frac{EA}{DB} = \frac{AF}{FB},$$

即 R、F 分别为线段 AB 的外分点与内分点.

因为 M 为 AB 的中点，所以由第 1 部分第 8 章练习题 8 得

$$MF \times MR = MA^2, \tag{4}$$

所以

$$RA \times RB = (RM - AM)(RM + MB)$$
$$= RM^2 - MA^2$$
$$= RM^2 - MF \times MR$$
$$= RM \times RF.$$

从而

$$RP \times RQ = RM \times RF,$$

所以 P、Q、F、M 四点共圆.

74. 已知：两个半径不同的圆⊙O 与⊙O′ 外离. 一条内公切线分别交外公切线 l_1、l_2 于 B、C. 过 B 且与⊙O、⊙O′ 均外切的⊙O_1 又交 l_1 于 P，过 C 且与⊙O、⊙O′ 均外切的⊙O_2 又交 l_2 于 Q.

求证：B、P、C、Q 四点共圆.

证明 如图(a)，外公切线 l_1、l_2 的交点 A 是⊙O、⊙O′ 的外位似中心，A 在 OO′ 上，并且

$$\frac{AO'}{AO} = \frac{R'}{R},$$

其中 R′、R 分别为⊙O′、⊙O 的半径.

设⊙O_1 分别切⊙O′、⊙O 于 S、T，则对△$O_1O'O$ 与截线 ST，由梅涅劳斯定理的逆定理知，ST 过 A. 所以

$$AP \times AB = AS \times AT. \tag{1}$$

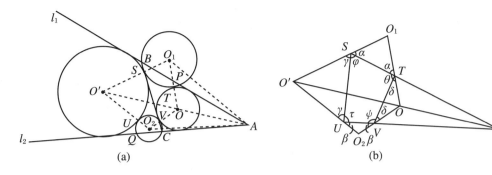

第74题图

同样，设 $\odot O_2$ 分别切 $\odot O'$、$\odot O$ 于 U、V，则 UV 过 A，并且

$$AQ \times AC = AU \times AV. \quad (2)$$

易知图(b)中

$$2(\alpha+\beta+\gamma+\delta)+\varphi+\tau+\psi+\theta = 4\pi,$$

所以

$$\alpha+\beta+\gamma+\delta = \frac{1}{2}[4\pi-(\varphi+\tau+\psi+\theta)] = \frac{1}{2}(4\pi-2\pi) = \pi,$$

$$\varphi+\psi = 2\pi-(\alpha+\beta+\gamma+\delta) = 2\pi-\pi = \pi,$$

即 S、U、V、T 四点共圆.

$$AU \times AV = AS \times AT. \quad (3)$$

由(1)、(2)、(3)式得

$$AP \times AB = AQ \times AC,$$

所以 B、P、C、Q 四点共圆.

75. 已知 $\triangle ABC$. X 为直线 BC 上的动点，且 C 在 B、X 之间. $\triangle ABX$ 与 $\triangle ACX$ 的内切圆相交于 P、Q.

求证：PQ 经过一个与 X 无关的定点.

证明 如图，设 $\odot ABX$、$\odot ACX$ 分别切 BC 于 E、F，切 AX 于 M、N. 直线 PQ 分别交 BC、AX 于 P'、Q'.

显然 $XF = XN$, $XE = XM$，所以 $FN // EM$.

又

$$P'E^2 = P'P \times P'Q = P'F^2,$$

所以 $P'E = P'F$, P' 是 EF 的中点.

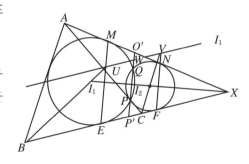

第75题图

同理，Q' 是 MN 的中点. $P'Q'$ 是梯形 $EFNM$ 的中位线.

设 $\angle ABC$ 的平分线交 EM 于 U，$\angle ACX$ 的平分线交 FN 于 V，则由习题3第63题知 U、V 都在 $\triangle ABC$ 的中位线上，即 $UV // BC$，并且 U、V 都是定点. UV 与 PQ 的交点 W 是线段 UV 的中点，也是定点. 即 PQ 过定点 W.

76. AD 是 $\triangle ABC$ 的高，H 在 AD 上，BH 交 AC 于 E，CH 交 AB 于 F.
求证：$\angle EDH = \angle HDF$.

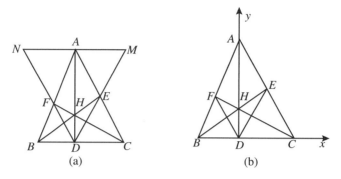

第 76 题图

证一 如图 (a)，过 A 作 BC 的平行线，与 DE、DF 的延长线分别相交于 M、N.
因为 $AM /\!/ CD$，所以

$$\frac{AM}{CD} = \frac{AE}{EC}, \tag{1}$$

$$\frac{AN}{BD} = \frac{AF}{FB}. \tag{2}$$

又由塞瓦定理得

$$\frac{AE}{EC} \times \frac{CD}{BD} \times \frac{FB}{AF} = 1. \tag{3}$$

(1)÷(2) 并利用 (3) 式得

$$AM = AN.$$

因为 $AD \perp BC$，$MN /\!/ BC$，所以 $AD \perp MN$. $\triangle DMN$ 的高 AD 平分边 MN，所以 $\triangle DMN$ 是等腰三角形，并且 AD 是顶角的平分线，即 $\angle EDH = \angle HDF$.

证二 如图 (b)，以 D 为原点，直线 BC 为 x 轴，DA 为 y 轴建立直角坐标系.
设 A、B、C、H 的坐标分别为

$$(0, a), \quad (b, 0), \quad (c, 0), \quad (0, h).$$

由截距式得直线 AC 的方程为

$$\frac{x}{c} + \frac{y}{a} = 1, \tag{1}$$

直线 BH 的方程为

$$\frac{x}{b} + \frac{y}{h} = 1. \tag{2}$$

(1)−(2) 得

$$x\left(\frac{1}{c} - \frac{1}{b}\right) + y\left(\frac{1}{a} - \frac{1}{h}\right) = 0. \tag{3}$$

(3) 式是一次方程，因而表示直线. 它通过 AC、BH 的交点 E，又通过原点 D（因无常数

项,所以过原点),所以就是直线 DE.

同理,直线 DF 的方程为

$$x\left(\frac{1}{b}-\frac{1}{c}\right)+y\left(\frac{1}{a}-\frac{1}{h}\right)=0. \tag{4}$$

(3)、(4)式的斜率为相反数,所以 $\angle EDH=\angle HDF$.

注 解析几何法可以解平面几何题.本书仅举数例.有兴趣的读者可参看《解析几何的技巧》(单墫著,华东师范大学出版社,2011).

77. 在四边形 $ABCD$ 中,对角线 AC 平分 $\angle BAD$.F 在 AC 上,BF 交 CD 于 E,DF 交 BC 于 G.

求证:$\angle EAF=\angle FAG$.

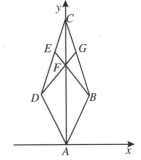

证明 如图,以 A 为原点,AC 为 y 轴建立直角坐标系.设 $AC=c$,$AF=f$,直线 AB 方程为 $y=kx$,则 AD 方程为 $y=-kx$.

设直线 BC 的方程为(m 是 BC 与 x 轴交点的横坐标)

$$\frac{x}{m}+\frac{y}{c}-1=0, \tag{1}$$

则直线 BF 的方程为

$$\frac{x}{m}+\frac{y}{c}-1+\lambda(y-kx)=0, \tag{2}$$

其中 λ 为待定系数.

将 F 的坐标 $x=0,y=f$ 代入(2)式得

$$\lambda=\frac{1}{f}-\frac{1}{c}. \tag{3}$$

设直线 CD 的方程为

$$\frac{x}{n}+\frac{y}{c}-1=0. \tag{4}$$

(2)−(4)得

$$x\left(\frac{1}{m}-\frac{1}{n}\right)+\lambda(y-kx)=0, \tag{5}$$

这就是直线 AE 的方程(因为它表示直线,并且过 A、E).

同理,直线 AG 的方程为

$$x\left(\frac{1}{n}-\frac{1}{m}\right)+\lambda(y+kx)=0, \tag{6}$$

其中 x 的系数

$$\frac{1}{n}-\frac{1}{m}+k\lambda$$

与(5)式中 x 的系数为相反数,所以

$$\angle EAF=\angle FAG.$$

平面几何的知识与问题

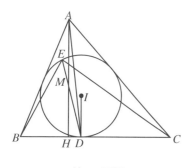

第 78 题图

78. $\triangle ABC$ 的内切圆圆心为 I,切 BC 于 D. AH 为 BC 边上的高. M 为 AH 的中点. DM 交 $\odot I$ 于 E.

求证:(ⅰ) $DH = \dfrac{(c-b)(s-a)}{a}$,其中 a、b、c 为 $\triangle ABC$ 的边长,$s = \dfrac{1}{2}(a+b+c)$;

(ⅱ) $\angle BED = \angle DEC$.

证明 如图,

$BD = s - b$, $DC = s - c$, $BH = c\cos\angle ABC$,

所以

$$DH = BH - BD = c\cos\angle ABC - (s-b)$$
$$= \frac{1}{a}[ac\cos\angle ABC - a(s-b)]$$
$$= \frac{1}{2a}[a^2 + c^2 - b^2 - a(a+c-b)]$$
$$= \frac{1}{2a}(c-b)(c+b-a)$$
$$= \frac{(c-b)(s-a)}{a}.$$

为了证明 $\angle BED = \angle DEC$,以 D 为原点,DI 为 y 轴,BC 为 x 轴建立直角坐标系. B、C、H、A、M、I 坐标分别为

$$(B,0), (C,0), (H,0), (H,h), \left(H, \frac{h}{2}\right), (0,r),$$

其中 $B = -(s-b)$,$C = s-c$,$H = \dfrac{(c-b)(s-a)}{a}$,$h$ 为高 AH 的长,r 为内切圆的半径.

又设 $\triangle ABC$ 面积为 Δ.

$\odot I$ 的方程为

$$x^2 + y^2 - 2ry = 0. \tag{1}$$

直线 DM 的方程为

$$y = \frac{h}{2H}x. \tag{2}$$

点 E 的坐标适合(1)、(2)式,所以满足

$$x^2 + y^2 - \frac{rh}{H}x = 0. \tag{3}$$

而欲证 $\angle BED = \angle DEC$,即证

$$\frac{BE^2}{EC^2} = \frac{DB^2}{DC^2}, \tag{4}$$

也就是

$$\frac{(x-B)^2+y^2}{(x-C)^2+y^2}=\frac{B^2}{C^2} \tag{5}$$
$$\Leftrightarrow (C^2-B^2)x^2-2BC(C-B)x+(C^2-B^2)y^2=0$$
$$\Leftrightarrow x^2+y^2-\frac{2BC}{B+C}x=0.$$

因此只需证
$$\frac{rh}{2H}=\frac{BC}{B+C}, \tag{6}$$

而 $B=-(s-b), C=s-c, B+C=(s-c)-(s-b)=b-c$,所以
$$\frac{BC}{B+C}=\frac{(s-b)(s-c)}{c-b}. \tag{7}$$

而
$$\frac{rh}{2H}=\frac{rha}{2(c-b)(s-a)}=\frac{\Delta^2}{(c-b)s(s-a)}$$
$$=\frac{s(s-a)(s-b)(s-c)}{(c-b)s(s-a)}=\frac{(s-b)(s-c)}{c-b},$$

因此结论成立.

79. 设点 A_1、A_2 处分别放有质量 m_1、m_2. A 在线段 A_1A_2 上,并且 $\frac{A_1A}{AA_2}=\frac{m_2}{m_1}$,则 A 称为 A_1、A_2 的质心. 一般地,设点 A_i 处放有质量 $m_i (1\leqslant i\leqslant n)$,$B$ 为 A_1、A_2、$\cdots$、A_{n-1} 的质心. A 在线段 BA_n 上,并且 $\frac{BA}{AA_n}=\frac{m_n}{m_1+m_2+\cdots+m_{n-1}}$,则 A 称为 A_1、A_2、$\cdots$、A_{n-1} 的质心.

设点 A_i 到直线 t 的有向距离为 $d_i(1\leqslant i\leqslant n)$,当 A_i 在直线 t 的右(或上)侧时,$d_i>0$. 否则 $d_i<0$.

证明:质心 A 到直线 t 的有向距离为 $d=\frac{m_1d_1+m_2d_2+\cdots+m_nd_n}{m_1+m_2+\cdots+m_n}$.

证明 $n=2$ 时,即习题 1 第 44 题.

设结论对 $n-1$ 成立,则 B 到直线 t 的有向距离
$$d_B=\frac{m_1d_1+m_2d_2+\cdots+m_{n-1}d_{n-1}}{m_1+m_2+\cdots+m_{n-1}},$$

而
$$d=\frac{(m_1+m_2+\cdots+m_{n-1})d_B+m_nd_n}{(m_1+m_2+\cdots+m_{n-1})+m_n}=\frac{m_1d_1+m_2d_2+\cdots+m_nd_n}{m_1+m_2+\cdots+m_n}.$$

注 取直线 t 为 y 轴,则 d_i 为点 A_i 的横坐标 x_i. 而取 t 为 x 轴,则 d_i 为点 A_i 的纵坐标 y_i. 因此重心 A 的横坐标 x 与纵坐标 y 满足
$$x=\frac{m_1x_1+m_2x_2+\cdots+m_nx_n}{m_1+m_2+\cdots+m_n},$$
$$y=\frac{m_1y_1+m_2y_2+\cdots+m_ny_n}{m_1+m_2+\cdots+m_n}$$

80. 已知: n 个半径分别为 $r_1、r_2、\cdots、r_n$ 的圆不可分离(这里将一个图形 F 分离,指可以作一条与 F 无公共点的直线,使 F 分成两部分,分别在这条直线的两侧.否则就称 F 为不可分离的).

证明:这些圆可用一个半径为 $r_1+r_2+\cdots+r_n$ 的圆覆盖.

证明 设已知圆的圆心为 $O_k(k=1,2,\cdots,n)$,在点 O_k 处放上质量 r_k.设这些质点的质心为 O.OO_k 交 $\odot O_k$ 于 $A_k、B_k$,$OB_k \geqslant OA_k$.不妨设 $OB_1 = \max(OB_k)$.以 O 为圆心,OB_1 为半径的圆一定覆盖已知的 n 个圆.

以下证明 $OB_1 \leqslant r = r_1+r_2+\cdots+r_n$.

以 O 为原点,直线 OB_1 为 x 轴,建立直角坐标系,$OB_1 = b_1 > 0$.各圆在 x 轴上的投影是 $[a_k,b_k]$,这里
$$b_k - a_k = 2r_k (1 \leqslant k \leqslant n).$$
因此
$$\sum b_k - \sum a_k = 2\sum r_k = 2r, \tag{1}$$
圆心 O_k 的投影是 $\dfrac{a_k+b_k}{2}$.因为圆心 O 是质心,所以
$$0 = \sum r_k \frac{a_k+b_k}{2} = \frac{1}{4}\sum(b_k-a_k)(b_k+a_k) = \frac{1}{4}\left(\sum b_k^2 - \sum a_k^2\right),$$
即
$$\sum b_k^2 - \sum a_k^2 = 0. \tag{2}$$
不妨设
$$b_1 \geqslant b_2 \geqslant \cdots \geqslant b_n, \tag{3}$$
因为已知圆不能分离,所以区间 $[a_k,b_k](1\leqslant k \leqslant n)$ 的并集
$$\bigcup [a_k,b_k] = [A,B_1], \tag{4}$$
其中 $A = \min(a_k)$(如果 $[A,B_1]$ 中有一点 $x \notin \bigcup[a_k,b_k]$,那么过这点作直线垂直于 x 轴,这直线将已知的圆分离).

(4)式可以表示成
$$b_2 \geqslant a_1, \quad b_3 \geqslant \min(a_1,a_2), \quad \cdots, \quad b_n \geqslant \min(a_1,\cdots,a_{n-1}). \tag{5}$$
如果有 $i>j$,而 $a_j>a_i$,那么将这两个数的下标交换.这时(1)、(2)、(5)式均不受影响.因此可以设
$$a_1 \geqslant a_2 \geqslant \cdots \geqslant a_n. \tag{6}$$
(5)式成为
$$b_2 \geqslant a_1, \quad b_3 \geqslant a_2, \quad \cdots, \quad b_n \geqslant a_{n-1}. \tag{7}$$
我们将(1)、(2)式改为更一般的
$$\sum b_k - \sum a_k \leqslant 2r, \tag{8}$$
$$\sum b_k^2 - \sum a_k^2 \leqslant 0, \tag{9}$$
证明由(3)、(6)、(7)、(8)、(9)式可得 $b_1 \leqslant r$.

可设 $b_2 = a_1$,否则设 $x = b_2 - a_1 > 0$,将 $b_1、a_1$ 以外的数均减去 x,并用它们取代原来

的数.因为
$$(b_i - x)^2 - (a_i - x)^2 = (b_i - a_i)(b_i + a_i - 2x)$$
$$\leqslant (b_i - a_i)(b_i + a_i)$$
$$= b_i^2 - a_i^2 (2 \leqslant i \leqslant n),$$

所以(3)、(6)、(7)、(8)、(9)式均仍然成立.类似地,可设 $b_i = a_{i-1}(2 \leqslant i \leqslant n)$,于是
$$2r \geqslant \sum b_k - \sum a_k = b_1 + (b_2 - a_1) + \cdots + (b_n - a_{n-1}) - a_n = b_1 - a_n, \quad (10)$$
$$0 \geqslant \sum b_k^2 - \sum a_k^2 = b_1^2 + (b_2^2 - a_1^2) + \cdots + (b_n^2 - a_{n-1}^2) - a_n^2 = b_1^2 - a_n^2. \quad (11)$$

从而
$$0 \geqslant b_1 + a_n. \quad (12)$$

(10)+(12)得
$$r \geqslant b_1, \quad (13)$$

证明到此结束.

上面的证明是严文兰提供的.

注 (13)式也可以用下面的方法证明.先证明一个不等式:

设 $b_2 \geqslant b_3 \geqslant \cdots \geqslant b_n, a_1 \geqslant a_2 \geqslant \cdots \geqslant a_n$,并且 $b_i \geqslant a_{i-1}(2 \leqslant i \leqslant n)$,则
$$a_1^2 - b_2^2 + a_2^2 - b_3^2 + \cdots - b_n^2 + a_n^2 \leqslant (a_1 - b_2 + \cdots - b_n + a_n)^2. \quad (14)$$

$n = 1$ 时(14)式显然成立. $n = 2$ 时,(14)式即
$$b_2^2 - a_1 b_2 - a_2 b_2 + a_1 a_2 \geqslant 0,$$
这由 $(b_2 - a_1)(b_2 - a_2) \geqslant 0$ 立即得出.

假设(14)式对 $n - 1$ 成立.对于 n,(14)式即
$$a_1^2 - b_2^2 + a_2^2 - b_3^2 + \cdots - b_n^2 + a_n^2$$
$$\leqslant a_1^2 + b_2^2 + (a_2 - b_3 + \cdots - b_n + a_n)^2 - 2a_1 b_2 + 2a_1(a_2 - b_3 + \cdots - b_n + a_n)$$
$$- 2b_2(a_2 - b_3 + \cdots - b_n + a_n).$$

由归纳假设知只需证
$$2b_2^2 - 2a_1 b_2 + 2a_1(a_2 - b_3 + \cdots - b_n + a_n) - 2b_2(a_2 - b_3 + \cdots - b_n + a_n) \geqslant 0,$$
这由
$$(b_2 - a_1)(b_2 - a_2 + b_3 - \cdots + b_n - a_n) \geqslant 0$$
立即得出.

由上述不等式及(2)式得
$$0 = b_1^2 - (a_1^2 - b_2^2 + a_2^2 - b_3^2 + \cdots - b_n^2 + a_n^2) \geqslant b_1^2 - (a_1 - b_2 + \cdots - b_n + a_n)^2$$
$$= [b_1 - (a_1 - b_2 + \cdots - b_n + a_n)][b_1 + (a_1 - b_2 + \cdots - b_n + a_n)]. \quad (15)$$

注意,(1)式即
$$b_1 - (a_1 - b_2 + \cdots - b_n + a_n) = 2r, \quad (16)$$

所以(15)式即
$$b_1 + (a_1 - b_2 + \cdots - b_n + a_n) \leqslant 0. \quad (17)$$

(16)+(17)得(13)式.

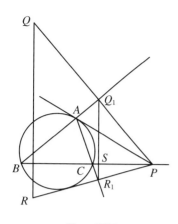

第81题图

81. △ABC 的外接圆在点 A 的切线交直线 BC 于 P. 设 P 关于 AB、AC 的对称点分别为 Q、R.

证明：$BC \perp QR$.

证明 如图，设 PQ 交 AB 于 Q_1, PR 交 AC 于 R_1, 则 Q_1R_1 是 △PQR 的中位线，$Q_1R_1 \parallel RQ$.

因为
$$\angle PR_1A = \angle PQ_1A = 90°,$$
所以 A、Q_1、R_1、P 四点共圆.

设 Q_1R_1 交 BC 于 S, 则
$$\angle BSQ_1 = \angle BPQ_1 + \angle PQ_1S = \angle BPQ_1 + \angle PAR_1$$
$$= \angle BPQ_1 + \angle ABC = \angle BQ_1Q = 90°,$$
即 $BC \perp Q_1R_1$.

所以 $BC \perp QR$.

82. 设 H 是锐角三角形 ABC 的垂心，M 为边 BC 的中点. 过 H 作 AM 的垂线交 AM 于点 P.

求证：$AM \cdot PM = BM^2$.

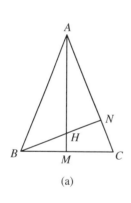

(a)

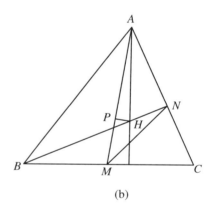

(b)

第82题图

证明 如果 AB = AC (见图(a))，那么 H 在 AM 上，AM 平分 ∠BAC，P 与 H 重合. 设 BH 交 AC 于 N，则 $BN \perp AC$.

$$\angle HBM = 90° - \angle BHM = 90° - \angle NHA = \angle HAN = \angle BAM,$$
所以 △MBH∽△MAB.

$$BM^2 = MH \times MA = AM \times PM.$$

如果 AB ≠ AC (见图(b))，那么设 BH 交 AC 于 N，则 $BN \perp AC$. 因为
$$\angle APH = 90°, \quad \angle ANH = 90°,$$
所以 P、N 都在以 AH 为直径的圆上.

在 Rt△BNC 中，MN = MB,

$\angle MNB = \angle NBM = 90° - \angle AHN = \angle HAN.$

从而 MN 是 $\odot AHN$ 的切线.
$$MN^2 = MP \cdot MA,$$
即
$$AM \cdot PM = BM^2.$$

83. $\triangle ABC$ 的外接圆 Γ 在 A 处的切线为 l. D、E 分别在 AB、AC 上(不是端点),满足 $BD:DA = AE:EC$. 直线 DE 交圆 Γ 于 F、G. 过 D 且与 AC 平行的直线交 l 于点 H. 过 E 且与 AB 平行的直线交 l 于点 I.

证明:F、G、H、I 四点共圆,并且这圆与 BC 相切.

证明 如图,设 HD 交 BC 于 X,则因为 $DX /\!/ AC$,所以
$$\frac{BX}{XC} = \frac{BD}{DA} = \frac{AE}{EC},$$

从而 $EX /\!/ AB$,即 X 在 EI 上.
$$\angle IXC = \angle ABC = \angle CAI,$$
所以 I、A、X、C 四点共圆.
$$EX \cdot EI = EA \cdot EC = EF \cdot EG.$$
所以 X、G、I、F 四点共圆. I 在 $\odot XFG$ 上.

同理,H 在 $\odot XFG$ 上,即 F、G、H、I、X 五点共圆.
$$\angle IXC = \angle CAI = \angle XHI,$$
所以这圆与 BC 相切于 X.

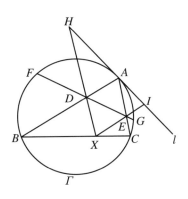

第 83 题图

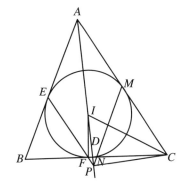

第 84 题图

84. $\triangle ABC$ 的内切圆分别切 AB、BC 于 E、F. M、N 分别为 AC、BC 的中点,AD 为角平分线. AD、EF 相交于 P.

求证:M、N、P 三点共线.

证明 如图,I 为 $\triangle ABC$ 的内心,
$$\angle EPA = \angle BEF - \angle BAP = 90° - \frac{1}{2}\angle B - \angle BAP = \frac{1}{2}\angle BCA = \angle BCI,$$

所以 I、F、P、C 四点共圆.

因为 $\angle IFC = 90°$, 所以 IC 是 $\odot IPC$ 的直径.

连接 PC, 则 $\angle APC = 90°$.

PM 是直角三角形 APC 斜边上的中线,
$$\angle PMC = 2\angle PAM = \angle BAC,$$
所以 $PM \parallel AB$.

因而 N 在 PM 上.

85. H 是锐角 $\triangle ABC$ 的垂心, 过 B、C 的圆 Γ 与以 AH 为直径的圆交于两个不同点 X、Y. $AD \perp BC$, D 为垂足. $DK \perp XY$, K 为垂足.

证明: $\angle BKD = \angle CKD$.

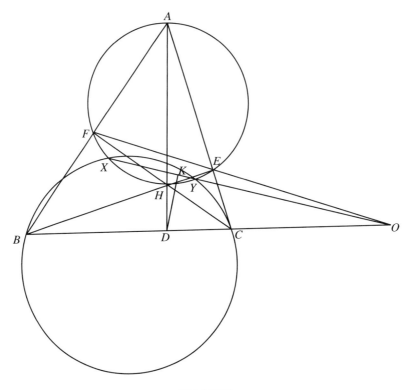

第 85 题图

证明 如图, 设 BH、CH 分别交 AC、AB 于 E、F, 则 $BE \perp AC$, $CF \perp AB$. E、F 都在以 BC 为直径的圆上, 也都在以 AH 为直径的圆上.

设 BC 与 FE 相交于 O, 则
$$OF \times OE = OB \times OC.$$

O 在 $\odot AHE$ 与 $\odot \Gamma$ 的根轴上, 即在直线 XY 上.

由塞瓦定理得

$$\frac{AF}{FB} \cdot \frac{BD}{DC} \cdot \frac{CE}{EA} = 1.$$

由梅涅劳斯定理得
$$\frac{AF}{FB} \cdot \frac{BO}{CO} \cdot \frac{CE}{EA} = 1.$$

所以
$$\frac{BD}{DC} = \frac{BO}{CO}.$$

于是以 DO 为直径的圆是阿氏圆,K 在这圆上,所以 $\angle BKD = \angle CKD$.

86. $\triangle ABC$ 的内心为 I. 圆 Ω 过 B、C,又分别交 AB、AC、BI、CI 于 D、E、P、Q,并且 $AD + AE = BC$.

求证:A、P、I、Q 四点共圆.

证明 首先得画一个图,我们可以先作 $\triangle ABC$ 的外接圆 $\odot O$,再作 $\triangle ABC$. 然后定出三条角平分线及内心 I. 设 AI 交 BC 于 F.

注意圆 Ω 过 B、C、D、E,所以
$$AD \times AB = AE \times AC,$$
即

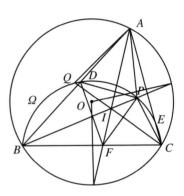

第86题图

$$\frac{AD}{AE} = \frac{AC}{AB} = \frac{FC}{BF}.$$

而 $AD + AE = BC = BF + FC$,所以
$$AD = FC, \quad AE = BF.$$

这样就可定出 D、E,然后作出圆 Ω 及点 P、Q,完成作图(见图).
因为 B、D、P、C 在 $\odot \Omega$ 上,且 $\angle DBP = \angle PBC$,所以 $PD = PC$.
又
$$\angle ADP = \angle FCP, \quad FC = AD,$$
所以 $\triangle ADP \cong \triangle FCP$.
$$\angle CFP = \angle DAP.$$
从而 A、B、F、P 四点共圆.
$$\angle PAF = \angle PBC.$$
同样,A、Q、F、C 四点共圆.
$$\angle FAQ = \angle BCQ.$$
所以
$$\angle PAQ = \angle PAF + \angle FAQ = \angle PBC + \angle BCQ$$
$$= 180° - \angle BIC$$
$$= 180° - \angle QIP.$$

故 A、P、I、Q 四点共圆.

87. 在锐角三角形 ABC 中，$\angle A = 30°$，X 在三角形内，$\angle XBC = \angle XCB = 30°$，$P$、$Q$ 分别在直线 BX、CX 上，$AP = BP$，$AQ = CQ$，M 是 BC 的中点．

求证：$\angle PMQ = 90°$．

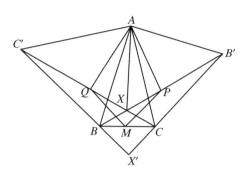

第 87 题图

证明 如图，延长 CQ 到 C'，使 $QC' = CQ$．

因为
$$AQ = QC' = CQ,$$
所以
$$\angle C'AC = 90°,$$
$$\angle C'AB = 90° - \angle BAC = 60°.$$

因为 M 是 BC 的中点，Q 是 CC' 的中点，所以 $MQ \parallel BC'$．

同样，延长 BP 到 B' 点，使 $PB' = BP$．我们有 $MP \parallel CB'$．

$$\angle BXC' = \angle XBC + \angle BCX = 30° + 30° = \angle C'AB,$$

所以 B、X、A、C' 共圆．

$$\angle BC'X = \angle BAX.$$

同理，
$$\angle CB'X = \angle XAC.$$

延长 $C'B$、$B'C$，相交于 X'，则
$$\angle C'X'B' = \angle C'XB' - \angle BC'X - \angle CB'X$$
$$= \angle CXB - (\angle BAX + \angle XAC)$$
$$= (180° - 30° - 30°) - 30° = 90°,$$

即 $C'X' \perp X'B'$．

所以 $MQ \perp MP$．

88. $\triangle PAB$、$\triangle PCD$ 满足 $PA = PB$，$PC = PD$．P、A、C 依次共线，B、P、D 依次共线．过 A、C 的 $\odot S_1$ 与过 B、D 的 $\odot S_2$ 相交于两个不同点 X、Y．

证明：$\triangle PXY$ 的外心是 S_1S_2 的中点．

证明 如图，设 $\odot S_i$ 的圆心为 S_i，半径为 $r_i (i = 1, 2)$．
$$PA \times PC = PS_1^2 - r_1^2,$$
$$PB \times PD = r_2^2 - PS_2^2,$$

而
$$PA \times PC = PB \times PD,$$

所以
$$PS_1^2 - r_1^2 + PS_2^2 - r_2^2 = 0,$$

即 P 对于 $\odot S_1$ 的幂与 $\odot S_2$ 的幂的和为 0．

设 S_1S_2 的中点为 M．

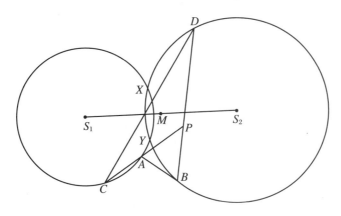

第 88 题图

如果点 W 对于 $\odot S_1$ 的幂与 $\odot S_2$ 的幂的和为 0,那么
$$WS_1^2 - r_1^2 + WS_2^2 - r_2^2 = 0. \tag{1}$$

由中线公式得
$$r_1^2 + r_2^2 = WS_1^2 + WS_2^2 = 2(WM^2 + MS_1^2),$$
$$WM^2 = \frac{1}{2}(r_1^2 + r_2^2) - MS_1^2,$$

故 WM 为定长,W 在以 M 为圆心、这定长为半径的圆上.

P、X、Y 均满足(1)式,因此 M 是 $\triangle PXY$ 的外心.

89. 在锐角 $\triangle ABC$ 中,$AB \neq AC$. 过 A 作 BC 的垂线,垂足为 H,点 P 在 AB 的延长线上,Q 在 AC 的延长线上,且 B、C、P、Q 共圆,$HP = HQ$.

证明:H 为 $\triangle APQ$ 的外心.

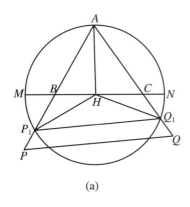

(a)

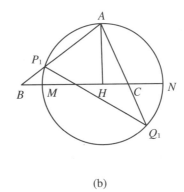

(b)

第 89 题图

证明 如图(a),以 H 为圆心、HA 为半径画圆,分别交直线 AB、AC 于 P_1、Q_1,交直线 BC 于 M、N.

$$\angle MBP_1 \stackrel{m}{=\!=} \frac{1}{2}(\overset{\frown}{MP_1} + \overset{\frown}{NA}) = \frac{1}{2}(\overset{\frown}{MP_1} + \overset{\frown}{AM}) = \frac{1}{2}\overset{\frown}{AP_1} \stackrel{m}{=\!=} \angle AQ_1P_1.$$

（其他情况，如图(b)，与之类似．如果约定弧与角的正负，即图(a)中 $\overparen{MP_1}$ 为正，而图(b)中 $\overparen{MP_1}$ 为负，等等，其实证明是一样的．）

所以 B、C、Q_1、P_1 四点共圆．

已知 B、C、P、Q 共圆，如果 PQ 不同于 P_1Q_1，那么 $P_1Q_1 /\!/ PQ$．

P_1Q_1 的垂直平分线过 H，PQ 的垂直平分线也过 H，而这两条直线均与 PQ 垂直，所以它们应当是一条直线，而且就是梯形 P_1Q_1QP 的对称轴（关于这条直线，P_1 与 Q_1 对称，P 与 Q 对称）．所以这个梯形是等腰梯形．从而 $\angle P = \angle Q$．

B、C、Q、P 四点共圆，所以 $\angle ABC = \angle ACB$．这与已知 $AB \ne AC$ 不合．所以 PQ 即 P_1Q_1．

因此 H 是 $\triangle APQ$ 的外心．

90．四边形 $ABCD$ 有内切圆，圆心为 O，$OA = 5$，$OB = 6$，$OC = 7$，$OD = 8$．M 为线段 AC 的中点，N 为线段 BD 的中点．

求 $OM : ON$．

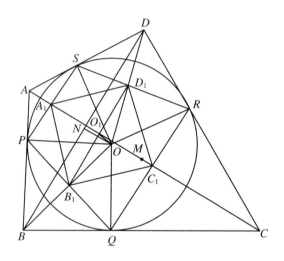

第 90 题图

解 如图，设 P、Q、R、S 为切点．OA、OB、OC、OD 分别与 SP、PQ、QR、RS 相交于 A_1、B_1、C_1、D_1，则 A_1、B_1、C_1、D_1 分别为 SP、PQ、QR、RS 的中点．$A_1B_1 /\!/ SQ /\!/ C_1D_1$，$B_1C_1 /\!/ PR /\!/ A_1D_1$．四边形 $A_1B_1C_1D_1$ 是平行四边形．设 A_1C_1、B_1D_1 交于 O_1，则 O_1 为 A_1C_1 的中点，也是 B_1D_1 的中点．

在 $\triangle OPB$ 中，$\angle OPB = 90°$，$PB_1 \perp OB$（且 PQ 被 OB 平分），所以
$$OB_1 \times OB = OP^2.$$

同理，
$$OD_1 \times OD = OR^2 = OP^2.$$

所以
$$OB_1 \times OB = OD_1 \times OD.$$

从而
$$\triangle OB_1D_1 \sim \triangle ODB.$$
在这相似下，B_1D_1 的中点 O_1 与 BD 的中点 N 相对应，所以
$$\frac{OO_1}{ON} = \frac{OD_1}{OB} = \frac{OD_1 \times OD}{OB \times OD} = \frac{OP^2}{OB \times OD}.$$
同理，
$$\frac{OO_1}{OM} = \frac{OP^2}{OA \times OC}.$$
所以
$$\frac{OM}{ON} = \frac{OA \times OC}{OB \times OD} = \frac{35}{48}.$$

注 本题中 OA、OB 等的数值并不重要（可换成更一般的 a、b、c、d），画图时不必管它.

91. 在四边形 $ABCD$ 中，已知 $\angle DAB = 110°$，$\angle ABC = 50°$，$\angle BCD = 70°$. M、N 分别是 AB、CD 的中点，P 在线段 MN 上，满足 $AM : CN = MP : NP$，$AP = CP$.

求 $\angle APC$.

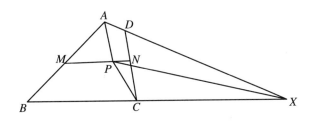

第91题图

解 如图，因为 $\angle DAB + \angle BCD = 110° + 70° = 180°$，所以 A、B、C、D 四点共圆.

设直线 AD、BC 交于 X，则 $\triangle XAB \sim \triangle XCD$，而在这相似下，中点 M 与 N 相对应，所以
$$\frac{XM}{XN} = \frac{AB}{CD} = \frac{AM}{CN} = \frac{MP}{NP},$$
从而 PX 平分 $\angle MXN$.

因为 XN 与 XM 相对应，所以 $\angle DXN = \angle BXM$. 从而 PX 平分 $\angle AXB$.

由正弦定理得
$$\frac{PX}{\sin \angle PCX} = \frac{PC}{\sin \angle PXB} = \frac{PA}{\sin \angle PXA} = \frac{PX}{\sin \angle PAX},$$
所以 $\angle PCX$ 与 $\angle PAX$ 相等或互补.

但
$$\angle PCX > \angle DCX = \angle BAD > \angle PAD,$$
所以 $\angle PCX$ 与 $\angle PAX$ 互补.
$$\angle APC = 180° - \angle AXB = \angle ABC + \angle BAD = 110° + 50° = 160°.$$

92. △ABC 中，∠BAC = 60°，∠ABC 的平分线为 BP，∠ACB 的平分线为 CQ. 求证：点 A 关于 PQ 的对称点在直线 BC 上.

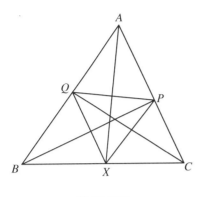

第 92 题图

证明 如图，直接作 A 关于 PQ 的对称点 X，证明它在 BC 上并不容易. 换一个角度考虑，看看 ∠BAX 应当为多大.

注意

$$\angle BAC = 60° = \frac{1}{2}(\angle ABC + \angle ACB) = \angle PBC + \angle QCB.$$

因此，我们希望 ∠BAX = ∠PBC 或 ∠QCB（相应地，∠XAC = ∠QCB 或 ∠PBC）. 前者更好，可以产生四点共圆.

于是，我们作 ∠BAX = ∠QCB，AX 交 BC 于 X，则 A、Q、X、C 四点共圆.

$$\angle QXA = \angle QCA = \angle QCX = \angle BAX,$$
$$QX = QA.$$

同理，PX = PA.

所以 PQ 垂直平分 AX，即 X 是 A 关于 PQ 的对称点，它在 BC 上.

注 换一个角度则化难为易. 这也是同一法.

93. 在锐角三角形 ABC 中，AB<AC. H、I 分别为垂心、内心. J、K 分别在 AB、BC 上，满足 ∠HIK = 90°，AC = AJ + CK. 试用 ∠BCA 表示 ∠HJK.

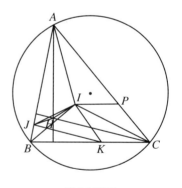

第 93 题图

解 如图，在 AC 上取 P，使 CP = CK，则 AP = AJ.

易知 △ICP ≌ △ICK，△IAP ≌ △IAJ.

所以

$$\angle AJI = \angle API = \angle BKI,$$

I、K、B、J 四点共圆.

$$\angle IJK = \angle IBK = \frac{1}{2}\angle ABC,$$

$$\angle HIJ = \angle KIJ - 90° = 180° - \angle ABC - 90°$$
$$= 90° - \angle ABC = \angle HAB,$$

所以 H、J、A、I 共圆.

$$\angle IJH = \angle IAH = \frac{1}{2}(\angle ABC - \angle ACB),$$

$$\angle HJK = \frac{1}{2}\angle ABC - \frac{1}{2}(\angle ABC - \angle ACB) = \frac{1}{2}\angle BCA.$$

94. 正六边形 $ABCDEF$ 的边长为 1,过 A、C 作圆,过 B、D 作圆,两圆不同,相交于两不同点 P、Q.

求线段 PQ 的最小值.

解 如图,设 AC 与 BD 相交于 X.

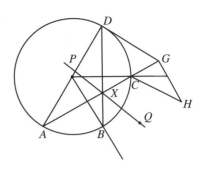

PQ 是 $\odot BDP$ 与 $\odot ACP$ 的公共弦,也就是根轴.
$$XA \cdot XC = XB \cdot XD,$$
所以 X 在 PQ 上.

AC 是 $\odot ABC$ 与 $\odot BDP$ 的根轴,所以
$$XP \cdot XQ = XA \cdot XC.$$

第 94 题图

易知 $AD = 2$, $AC = \sqrt{3}$, $AX = \dfrac{2}{\sqrt{3}}$, $XC = \dfrac{1}{\sqrt{3}}$,所以
$$XP \cdot XQ = \dfrac{2}{\sqrt{3}} \cdot \dfrac{1}{\sqrt{3}} = \dfrac{2}{3},$$
$$PQ = XP + XQ \geqslant 2\sqrt{XP \cdot XQ} = 2\sqrt{\dfrac{2}{3}} = \dfrac{2}{3}\sqrt{6}.$$

过 X 任作一直线,并在 X 的两边取 $XP = XQ = \dfrac{\sqrt{6}}{3}$,则 $PQ = \dfrac{2}{3}\sqrt{6}$ 最小.

注 作 $DG \perp AD$ 交 AC 的延长线于 G,则
$$CG = \dfrac{CD^2}{AC} = \dfrac{1}{\sqrt{3}}.$$

再过 G 作 $GH \perp AG$,以 C 为圆心、1 为半径作圆交 GH 于 H,则
$$GH = \sqrt{1 - \dfrac{1}{3}} = \dfrac{\sqrt{6}}{3}.$$

95. $\triangle ABC$ 中,$\angle A = 60°$,$\angle ABC$、$\angle ACB$ 的平分线分别交边 AC、AB 于 P、Q,r_1、r_2 分别为 $\triangle ABC$ 与 $\triangle APQ$ 的内切圆半径.

请用 r_1、r_2 表示 $\triangle APQ$ 的外接圆半径.

解 如图,设 $\triangle ABC$ 的内心为 I,则
$$\angle BIC = \angle ABI + \angle ACI + \angle A$$
$$= 90° + \dfrac{1}{2}\angle A = 120° = 180° - \angle A,$$

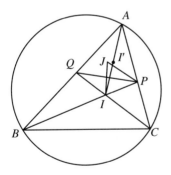

第 95 题图

所以 A、Q、I、P 四点共圆.

设 $\odot AQI$ 的圆心为 J,则
$$\angle IJP = 2\angle IAP = \angle BAC = 60°,$$

所以 $\triangle IJP$ 是正三角形.
$$JI = IP.$$

设 I' 为 $\triangle AQP$ 的内心,则 I' 在 AI 上.由鸡爪定理得
$$II' = IP.$$

因为
$$\angle IAP = \frac{1}{2}\angle BAC = 30°,$$
所以
$$r_1 = \frac{1}{2}IA, \quad r_2 = \frac{1}{2}I'A,$$
$$IP = II' = IA - I'A = 2(r_1 - r_2),$$
即 $\triangle APQ$ 的外接圆半径为 $2(r_1 - r_2)$.

96. $\triangle ABC$ 中,$AB > AC$.$\angle BAC$ 的平分线交 BC 于 D.线段 AD 的垂直平分线与 AB、AC 分别交于 E、F.点 X 在边 BC 上,满足 $\dfrac{BX}{XC} = \dfrac{BE}{CF}$,$AX$ 又交外接圆于 Y.已知 $BC = a$,$CA = b$,$AB = c$.

求 $\triangle ADY$ 的外接圆的半径.

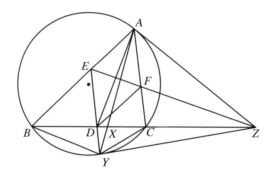

第 96 题图

解 如图,设 EF 交 BC 于 Z,连接 AZ.

因为 Z 在 AD 的垂直平分线上,所以 $ZA = ZD$,
$$\angle ZAD = \angle ZDA = \angle ABC + \angle BAD,$$
$$\angle ZAC = \angle ZAD - \angle DAC = \angle ZAD - \angle BAD = \angle ABC.$$
从而 ZA 是 $\triangle ABC$ 的外接圆的切线.

因为 F 在 AD 的垂直平分线上,所以 $FA = FD$.
$$\angle FDA = \angle FAD = \angle DAE.$$
从而 $DF \parallel AB$.
$$\frac{CF}{b} = \frac{DF}{c} = \frac{FA}{c} = \frac{CF + FA}{b + c} = \frac{b}{b+c},$$
$$CF = \frac{b^2}{b+c}.$$
同理,
$$BE = \frac{c^2}{b+c}.$$

所以
$$\frac{BX}{XC} = \frac{BE}{CF} = \frac{c^2}{b^2}.$$

又
$$\frac{BX}{XC} = \frac{S_{\triangle ABY}}{S_{\triangle AYC}} = \frac{AB \times BY \sin \angle ABY}{AC \times YC \sin \angle ACY} = \frac{c \times BY}{b \times YC},$$

所以
$$\frac{BY}{YC} = \frac{c}{b}.$$

过 Y 作 $\odot ABC$ 的切线交 BC 于 Z'.

$$\frac{ZC}{ZB} = \frac{ZC}{ZA} \times \frac{ZA}{ZB} = \frac{CA}{AB} \times \frac{CA}{AB} = \frac{b^2}{c^2}.$$

同理,
$$\frac{Z'C}{Z'B} = \left(\frac{CY}{YB}\right)^2 = \frac{b^2}{c^2}.$$

所以 Z' 与 Z 重合,$ZA = ZD = ZY$,Z 是 $\triangle ADY$ 的外心.

因为 $\frac{ZC}{ZB} = \frac{b^2}{c^2}$,所以
$$\frac{ZC}{BC} = \frac{b^2}{c^2 - b^2},$$
$$ZC = \frac{ab^2}{c^2 - b^2},$$
$$ZD = CD + ZC = \frac{ab}{b+c} + \frac{ab^2}{c^2 - b^2} = \frac{abc}{c^2 - b^2},$$

即 $\triangle ADY$ 的外接圆半径是 $\frac{abc}{c^2 - b^2}$.

97. 在锐角 $\triangle ABC$ 中,$AB > AC$. $\odot O$ 与 $\odot I$ 分别为 $\triangle ABC$ 的外接圆与内切圆. $\odot I$ 与边 BC 相切于点 D. 直线 AO 与边 BC 相交于 X. AY 是 BC 边上的高. $\odot O$ 在点 B、C 处的切线相交于点 L. PQ 是过 I 的 $\odot O$ 的直径.

证明:A、D、L 三点共线当且仅当 P、X、Y、Q 四点共圆.

证明 如图,因为
$$\angle LBC = \angle LCB = \angle BAC,$$

所以
$$\sin \angle ABL = \sin(\angle ABC + \angle BAC) = \sin \angle ACB,$$
$$\sin \angle ACL = \sin \angle ABC.$$
$$\frac{S_{\triangle ABL}}{S_{\triangle ACL}} = \frac{AB \times LB \sin \angle ABL}{AC \times LC \sin \angle ACL} = \frac{c \sin \angle ACB}{b \sin \angle ABC} = \frac{c^2}{b^2}.$$

而

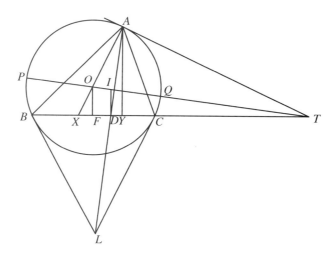

第 97 题图

$$BD = s - b, \quad DC = s - c,$$

所以 A、D、L 三点共线当且仅当

$$\frac{c^2}{b^2} = \frac{s-b}{s-c},$$

即

$$b^2 + c^2 = a(b+c). \tag{1}$$

另一方面,过 A 作 $\odot O$ 的切线交 BC 的延长线于 T.

因为 $\angle OAB = 90° - \angle ACB = \angle YAC$,所以

$$\angle YAT = \angle YAC + \angle CAT = \angle OAB + \angle ABC = \angle AXY.$$

AT 也是 $\odot AXY$ 在 A 点的切线,

$$TX \times TY = TA^2 = TB \times TC.$$

如果 O、I、T 三点共线,那么

$$TP \times TQ = TB \times TC = TX \times TY.$$

所以 P、Q、X、Y 四点共圆.

反之,如果 P、Q、X、Y 共圆,那么 T 在 $\odot AXY$ 与 $\odot PXY$ 的根轴(第 1 部分第 11 章练习题 4)XY 上,也在 $\odot AXY$ 与 $\odot O$ 的根轴 AT 上,因此 T 关于 $\odot AXY$ 的幂与 T 关于 $\odot PXY$ 的幂相等,也与 T 关于 $\odot O$ 的幂相等.从而 T 关于 $\odot PXY$ 的幂与 T 关于 $\odot O$ 的幂相等,T 在 $\odot PXY$ 与 $\odot O$ 的根轴 PQ 上.即 O、I、T 三点共线.因此 P、Q、X、Y 共圆即 O、I、T 三点共线.

设 F 为 BC 的中点. O、I、T 三点共线当且仅当

$$\frac{ID}{OF} = \frac{TD}{TF},$$

即

$$\frac{r}{R\cos A} = \frac{TC+s-c}{TC+\dfrac{a}{2}}. \tag{2}$$

因为
$$\frac{TC}{TB} = \frac{TC}{TA} \cdot \frac{TA}{TB} = \left(\frac{AC}{AB}\right)^2 = \frac{b^2}{c^2},$$
$$TB - TC = a,$$

所以
$$TC = \frac{ab^2}{c^2-b^2}.$$

(2)式的右边为
$$\frac{TC+s-c}{TC+\dfrac{a}{2}} = \frac{2ab^2+(c^2-b^2)(a+b-c)}{2ab^2+a(c^2-b^2)} = \frac{2ab^2+(c^2-b^2)(a+b-c)}{a(b^2+c^2)}.$$

(2)式的左边为
$$\frac{r}{R\cos A} = \frac{4\Delta^2}{abcs\cos A} = \frac{8(s-a)(s-b)(s-c)}{a(b^2+c^2-a^2)}.$$

所以
$$(2) \Leftrightarrow \frac{(b+c-a)(a+c-b)(a+b-c)}{b^2+c^2-a^2} = \frac{2ab^2+(c^2-b^2)(a+b-c)}{b^2+c^2}$$
$$\Leftrightarrow \frac{2ab^2+(a+b-c)[(a-b)^2-b^2]}{a^2} = \frac{2ab^2+(c^2-b^2)(a+b-c)}{b^2+c^2}$$
$$\Leftrightarrow \frac{a^2-ab-ac+2bc}{a} = \frac{ab^2+ac^2+bc^2+b^2c-b^3-c^3}{b^2+c^2}$$
$$\Leftrightarrow \frac{2bc}{a} - b - c = \frac{bc^2+b^2c-b^3-c^3}{b^2+c^2}$$
$$\Leftrightarrow \frac{2bc}{a} = \frac{2bc(b+c)}{b^2+c^2}$$
$$\Leftrightarrow b^2+c^2 = a(b+c),$$

即(2)⇔(1). 所以结论成立.

注 写出(2)式以后,问题已基本解决.剩下的只是将(2)式作化简(等价变形),最后变成(1)式.这当然需要娴熟的运算能力,但也只是运算而已.

另外,我们顺便证明了:"对任意三个圆中每两个的根轴,这三条直线一定共点."这点称为三个圆的根心.

98. 平面上有四个不同的点,其中任三点不共线.

证明:如果以其中任三个点为顶点的四个三角形的内切圆半径都相等,那么这四个三角形全等.

证明 首先证明一个"显然的"引理.

引理 △ABC 中的圆,当且仅当这圆是内切圆时,半径最大(面积最大).

引理的证明 设这圆的半径为 r,圆心到△ABC 三边的距离分别为 d_1、d_2、d_3,则 $d_i \geqslant$

$r(i=1,2,3)$.
$$r(a+b+c) \leqslant d_1 a + d_2 b + d_3 c \leqslant 2S_{\triangle ABC}.$$
当且仅当 r 是内切圆的半径时,取得最大值 $\dfrac{2S_{\triangle ABC}}{a+b+c}$.

回到原题.设四个已知点为 A、B、C、D,并且在任三点所成的四个三角形中,$\triangle ABC$ 的面积为最大.

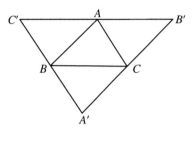

第 98 题图

过 A、B、C 分别作对边的平行线,构成 $\triangle A'B'C'$(见图).
点 D 必与点 A' 在直线 $B'C'$ 的同侧(或 $B'C'$ 上),否则
$$S_{\triangle DBC} > S_{\triangle ABC}.$$
同理,D 必与点 B' 在直线 $C'A'$ 的同侧,必与点 C' 在直线 $A'B'$ 同侧.从而 D 在 $\triangle A'B'C'$ 内(包括边上).

如果 D 在 $\triangle ABC$ 内,那么 $\triangle DBC$ 的内切圆也在 $\triangle ABC$ 内,而它与 $\triangle ABC$ 的内切圆一样大,所以它就是 $\triangle ABC$ 的内切圆.从而 $D = A$,与已知矛盾.

因此 D 不在 $\triangle ABC$ 内,不妨设 D 在 $\triangle B'AC$ 内.

同样,由于 $\triangle DAC$ 的内切圆与 $\triangle BAC$ 的内切圆相同,因而与 $\triangle B'AC$ 的内切圆相同(显然 $\triangle B'AC \cong \triangle BCA$).从而 $D = B'$.

$\square ABCD$ 中,$\triangle ABD$ 与 $\triangle ABC$ 的面积相等,内切圆半径也相等,所以周长相等,即
$$AB + AD + BD = AB + BC + AC.$$
但 $AD = BC$,所以 $BD = AC$.

平行四边形 $ABCD$ 的对角线 $BD = AC$,所以平行四边形 $ABCD$ 是矩形.这时四个三角形,即 $\triangle ABC$、$\triangle CDA$、$\triangle BAD$、$\triangle DCB$ 全等.

99. 平面上有一半径小于 1 的圆.在这圆上任取 2019 个不同的点.以这些点为圆心作单位圆盘(半径为 1 的圆及其内部).被这 2019 个单位圆盘覆盖的区域 Γ' 周长为 l.

求这 2019 个单位圆盘的公共部分 Γ 的周长.

解 如图,设半径小于 1 的那个圆的圆心为 O.

X、Y、Z、$\cdots$、P 为所取的点.S、S' 为 $\odot X$、$\odot Y$ 的交点,T、T' 为 $\odot Y$、$\odot Z$ 的交点等.

因为 $XS = YS = XS' = YS' = 1$,所以 SS' 垂直平分线段 XY.而 $OX = OY$,所以 SS' 过 O.

同样,TT' 等也都过 O.

对于 $\angle S'OT'$ 在 $\overset{\frown}{S'T'}$ 外的任一点 Q,因为 Z 在 TT' 右侧,而 TT' 是 YZ 的垂直平分线,所以
$$ZQ \geqslant YQ > 1.$$
同样,
$$XQ \geqslant YQ > 1.$$
而对于 $\odot O$ 上的点 P(P 不在 $\overset{\frown}{XYZ}$ 上),或者含 Z 的 $\angle POQ < \pi$,或者含 X 的 $\angle POQ < \pi$.不妨设为前者.

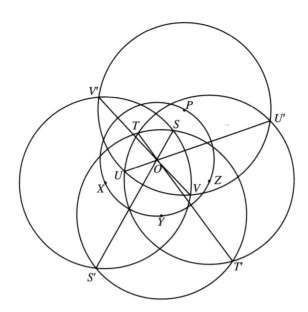

第 99 题图

因为 $\pi > \angle POQ > \angle ZOQ$，由余弦定理知
$$PQ > ZQ > 1,$$
所以 $\overparen{S'T'}$ 是 Γ' 的周长的一部分.

对于 $\angle SOT$ 在 $\overparen{ST}$ 内的任一点 Q，类似地，可知
$$XQ, ZQ, \cdots, PQ \leqslant YQ < 1,$$
所以 $\overparen{ST}$ 是 Γ 的周长的一部分.

由圆心角与圆周角的关系得
$$\angle S'YT' = 2\angle S'TT',$$
$$\angle SYT = 2\angle SS'T,$$
所以
$$\angle S'YT' + \angle SYT = 2(\angle S'TT' + \angle SS'T)$$
$$= 2\angle S'OT' = 2(\angle S'OY + \angle YOT')$$
$$= \angle XOY + \angle YOZ = \angle XOZ = 2(\pi - \angle XYZ)$$
$$= 2 \times \text{多边形 } XY\cdots P \text{ 在 } Y \text{ 处的外角}.$$

求和得
$$\sum (\angle S'XT' + \angle SXT) = 2 \times \text{多边形 } XY\cdots P \text{ 的外角和} = 2 \times 2\pi = 4\pi.$$

因为
$$l = \left(\sum \angle S'XT'\right) \times 1 = \sum \angle S'XT',$$
所以
$$\sum \angle SXT = 4\pi - l,$$
即 Γ 的周长为 $4\pi - l$.

100. △ABC 中，M 是 BC 的中点，点 E、F 分别是 M 关于直线 AC、AB 的对称点. 直线 FB、EC 交于点 P. 点 Q 满足 QA = QM, ∠QAP = 90°. O 是 △PEF 的外心.

证明：∠AOQ = 90°.   (1)

证明 如图(a)，本题比较复杂，分几个引理，一步一步地向前逼近. 每个引理也是一道颇有趣的问题.

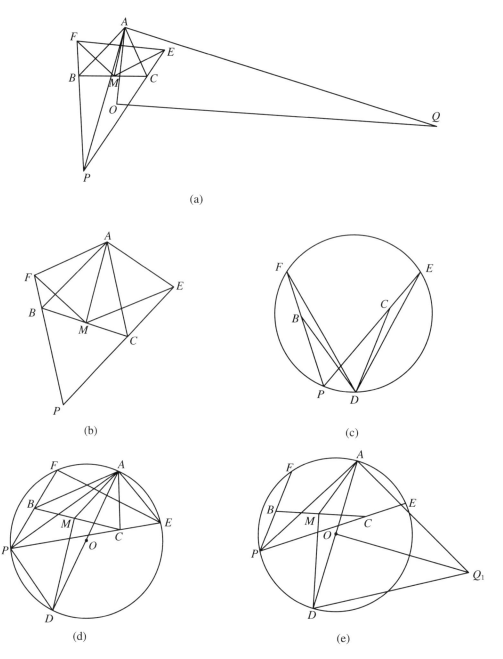

第 100 题图

引理 1 设 $\triangle ABC$ 中,M 是 BC 的中点,点 E、F 分别是 M 关于 AC、AB 的对称点.直线 FB、EC 交于点 P.则 P、E、A、F 四点共圆(见图(b)),并且 A 是 $\overset{\frown}{EF}$ 的中点.

引理 1 的证明 因为 M、F 关于 AB 对称,所以
$$\angle AFP = (\angle AFM + \angle MFB = \angle AMF + \angle FMB) = \angle AMB.$$
同样,$\angle AEP = \angle AMC$.

所以
$$\angle AFP + \angle AEP = 180°.$$
因此 A、E、F、P 四点共圆.

因为 $AF = AM = AE$,所以 A 是 $\overset{\frown}{EF}$ 的中点.

引理 2 已知 P、D、E、F 四点共圆,依此顺序排在圆上,并且 D 是 $\overset{\frown}{EF}$ 的中点.B、C 分别在 FP、EP 上,并且 $FB = EC$,则 P、B、C、D 四点共圆(见图(c)),并且 D 是 $\overset{\frown}{BC}$ 的中点.

引理 2 的证明 因为 D 是 $\overset{\frown}{EF}$ 的中点,所以 $DF = DE$.

又 $FB = EC$,$\angle PFD = \angle PED$,所以 $\triangle DFB \cong \triangle DEC$.
$$\angle DBF = \angle DCE, \quad DB = DC.$$
从而
$$\angle PBD = 180° - \angle DBF = 180° - \angle DCE = \angle PCD,$$
所以 P、B、C、D 四点共圆,并且 D 是 $\overset{\frown}{BC}$ 的中点.

引理 3 在本题中,
$$\angle AMC = 90° - \angle PAO.$$

引理 3 的证明 由引理 1 知 A 在 $\odot O$ 上.如图(d),设 AO 又交 $\odot O$ 于 D.

因为 M 与 E 关于 AC 对称,所以
$$\angle AMC = \angle AEC = \angle ADP = 90° - \angle PAO.$$

最后,回到本题的证明.

设 AO 又交 $\odot O$ 于 D.由引理 2 知 $DB = DC$.又 M 是 BC 的中点,所以 $DM \perp BC$.

如图(e),过 A、M、D 三点作圆.设圆心为 Q_1.

因为 O 为 AD 的中点,所以
$$\angle AOQ_1 = 90°. \tag{2}$$

因为 Q_1 为 $\odot AMD$ 的圆心,$Q_1A = Q_1M$,圆心角
$$\angle AQ_1D = 2(180° - \angle AMD) = 2(180° - 90° - \angle AMC) = 180° - 2\angle AMC,$$
$$\angle OAQ_1 = \frac{1}{2}(180° - \angle AQ_1D) = \angle AMC.$$

由引理 3 得
$$\angle OAQ_1 + \angle PAD = 90°.$$

所以 Q_1 在 PA 的过 A 点的垂线上,又在 AM 的垂直平分线上.因此 Q_1 就是这两条线的交点 Q.

(2)式就是(1)式.

一道复杂的题可以分成几个小题.每道题的图中线条较少,容易发现其中的关系.

中国科学技术大学出版社中小学数学用书

原来数学这么好玩(3册)/田峰
我的思维游戏书/田峰
小学数学进阶.四年级上、下册/方龙
小学数学进阶.五年级上、下册/饶家伟
小学数学进阶.六年级上、下册/张善计 莫留红
小学数学思维92讲(小高版)/田峰
小升初数学题典(第2版)/姚景峰
初中数学思想方法与解题技巧/彭林 李方烈 李岩
初中数学千题解(6册)/思美
初中数学竞赛中的思维方法(第2版)/周春荔
初中数学竞赛中的数论初步(第2版)/周春荔
初中数学竞赛中的代数问题(第2版)/周春荔
初中数学竞赛中的平面几何(第2版)/周春荔
初中数学进阶.七年级上、下册/陈荣华
初中数学进阶.八年级上、下册/徐胜林
初中数学进阶.九年级上、下册/陈荣华
山东新中考数学分级训练(代数、几何)/曲艺 李昂
初升高数学衔接/甘大旺 甘正乾
平面几何的知识与问题/单墫
代数的魅力与技巧/单墫
数论入门:从故事到理论/单墫
平面几何强化训练题集(初中分册)/万喜人 等
平面几何证题手册/鲁有专

中学生数学思维方法丛书(12册)/冯跃峰
学数学(第1—6卷)/李潜
高中数学奥林匹克竞赛标准教材(上册、中册、下册)/周沛耕
平面几何强化训练题集(高中分册)/万喜人 等
平面几何测试题集/万喜人
新编平面几何300题/万喜人
代数不等式:证明方法/韩京俊
解析几何竞赛读本(第2版)/蔡玉书
全国高中数学联赛平面几何基础教程/张玮 等
全国高中数学联赛一试强化训练题集/王国军 奚新定
高中数学联赛二试强化训练题:代数/罗炜 雷勇
全国高中数学联赛一试强化训练题集(第二辑)/雷勇 王国军
全国高中数学联赛一试模拟试题精选/曾文军
全国高中数学联赛模拟试题精选/本书编委会

全国高中数学联赛模拟试题精选(第二辑)/本书编委会
全国高中数学联赛预赛试题分类精编/王文涛　等
第51—76届莫斯科数学奥林匹克/苏淳　申强
第77—86届莫斯科数学奥林匹克/苏淳
全俄中学生数学奥林匹克(2007—2019)/苏淳
圣彼得堡数学奥林匹克(2000—2009)/苏淳
圣彼得堡数学奥林匹克(2010—2019)/苏淳　刘杰
平面几何题的解题规律/周沛耕　刘建业
高中数学进阶与数学奥林匹克(上册、下册)/马传渔　张志朝　陈荣华　杨运新
强基计划校考数学模拟试题精选/方景贤　杨虎
数学思维培训基础教程/俞海东
从初等数学到高等数学(第1卷、第2卷、第3卷)/彭翕成
高考题的高数探源与初等解法/李鸿昌
轻松突破高考数学基础知识/邓军民　尹阳鹏　伍艳芳
轻松突破高考数学重难点/邓军民　胡守标
高三数学总复习核心72讲/李想
高中数学母题与衍生.函数/彭林　孙芳慧　邹嘉莹
高中数学母题与衍生.数列/彭林　贾祥雪　计德桂
高中数学母题与衍生.概率与统计/彭林　庞硕　李扬眉　刘莎丽
高中数学母题与衍生.导数/彭林　郝进宏　柏任俊
高中数学母题与衍生.解析几何/彭林　石拥军　张敏
高中数学母题与衍生.三角函数与平面向量/彭林　尹嵘　赵存宇
高中数学母题与衍生.立体几何与空间向量/彭林　李新国　刘丹
高中数学一题多解.导数/彭林　孙芳慧
高中数学一题多解.解析几何/彭林　尹嵘　孙世林
高中数学一点一题型(新高考版)/李鸿昌　杨春波　程汉波
高中数学一点一题型/李鸿昌　杨春波　程汉波
高中数学一点一题型.一轮强化训练/李鸿昌
高中数学一点一题型.二轮强化训练/李鸿昌　刘开明　陈晓
数学高考经典(6册)/张荣华　蓝云波
解析几何经典题探秘/罗文军　梁金昌　朱章根
高考导数解题全攻略/孙琦
函数777题问答/马传渔　陈荣华
怎样学好高中数学/周沛耕
高中数学单元主题教学习题链探究/周学玲

初等数学解题技巧拾零/朱尧辰
怎样用复数法解中学数学题/高仕安
面积关系帮你解题(第3版)/张景中　彭翕成
函数与函数思想/朱华伟　程汉波
统计学漫话(第2版)/陈希孺　苏淳